民国时期广东财政史料

财政统计

第四册

广东省财政科学研究所
广东省立中山图书馆
广东省档案馆 编

廣東省出版集團
全国优秀出版社
全国百佳图书出版单位
广东教育出版社
·广州·

图书在版编目（CIP）数据

民国时期广东财政史料. 第4册，财政统计/广东省财政科学研究所，广东省立中山图书馆，广东省档案馆编. —广州：广东教育出版社，2011.9

ISBN 978-7-5406-8541-6

Ⅰ. ①民… Ⅱ. ①广… ②广… ③广… Ⅲ. ①地方财政—财政史—广东省—民国 ②地方财政—统计资料—广东省—民国 Ⅳ. ①F812.96

中国版本图书馆CIP数据核字（2011）第189128号

责任编辑	杨向群
责任技编	杨启承
出版发行	广东教育出版社
	（广州市环市东路472号 12-15 楼 邮政编码：510075）
网　　址	http://www.gjs.cn
经　　销	广东新华发行集团股份有限公司
印　　刷	广州伟龙印刷制版有限公司
	（广州市沙河沙太路银利工业大厦1栋）
开　　本	787 毫米 × 1092 毫米　1/16　33.25 印张　665000 字
版　　次	2011 年 9 月第 1 版
	2011 年 9 月第 1 次印刷
书　　号	ISBN 978-7-5406-8541-6
定　　价	2500 元（全 6 册）

质量监督电话：020-87613102　　购书咨询电话：020-87621848

目录

广东财政厅十七年来收支统计图表

广东财政厅主计局统计科 编

廣東財政廳十七年收支統計圖表

廣東財政廳主計局統計科編製

黄節題

目次

自序

無論何種設施，何種建設，必須有事實以爲根據，然後不致於落空，故統計尙矣。統計者乃萃國家社會一切事實，拔其性質相同，時地相若者，從而分析之，綜合之，比較之，而以數字表明其眞相與夫因果變遷，以資理論上之參證，而增加吾人之閱歷，具有至大之效用者也。故學者不能離統計而致知，政治家不能離統計而施政；財政家不能離統計而理財。拿破崙之言曰：「無統計則無政績，無政績則國不爲國」。日本統計家杉亨二氏之言曰：「日本能與各國修正條約，實統計家編纂日本政表與日本國勢要覽，力陳文明之實況，有以致之」。此誠我國今日國是之箴砭歟。今夏，余鑒於財政上之缺乏統計圖表，乃將民國以來國省兩庫收支數目，製成圖表，編印而成是書，以供獻於社會，其於廣東財政上之研究，不無小補歟。雖然，統計事業，範圍至廣，工作至繁，舉凡政治經濟社會各方面之一切現象，無一而不需統計，亦無時無地而不需統計，則是書之刊行，其於統計事業，猶滄海之一粟耳。今者全國統一，指日可期，凡百事業，漸得從事建設，統計事業，爲政者苟能積極提倡，努力進行，即不難一蹴而就；則將來統計材料之供給，當可滿足吾人最大之需求，而財政統計之精詳，亦當有十百倍於是書者，吾更馨香而禱祝之。

民國十七年夏　　東莞黎汝璇序

國稅管理委員
廣東財政廳長 馮祝萬

廣東財政廳主計局長兼統計科長黎汝璇

廣東財政廳民國元年度收支分類統計表

(表1)

收入		支出	
鹽　　稅	5,270,000	內　　務	4,603,000
關　　稅	787,000	外　　交	58,000
煙　　酒	649,000	財　　政	5,243,000
田　　賦	3,837,000	教　　育	925,000
厘　　捐	8,655,000	司　　法	987,000
雜　　項	18,941,000	農　　商	267,000
		軍　　費	19,749,000
合　　計	38,139,000	合　　計	31,832,000
		結　　存	6,307,000
合　　計	38,139,000	合　　計	38,139,000

廣東財政廳民國二年度收支分類統計表

(表2)

收項　月份	二年七月	八月	九月	十月	十一月	十二月	三年一月	二月	三月	四月	五月	六月	合計	平均	百分比較
鹽稅	305,000	21,000											326,000	27,000	1.6
關稅	54,000	13,000	14,000	6,000	16,000	11,000	12,000						126,000	11,000	.7
煙酒	95,000	33,000	54,000	134,000	57,000	158,000	146,000	173,000	258,000	116,000	156,000	398,000	1,778,000	148,000	8.8
印花					17,000		1,000						18,000	2,000	.1
沙田	49,000	21,000	32,000	17,000	34,000	54,000	36,000	27,000	18,000	18,000	34,000	71,000	411,000	34,000	2.0
田賦	207,000	26,000	135,000	175,000	142,000	213,000	476,000	389,000	487,000	216,000	500,000	586,000	3,552,000	296,000	17.6
釐捐	597,000	206,000	1,269,000	1,113,000	558,000	779,000	608,000	638,000	646,000	685,000	945,000	847,000	8,891,000	741,000	44.3
雜項收入	317,000	79,000	1,003,000		73,000	398,000	320,000	138,000	785,000	368,000	608,000	488,000	4,577,000	381,000	22.8
公債	16,000		9,000	93,000	254,000	45,000							417,000	35,000	2.1
合計	1,640,000	399,000	2,516,000	1,538,000	1,151,000	1,658,000	1,599,000	1,365,000	2,194,000	1,403,000	2,243,000	2,390,000	20,096,000	1,675,000	100%

支項　月份	二年七月	八月	九月	十月	十一月	十二月	三年一月	二月	三月	四月	五月	六月	合計	平均	百分比較
內務	234,000	280,000	288,000	235,000	292,000	403,000	224,000	255,000	265,000	236,000	244,000	244,000	3,200,000	267,000	11.6
外交	3,000	2,000	3,000	3,000	3,000	4,000	2,000	4,000	2,000	2,000	2,000	2,000	32,000	2,000	.1
財政	100,000	48,000	111,000	113,000	272,000	162,000	147,000	124,000	65,000	219,000	115,000	273,000	1,749,000	146,000	6.3
教育	57,000	20,000	12,000	58,000	23,000	131,000	21,000	34,000	10,000	17,000	20,000	17,000	440,000	37,000	1.6
司法	122,000	106,000	107,000	107,000	108,000	91,000	90,000	27,000	153,000	103,000	145,000	101,000	1,260,000	105,000	4.5
交通	18,000	4,000		1,000									23,000	2,000	.1
實業	14,000			22,000	17,000	9,000	8,000		17,000	23,000	8,000	9,000	127,000	10,000	.5
軍費	2,682,000	3,651,000	1,793,000	1,550,000	1,359,000	1,666,000	1,348,000	1,361,000	1,216,000	1,001,000	820,000	1,014,000	19,461,000	1,622,000	70.1
雜項	236,000	11,000	648,000	36,000	50,000	137,000	17,000	3,000	40,000	7,000	66,000	76,000	1,327,000	111,000	4.7
還欠									145,000				145,000	12,000	.5
合計	3,466,000	4,122,000	2,962,000	2,125,000	2,124,000	2,603,000	1,857,000	1,808,000	1,533,000	1,608,000	1,420,000	1,736,000	27,764,000	2,314,000	100%

廣東財政廳民國三年度收支分類統計表

（表3）

收項＼月份	三年七月	八月	九月	十月	十一月	十二月	四年一月	二月	三月	四月	五月	六月	合計	平均	百分比較
煙酒	159,000	91,000	201,000	168,000	154,000	220,000	171,000	180,000	255,000	339,000	150,000	267,000	2,355,000	196,000	11.4
印花								2,000	3,000	50,000	22,000	98,000	175,000	15,000	.9
沙田	95,000	78,000	68,000	54,000	83,000	44,000	45,000	38,000	40,000	99,000	25,000	16,000	685,000	57,000	3.3
賭餉							350,000	250,000	300,000	300,000	340,000	310,000	1,850,000	154,000	9.0
田賦	372,000	120,000	12,000	44,000	62,000	156,000	71,000	95,000	378,000	203,000	233,000	231,000	1,977,000	165,000	9.6
鹽捐	339,000	472,000	394,000	448,000	568,000	586,000	439,000	861,000	1,004,000	729,000	900,000	800,000	7,540,000	628,000	36.5
公債							51,000	21,000	61,000	33,000	10,000	25,000	201,000	17,000	1.0
雜項收入	1,044,000	313,000	256,000	301,000	419,000	202,000	187,000	154,000	160,000	572,000	98,000	56,000	3,762,000	313,000	18.2
稅外收入				31,000			250,000	313,000	693,000	386,000	311,000	100,000	2,084,000	174,000	10.1
合計	2,009,000	1,074,000	931,000	1,046,000	1,286,000	1,208,000	1,564,000	1,914,000	2,894,000	2,711,000	2,089,000	1,903,000	20,629,000	1,719,000	100%
結存															
合計															

支項＼月份	三年七月	八月	九月	十月	十一月	十二月	四年一月	二月	三月	四月	五月	六月	合計	平均	百分比較
內務	299,000	314,000	222,000	190,000	216,000	429,000	122,000	238,000	416,000	263,000	242,000	225,000	3,176,000	265,000	13.8
外交	1,000	2,000	5,000	2,000	3,000	2,000	3,000	1,000	1,000	1,000	1,000		22,000	2,000	.1
財政	298,000	518,000	179,000	224,000	167,000	125,000	77,000	468,000	252,000	72,000	190,000	62,000	2,632,000	219,000	11.4
教育	104,000	25,000	43,000	21,000	45,000	70,000	11,000	31,000	52,000	27,000	18,000	28,000	475,000	40,000	2.1
司法	35,000	72,000	36,000	21,000	21,000	29,000	29,000	16,000	31,000	28,000	36,000	33,000	387,000	32,000	1.7
實業	22,000	36,000	7,000	6,000	26,000		5,000	5,000		3,000	3,000	7,000	120,000	10,000	.5
軍費	1,086,000	960,000	1,008,000	955,000	1,356,000	1,105,000	593,000	912,000	1,353,000	1,269,000	1,170,000	737,000	12,504,000	1,042,000	54.4
解中央款							420,000		336,000	603,000	133,000	593,000	2,085,000	174,000	9.1
還欠							177,000	29,000	175,000	231,000	87,000	32,000	731,000	61,000	3.2
雜項支出							44,000	33,000	31,000	111,000	16,000	82,000	317,000	26,000	1.4
稅外支出								86,000	69,000	58,000	258,000	55,000	526,000	44,000	2.3
合計	1,845,000	1,927,000	1,500,000	1,419,000	1,834,000	1,760,000	1,481,000	1,819,000	2,716,000	2,666,000	2,154,000	1,854,000	22,975,000	1,915,000	100%
結存															
合計															

廣東財政廳民國四年度收支分類統計表

(表 4)

收項 \ 月份	四年七月	八月	九月	十月	十一月	十二月	五年一月	二月	三月	四月	五月	六月	合計	平均	百分比較
關稅										14,000	26,000		40,000	3,000	.2
煙酒	55,000	33,000	40,000	32,000	171,000	252,000	140,000	221,000	144,000	28,000	58,000	100,000	1,274,000	106,000	5.2
印花	28,000	23,000	10,000	17,000	8,000	4,000	5,000	3,000	6,000	1,000	1,000	2,000	108,000	9,000	.4
沙田	49,000	57,000	47,000	42,000	75,000	67,000	72,000	70,000	65,000	11,000	6,000	6,000	567,000	47,000	2.3
籌餉	100,000	37,000	138,000	234,000	219,000	345,000	300,000	222,000	250,000	125,000	40,000	54,000	2,064,000	172,000	8.4
田賦	155,000	241,000	178,000	235,000	152,000	301,000	300,000	259,000	327,000	56,000	40,000	101,000	2,345,000	195,000	9.5
鹽捐	597,000	616,000	671,000	758,000	720,000	1,036,000	716,000	859,000	1,003,000	209,000	519,000	694,000	8,398,000	700,000	34.2
公債	60,000	31,000	12,000	29,000	112,000	103,000	27,000	40,000	106,000	15,000	4,000		539,000	45,000	2.2
什項收入	369.000	101,000	65.000	463 000	36,000	227,000	61,000	512 000	23,000	30,000	41,000	37,000	1,965,000	164,000	8.0
借款	766,000		70,000	40,000	80 000	350,000	807,000	572,000	300,000	360,000	11,000	155,000	3,511,000	220,000	10.7
稅外收入	534,000	438 000	331,000	314,000	217,000	456,000	411,000	245,000	270,000	222,000	124,000	205,000	3,767,000	387,000	18.9
合計	2,713,000	1,577,000	1,562,000	2,164,000	1,790,000	3,141,000	2,839,000	3,003,000	2,494,000	1,071,000	870,000	1,354,000	24,578,000	2,048,000	100%
結存							111,000	402,000	49,000	34,000	43,000	17,000			
合計							2,950,000	3,405,000	2,543,000	1,105,000	913,000	1,371,000			

支項 \ 月份	四年七月	八月	九月	十月	十一月	十二月	五年一月	二月	三月	四月	五月	六月	合計	平均	百分比較
內務	466,000	254,000	232,000	247,000	253,000	323,000	366,000	832,000	533,000	208,000	199,000	151,000	4,064,000	339,000	16.8
外交	1,000	1,000	1,000	1,000		2,000	1,000	1,000	1,000	1,000	2,000	2,000	14,000	1,000	.1
財政	35,000	71,000	33,000	59,000	42,000	41 000	49,000	41,000	72,000	36,000	20 000	32,000	531,000	44,000	2 2
教育	16,000	66,000	44,000	59,000	42,000	23 000	17,000	82,000	32,000	2,000	18,000	18,000	419,000	36,000	1.8
司法	39,000	39 000	24 000	30,000	31 000	50,000	29 000	17,000	38,000	3,000	5,000	4,000	309,000	26,000	1.3
實業	4,000	4,000	1,000	4,000	3,000	7,000	3 000	3,000	3,000			4,000	36,000	3,000	.1
軍費	1,030,000	771,000	727,000	994,000	765 000	1,551,000	1,107,000	1,388,000	1,157 000	568,000	512,000	807,000	11,377,000	948,000	46.9
解款	109,000			111,000	171,000	111 000		192 000	55,000				749,000	62,000	3.0
還欠	346,000		15,000	344,000	261,000	259,000	535,000	474,000	324,000	20,000	4,000	87,000	2,669,000	222,000	10.9
什項支出	55,000	49,000	83,000	5,000	8,000	55,000	41 000	86,000	31,000				413,000	34,000	1.7
稅外支出	519,000	425,000	323,000	289,000	210 000	447,000	400,000	240,000	263,000	224,000	136,000	204,000	3,680,000	307,000	15.2
合計	2,620,000	1,680,000	1,483,000	2,143,000	1,786,000	2,869,000	2,548,000	3,356,000	2 509,000	1,062 000	896,000	1,309,000	24,261,000	2,022,000	100%
結存							402,000	49,000	34,000	43 000	17,000	62,000			
合計							2,950,000	3,405,000	2,543,000	1,105,000	913,000	1,371,000			

廣東財政廳民國五年度收支分類統計表

（表5）

收項＼月份	五年七月	八月	九月	十月	十一月	十二月	六年一月	二月	三月	四月	五月	六月	合計	平均	百分比較
鹽稅						62,000	47,000	16,000	173,000	14,000	2,000		314,000	26,000	.8
關稅	20,000	9,000	5,000										34,000	3,000	.1
煙酒	18,000	26,000	34,000	77,000	80,000	221,000	86,000	185,000	270,000	121,000	217,000	260,000	1,595,000	133,000	4.2
印花					2,000		1,000	2,000	3,000	7,000	2,000		17,000	1,000	
沙田	2,000	1,000	3,000	6,000	45,000	69,000	80,000	36,000	32,000	11,000	8,000	5,000	298,000	25,000	.8
鹽餉	14,000		14,000	49,000	159,000	152,000	180,000	132,000	199,000	109,000	155,000	748,000	1,911,000	159,000	5.0
田賦	19,000	1,000	127,000	14,000	18,000	90,000	212,000	337,000	477,000	102,000	207,000	132,000	1,736,000	145,000	4.6
釐捐	468,000	149,000	653,000	400,000	533,000	542,000	474,000	419,000	562,000	804,000	853,000	791,000	6,648,000	554,000	17.4
雜項收入	104,000	2,000	172,000	674,000	103,000	203,000	318,000	1,135,000	480,000	21,000	154,000	327,000	3,693,000	308,000	9.7
公債	1,000		16,000	4,000	24,000	1,000	4,000	13,000	50,000	2,000	276,000	195,000	586,000	49,000	1.5
借款	60,000	31,000	34,000	734,000	852,000	1,859,000	93,000	586,000	1,139,000	122,000	811,000	6,223,000	12,544,000	1,045,000	32.9
稅外收入	178,000	67,000	148,000	534,000	568,000	1,200,000	440,000	246,000	195,000	485,000	755,000	3,995,000	8,811,000	734,000	23.0
合計	884,000	286,000	1,206,000	2,492,000	2,384,000	4,399,000	1,935,000	3,107,000	3,580,000	1,798,000	3,440,000	12,676,000	38,187,000	3,182,000	100%
上月結存	62,000	5,000	6,000	193,000	39,000	175,000	130,000	96,000	20,000	23,000	27,000	13,000	62,000		
合計	946,000	291,000	1,212,000	2,685,000	2,423,000	4,574,000	2,065,000	3,203,000	3,600,000	1,821,000	3,467,000	12,689,000	38,249,000		

支項＼月份	五年七月	八月	九月	十月	十一月	十二月	六年一月	二月	三月	四月	五月	六月	合計	平均	百分比較
內務	152,000	77,000	303,000	270,000	450,000	499,000	357,000	260,000	304,000	333,000	360,000	308,000	3,673,000	306,000	9.6
外交	2,000	2,000	1,000	2,000	1,000	2,000	1,000	2,000	3,000	5,000	10,000	4,000	35,000	3,000	.1
財政	33,000	16,000	57,000	24,000	30,000	26,000	38,000	20,000	31,000	38,000	29,000	23,000	365,000	30,000	.9
教育	24,000	8,000	13,000	103,000	26,000	60,000	49,000	36,000	25,000	53,000	25,000	30,000	452,000	38,000	1.2
司法	6,000	7,000	15,000	59,000	50,000	22,000	21,000	15,000	19,000	29,000	19,000	18,000	280,000	23,000	.7
實業	5,000	2,000	2,000	8,000	8,000	6,000	2,000	11,000	5,000	8,000	8,000	10,000	75,000	6,000	.2
軍費	454,000	77,000	434,000	1,620,000	1,019,000	1,775,000	736,000	1,476,000	2,295,000	810,000	1,959,000	1,672,000	14,327,000	1,194,000	37.5
還欠	85,000	30,000	103,000	60,000	83,000	641,000	195,000	43,000	180,000	19,000	266,000	5,237,000	6,942,000	579,000	18.2
雜項支出			2,000	1,000	1,000	5,000	193,000	103,000	207,000	8,000	2,000	106,000	628,000	52,000	1.6
稅外支出	180,000	66,000	89,000	499,000	580,000	1,408,000	377,000	1,217,000	508,000	491,000	776,000	5,279,000	11,470,000	956,000	30.0
合計	941,000	285,000	1,019,000	2,646,000	2,248,000	4,444,000	1,969,000	3,183,000	3,577,000	1,794,000	3,454,000	12,687,000	38,247,000	3,187,000	100%
本月結存	5,000	6,000	193,000	39,000	175,000	130,000	96,000	20,000	23,000	27,000	13,000	2,000	2,000		
合計	946,000	291,000	1,212,000	2,685,000	2,423,000	4,574,000	2,065,000	3,203,000	3,600,000	1,821,000	3,467,000	12,689,000	38,249,000		

廣東財政廳民國六年度收支分類統計表

（表6）

收項＼月份	六年七月	八月	九月	十月	十一月	十二月	七年一月	二月	三月	四月	五月	六月	合計	平均	百分比較
鹽稅	12,000	1,000					1,000	155,000	125,000	125,000	1,000	1,000	421,000	35,000	1.0
關稅		35,000		22,000	29,000	33,000	17,000	7,000	14,000	11,000	23,000	7,000	198,000	17,000	.5
煙酒	52,000	331,000	196,000	181,000	330,000	118,000	104,000	192,000	104,000	104,000	71,000	225,000	2,008,000	167,000	5.0
印花	2,000			1,000									3,000		
沙田	27,000	29,000	38,000	45,000	17,000	22,000	40,000	63,000	12,000	16,000	15,000	7,000	331,000	28,000	.8
舖餉	175,000	97,000	35,000	111,000	16,000	135,000	180,000	97,000	133,000	180,000	167,000	180,000	1,506,000	125,000	3.7
田賦	240,000	99,000	143,000	125,000	53,000	48,000	178,000	207,000	203,000	140,000	110,000	94,000	1,640,000	137,000	4.1
釐捐	823,000	611,000	930,000	726,000	477,000	489,000	550,000	344,000	521,000	418,000	490,000	506,000	6,905,000	575,000	17.1
雜項收入	166,000	224,000	563,000	298,000	755,000	388,000	362,000	99,000	63,000	93,000	420,000	521,000	3,952,000	329,000	9.8
公債	111,000	98,000	79,000	79,000	24,000	81,000	22,000	18,000	19,000	35,000	16,000	12,000	594,000	50,000	1.5
借款	270,000	1,112,000	1,621,000	1,481,000	381,000	1,344,000	768,000	1,486,000	1,110,000	827,000	841,000	418,000	11,659,000	972,000	29.0
稅外收入	850,000	1,052,000	891,000	990,000	1,081,000	1,353,000	672,000	1,288,000	689,000	740,000	838,000	608,000	11,052,000	921,000	27.5
合計	2,728,000	3,689,000	4,496,000	4,059,000	3,163,000	4,011,000	2,894,000	3,956,000	2,993,000	2,709,000	2,992,000	2,579,000	40,269,000	3,356,000	100%
結存	2,000	5,000	11,000	43,000	5,000	12,000	41,000	30,000	53,000	74,000	46,000	55,000	2,000		
合計	2,730,000	3,694,000	4,507,000	4,102,000	3,168,000	4,023,000	2,935,000	3,986,000	3,046,000	2,783,000	3,038,000	2,634,000	40,271,000		

支項＼月份	六年七月	八月	九月	十月	十一月	十二月	七年一月	二月	三月	四月	五月	六月	合計	平均	百分比較
內務	298,000	312,000	404,000	323,000	153,000	425,000	274,000	329,000	244,000	240,000	338,000	515,000	3,855,000	321,000	9.6
外交	2,000	4,000	3,000	2,000	1,000	4,000	7,000	5,000	4,000	3,000	4,000	4,000	43,000	4,000	.1
財政	28,000	22,000	34,000	44,000	37,000	29,000	38,000	44,000	29,000	29,000	51,000	49,000	434,000	36,000	1.1
教育	12,000	39,000	72,000	35,000	27,000	48,000	19,000	59,000	23,000	20,000	18,000	21,000	413,000	34,000	1.0
司法	19,000	22,000	16,000	10,000	4,000	26,000		24,000	3,000		2,000	6,000	132,000	11,000	.3
實業	6,000	29,000	11,000	6,000	4,000	8,000	12,000	7,000	6,000	6,000	3,000	7,000	105,000	9,000	.3
軍費	1,144,000	1,268,000	1,598,000	1,672,000	1,319,000	1,069,000	1,451,000	1,766,000	1,161,000	1,012,000	769,000	928,000	15,187,000	1,266,000	37.8
解款		175,000											175,000	15,000	.5
雜項支出	33,000	43,000	22,000	1,000				1,000		4,000	6,000	6,000	116,000	10,000	.3
還欠	293,000	630,000	1,334,000	959,000	451,000	1,003,000	149,000	357,000	655,000	620,000	727,000	220,000	7,398,000	616,000	18.4
稅外支出	870 000	1,139,000	970,000	1,045,000	1,160,000	1,370,000	955,000	1,341,000	847,000	773,000	1,065,000	780,000	12,315,000	1,026,000	30.6
合計	2,725,000	3,683,000	4,464,000	4,097,000	3,156,000	3,982,000	2,505,000	3,933,000	2,972,000	2,737,000	2,983,000	2,536,000	40,173,000	3,348,000	100%
結存	5,000	11,000	43,000	5,000	12,000	41,000	30,000	53,000	74,000	46,000	55,000	98,000	98,000		
合計	2,730,000	3,694,000	4,507,000	4,102,000	3,168,000	4,023,000	2,935,000	3,986,000	3,046,000	2,783,000	3,038,000	2,634,000	40,271,000		

廣東財政廳民國七年度收支分類統計表

（表7）

收項＼月份	七年七月	八月	九月	十月	十一月	十二月	八年一月	二月	三月	四月	五月	六月	合計	平均	百分比較
鹽稅	624,000	195,000	42,000	42,000	88,000	93,000	92,000	44,000	86,000		88,000	44,000	1,438,000	120,000	3.6
關稅	14,000	7,000	10,000	13,000	55,000	15,000		39,000	25,000		29,000	23,000	230,000	19,000	.6
煙酒	250,000	147,000	158,000	225,000	201,000	254,000	100,000	143,000	225,000	177,000	280,000	158,000	2,318,000	193,000	5.8
印花			6,000	2,000	9,000	5,000	1,000			2,000	6,000		31,000	3,000	.1
沙田	12,000	44,000	25,000	27,000	24,000	50,000	44,000	6,000	12,000	18,000	17,000	24,000	303,000	25,000	.8
籌餉	191,000	88,000	145,000	197,000	354,000	337,000	325,000	283,000	264,000	234,000	245,000	194,000	2,907,000	242,000	7.2
田賦	29,000	43,000	236,000	116,000	135,000	162,000	294,000	145,000	140,000	105,000	268,000	188,000	1,861,000	155,000	4.6
警捐	434,000	464,000	515,000	522,000	419,000	472,000	571,000	292,000	590,000	309,000	691,000	662,000	5,941,000	495,000	14.8
雜項收入	216,000	526,000	684,000	271,000	74,000	470,000	481,000	78,000	303,000	161,000	395,000	442,000	4,101,000	342,000	10.1
公債	6,000	42,000	7,000	1,000	4,000	4,000	1,000		9,000	13,000	2,000	5,000	94,000	8,000	.2
借款	416,000	621,000	388,000	536,000	430,000	1,411,000	2,585,000	153,000	1,406,000	592,000	550,000	2,230,000	11,318,000	943,000	28.1
稅外收入	629,000	626,000	438,000	1,039,000	835,000	1,491,000	1,178,000	482,000	1,011,000	827,000	586,000	593,000	9,735,000	811,000	24.1
合計	2,821,000	2,803,000	2,654,000	2,991,000	2,628,000	4,814,000	5,672,000	1,665,000	4,071,000	2,438,000	3,157,000	4,563,000	40,277,000	3,356,000	100%
結存	98,000	100,000	138,000	106,000	96,000	185,000	192,000	309,000	156,000	247,000	178,000	174,000	98,000		
合計	2,919,000	2,903,000	2,792,000	3,097,000	2,724,000	4,999,000	5,864,000	1,974,000	4,227,000	2,685,000	3,335,000	4,737,000	40,375,000		

支項＼月份	七年七月	八月	九月	十月	十一月	十二月	八年一月	二月	三月	四月	五月	六月	合計	平均	百分比較
內務	155,000	210,000	183,000	268,000	245,000	283,000	809,000	147,000	174,000	206,000	333,000	284,000	3,297,000	275,000	8.2
外交	5,000	6,000	2,000	4,000	2,000	8,000	1,000	2,000		1,000		1,000	32,000	3,000	.1
財政	42,000	37,000	33,000	76,000	17,000	44,000	54,000	27,000	49,000	29,000	53,000	91,000	552,000	46,000	1.4
教育	22,000	45,000	29,000	26,000	24,000	20,000	103,000	19,000	25,000	21,000	56,000	31,000	421,000	35,000	1.0
司法	8,000	16,000	11,000	11,000	9,000	9,000	35,000	4,000	9,000	11,000	10,000	6,000	139,000	12,000	.4
實業	5,000	9,000	6,000	7,000	4,000	6,000	9,000	2,000	4,000	4,000	6,000	4,000	66,000	5,000	.1
軍費	836,000	1,092,000	1,119,000	849,000	863,000	2,250,000	2,463,000	650,000	1,656,000	988,000	1,597,000	1,335,000	15,703,000	1,309,000	39.1
還欠	1,039,000	646,000	658,000	562,000	384,000	557,000	684,000	419,000	965,000	400,000	425,000	756,000	7,495,000	624,000	18.7
雜項支出			11,000	2,000	1,000	11,000	1,000	1,000	1,000		4,000	17,000	49,000	4,000	.1
稅外支出	707,000	704,000	634,000	1,196,000	985,000	1,619,000	1,396,000	547,000	1,097,000	847,000	677,000	871,000	11,280,000	940,000	28.1
附存款												1,079,000	1,079,000	90,000	2.8
合計	2,819,000	2,765,000	2,686,000	3,001,000	2,539,000	4,807,000	5,555,000	1,818,000	3,980,000	2,507,000	3,161,000	4,475,000	40,113,000	3,343,000	100%
結存	100,000	138,000	106,000	96,000	185,000	192,000	309,000	156,000	247,000	178,000	174,000	262,000	262,000		
合計	2,919,000	2,903,000	2,792,000	3,097,000	2,724,000	4,999,000	5,864,000	1,974,000	4,227,000	2,685,000	3,335,000	4,737,000	40,375,000		

廣東財政廳民國八年度收支分類統計表

（表8）

收項＼月份	八年七月	八月	九月	十月	十一月	十二月	九年一月	二月	三月	四月	五月	六月	合計	平均	百分比較
鹽稅	2,000		2,000	46,000		44,000		44,000	44,000		45,000	1,000	228,000	19,000	.5
關稅		12,000	16,000	13,000			17,000		7,000		29,000	47,000	141,000	12,000	.3
煙酒	167,000	219,000	481,000	272,000	272,000	298,000	220,000	266,000	225,000	218,000	201,000	307,000	3,146,000	262,000	6.7
印花											1,000		1,000		
沙田	31,000	18,000	43,000	17,000	55,000	44,000	18,000	49,000	5,000	49,000	21,000	148,000	498,000	41,000	1.0
釐餉	116,000	80,000	280,000	243,000	313,000	192,000	239,000	169,000	157,000	186,000	195,000	165,000	2,335,000	195,000	5.0
田賦	280,000	122,000	574,000	404,000	240,000	163,000	191,000	271,000	473,000	236,000	435,000	568,000	4,157,000	346,000	8.9
警捐	446,000	545,000	724,000	780,000	678,000	945,000	702,000	518,000	485,000	418,000	658,000	662,000	7,561,000	630,000	16.2
雜項收入	132,000	307,000	366,000	264,000	150,000	767,000	166,000	221,000	179,000	245,000	332,000	213,000	3,342,000	279,000	7.1
公債	142,000	67,000	92,000	50,000	30,000	107,000	45,000	18,000	19,000	141,000	16,000	263,000	950,000	83,000	2.1
借款	589,000	1,497,000	2,074,000	691,000	514,000	46,000	595,000	785,000	1,210,000	806,000	2,016,000	2,846,000	13,669,000	1,139,000	29.2
稅外收入	472,000	914,000	1,494,000	1,438,000	1,284,000	832,000	481,000	999,000	625,000	793,000	914,000	523,000	10,769,000	897,000	23.0
合計	2,377,000	3,781,000	6,146,000	4,218,000	3,536,000	3,638,000	2,674,000	3,340,000	3,429,000	3,092,000	4,863,000	5,743,000	46,837,000	3,903,000	100%
上月結存	262,000	327,000	272,000	139,000	167,000	209,000	176,000	120,000	161,000	111,000	142,000	51,000	262,000		
合計	2,639,000	4,108,000	6,418,000	4,357,000	3,703,000	3,847,000	2,850,000	3,460,000	3,590,000	3,203,000	5,005,000	5,794,000	47,099,000		

支項＼月份	八年七月	八月	九月	十月	十一月	十二月	九年一月	二月	三月	四月	五月	六月	合計	平均	百分比較
內務	259,000	194,000	441,000	365,000	226,000	315,000	581,000	541,000	364,000	253,000	365,000	428,000	4,332,000	361,000	9.2
外交	19,000		1,000	31,000			1,000	5,000	15,000	2,000	9,000	7,000	90,000	8,000	.2
財政	65,000	43,000	121,000	149,000	26,000	83,000	70,000	62,000	119,000	71,000	256,000	56,000	1,121,000	93,000	2.4
教育	25,000	34,000	25,000	84,000	35,000	39,000	22,000	76,000	45,000	16,000	25,000	66,000	492,000	41,000	1.1
司法	39,000	12,000	34,000	22,000	9,000	28,000	15,000	34,000	49,000	15,000	15,000	22,000	294,000	25,000	.6
實業	4,000	6,000	5,000	11,000	5,000	6,000	4,000	22,000	5,000	6,000	9,000	6,000	89,000	7,000	.2
軍費	995,000	2,145,000	3,187,000	1,672,000	1,359,000	1,630,000	1,125,000	1,317,000	1,477,000	1,225,000	2,196,000	2,991,000	21,319,000	1,777,000	45.3
還欠	261,000	423,000	937,000	444,000	627,000	528,000	355,000	535,000	546,000	648,000	995,000	1,578,000	7,877,000	656,000	16.7
雜項支出		11,000	1,000	3,000			70,000				56,000	15,000	156,000	13,000	.3
稅外支出	645,000	968,000	1,527,000	1,409,000	1,207,000	1,042,000	487,000	707,000	859,000	825,000	1,028,000	582,000	11,286,000	940,000	24.0
合計	2,312,000	3,836,000	6,279,000	4,190,000	3,494,000	3,671,000	2,730,000	3,299,000	3,479,000	3,061,000	4,954,000	5,751,000	47,056,000	3,921,000	100%
本月結存	327,000	272,000	139,000	167,000	209,000	176,000	120,000	161,000	111,000	142,000	51,000	43,000	43,000		
合計	2,639,000	4,108,000	6,418,000	4,357,000	3,703,000	3,847,000	2,850,000	3,460,000	3,550,000	3,203,000	5,005,000	5,794,000	47,099,000		

廣東財政廳民國九年度收支分類統計表

（表9）

收項 \ 月份	九年七月	八月	九月	十月	十一月	十二月	十年一月	二月	三月	四月	五月	六月	合計	平均	百分比較
鹽稅		44,000	1,000				1,000	51,000	1,000	48,000	1,000	31,000	178,000	15,000	.5
關稅	10,000	10,000	5,000				8,000	58,000				68,000	159,000	13,000	.4
煙酒	209,000	153,000	236,000	2,000	55,000	63,000	320,000	277,000	304,000	259,000	216,000	230,000	2,324,000	194,000	6.2
印花		11,000	5,000									51,000	67,000	6,000	.2
沙田	21,000	25,000	22,000	22,000	7,000	104,000	46,000	24,000	28,000	5,000	12,000		316,000	26,000	.8
警餉	218,000	252,000	95,000				10,000		5,000	157,000			737,000	61,000	2.0
田賦	222,000	139,000	158,000	6,000		46,000	178,000	156,000	229,000	246,000	196,000	275,000	1,851,000	154,000	4.9
警捐	680,000	554,000	571,000	259,000	417,000	1,255,000	581,000	433,000	750,000	611,000	587,000	822,000	7,520,000	627,000	20.0
雜項收入	213,000	417,000	170,000	51,000	126,000	903,000	112,000	104,000	312,000	201,000	300,000	389,000	3,298,000	275,000	8.8
公債			8,000	1,000					2,000	1,000	22,000	46,000	80,000	7,000	.2
借款	702,000	583,000	2,019,000	1,437,000	957,000	399,000	305,000	1,818,000	1,800,000	1,870,000	1,735,000	1,516,000	15,141,000	1,262,000	40.3
稅外收入	445,000	903,000	1,498,000	250,000	149,000	305,000	91,000	340,000	452,000	128,000	1,322,000	49,000	5,932,000	493,000	15.7
合計	2,720,000	3,091,000	4,788,000	2,028,000	1,711,000	3,075,000	1,652,000	3,261,000	3,883,000	3,526,000	4,391,000	3,477,000	37,603,000	3,133,000	100%
結存	43,000	110,000	133,000	41,000	18,000	36,000	111,000	64,000	368,000	924,000	820,000	264,000	43,000		
合計	2,763,000	3,201,000	4,921,000	2,069,000	1,729,000	3,111,000	1,763,000	3,325,000	4,251,000	4,450,000	5,211,000	3,741,000	37,646,000		

支項 \ 月份	九年七月	八月	九月	十月	十一月	十二月	十年一月	二月	三月	四月	五月	六月	合計	平均	百分比較
內務	482,000	245,000	309,000	100,000	42,000	331,000	371,000	377,000	458,000	388,000	160,000	518,000	3,781,000	315,000	10.3
外交	2,000	7,000	7,000			1,000				1,000	1,000	1,000	20,000	2,000	.1
財政	115,000	75,000	39,000	59,000	29,000	60,000	44,000	42,000	62,000	37,000	66,000	74,000	702,000	59,000	1.9
教育	39,000	30,000	34,000	22,000	41,000	152,000	95,000	165,000	48,000	85,000	28,000	97,000	836,000	70,000	2.3
司法	33,000	29,000	6,000	2,000	3,000	20,000	20,000	14,000	23,000	21,000	26,000	34,000	231,000	19,000	.6
實業	4,000	6,000	2,000	1,000	4,000	12,000	6,000	20,000	8,000	2,000	4,000	4,000	73,000	6,000	.2
軍費	1,112,000	1,282,000	2,077,000	56,000	1,390,000	855,000	845,000	1,541,000	1,624,000	1,718,000	2,247,000	1,572,000	16,319,000	1,360,000	44.5
還欠	325,000	417,000	751,000	1,511,000	6,000	395,000	194,000	413,000	634,000	1,211,000	1,077,000	437,000	7,371,000	614,000	20.1
雜項支出	4,000	7,000	15,000	16,000		4,000			10,000	7,000	15,000	4,000	82,000	7,000	.2
稅外支出	537,000	970,000	1,640,000	284,000	178,000	1,170,000	124,000	385,000	460,000	160,000	1,323,000	48,000	7,279,000	606,000	19.8
合計	2,653,000	3,068,000	4,880,000	2,051,000	1,693,000	3,000,000	1,699,000	2,957,000	3,327,000	3,630,000	4,947,000	2,789,000	36,694,000	3,058,000	100%
結存	110,000	133,000	41,000	18,000	36,000	111,000	64,000	368,000	924,000	820,000	264,000	952,000	952,000		
合計	2,763,000	3,201,000	4,921,000	2,069,000	1,729,000	3,111,000	1,763,000	3,325,000	4,251,000	4,450,000	5,211,000	3,741,000	37,646,000		

廣東財政廳民國十年度收支分類統計表

(表10)

收項 ＼ 月份	十年七月	八月	九月	十月	十一月	十二月	十一年一月	二月	三月	四月	五月	六月	合計	平均	百分比較
鹽稅	1,000	30,000	1,000			642,000	766,000	601,000	598,000	377,000			3,016,000	251,000	6.9
關稅	26,000	6,000	24,000	16,000	97,000	27,000	44,000	36,000	44,000	25,000	19,000	2,000	366,000	31,000	.9
煙酒	153,000	232,000	277,000	260,000	307,000	444,000	359,000	204,000	301,000	245,000	210,000	175,000	3,167,000	264,000	7.3
公債	47,000	250,000	101,000	49,000	292,000	70,000	7,000	20,000	1,000		1,000		838,000	70,000	1.9
沙田	29,000	107,000	82,000	46,000	55,000	78,000	162,000		67,000	87,000	60,000		773,000	64,000	1.8
籌餉					6,000								6,000	1,000	
田賦	447,000	299,000	312,000	129,000	304,000	319,000	429,000	197,000	405,000	226,000	106,000	115,000	3,288,000	274,000	7.6
釐捐	539,000	807,000	922,000	745,000	1,008,000	761,000	856,000	696,000	709,000	580,000	1,347,000	897,000	9,867,000	822,000	22.7
雜項收入	584,000	961,000	410,000	458,000	959,000	890,000	664,000	125,000	181,000	820,000	50,000	283,000	6,385,000	532,000	14.7
借款	1,820,000	2,060,000	1,602,000	1,340,000	762,000	1,884,000	678,000	278,000	233,000	2,146,000	170,000	60,000	13,033,000	1,086,000	29.9
稅外收入	47,000	153,000	242,000	591,000	143,000	271,000	268,000	302,000	29,000	405,000	244,000	65,000	2,760,000	230,000	6.3
合計	3,693,000	4,905,000	3,973,000	3,634,000	3,933,000	5,386,000	4,233,000	2,459,000	2,568,000	4,911,000	2,207,000	1,597,000	43,499,000	3,625,000	100%
結存	952,000	*421,000	*1,036,000	*1,089,000	*983,000	*1,144,000	*2,377,000	*2,148,000	*2,171,000	*1,524,000	*1,803,000	*2,680,000	952,000		
合計	4,645,000	5,326,000	5,009,000	4,723,000	4,916,000	6,530,000	6,610,000	4,607,000	4,739,000	6,435,000	4,010,000	4,277,000	44,451,000		

支項 ＼ 月份	十年七月	八月	九月	十月	十一月	十二月	十一年一月	二月	三月	四月	五月	六月	合計	平均	百分比較
內務	251,000	492,000	237,000	252,000	143,000	210,000	163,000	142,000	171,000	147,000	340,000	129,000	2,677,000	223,000	6.5
外交	19,000		7,000	5,000	5,000		3,000	9,000	1,000	3,000	3,000	5,000	60,000	5,000	.1
財政	70,000	92,000	74,000	62,000	54,000	51,000	29,000	46,000	79,000	48,000	65,000	19,000	689,000	57,000	1.7
教育	124,000	77,000	85,000	129,000	72,000	32,000	113,000	107,000	333,000	13,000	44,000	61,000	1,190,000	100,000	2.9
司法	26,000	58,000	42,000	38,000	32,000	34,000	14,000	10,000	41,000	10,000	33,000	43,000	381,000	32,000	.9
實業	9,000	9,000	13,000	10,000	5,000	5,000	13,000	2,000	8,000	1,000	1,000		76,000	6,000	.2
軍費	3,231,000	2,685,000	1,991,000	2,242,000	1,922,000	2,926,000	3,001,000	1,383,000	1,731,000	1,947,000	41,000	493,000	23,593,000	1,966,000	57.4
還欠	419,000	661,000	1,206,000	613,000	1,279,000	521,000	580,000	368,000	585,000	1,946,000	324,000	33,000	8,535,000	711,000	20.8
雜項支出	49,000	71,000	25,000	48,000	145,000	112,000	297,000	63,000	237,000	140,000	122,000	76,000	1,385,000	115,000	3.4
稅外支出	26,000	145,000	240,000	341,000	115,000	262,000	249,000	306,000	29,000	377,000	357,000	43,000	2,490,000	208,000	6.1
合計	4,224,000	4,290,000	3,920,000	3,740,000	3,772,000	4,153,000	4,462,000	2,436,000	3,215,000	4,632,000	1,330,000	502,000	41,076,000	3,423,000	100%
結存	*421,000	*1,036,000	*1,089,000	*983,000	*1,144,000	*2,377,000	*2,148,000	*2,171,000	*1,524,000	*1,803,000	*2,680,000	*3,375,000	*3,375,000		
合計	4,645,000	5,326,000	5,009,000	4,723,000	4,916,000	6,530,000	6,610,000	4,607,000	4,739,000	6,435,000	4,010,000	4,277,000	44,451,000		

(凡數有*符號者俱爲推算數)

廣東財政廳民國十一年度收支分類統計表

(表11)

收項＼月份	十一年七月	八月	九月	十月	十一月	十二月	十二年一月	二月	三月	四月	五月	六月	合計	平均	百分比較
鹽稅	831,000	1,305,000	379,000	852,000	642,000	681,000	333,000		10,000		89,000		5,122,000	427,000	14.0
關稅	4,000	48,000	36,000	45,000	49,000	61,000	28,000			9,000	17,000		297,000	25,000	.8
煙酒	164,000	350,000	241,000	307,000	247,000	340,000	148,000		4,000	12,000	35,000	19,000	1,867,000	157,000	5.1
印花		5,000	14,000	12,000	56,000	51,000	36,000		35,000				209,000	17,000	.6
沙田	5,000	28,000	23,000	51,000	48,000	134,000	49,000		14,000		54,000		406,000	34,000	1.1
田賦	73,000	207,000	305,000	202,000	315,000	363,000	190,000	36,000	47,000	109,000	182,000	40,000	2,069,000	172,000	5.6
釐捐	489,000	538,000	699,000	722,000	886,000	1,145,000	624,000	20,000	447,000	207,000	465,000	244,000	6,486,000	540,000	17.6
雜項收入	213,000	208,000	155,000	290,000	453,000	371,000	485,000	206,000	912,000	500,000	852,000	112,000	4,757,000	396,000	12.9
公債			7,000	1,000	8,000	5,000	3,000						24,000	2,000	.1
借款	1,420,000	1,162,000	1,494,000	2,869,000	1,739,000	1,450,000	887,000	10.000	347,000	347,000	548,000	313,000	12,586,000	1,049,000	34.3
稅外收入	840,000	275,000	225,000	427,000	333,000	526,000	220,000		21,000	26,000		2,000	2,895,000	241,000	7.9
合計	4,039,000	4,126,000	3,578,000	5,778,000	4,776,000	5,127,000	3,003,000	272,000	1,837,000	1,210,000	2,242,000	730,000	36,718,000	3,060,000	100%
結存	*3,375,000	*3,111,000	*2,734,000	*2,867,000	*3,197,000	*3,153,000	*3,775,000	*5,332,000	*4,908,000	*5,232,000	*5,780,000	*6,983,000	*3,375,000		
合計	7,414,000	7,237,000	6,312,000	8,645,000	7,973,000	8,280,000	6,778,000	5,604,000	6,745,000	6,442,000	8,022,000	7,713,000	40,093,000		

支項＼月份	十一年七月	八月	九月	十月	十一月	十二月	十二年一月	二月	三月	四月	五月	六月	合計	平均	百分比較
內務	116,000	304,000	266,000	368,000	442,000	203,000	17,000	30,000	126,000	19,000	60,000	191,000	2,142,000	178,000	6.3
外交	6,000	3,000	1,000	1,000		1,000		3,000			17,000		32,000	3,000	.1
財政	50,000	91,000	38,000	31,000	40,000	50,000	51,000	44,000	48,000	17.000	48,000	133,000	641,000	53,000	1.9
教育	9,000	40,000	27,000	170,000	104,000	153,000	19,000	8,000	5,000	10,000	20,000	8,000	573,000	48,000	1.8
司法	1,000	21,000	11,000	29,000	26,000	22,000	10,000	8,000	12,000	2,000	11,000	6,000	159,000	13,000	.5
實業		5,000	1,000	1,000	2,000	1,000	11,000	2,000		1,000		4,000	28,000	2,000	.1
軍費	3,702,000	3,155,000	2,450,000	3,688,000	2,850,000	3,064,000	718,000	486,000	1,003,000	492,000	647,000	504,000	22,759,000	1,897,000	67.5
還欠	204,000	466,000	322,000	303,000	709,000	430,000	453,000	73,000	147,000	59,000	44,000	330,000	3,540,000	295,000	10.5
雜項支出	18,000	46,000	86,000	243,000	177,000	11,000	21,000	30,000	172,000	51,000	179,000	98,000	1,132,000	94,000	3.3
稅外支出	197,000	372,000	243,000	614,000	470,000	570,000	146,000	12,000		11,000	13,000	50,000	2,698,000	226,000	8.0
合計	4,303,000	4,503,000	3,445,000	5,448,000	4,820,000	4,505,000	1,446,000	696,000	1,513,000	662,000	1,039,000	1,324,000	33,704,000	2,809,000	100%
結存	*3,111,000	*2,734,000	*2,867,000	*3,197,000	*3,153,000	*3,775,000	*5,332,000	*4,908,000	*5,232,000	*5,780,000	*6,983,000	*6,389,000	*6,389,000		
合計	7,414,000	7,237,000	6,312,000	8,645,000	7,973,000	8,280,000	6,778,000	5,604,000	6,745,000	6,442,000	8,022,000	7,713,000	40,093,000		

廣東財政廳民國十二年度收支分類統計表

(表12)

收項 \ 月份	十二年七月	八月	九月	十月	十一月	十二月	十三年一月	二月	三月	四月	五月	六月	合計	平均	百分比較
鹽税	10,000												10,000	1,000	.1
關税					7,000						11,000	1,000	19,000	2,000	.1
煙酒	2,000	2,000	12,000	23,000	20,000	24,000	49,000	17,000	32,000	26,000	24,000	32,000	263,000	22,000	1.6
沙田	52,000	120,000	40,000	37,000	96,000	23,000	11,000	1,000			1,000		381,000	32,000	2.3
警餉										15,000	4,000	15,000	34,000	3,000	.2
田賦	153,000	80,000	112,000	118,000	155,000	107,000	215,000	130,000	146,000	86,000	258,000	76,000	1,636,000	136,000	9.8
釐捐	171,000	524,000	327,000	531,000	546,000	469,000	374,000	258,000	473,000	290,000	492,000	375,000	4,830,000	402,000	29.1
雜項收入	133,000	345,000	477,000	374,000	340,000	1,476,000	241,000	23,000	559,000	42,000	26,000	325,000	4,361,000	363,000	26.3
借款	434,000	583,000	289,000	271,000	59,000	360,000	86,000	42,000	64,000	119,000	146,000	332,000	2,785,000	232,000	16.8
税外收入	9,000	560,000	518,000	182,000	36,000		188,000	231,000	245,000	93,000	91,000	131,000	2,284,000	190,000	13.7
合計	964,000	2,214,000	1,775,000	1,536,000	1,259,000	2,459,000	1,164,000	702,000	1,519,000	671,000	1,053,000	1,287,000	16,603,000	1,383,000	100%
結存	*6,389,000	*6,411,000	*6,631,000	*6,450,000	*6,436,000	*6,267,000	*6,550,000	*6,268,000	*6,275,000	*6,281,000	*6,290,000	*6,305,000	*6,389,000		
合計	7,353,000	8,625,000	8,406,000	7,986,000	7,695,000	8,726,000	7,714,000	6,970,000	7,794,000	6,952,000	7,343,000	7,592,000	22,992,000		

支項 \ 月份	十二年七月	八月	九月	十月	十一月	十二月	十三年一月	二月	三月	四月	五月	六月	合計	平均	百分比較
內務	54,000	14,000	45,000	121,000	111,000	42,000	17,000	29,000	126,000	19,000	60,000	191,000	829,000	69,000	5.0
外交					7,000			3,000			17,000		27,000	2,000	.1
財政	32,000	48,000	47,000	80,000	64,000	82,000	51,000	44,000	48,000	17,000	48,000	133,000	694,000	58,000	4.2
教育	3,000	74,000	81,000	4,000	43,000	44,000	19,000	8,000	5,000	10,000	20,000	8,000	319,000	27,000	1.9
司法	20,000	5,000	15,000	6,000	12,000	5,000	10,000	8,000	12,000	2,000	11,000	6,000	112,000	9,000	.7
實業		1,000	1,000	1,000			11,000	2,000		1,000		4,000	21,000	2,000	.1
軍費	408,000	954,000	671,000	676,000	668,000	1,589,000	718,000	486,000	1,003,000	492,000	646,000	504,000	8,815,000	735,000	52.7
還欠	386,000	202,000	537,000	431,000	170,000	148,000	453,000	73,000	147,000	59,000	44,000	330,000	2,980,000	248,000	17.8
雜項支出	30,000	154,000	128,000	44,000	316,000	266,000	21,000	30,000	172,000	51,000	179,000	98,000	1,489,000	124,000	8.9
税外支出	9,000	542,000	431,000	187,000	37,000		146,000	12,000		11,000	13,000	50,000	1,438,000	120,000	8.6
合計	942,000	1,994,000	1,956,000	1,550,000	1,428,000	2,176,000	1,446,000	695,000	1,513,000	662,000	1,038,000	1,324,000	16,724,000	1,394,000	100%
結存	*6,411,000	*6,631,000	*6,450,000	*6,436,000	*6,267,000	*6,550,000	*6,268,000	*6,275,000	*6,231,000	*6,290,000	*6,305,000	*6,268,000	*6,268,000		
合計	7,353,000	8,625,000	8,406,000	7,986,000	7,695,000	8,726,000	7,714,000	6,970,000	7,794,000	6,952,000	7,343,000	7,592,000	22,992,000		

廣東財政廳民國十三年度收支分類統計表

(表13)

收項＼月份	十三年七月	八月	九月	十月	十一月	十二月	十四年一月	二月	三月	四月	五月	六月	合計	平均	百分比較
鹽稅							1,000						1,000		
關稅	1,000	35,000										8,000	44,000	4,000	.4
煙酒	56,000	34,000	28,000	5,000	38,000	13,000	50,000	37,000	62,000	28,000	32,000	161,000	544,000	45,000	4.5
沙田	8,000		65,000			2,000	1,000		7,000			177,000	260,000	22,000	2.2
籌餉	5,000												5,000		
田賦	163,000	107,000	126,000	62,000	119,000	110,000	88,000	239,000	93,000	90,000	212,000	101,000	1,510,000	126,000	12.5
釐捐	344,000	408,000	559,000	238,000	285,000	311,000	475,000	307,000	329,000	303,000	416,000	226,000	4,201,000	350,000	34.7
雜項收入	174,000	279,000	323,000	47,000	20,000	14,000	233,000	230,000	60,000	38,000	64,000	30,000	1,512,000	126,000	12.5
借款	429,000	230,000	334,000	165,000	46,000	238,000	54,000	319,000	285,000	7,000	165,000	63,000	2,335,000	195,000	19.4
稅外收入	72,000	105,000	110,000	460,000	61,000	109,000	122,000	156,000	62,000	180,000	101,000	131,000	1,669,000	139,000	13.8
合計	1,252,000	1,198,000	1,545,000	977,000	569,000	797,000	1,024,000	1,288,000	898,000	646,000	990,000	897,000	12,081,000	1,007,000	100%
結存	*6,268,000	*6,311,000	*6,252,000	*6,225,000	*6,215,000	*6,167,000	*6,190,000	*6,192,000	*6,153,000	*6,161,000	*6,170,000	*6,153,000	*6,268,000		
合計	7,520,000	7,509,000	7.797,000	7,202,000	6,784,000	6,964,000	7,214,000	7,480,000	7,051,000	6,807,000	7,160,000	7,050,000	18,349,000		

支項＼月份	十三年七月	八月	九月	十月	十一月	十二月	十四年一月	二月	三月	四月	五月	六月	合計	平均	百分比較
內務	30,000	36 000	30.000	148,000	40.000	42.000	14,000	105,000	21.000	13,000	118,000	5,000	602,000	50,000	4.9
外交		35.000						2,000	1,000			10,000	48,000	4,000	.4
財政	15,000	18,000	101.000	40,000	29,000	50,000	44,000	14,000	40,000	44,000	57,000	82,000	534,000	44,000	4.3
教育	4,000	4,000	1,000	11,000	4,000	7.000	15 000	25.000	9.000	19,000	44,000	18,000	161,000	13,000	1.3
司法	6.000	14,000	7,000	1.000	2,000	16.000	7,000	8.000	8,000	4,000	9,000	10,000	92,000	8.000	.8
實業			1,000		1,000								2,000		
軍費	671,000	590,000	502,000	645,000	441,000	371,000	653,000	573,000	451,000	344,000	354,000	613,000	6,208,000	517,000	50.9
還欠	371,000	197,000	503,000	76,000	26,000	254,000	112,000	369,000	331,000	81,000	172,000	59,000	2,551,000	213,000	21.0
雜項支出	62,000	168,000	400,000	58,000	68,000	31,000	114,000	30,000	13,000	27,000	96,000	33,000	1,100,000	92,000	9.0
稅外支出	50,000	195,000	27,000	8,000	6,000	3,000	63,000	201,000	16,000	105 000	157,000	67.000	898,000	75,000	7 4
合計	1.209,000	1,257,000	1,572,000	987,000	617,000	774.000	1.022,000	1.327,000	890,000	637,000	1,007,000	897,000	12,196,000	1.016,000	100%
結存	*6.311.000	*6,252,000	*6.225,000	*6,215,000	*6,167,000	*6.190,000	*6,192,000	*6,153,000	*6,161,000	*6,170,000	*6,153,000	*6,153,000	*6,153,000		
合計	7.520.000	7.509,000	7.797.000	7.202.000	6.784 000	6 964,000	7.214.000	7,480,000	7,051.000	6 807.000	7.160.000	7,050.000	18,349,000		

廣東財政廳民國十四年度收支分類統計表

(表14)

收項 \ 月份	十四年七月	八 月	九 月	十 月	十一月	十二月	十五年一月	二 月	三 月	四 月	五 月	六 月	合 計	平 均	百分比較
鹽 稅	176,000	* 341,000	193,000	446,000	529,000	362,000	536,000	495,000	564,000	596,000	725,000	484,000	5,447,000	454,000	7.7
關 稅		* 5,000	1,000	9,000	1,000	14,000		4,000	5,000	25,000	13,000	14,000	91,000	8,000	.1
煤 油		* 10,000				50,000	14,000	289,000	82,000	125,000	424,000	108,000	1,102,000	92,000	1.6
爆烈品		* 13,000				63,000	32,000	24,000	64,000	48,000	33,000	36,000	313,000	26,000	.4
煙 酒	44,000	* 99,000	3,000	134,000	88,000	225,000	170,000	212,000	206,000	205,000	190,000	208,000	1,784,000	149,000	2.5
印 花	10,000	* 96,000	2,000	61,000	32.000	375.000	206,000	223,000	308,000	293,000	227,000	304,000	2,137,000	178,000	3.0
禁 煙		* 63,000		101,000	90,000	125,000	343.000	307,000	355,000	232,000	343,000	504,000	2,463,000	205.000	3.5
沙 田		* 15,000		10 000	60.000	3,000	39,000	123,000	88,000	20,000	22.000	36.000	416,000	35,000	.6
籌 餉	10.000	* 340,000		101,000	237.000	1,350,000	793,000	707,000	872,000	886,000	1,039,000	1,192,000	7,527,000	627,000	10.7
田 賦	69,000		6.000	394,000	12.000	82,000	104.000	121.000	218 000	144.000	63.000	515.000	1.728.000	144,000	2.5
釐 捐	311,000	46 000	136,000	557.000	256.000	1.016 000	597,000	648.000	765,000	739,000	1,475.000	1.117.000	7.663.000	639,000	10.9
大學收入							23 000	30 000	44 000	13.000	43,000	43,000	196.000	16 000	.3
鐵路解款	44.000		20.000				110 000	49.000	104,000	83,000	44.000	49.000	503.000	42.000	.7
雜項收入	135,000	1,000	5.000	1,524,000	1.137.000	569,000	220,000	229,000	272 000	329 000	300.000	434.000	5,155,000	430,000	7.3
公債庫券				100,000		137,000	33,000	315,000	1,255.000	1,280,000	640,000	1,990,000	5,750,000	479,000	8.2
借 款	101 000	138.000	351,000	1,270,000	943,000	3 635,000	704,000	1.466 000	1.546.000	1,595,000	823.000	1,813.000	14,385,000	1,199,000	20.4
稅外收入	72,000	177,000	281.000			26,000	1 127 000	1.392 000	1 760 000	2 403 000	2,914.000	3,697,000	13,849,000	1,154,000	19.6
合 計	972,000	1,344,000	998.000	4 707.000	3.385.000	8 032,000	5.051,000	6,634.000	8.508,000	9,016.000	9,318,000	12,544.000	70.509,000	5,877,000	100%
結 存	*6.153,000	*6.165 000	*5.499,000	*5.584 000	*5 633 000	*5 617 000	*5 705 000	*5 650 000	*5 714 000	*6 327.000	*6.117,000	*6.049.000	*6.153.000		
合 計	7,125,000	7,509,000	6.497,000	10,291.000	9,018,000	13 649.000	10.756.000	12.284.000	14 222,000	15,343,000	15.435,000	18.593.000	76,662,000		

支項 \ 月份	十四年七月	八 月	九 月	十 月	十一月	十二月	十五年一月	二 月	三 月	四 月	五 月	六 月	合 計	平 均	百分比較
國 務	11.000	50,000	33,000	22,000	59,000	56.000	111,000	101 000	149.000	152,000	251,000	63.000	1,058,000	88,000	1.5
內 務	11,000	290.000	24,000	241.000	49,000	123,000	75,000	51.000	57,000	59,000	60,000	88.000	1,128,000	94,000	1.6
外 交	5,000	12,000	24.000		297,000	275,000	250,000	276,000	296,000	298,000	326,000	260,000	2,319,000	193,000	3.3
財 政	103,000	76,000	60,000	45 000	55,000	100,000	98,000	118.000	122 000	140,000	135,000	162 000	1.214.000	101.000	1.7
教 育	15,000	19.000	47.000	20,000	44.000	183,000	123,000	105.000	131,000	157.000	168,000	136,000	1.148.000	96,000	1.6
司 法	10,000	16,000	14.000	29.000	16,000	35,000	45.000	29,000	26,000	30.000	34,000	32,000	316,000	26,000	.4
實 業	1.000	12.000	50,00	8.000	10 000	29 000	22 000	21 000	19 000	18 000	17,000	27.000	189.000	16.000	.3
軍 費	681,000	1 089,000	493.000	2,666,000	1.851,000	4.902 000	2.798 000	3.359 000	3,637,000	4.712 000	3.342 000	6 413 000	35 943.000	2.995.000	51.2
雜項支出	98,000						170.000	44,000	32.000	846.000	914,000	57.000	2.161,000	180.000	3.1
還 欠	24,000						447.000	1.058,000	1.497.000	567 000	1,438.000	502.000	5.533.000	461,000	7 9
稅外支出	1,000	446.000	213,000	1.627.000	1,020,000	2 241,000	967,000	1,408,000	1.929.000	2 247,000	2.701,000	4.475.000	19.275.000	1.606.000	27.4
合 計	960.000	2,010,000	913,000	4,658,000	3,401,000	7,944,000	5,106.000	6.570.000	7.895 000	9,226,000	9.386 000	12 215.000	70.284,000	5,856.000	100%
結 存	*6,165.000	*5.499,000	*5 584.000	*5,633,000	*5 617,000	*5,705,000	*5,650.000	*5,714.000	*6.327 000	*6 117 000	*6,049,000	*6,378,000	*6 378.000		
合 計	7.125.000	7,509,000	6,497,000	10,291.000	9,018,000	13,649,000	10,756,000	12.284 000	14,222.000	15 343.000	15.435 000	18,593.000	76,662,000		

（說明：八月份收入欄內符號表示該月份國庫收入報告書散失無從入數乃以該半年度之平均數補入計算）

廣東財政廳十四個年度收支分類統計表

（表15）

收項＼年度	元年度	二年度	三年度	四年度	五年度	六年度	七年度	八年度	九年度	十年度	十一年度	十二年度	十三年度	十四年度	合計	平均	百比分較
鹽稅	5,270,000	326,000			314,000	421,000	1.438,000	228,000	178,000	3,016,000	5,122,000	10,000	1,000	5.447,000	21.771,000	1,555,000	4.5
關稅	789,000	126,000		40,000	34,000	198,000	230,000	141,000	159,000	366,000	297,000	19,000	44,000	21,000	2,532,000	181,000	.5
煙酒	649,000	1,778,000	2,355,000	1,274,000	1.595.000	2,008,000	2.318,000	3.146,000	2,324.000	3,167,000	1,867,000	263,000	544,000	1,784.000	25.072.000	1,791,000	5.2
印花		18,000	175,000	108,000	17,000	3,000	31,000	1,000	67,000		209,000			2,137,000	2,766,000	197,000	.6
禁煙														2,463.000	2,463,000	176,000	5
沙田		411,000	685,000	567,000	298,000	331,000	303,000	498,000	316,000	773,000	406,000	381.000	260,000	416,000	5,645,000	403,000	1.1
籌餉			1,850,000	2,064,000	1,911,000	1,506,000	2,907,000	2,335,000	737,000	6,000		34,000	5,000	7,527,000	20,882,000	1,492,000	4.3
田賦	3,837,000	3,552,000	1,977,000	2,345,000	1,736,000	1,640,000	1,861,000	4,157,000	1,851,000	3,288,000	2,069,000	1,636 000	1,510,000	1,728,000	33,187,000	2,371,000	6.8
釐捐	8,655,000	8,891,000	7,540,000	8,398,000	6,648,000	6,905,000	5,941,000	7,561,000	7,520,000	9,867,000	6,486,000	4,830,000	4,201,000	9,078,000	102 521.000	7,323,000	21.1
雜項收入	18,941,000	4,577,000	3,762,000	1,965,000	3,693,000	3,952,000	4,101,000	3,342,000	3,298,000	6,385,000	4,757,000	4.361,000	1,512,000	5.854,000	70,500,000	5.036,000	14.5
公債庫券		417,000	201,000	539,000	586,000	594,000	94,000	990,000	80,000	838,000	24,000			5,750,000	10,113,000	722,000	2.1
借款				2,635,000	12.544,000	11.659.000	11 318,000	13 669.000	15,141,000	13.033,000	12.586,000	2,785,000	2,335,000	14,385,000	112.090.000	8,006,000	23.1
稅外收入			2,084,000	4,643,000	8,811,000	11.052,000	9,735,000	10.769 000	5,932,000	2,760,000	2,895,000	2.284.000	1,669,000	13,849,000	76,483,000	5,468,000	15.7
合計	38,139,000	20 096,000	20,629,000	24,578,000	38.187.000	40,269.000	40.277,000	46.837.000	37,603,000	43 499,000	36,718,000	16.603,000	12,[illegible]81.000	70,509,000	486.025000	34.716,000	100%
結存					62,000	2,000	98,000	262,000	43,000	952,000	3,375,000	6,389,000	6.268,000	6,153,000			
合計					38 249,000	40,271,000	40,375,000	47.099 000	37,646,000	44,451 000	40.093,000	22 992,000	18,349.000	76,662,000			

支項＼年度	元年度	二年度	三年度	四年度	五年度	六年度	七年度	八年度	九年度	十年度	十一年度	十二年度	十三年度	十四年度	合計	平均	百比分較
國務														1.058.000	1.058.000	76,000	.2
內務	4,603,000	3,200,000	3,176,000	4,064,000	3,673,000	3,855,000	3,297,000	4.332,000	3,781,000	2.677.000	2.142,000	8[illegible]9,000	602,000	1,128,000	41,359,000	2,954,000	8.6
外交	58,000	32.000	22,000	14.000	35,000	43,000	32,000	90.000	20,000	60.000	32,000	27,000	48,000	2,319,000	2,832,000	202,000	.6
財政	5,243,000	1,749.000	2,632,000	531,000	365,000	434,000	5[illegible]2,000	1,121,000	702.000	689.000	641.000	694.000	534.000	1,214.000	17,101.000	1,222,000	3.5
教育	925,000	440.000	475.000	419,000	452,000	413,000	421,000	492 000	836.000	1,190,000	573,000	319,000	161,000	1,148,000	8,264,000	590,000	1.7
司法	987.000	1,260,000	387,000	309.000	280,000	132,000	139.000	294.000	231,000	381.000	159,000	112.000	92,000	316,000	5,079.000	363,000	1.1
農商	267,000	150,000	120,000	36,000	75.000	105,000	66.000	89.000	73.000	76,000	28.000	21,000	2,000	189,000	1,297,000	93,000	.3
交通																	
軍費	19,749,000	19,461,000	12.504,000	11.377.000	14,327,000	15.187 000	15.703,000	21,319,000	16,319,000	23.[illegible]93.000	22,759.000	8,815.000	6 208.000	35,943,000	243,264.000	17,376,000	50.4
雜項支出		1,327,000	317,000	413,000	628,000	116,000	1.128,000	156 000	82.000	1,385,000	1.132,000	1.489,000	1,100.000	2,161,000	11,434,000	817,000	2.3
解中央款			2,085,000	749,000		175,000									3.009,000	215,000	.6
還欠		145,000	731,000	2,669,000	6,942,000	7,398,000	7,495,000	7,877,000	7,371,000	8,535,000	3,540,000	2,980,000	2,551,000	5,533,000	63,767,000	4,554,000	13.2
稅外支出			526,000	3,680,000	11,470,000	12,315,000	11,280,000	11,286,000	7,279,000	2,490,000	2,6[illegible]2.000	1,438,000	898,000	19,275,000	84,635,000	6,045,000	17.5
合計	31,832,000	27,764,000	22 975,000	24.261,000	38,247,000	40,173,000	40,113,000	47,056,000	36.694 000	41,076,000	33 704,000	16,724,000	12.196,000	70,284,000	483,099,000	3,4507,000	100%
結存					2.000	98,000	262,000	43,000	952.000	3,375.000	6.389.000	6,268,000	6,153.000	6,378,000			
合計					38,249 000	40,271,000	40,375,000	47,0[illegible]9,000	37,646,000	44,451,000	40,093,000	22,992,000	18,349,000	76,662,000			

廣東財政廳十四個年度每月收支總計表

（表16）

年度＼月份	七月	八月	九月	十月	十一月	十二月	正月	二月	三月	四月	五月	六月	總數	平均數	百分比較
元年度	3,178,000	3,178,000	3,178,000	3,178,000	3,178,000	3,178,000	3,178,000	3,178,000	3,178,000	3,179,000	3,179,000	3,179,000	38,139,000	3,178,000	7.8
二年度	1,640,000	399,000	2,516,000	1,538,000	1,151,000	1,658,000	1,599,000	1,365,000	2,194,000	1,403,000	2,243,000	2,350,000	20,096,000	1,675,000	4.1
三年度	2,009,000	1,074,000	931,000	1,046,000	1,286,000	1,208,000	1,564,000	1,914,000	2,894,000	2,711,000	2,089,000	1,903,000	20,629,000	1,719,000	4.2
四年度	2,713,000	1,577,000	1,562,000	2,164,000	1,790,000	3,141,000	2,839,000	3,003,000	2,494,000	1,071,000	870,000	1,354,000	24,578,000	2,048,000	5.1
五年度	884,000	286,000	1,205,000	2,492,000	2,384,000	4,399,000	1,935,000	3,107,000	3,580,000	1,798,000	3,440,000	12,676,000	38,187,000	3,182,000	7.9
六年度	2,728,000	3,689,000	4,496,000	4,059,000	3,163,000	4,011,000	2,894,000	3,956,000	2,993,000	2,779,000	2,992,000	2,579,000	40,269,000	3,356,000	8.3
七年度	2,821,000	2,803,000	2,654,000	2,991,000	2,628,000	4,814,000	5,672,000	1,665,000	4,071,000	2,438,000	3,157,000	4,563,000	40,277,000	3,356,000	8.3
八年度	2,377,000	3,781,000	6,146,000	4,218,000	3,536,000	3,688,000	2,674,000	3,340,000	3,429,000	3,092,000	4,863,000	5,743,000	46,837,000	3,903,000	9.6
九年度	2,720,000	3,091,000	4,788,000	2,028,000	1,711,000	3,075,000	1,652,000	3,261,000	3,883,000	3,526,000	4,391,000	3,477,000	37,603,000	3,133,000	7.7
十年度	3,693,000	4,905,000	3,973,000	3,634,000	3,933,000	5,386,000	4,233,000	2,459,000	2,568,000	4,911,000	2,207,000	1,597,000	43,499,000	3,625,000	9.0
十一年度	4,039,000	4,126,000	3,578,000	5,778,000	4,776,000	5,127,000	3,003,000	272,000	1,837,000	1,210,000	2,242,000	730,000	36,718,000	3,060,000	7.6
十二年度	964,000	2,214,000	1,775,000	1,536,000	1,259,000	2,459,000	1,164,000	702,000	1,519,000	671,000	1,053,000	1,287,000	16,603,000	1,383,000	3.4
十三年度	1,252,000	1,198,000	1,545,000	977,000	569,000	797,000	1,024,000	1,288,000	898,000	646,000	990,000	897,000	12,081,000	1,007,000	2.5
十四年度	972,000	1,344,000	998,000	4,707,000	3,385,000	8,032,000	5,051,000	6,634,000	8,508,000	9,016,000	9,318,000	12,544,000	70,509,000	5,877,000	14.5
總數	31,990,000	33,665,000	39,346,000	40,346,000	34,749,000	50,923,000	38,482,000	36,144,000	44,046,000	38,381,000	44,034,000	54,919,000	486,025,000	40,502,000	100%
平均數	2,285,000	2,405,000	2,810,000	2,882,000	2,482,000	3,637,000	2,748,000	2,582,000	3,145,000	2,742,000	3,074,000	3,923,000	34,716,000		
百分比較	6.6	6.9	8.2	8.3	7.2	10.5	7.9	7.4	9.1	7.9	8.9	11.0	100%		

年度＼月份	七月	八月	九月	十月	十一月	十二月	正月	二月	三月	四月	五月	六月	總數	平均數	百分比較
元年度	2,652,000	2,652,000	2,652,000	2,652,000	2,653,000	2,653,000	2,653,000	2,653,000	2,653,000	2,653,000	2,653,000	2,653,000	31,832,000	2,653,000	6.6
二年度	3,466,000	4,122,000	2,962,000	2,125,000	2,124,000	2,603,000	1,857,000	1,808,000	1,933,000	1,608,000	1,420,000	1,736,000	27,764,000	2,314,000	5.8
三年度	1,845,000	1,927,000	1,500,000	1,419,000	1,834,000	1,760,000	1,481,000	1,819,000	2,716,000	2,666,000	2,154,000	1,854,000	22,975,000	1,915,000	4.8
四年度	2,620,000	1,680,000	1,483,000	2,143,000	1,786,000	2,869,000	2,548,000	3,356,000	2,509,000	1,062,000	896,000	1,309,000	24,261,000	2,022,000	5.0
五年度	941,000	285,000	1,019,000	2,646,000	2,248,000	4,444,000	1,969,000	3,183,000	3,577,000	1,794,000	3,454,000	12,687,000	38,247,000	3,187,000	7.9
六年度	2,725,000	3,683,000	4,464,000	4,097,000	3,156,000	3,982,000	2,905,000	3,933,000	2,972,000	2,737,000	2,983,000	2,536,000	40,173,000	3,348,000	8.3
七年度	2,819,000	2,765,000	2,686,000	3,001,000	2,539,000	4,807,000	5,555,000	1,818,000	3,980,000	2,507,000	3,161,000	4,475,000	40,113,000	3,343,000	8.3
八年度	2,312,000	3,836,000	2,279,000	4,190,000	3,494,000	3,671,000	2,730,000	3,299,000	3,479,000	3,051,000	4,954,000	5,751,000	47,056,000	3,921,000	9.7
九年度	2,653,000	3,068,000	4,880,000	2,051,000	1,693,000	3,000,000	1,699,000	2,957,000	3,327,000	3,630,000	4,947,000	2,789,000	36,694,000	3,058,000	7.6
十年度	4,224,000	4,290,000	3,920,000	3,740,000	3,772,000	4,153,000	4,462,000	2,436,000	3,215,000	4,632,000	1,330,000	902,000	41,076,000	3,423,000	8.5
十一年度	4,303,000	4,503,000	3,445,000	3,418,000	4,820,000	4,505,000	1,445,000	696,000	1,513,000	662,000	1,039,000	1,324,000	33,704,000	2,809,000	7.0
十二年度	942,000	1,994,000	1,956,000	1,550,000	1,428,000	2,176,000	1,446,000	695,000	1,513,000	662,000	1,038,000	1,324,000	16,724,000	1,394,000	3.5
十三年度	1,209,000	1,257,000	1,572,000	987,000	617,000	774,000	1,022,000	1,327,000	890,000	637,000	1,007,000	897,000	12,196,000	1,016,000	2.5
十四年度	960,000	2,010,000	913,000	4,658,000	3,401,000	7,944,000	5,106,000	6,570,000	7,895,000	9,226,000	9,386,000	12,215,000	70,284,000	5,856,000	14.5
總數	33,671,000	38,072,000	39,731,000	40,707,000	35,565,000	49,341,000	36,879,000	36,550,000	42,172,000	37,537,000	40,422,000	52,452,000	483,099,000	40,259,000	100%
平均數	7,405,000	2,719,000	2,838,000	2,903,000	2,541,000	3,524,000	2,634,000	2,611,000	3,012,000	2,681,000	2,887,000	3,747,000	34,507,000		
百分比較	6.9	7.9	8.5	8.7	7.4	10.2	7.6	7.6	8.3	7.7	8.4	10.8	100%		

廣東財政廳十四個年度每三個月份收支平均總表

（表17）

年度＼月份	七　月	八　月	九　月	十　月	十一月	十二月	一　月	二　月	三　月	四　月	五　月	六　月
元年度			3,178,000	3,178,000	3,178,000	3,178,000	3,178,000	3,178,000	3,178,000	3,178,000	3,179,000	3,179,000
二年度	2,666,000	1,739,000	1,518,000	1,484,000	1,735,000	1,449,000	1,469,000	1,541,000	1,719,000	1,654,000	1,947,000	2,012,000
三年度	2,214,000	1,824,000	1,338,000	1,017,000	1,088,000	1,180,000	1,353,000	1,562,000	2 124,000	2,506,000	2,565,000	2,234,000
四年度	2,235,000	2,064,000	1,951,000	1,768,000	1,839,000	2,365,000	2,590,000	2,994,000	2,779,000	2,189,000	1,478,000	1,098,000
五年度	1,036,000	841,000	792,000	1,328,000	2,027,000	3,092,000	2,906,000	3,147,000	2,874,000	2,828,000	2,939,000	5,971,000
六年度	6,281,000	6,364,000	3,638,000	4,081 000	3,906,000	3,744,000	3,356,000	3,620,000	3,298,000	3,219,000	2,898,000	2,760,000
七年度	2,797,000	2,734,000	2,759,000	2,816,000	2,758,000	3,478,000	4,371,000	4,050,000	3,803,000	2,725,000	3,222,000	3,386,000
八年度	3,366,000	3,574,000	4,101,000	4,715,000	4,633,000	3,797,000	3,283,000	3,217,000	3,147,000	3,287,000	3,795,000	4,566,000
九年度	4,442,000	3,851,000	3,533,000	3,302,000	2,842,000	2,271,000	2,146,000	2,663,000	2,932,000	3,557,000	3,933,000	3,798,000
十年度	3,854,000	4,025,000	4,190,000	4,171,000	3,847,000	4,318,000	4,517,000	4,026,000	3,087,000	3,313,000	3,229,000	2,905,000
十一年度	2,614,000	3,254,000	3,914,000	4,494,000	4,711,000	5,227,000	4,302,000	2,801,000	1,704,000	1,106,000	1,763,000	1,394,000
十二年度	1,312,000	1,303,000	1,651,000	1,842,000	1,523,000	1,751,000	1,627,000	1,442,000	1,128,000	964,000	1,081,000	1,004,000
十三年度	1,197,000	1,246,000	1,332,000	1,240,000	1,030,000	781,000	797,000	1,036,000	1,070,000	944,000	845,000	844,000
十四年度	953,000	1,071,000	1,105,000	2,350,000	3,030,000	5,375,000	5,489,000	6,572,000	6,731,000	8,053,000	8,947,000	10,293,000
合計	34,967,000	33,890,000	35,000,000	37,786,000	38,147,000	42,006,000	41,384,000	41,849,000	39,574,000	39,523,000	41,821,000	45,444,000

年度＼月份	七　月	八　月	九　月	十　月	十一月	十二月	一　月	二　月	三　月	四　月	五　月	六　月
元年度			2,652,000	2,652,000	2,652,000	2,653,000	2,653,000	2,653,000	2,653,000	2,653,000	2,653,000	2,653,000
二年度	2,924,000	3,414,000	3,517,000	3,070,000	2,404,000	2,284,000	2,195,000	2,089,000	1,866,000	1,783,000	1,654,000	1,588,000
三年度	1,667,000	1,836,000	1,757,000	1,615,000	1,584,000	1,671,000	1,692,000	1,687,000	2,005,000	2,400,000	2,512,000	2,225,000
四年度	2,209,000	2,051,000	1,928,000	1,769,000	1,804,000	2,266,000	2,401,000	2,924,000	2,804,000	2,309,000	1,489,000	1,089,000
五年度	1,049,000	845,000	748,000	1,317,000	1,971,000	3,113,000	2,887,000	3,199,000	2,930,000	2,851,000	2,942,000	5,978,000
六年度	6,289,000	6,365,000	3,624,000	4,081,000	3,906,000	3,745,000	3,348,000	3,607,000	3,270,000	3,214,000	2,897,000	2,752,000
七年度	2,779,000	2,707,000	2,760,000	2,817,000	2,742,000	3,449,000	4,300,000	4,060,000	3,784,000	2,768,000	3,216,000	3,381,000
八年度	3,316,000	3,541,000	4,142,000	4,768,000	4,654,000	3,785,000	3,298,000	3,233,000	3,169,000	3,280,000	3,831,000	4,589,000
九年度	4,453,000	3,824,000	3,534,000	3,333,000	2,875,000	2,248,000	2,131,000	2,552,000	2,661,000	3,305,000	3,968,000	3,789,000
十年度	3,990,000	3,768,000	4,145,000	3,983 000	3,811,000	3,888,000	4,129,000	3,684,000	3,371,000	3,428,000	3,059,000	2,288,000
十一年度	2,178,000	3,236,000	4,084,000	4,465,000	4,571,000	4,924,000	3,590,000	2,216,000	1,218,000	957,000	1,071,000	1,008,000
十二年度	1,102,000	1,420,000	1,631,000	1,833,000	1,645,000	1,718,000	1,683,000	1,439,000	1,218,000	960,000	1,071,000	1,008,000
十三年度	1,190,000	1,263,000	1,346,000	1,272,000	1 059,000	793,000	804,000	1,041,000	1,080,000	951,000	845,000	847,000
十四年度	955,000	956,000	1,294,000	2,527,000	2,991,000	5,334,000	5,484,000	6,540,000	6,524,000	7,897,000	8,836,000	10,276,000
合計	34,101,000	35,226,000	37,162,000	39,502,000	38,669,000	41,871,000	40,595,000	40,924,000	38,553,000	38,756,000	40,044,000	4,347,000

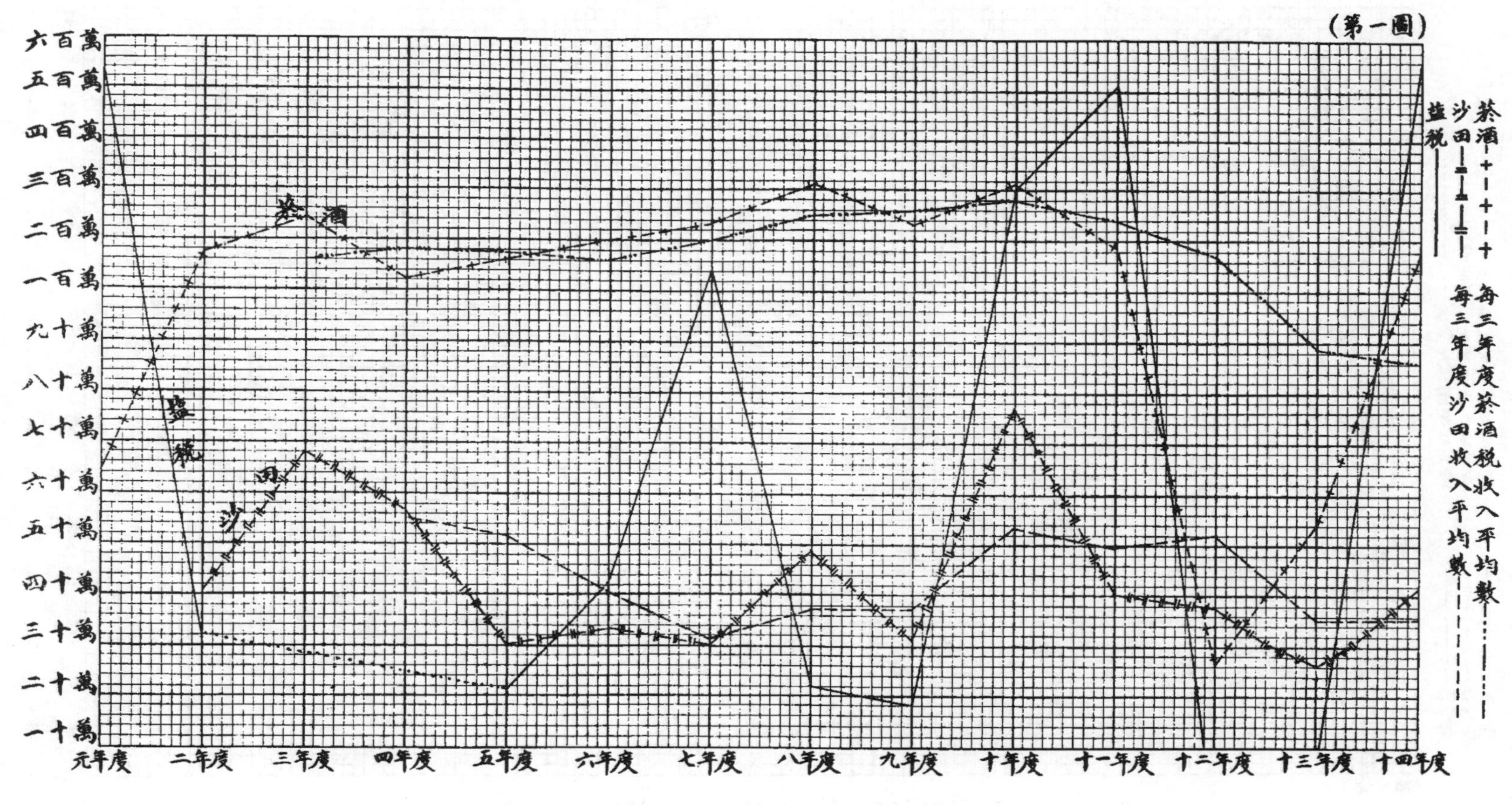

鹽税菸酒税及沙田收入每年度比較圖
(第一圖)
六百萬
五百萬
四百萬
三百萬
二百萬
一百萬
九十萬
八十萬
七十萬
六十萬
五十萬
四十萬
三十萬
二十萬
一十萬
元年度
二年度
三年度
四年度
五年度
六年度
七年度
八年度
九年度
十年度
十一年度
十二年度
十三年度
十四年度
鹽税
菸酒
沙田
菸酒
沙田
鹽税
每三年度菸酒税收入平均數
每三年度沙田收入平均數

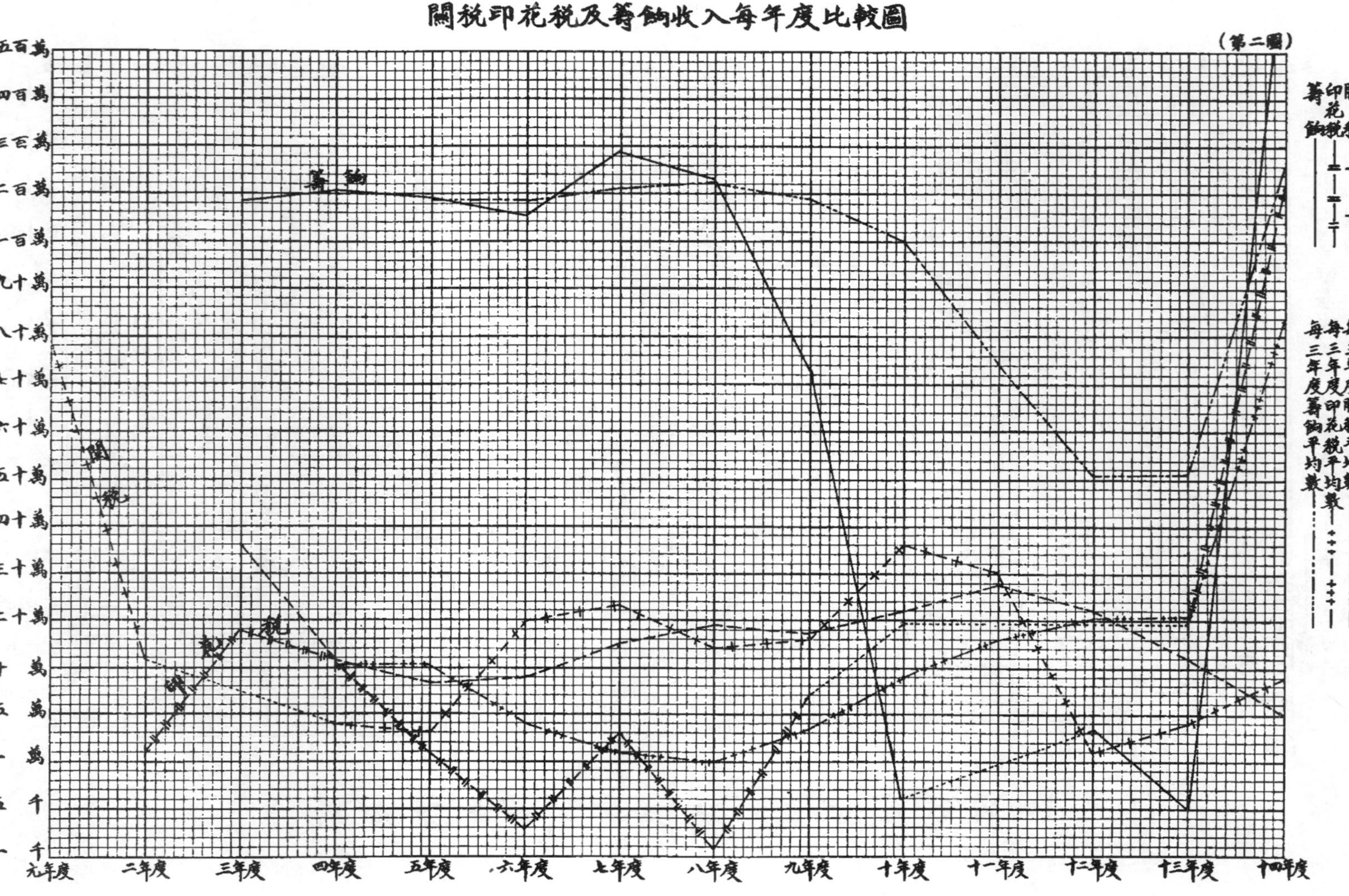
關稅印花稅及籌餉收入每年年度比較圖
(第二圖)
五百萬
四百萬
三百萬
二百萬
一百萬
九十萬
八十萬
七十萬
六十萬
五十萬
四十萬
三十萬
二十萬
十萬
五萬
一萬
五千
一千
元年度
二年度
三年度
四年度
五年度
六年度
七年度
八年度
九年度
十年度
十一年度
十二年度
十三年度
十四年度
籌餉
關稅
印花稅
關稅
印花稅
籌餉
每三年度關稅平均數
每三年度印花稅平均數
每三年度籌餉平均數

田賦厘捐及雜項收入每年度比較圖

（第三圖）

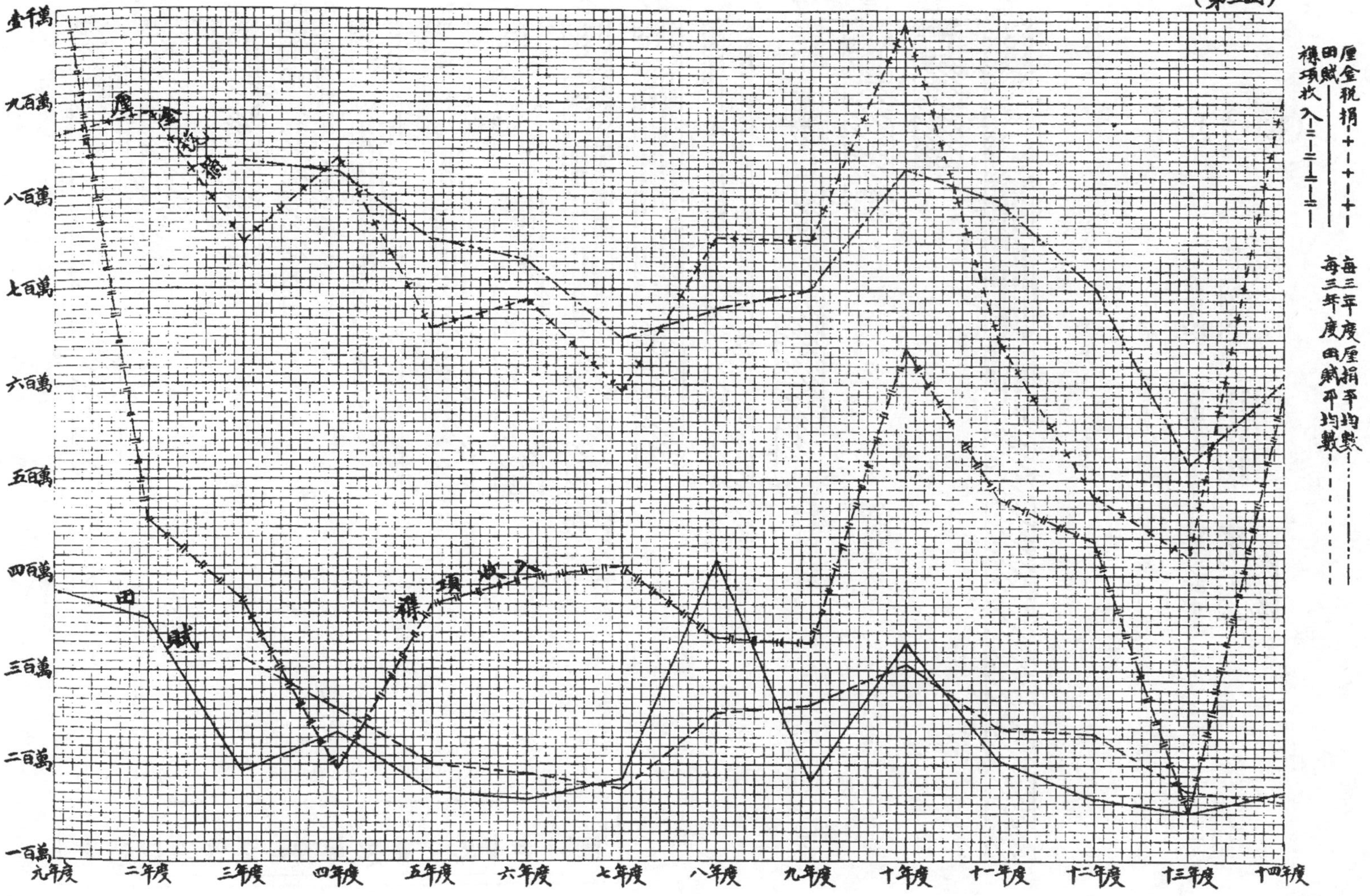

壹千萬
九百萬
八百萬
七百萬
六百萬
五百萬
四百萬
三百萬
二百萬
一百萬

元年度 二年度 三年度 四年度 五年度 六年度 七年度 八年度 九年度 十年度 十一年度 十二年度 十三年度 十四年度

厘金稅捐
田賦
雜項收入
田賦
厘金稅
雜項收入

厘金稅捐 ＋－＋－＋
田賦 ——
雜項收入 =－=－=
每三年度厘捐平均數 -·-·-
每三年度田賦平均數 - - - -

廣東財政歷十四個年度收入百分比較圖

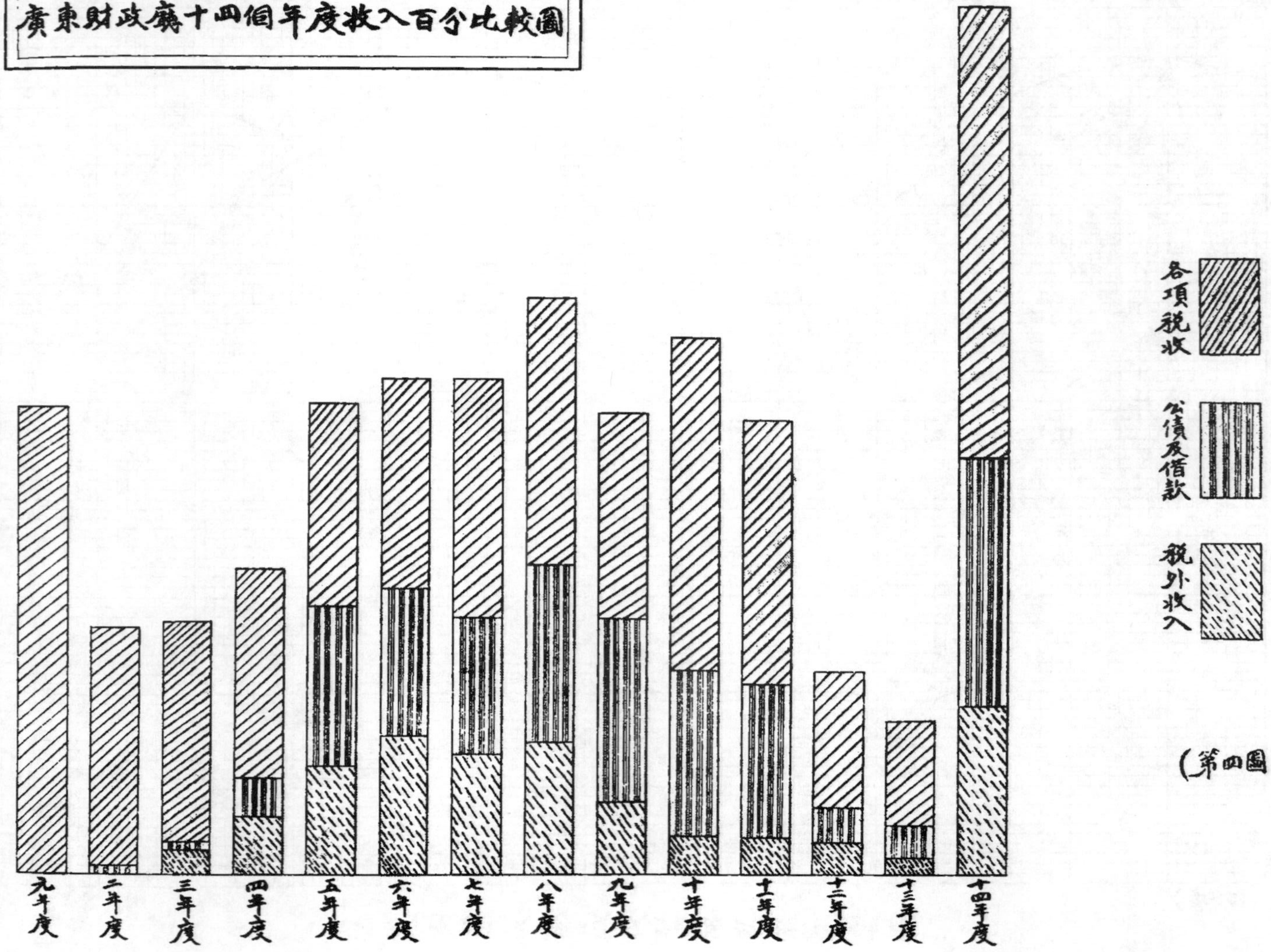

元年度 二年度 三年度 四年度 五年度 六年度 七年度 八年度 九年度 十年度 十一年度 十二年度 十三年度 十四年度

各項稅收

公債及借款

稅外收入

（第四圖）

廣東財政歷十四個年度支出百分比較圖

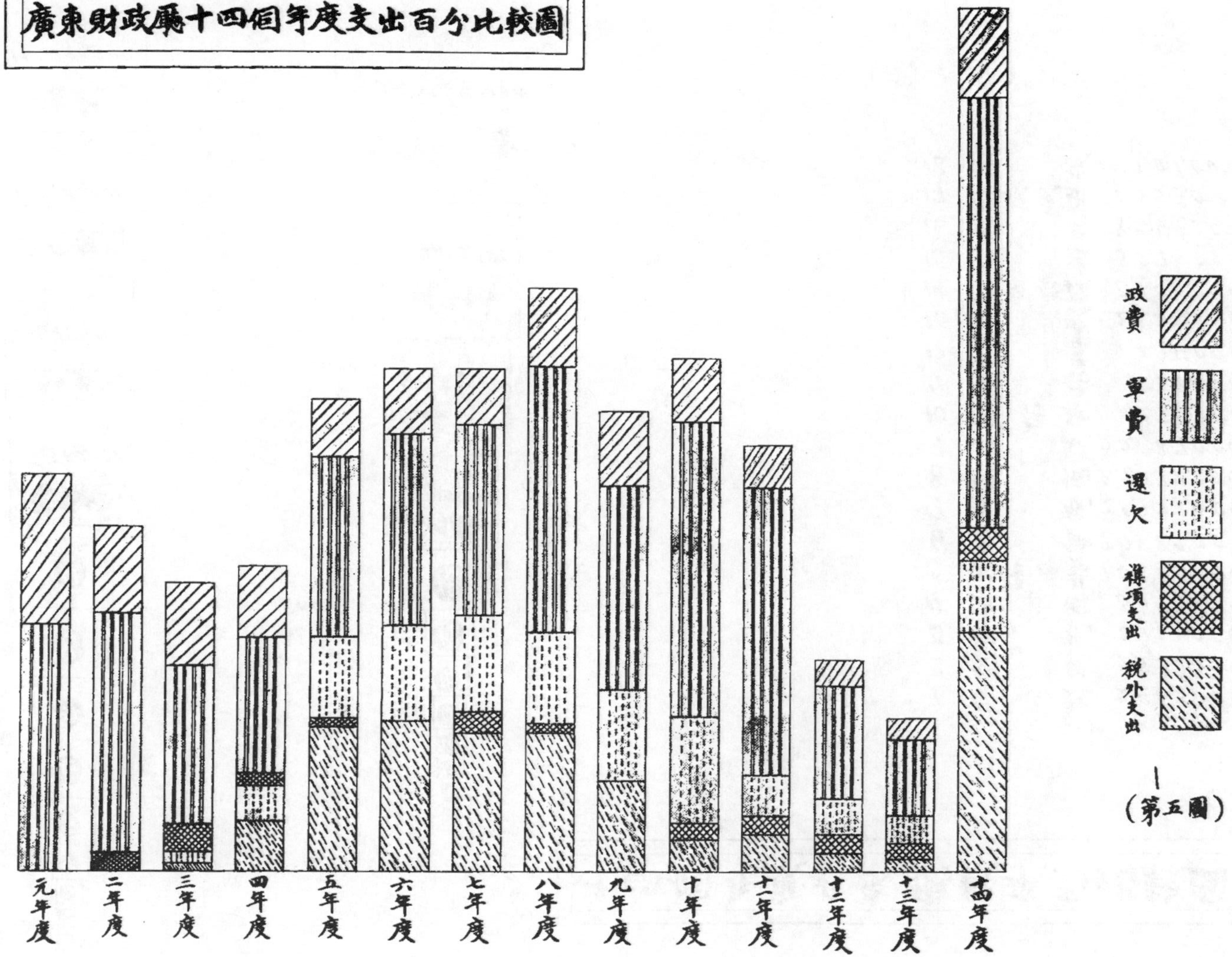

元年度 二年度 三年度 四年度 五年度 六年度 七年度 八年度 九年度 十年度 十一年度 十二年度 十三年度 十四年度

（第五圖）

十四個年度收支總數平面比較圖

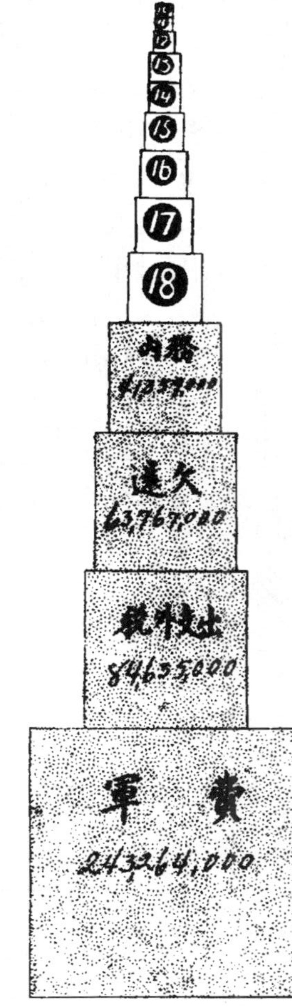

1	禁　　煙	2,463,000
2	関　　税	2,532,000
3	印　　花	2,766,000
4	沙　　田	5,645,000
5	公債庫券	10,113,000
6	籌　　餉	20,882,000
7	鹽　　税	21,771,000
8	烟　　酒	25,072,000
9	田　　賦	33,187,000
10	附存欵	1,079,000
11	國　　務	1,058,000
12	實　　業	1,274,000
13	外　　交	2,832,000
14	解中央欵	3,009,000
15	司　　法	5,079,000
16	教　　育	8,264,000
17	雜項支出	10,355,000
18	財　　政	17,101,000

（第六圖）

十四個年度每年度及每月份收入比較圖

（第七圖）

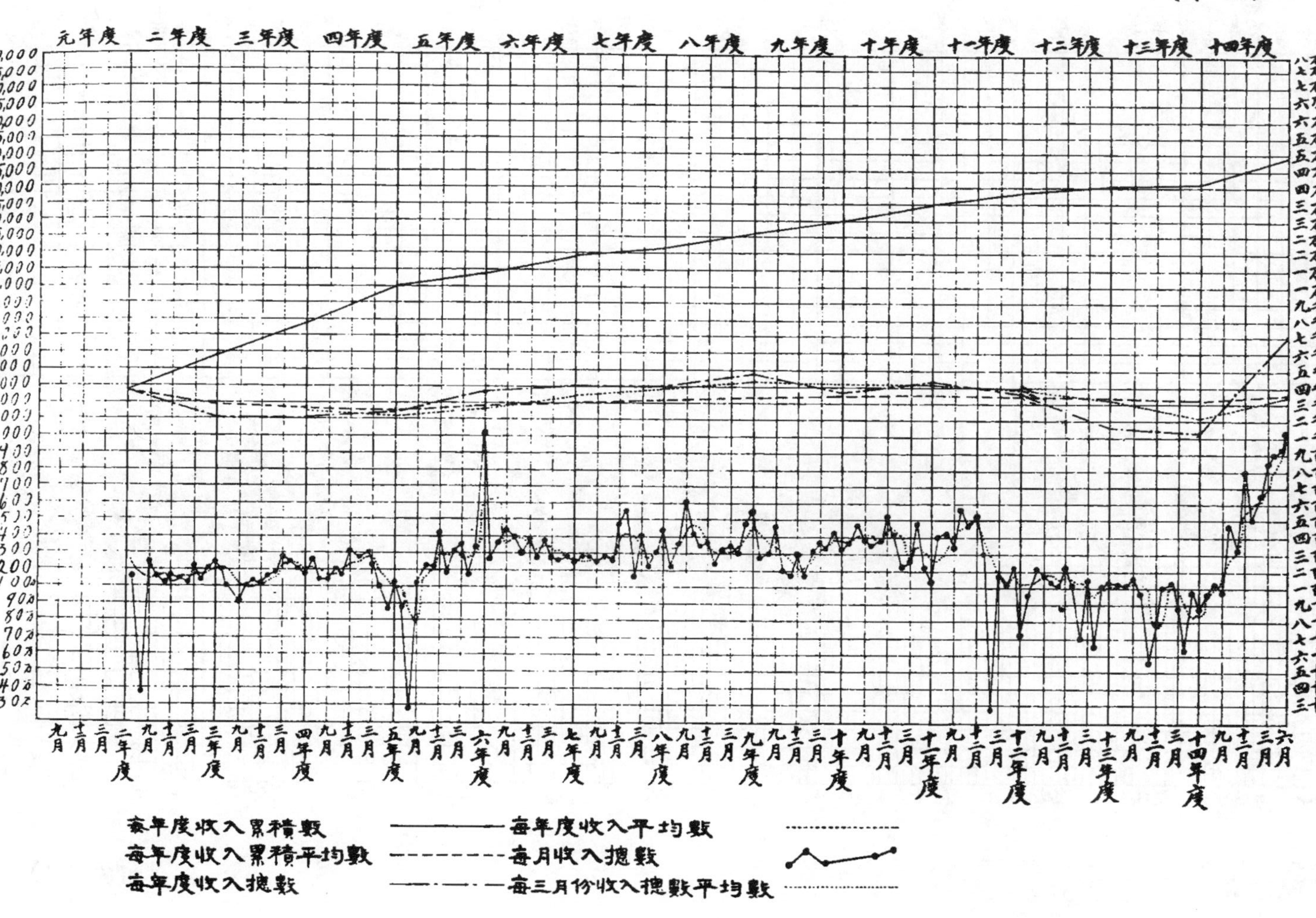

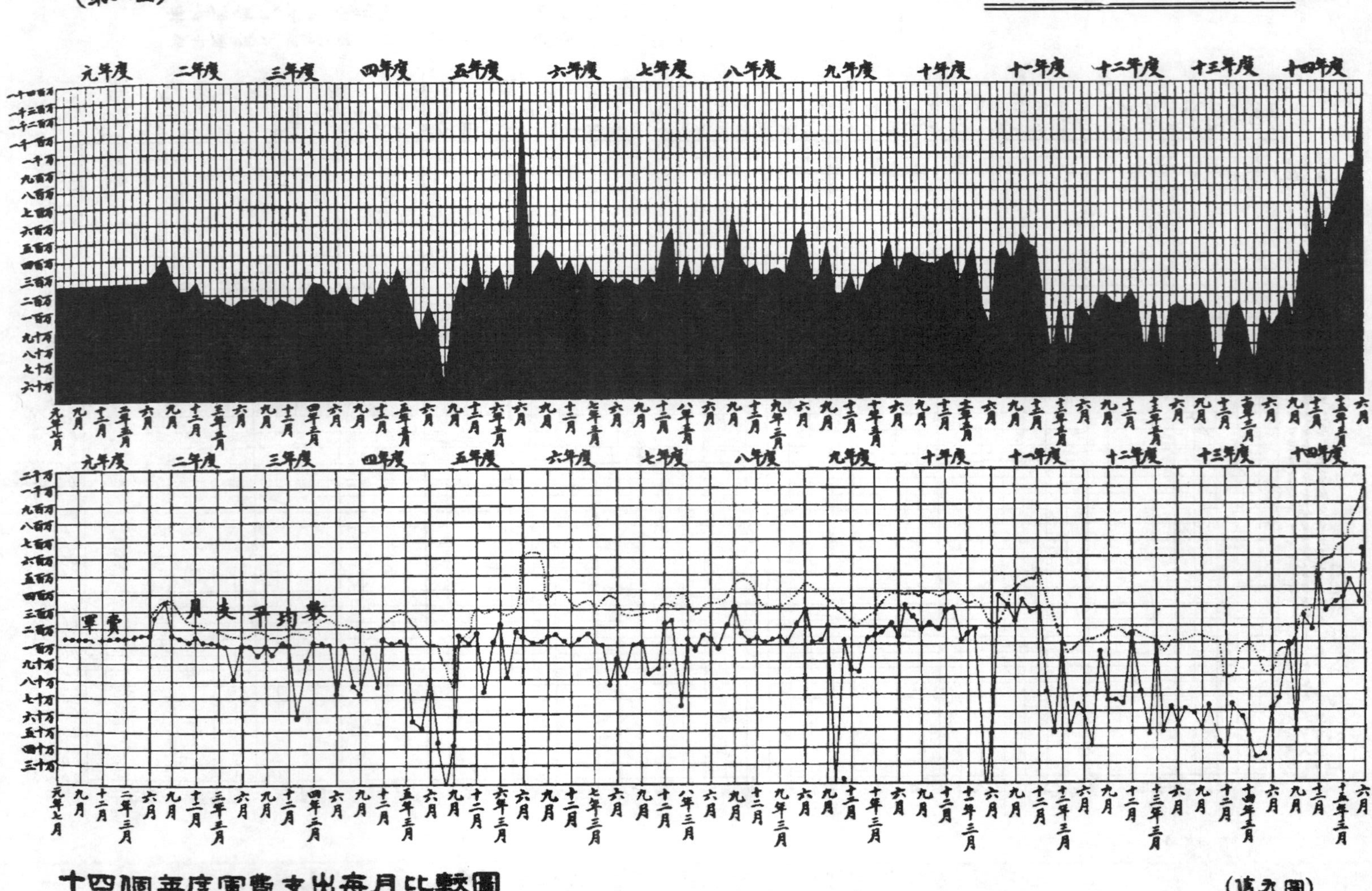

（第八圖）
十四個年度每月支出比較圖
元年度
二年度
三年度
四年度
五年度
六年度
七年度
八年度
九年度
十年度
十一年度
十二年度
十三年度
十四年度
軍費
月支平均數
十四個年度軍費支出每月比較圖
（第九圖）

國省庫十五年度收支分類比較總表

（表18）

收項 \ 月份	十五年七月	八月	九月	十月	十一月	十二月	十六年一月	二月	三月	四月	五月	六月	合計	每月平均	百分比較
鹽稅	1,447,000	2,137,000	430,000	608,000	1,029,000	820,000	792,000	695,000	714,000	750,000	1,359,000	750,000	11,531,000	961,000	9.1
關稅	70,000	33,000	104,000	95,000	412,000	209,000	105,000	11,000	31,000	43,000	28,000	28,000	1,169,000	97,000	1.0
內地及土絲稅				60,000	355,000	556,000	558,000	385,000	577,000	505,000	525,000	442,000	3,963,000	330,000	3.1
煤油	247,000	236,000	265,000	491,000	459,000	463,000	471,000	334,000	510,000	404,000	161,000	92,000	4,133,000	345,000	3.3
爆烈品	57,000	55,000	53,000	8,000	162,000	22,000	104,000	65,000	76,000		54,000	54,000	710,000	59,000	.5
啤酒	198,000	356,000	345,000	406,000	396,000	375,000	549,000	310,000	335,000	503,000	414,000	618,000	4,805,000	401,000	3.8
印花	403,000	257,000	455,000	476,000	320,000	426,000	553,000	444,000	406,000	286,000	405,000	384,000	4,815,000	401,000	3.8
沙田	65,000	75,000	151,000	106,000	154,000	145,000	195,000	99,000	90,000	5,000	35,000	45,000	1,165,000	97,000	1.0
壽餉	1,723,000	1,345,000	1,483,000	1,508,000	1,571,000	1,631,000	1,333,000	1,019,000	1,295,000	1,148,000	1,496,000	1,334,000	16,886,000	1,407,000	13.3
禁煙	400,000	497,000	238,000	405,000	1,225,000	706,000	529,000	625,000	678,000	203,000	662,000	490,000	6,658,000	555,000	5.3
田賦	698,000	304,000	382,000	429,000	242,000	643,000	568,000	443,000	250,000	247,000	84,000	52,000	4,342,000	362,000	3.4
釐捐（1）	1,332,000	1,373,000	2,095,000	1,144,000	1,128,000	1,930,000	1,350,000	767,000	1,009,000	750,000	1,341,000	1,417,000	15,636,000	1,303,000	12.3
雜稅（2）	474,000	515,000	509,000	564,000	835,000	447,000	448,000	738,000	384,000	329,000	464,000	343,000	6,050,000	504,000	4.8
稅外收入（3）	231,000	291,000	73,000	145,000	194,000	108,000	59,000	52,000	34,000	107,000	87,000	140,000	1,521,000	127,000	1.2
公債庫券	6,925,000	4,011,000	2,975,000	3,519,000	1,879,000	4,569,000	3,993,000	1,087,000	4,165,000	3,289,000	3,108,000	2,208,000	41,728,000	3,477,000	33.0
雜項（4）	522,000	44,000	85,000	43,000	82,000	167,000	33,000	66,000	28,000	116,000	98,000	154,000	1,438,000	120,000	1.1
合計	14,792,000	11,529,000	9,643,000	10,007,000	10,443,000	13,217,000	11,640,000	7,140,000	10,582,000	8,685,000	10,321,000	8,551,000	126,550,000	10,546,000	100%
結存	1,131,000												1,131,000		
合計	15,923,000	11,529,000	9,643,000	10,007,000	10,443,000	13,217,000	11,640,000	7,140,000	10,582,000	8,685,000	10,321,000	8,551,000	127,681,000		

支項 \ 月份	十五年七月	八月	九月	十月	十一月	十二月	十六年一月	二月	三月	四月	五月	六月	合計	每月平均	百分比較
國務	301,000	303,000	203,000	286,000	447,000	539,000	58,000	20,000	39,000	42,000	79,000	47,000	2,364,000	197,000	1.9
軍政	11,702,000	9,938,000	7,112,000	7,131,000	6,514,000	8,559,000	6,552,000	3,824,000	6,626,000	4,822,000	4,992,000	5,494,000	83,266,000	6,939,000	66.4
外交	263,000	452,000	376,000	374,000	593,000	675,000	786,000	304,000	851,000	330,000	346,000	340,000	5,690,000	474,000	4 5
內務	19,000	139,000	33,000	11,000	16,000	17,000	48,000	5,000	16,000	58,000	8,000	19,000	389,000	33,000	.3
財政	184,000	140,000	218,000	479,000	362,000	438,000	486,000	130,000	319,000	316,000	229,000	417,000	3,718,000	310,000	3.0
教育	121,000	77,000	133,000	112,000	128,000	125,000	146,000	61,000	109,000	75,000	111,000	148,000	1,346,000	112,000	1.0
司法	18,000	17,000	13,000	19,000	10,000	21,000	12,000		6,000	6,000	8,000	5,000	135,000	11,000	.1
農商、交通									10,000	10,000	3,000		23,000	2,000	
省政府經費	455,000	400,000	693,000	412,000	334,000	565,000	393,000	303,000	370,000	277,000	807,000	310,000	5,319,000	443,000	4.2
還欠（5）	1,044,000	654,000	914,000	1,224,000	1,319,000	1,171,000	1,082,000	1,667,000	1,685,000	2,069,000	1,834,000	1,186,000	15,849,000	1,321,000	12.6
雜項（4）	2,000	8,000	35,000	479,000	424,000	1,200,000	1,349,000	524,000	1,542,000	393,000	685,000	690,000	7,331,000	611,000	6.0
合計	14,109,000	12,128,000	9,730,000	10,527,000	10,147,000	13,310,000	10,912,000	6,838,000	11,573,000	8,398,000	9,102,000	8,656,000	125,430,000	10,453,000	100%
結存												2,251,000	2,251,000		
合計	14,109,000	12,128,000	9,730,000	10,527,000	10,147,000	13,310,000	10,912,000	6,838,000	11,573,000	8,398,000	9,102,000	10,907,000	127,681,000		

國省庫十六年度上半年收支分類比較總表

（表19）

收項＼月份	七月	八月	九月	十月	十一月	十二月	合計	平均	百分比較
鹽税	779,000	970,000	1,302,000	1,006,000	1,247,000	611,000	5,915,000	986,000	8.9
關税	28,000	23,000	53,000	60,000	47,000	13,000	224,000	37,000	.3
煤油	657,000	193,000	311,000	536,000	526,000	52,000	2,280,000	280,000	3.4
爆烈品	54,000	54,000	34,000	54,000	41,000	104,000	341,000	57,000	.5
内地税	400,000	376,000	556,000	498,000	340,000	112,000	2,282,000	380,000	3.4
煙酒	370,000	470,000	398,000	500,000	513,000	369,000	2,620,000	437,000	3.9
印花	348,000	574,000	520,000	523,000	488,000	212,000	2,665,000	444,000	4.0
禁煙	614,000	609,000	469,000	637,000	728,000	294,000	3,351,000	559,000	5.0
沙田	32,000	209,000	81,000	64,000	70,000	104,000	560,000	93,000	.8
籌餉	1,179,000	1,685,000	825,000	1,022,000	1,313,000	535,000	6,559,000	1,093,000	9.8
田賦	29,000	103,000	129,000	220,000	44,000	24,000	549,000	91,000	.8
警捐	787,000	759,000	808,000	802,000	775,000	1,530,000	5,461,000	910,000	8.2
大學收入	29,000	37,000	50,000	30,000	92,000	90,000	328,000	55,000	.5
鐵路解款	127,000	129,000	91,000	101,000	27,000	30,000	505,000	84,000	.7
雜項	1,108,000	678,000	137,000	429,000	338,000	65,000	2,755,000	459,000	4.5
税外收入	602,000	995,000	353,000	60,000	371,000	332,000	2,713,000	452,000	4.1
公債庫券	643,000	693,000	758,000	973,000	4,037,000	6,983,000	14,087,000	2,348,000	21.1
淨借款	605,000	1,182,000	616,000	2,832,000	2,741,000	5,448,000	13,424,000	2,238,000	20.1
合計	8,391,000	9,744,000	7,491,000	10,347,000	13,738,000	16,908,000	66,619,000	11,102,000	100%
六月結存	1,596,000						1,596,000		
合計	9,987,000	9,744,000	7,491,000	10,347,000	13,738,000	16,908,000	68,215,000		

支項＼月份	七月	八月	九月	十月	十一月	十二月	合計	平均	百分比較
黨務費	70,000	52,000	91,000	29,000	21,000	58,000	321,000	54,000	.5
國務費	164,000	83,000	76,000	70,000	170,000	45,000	608,000	101,000	1.0
省政府經費	15,000	17,000	26,000	18,000	15,000	15,000	106,000	18,000	.2
内務費	44,000	42,000	61,000	61,000	61,000	177,000	386,000	64,000	.6
外交費	320,000	341,000	317,000	317,000	4,438,000	36,000	5,769,000	962,000	8.6
財政費	398,000	409,000	357,000	408,000	299,000	435,000	2,306,000	384,000	3.4
教育費	178,000	195,000	206,000	209,000	205,000	292,000	1,285,000	214,000	1.9
司法費	42,000	43,000	43,000	48,000	35,000	48,000	259,000	43,000	.4
交通費	10,000	10,000	10,000	10,000	10,000	30,000	80,000	13,000	.1
農商費	19,000	22,000	23,000	23,000	15,000	21,000	123,000	21,000	.2
軍費	5,692,000	6,211,000	5,798,000	6,514,000	5,402,000	7,855,000	37,472,000	6,245,000	55.9
還欠	1,990,000	2,035,000	602,000	2,434,000	2,098,000	963,000	10,122,000	1,687,000	15.1
雜項	56,000	292,000	21,000	162,000	326,000	6,786,000	7,643,000	1,274,000	11.4
税外支出			171,000	177,000	70,000	79,000	497,000	83,000	.7
合計	8,998,000	9,752,000	7,802,000	10,480,000	13,165,000	16,780,000	66,977,000	11,163,000	100%
十二月結存						1,238,000	1,238,000		
合計	8,998,000	9,752,000	7,802,000	10,480,000	13,165,000	18,018,000	68,215,000		

十五年度及十六年度上半年每月收入比較圖

（第十圖）

收項＼月份	十五年七月	八月	九月	十月	十一月	十二月	十六年一月	二月	三月	四月	五月	六月	七月	八月	九月	十月	十一月	十二月	合計
各項稅收	6,640,000	6,668,000	6,001,000	5,736,000	7,453,000	7,926,000	7,107,000	5,197,000	5,971,000	4,844,000	6,564,000	5,706,000	5,277,000	6,030,000	5,486,000	5,922,000	6,132,000	3,960,000	108,628,000
其他收入	1,227,000	850,000	667,000	752,000	1,111,000	722,000	540,000	856,000	446,000	552,000	649,000	637,000	1,866,000	1,838,000	634,000	620,000	828,000	517,000	15,310,000
公債庫券	6,925,000	4,011,000	2,975,000	3,519,000	1,879,000	4,569,000	3,993,000	1,087,000	4,165,000	3,288,000	3,108,000	2,208,000	643,000	693,000	758,000	973,000	4,037,000	6,983,000	55,815,000
淨借款													605,000	1,182,000	616,000	2,832,000	2,741,000	5,448,000	13,424,000
合計	14,792,000	11,529,000	9,643,000	10,007,000	10,443,000	13,217,000	11,640,000	7,140,000	10,582,000	8,685,000	10,321,000	8,551,000	8,391,000	9,744,000	7,494,000	10,347,000	13,738,000	16,908,000	193,168,000

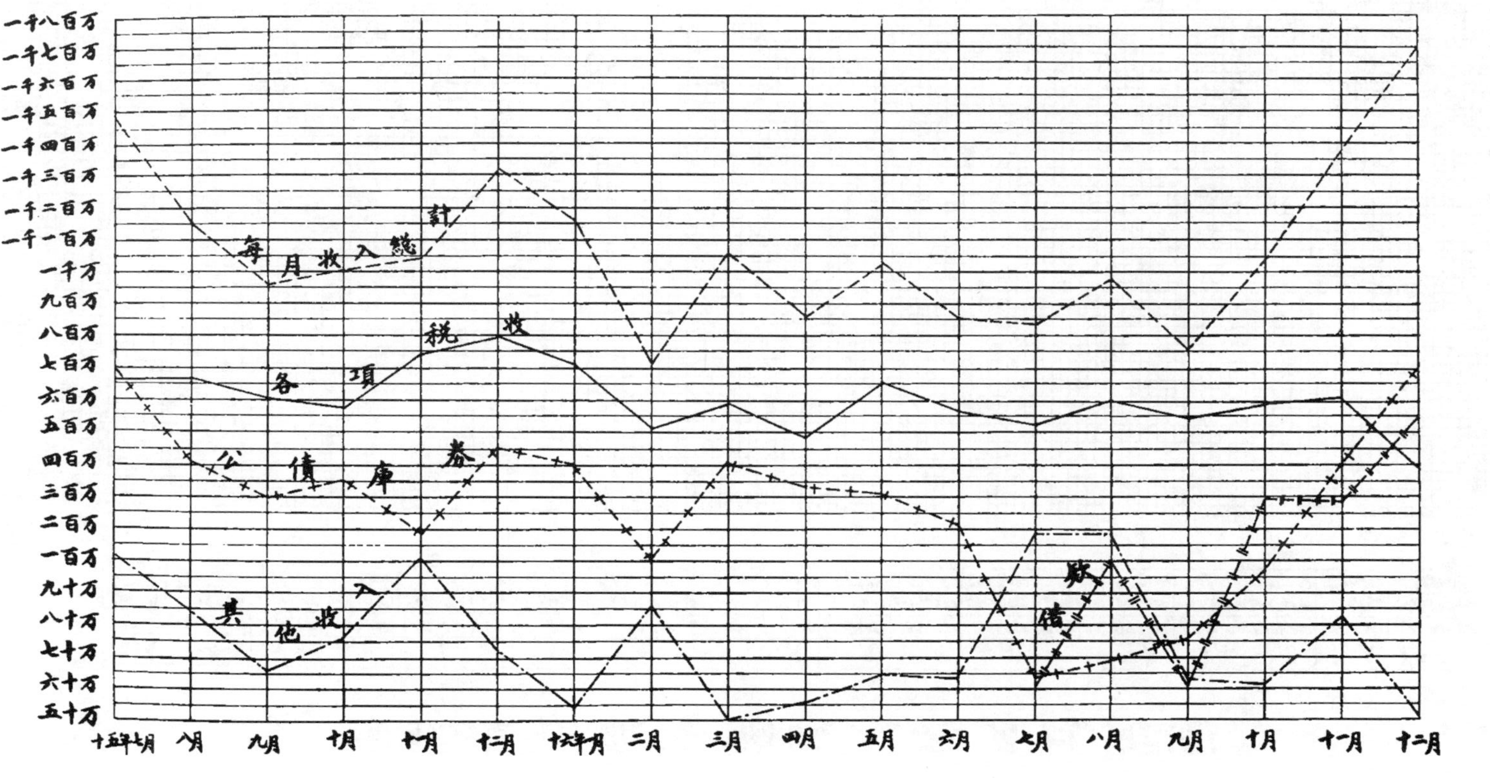

盐税厘捐及筹饷收入每月比较图

收项＼月份	十五年七月	八月	九月	十月	十一月	十二月	十六年一月	二月	三月	四月	五月	六月	七月	八月	九月	十月	十一月	十二月
盐税	1,447,000	2,137,000	430,000	608,000	1,029,000	820,000	792,000	695,000	714,000	750,000	1,358,000	750,000	778,000	970,000	1,302,000	1,006,000	1,247,000	611,000
筹饷	1,723,000	1,345,000	1,483,000	1,508,000	1,574,000	1,631,000	1,333,000	1,019,000	1,295,000	1,148,000	1,496,000	1,334,000	1,178,000	1,685,000	825,000	1,022,000	1,313,000	535,000
厘捐	1,332,000	1,373,000	2,095,000	1,144,000	1,128,000	1,930,000	1,350,000	767,000	1,008,000	754,000	1,341,000	1,417,000	787,000	758,000	808,000	802,000	775,000	1,530,000

（第十一图）

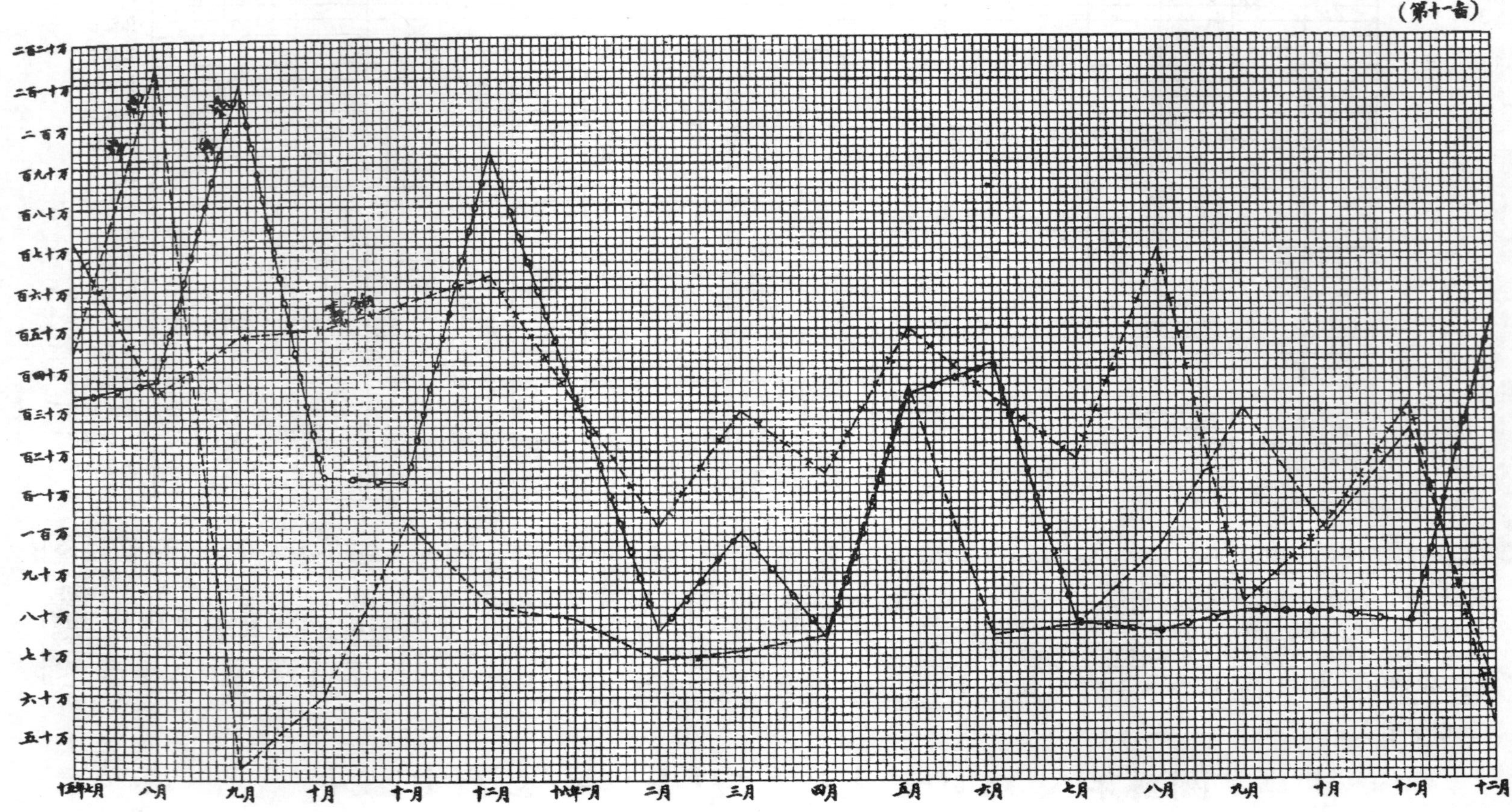

關稅煤油特稅內地稅及爆烈品專賣費每月比較圖

收項 \ 月份	十五年七月	八月	九月	十月	十一月	十二月	十六年一月	二月	三月	四月	五月	六月	七月	八月	九月	十月	十一月	十二月
關稅	70,000	33,000	104,000	95,000	412,000	209,000	105,000	11,000	31,000	43,000	28,000	28,000	28,000	23,000	53,000	60,000	47,000	13,000
內地稅				60,000	355,000	556,000	558,000	385,000	577,000	505,000	525,000	442,000	400,000	376,000	556,000	498,000	340,000	112,000
煤油	247,000	236,000	265,000	491,000	459,000	463,000	471,000	334,000	510,000	404,000	161,000	92,000	657,000	198,000	311,000	536,000	526,000	52,000
爆烈品	57,000	55,000	53,000	8,000	162,000	22,000	104,000	65,000	76,000		54,000	54,000	54,000	54,000	34,000	54,000	41,000	104,000
合計	374,000	324,000	422,000	654,000	1,388,000	1,250,000	1,238,000	795,000	1,194,000	952,000	768,000	616,000	1,139,000	651,000	954,000	1,148,000	954,000	281,000

(第十二圖)

菸酒税印花税及禁烟收入每月比較圖

收項 \ 月份	十五年七月	八月	九月	十月	十一月	十二月	十六年一月	二月	三月	四月	五月	六月	七月	八月	九月	十月	十一月	十二月
菸酒	198,000	356,000	345,000	406,000	396,000	375,000	549,000	310,000	335,000	503,000	414,000	618,000	370,000	470,000	398,000	500,000	513,000	369,000
印花	403,000	257,000	455,000	476,000	320,000	426,000	553,000	444,000	406,000	286,000	405,000	384,000	348,000	574,000	520,000	523,000	488,000	212,000
禁烟	400,000	497,000	238,000	405,000	1,225,000	706,000	529,000	625,000	678,000	203,000	662,000	490,000	614,000	609,000	469,000	637,000	728,000	294,000

（第十三圖）

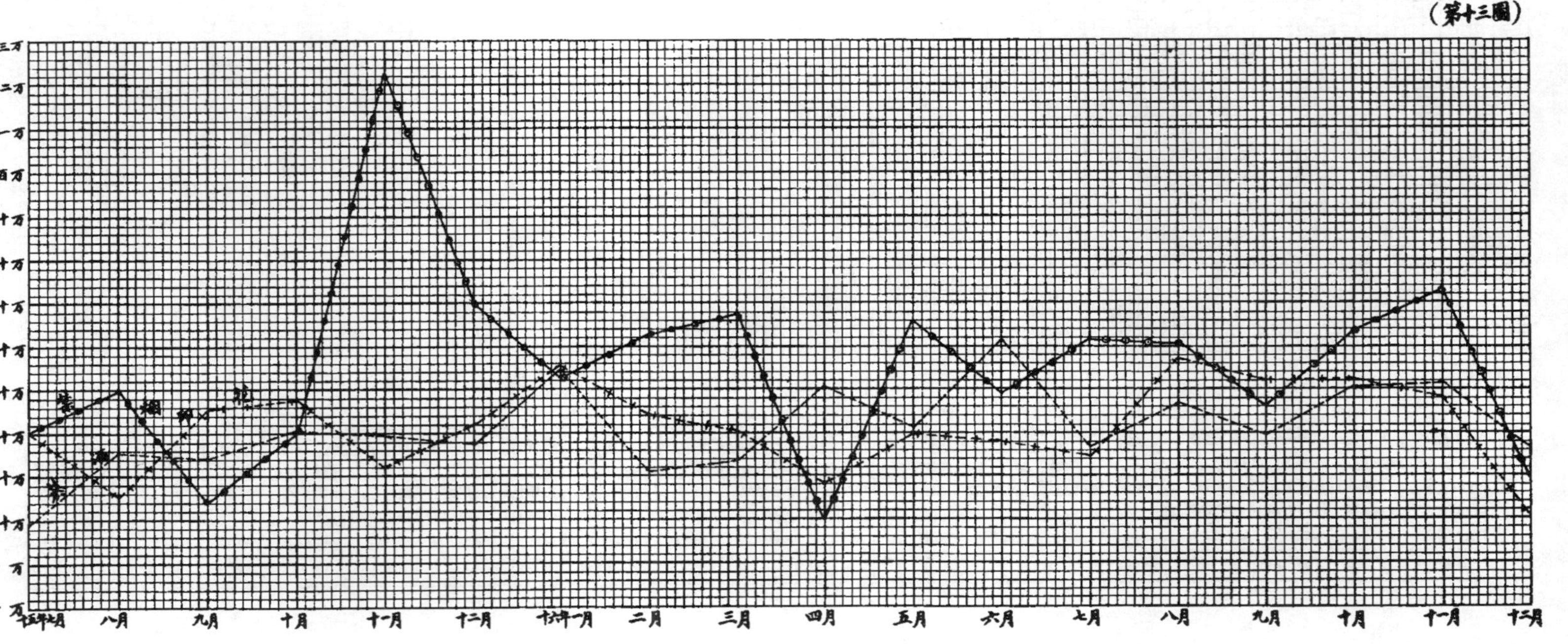

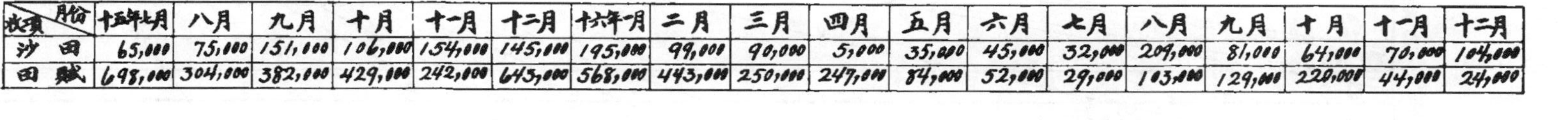

田賦及沙田收入每月比較圖

收項＼月份	十五年七月	八月	九月	十月	十一月	十二月	十六年一月	二月	三月	四月	五月	六月	七月	八月	九月	十月	十一月	十二月
沙田	65,000	75,000	151,000	106,000	154,000	145,000	195,000	99,000	90,000	5,000	35,000	45,000	32,000	209,000	81,000	64,000	70,000	104,000
田賦	698,000	304,000	382,000	429,000	242,000	645,000	568,000	443,000	250,000	247,000	84,000	52,000	29,000	103,000	129,000	220,000	44,000	24,000

（第十四圖）

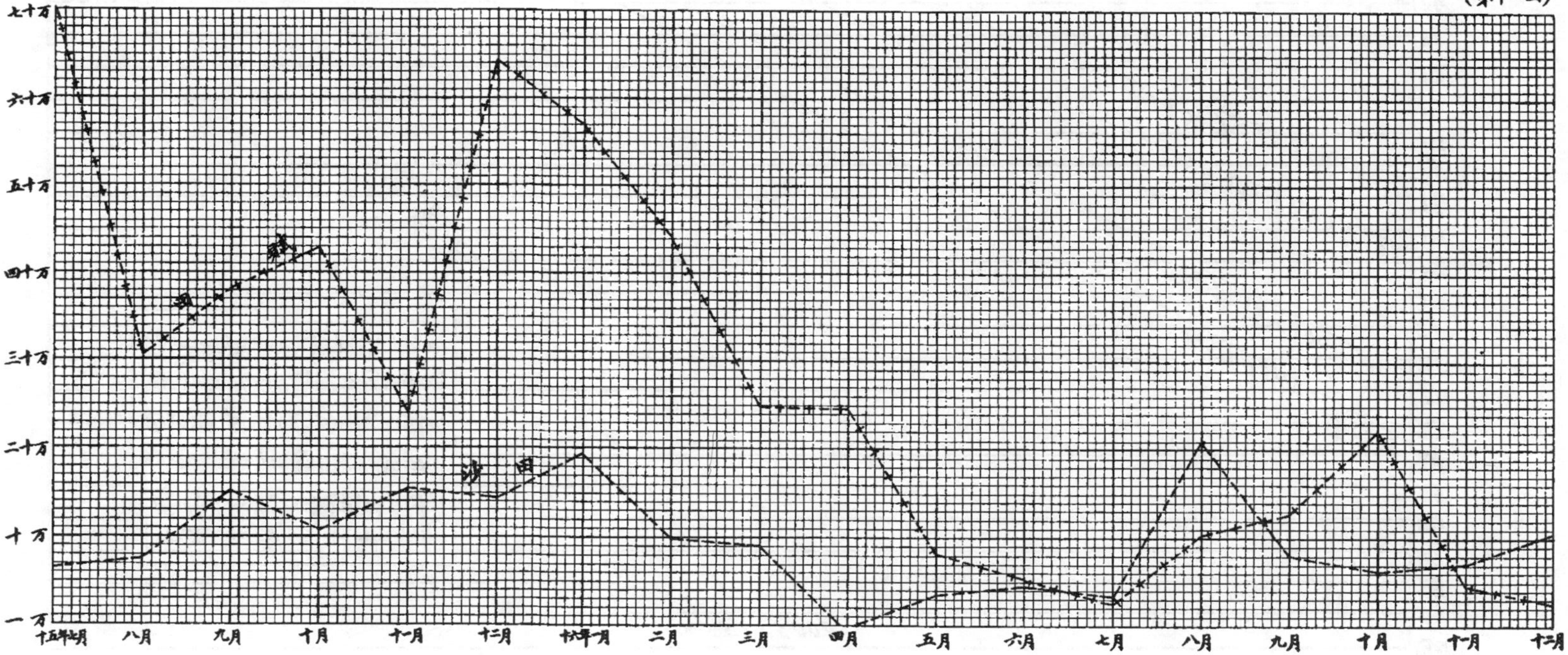

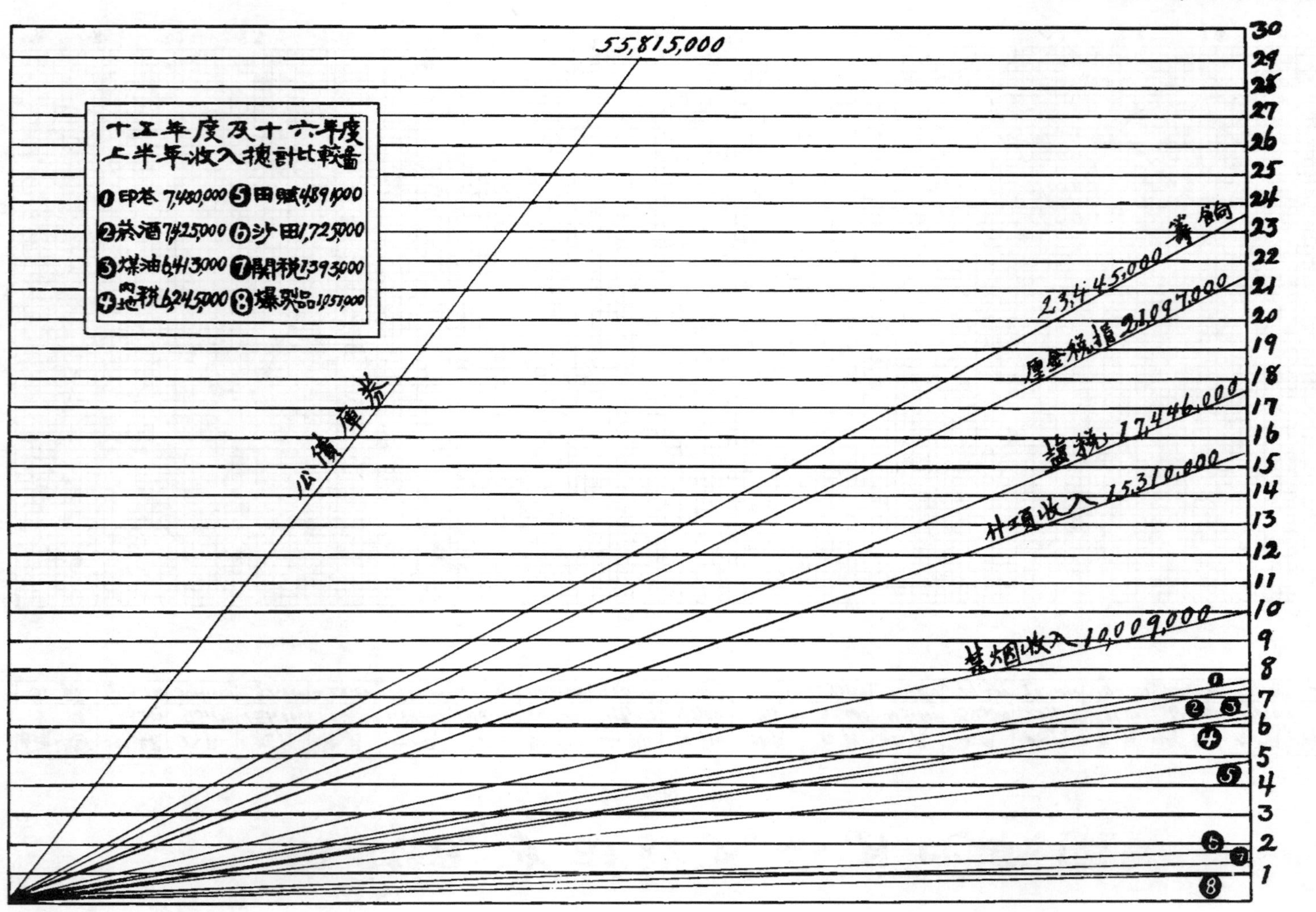

(第十五圖)(單位一百萬元)
十五年度及十六年度上半年收入總計比較圖
①印花 7,480,000 ⑤田賦 4,891,900
②茶酒 7,425,000 ⑥沙田 1,725,000
③煤油 6,413,000 ⑦關稅 1,393,000
④內地稅 6,245,000 ⑧爆裂品 1,057,000
公債庫券 55,815,000
軍餉 23,445,000
厘金稅捐 21,097,000
鹽稅 17,446,000
什項收入 15,310,000
禁烟收入 10,009,000
1 2 3 4 5 6 7 8 9 10 11 12 13 14 15 16 17 18 19 20 21 22 23 24 25 26 27 28 29 30

十五年度及十六年度上半年每月支出比較圖

支項＼月份	十五年七月	八月	九月	十月	十一月	十二月	十六年一月	二月	三月	四月	五月	六月	七月	八月	九月	十月	十一月	十二月	合計
政費	1,361,000	1,520,000	1,669,000	1,693,000	1,890,000	2,380,000	1,929,000	823,000	1,720,000	1,114,000	1,591,000	1,286,000	1,260,000	1,214,000	1,210,000	1,193,000	5,261,000	1,097,000	38,227,000
軍費	11,702,000	9,938,000	7,112,000	7,131,000	6,514,000	8,559,000	6,552,000	3,828,000	6,626,000	4,822,000	4,992,000	5,494,000	5,692,000	6,211,000	5,798,000	6,514,000	5,402,000	7,855,000	124,738,000
其他	1,046,000	662,000	949,000	1,703,000	1,743,000	2,371,000	2,431,000	2,191,000	3,227,000	2,462,000	2,519,000	1,876,000	2,046,000	2,327,000	794,000	2,773,000	2,498,000	7,828,000	41,442,000
合計	14,109,000	12,128,000	9,730,000	10,527,000	10,147,000	13,310,000	10,912,000	6,838,000	11,573,000	8,398,000	9,102,000	8,656,000	8,998,000	9,752,000	7,802,000	10,480,000	13,165,000	16,780,000	192,407,000

(第十六圖)

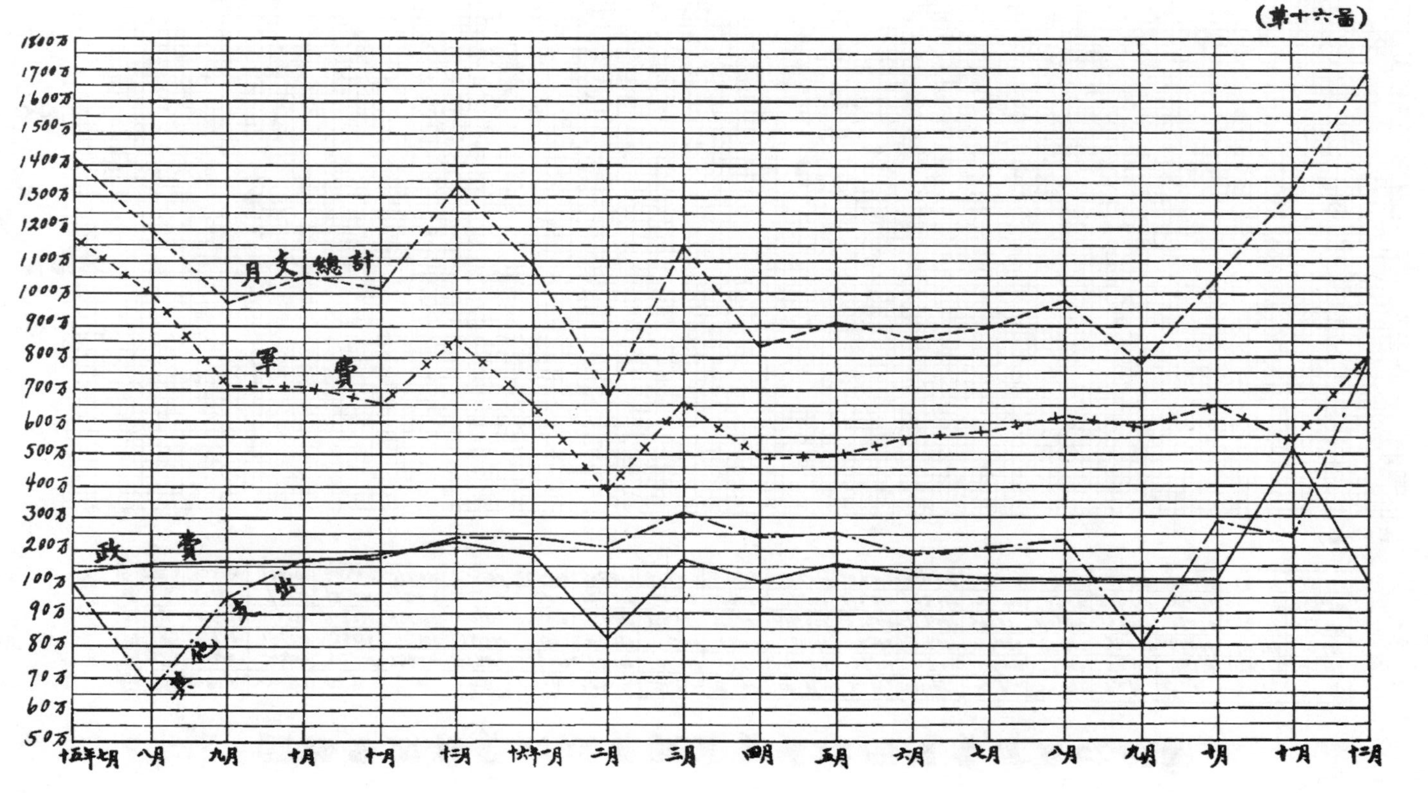

國務費内務費財政費教育費省政府經費每月比較圖

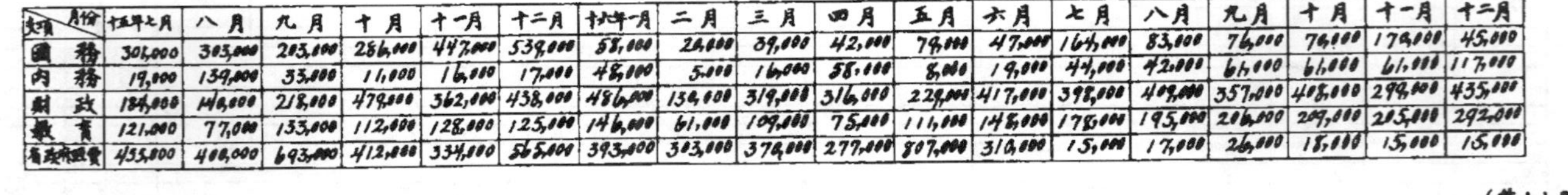

支項＼月份	十五年七月	八月	九月	十月	十一月	十二月	十六年一月	二月	三月	四月	五月	六月	七月	八月	九月	十月	十一月	十二月
國務	306,000	303,000	203,000	286,000	447,000	539,000	58,000	24,000	39,000	42,000	79,000	47,000	164,000	83,000	76,000	79,000	179,000	45,000
内務	19,000	139,000	33,000	11,000	16,000	17,000	48,000	5,000	16,000	58,000	8,000	19,000	44,000	42,000	61,000	61,000	61,000	117,000
財政	184,000	146,000	218,000	479,000	362,000	438,000	486,000	134,000	319,000	316,000	229,000	417,000	398,000	409,000	357,000	408,000	298,000	435,000
教育	121,000	77,000	133,000	112,000	128,000	125,000	146,000	61,000	109,000	75,000	111,000	148,000	178,000	195,000	206,000	209,000	205,000	292,000
省政府經費	455,000	400,000	693,000	412,000	334,000	565,000	393,000	303,000	379,000	277,000	807,000	310,000	15,000	17,000	26,000	18,000	15,000	15,000

（第十七番）

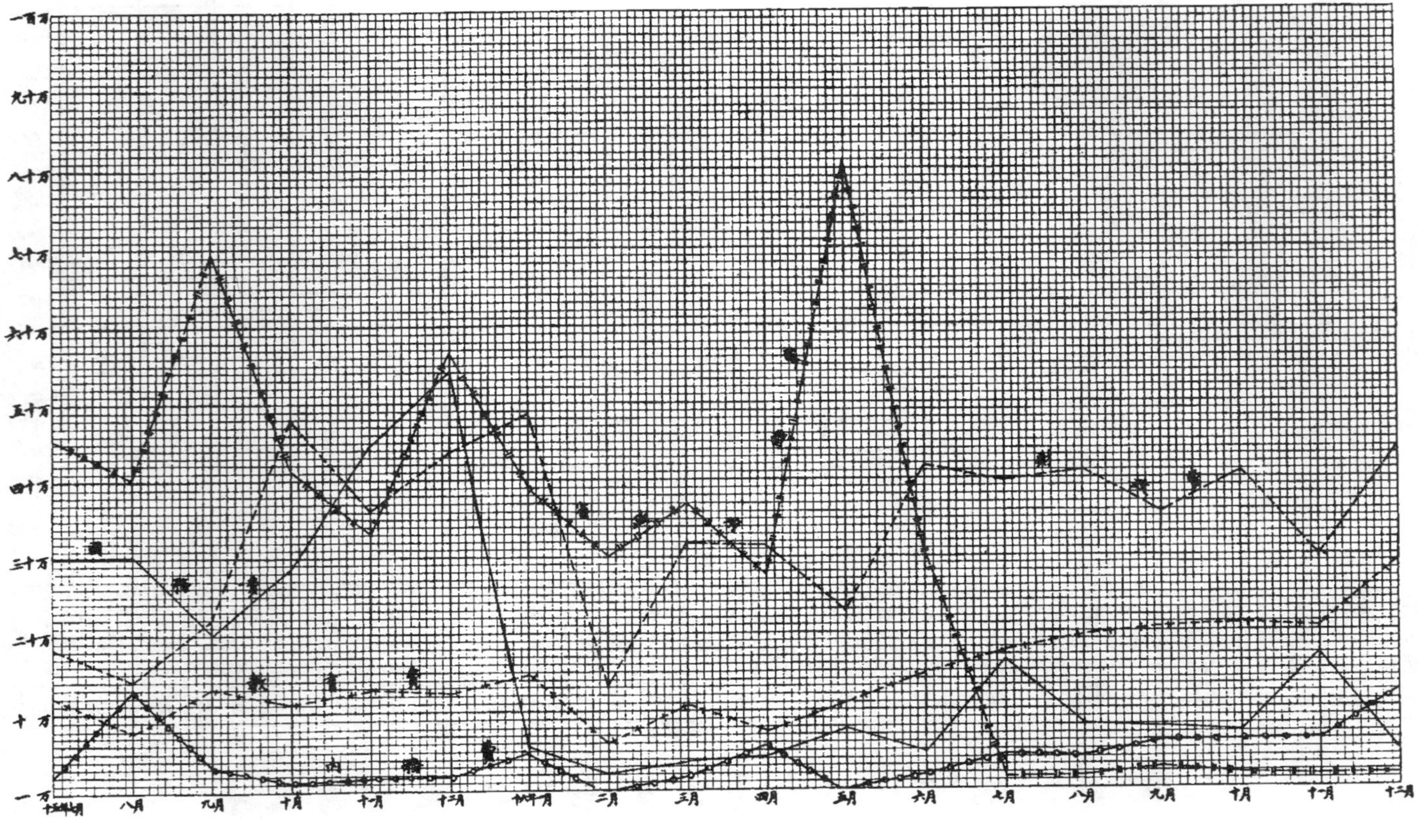

黨務費司法費交通費農商費及稅外支出每月比較圖

支費＼月份	十五年七月	八月	九月	十月	十一月	十二月	十六年一月	二月	三月	四月	五月	六月	七月	八月	九月	十月	十一月	十二月
黨務													70,000	52,000	91,000	29,000	21,000	58,000
司法	18,000	17,000	13,000	19,000	10,000	21,000	12,000		6,000	6,000	8,000	5,000	42,000	43,000	43,000	48,000	35,000	48,000
交通									10,000	10,000	3,000		10,000	10,000	10,000	10,000	10,000	30,000
農商													19,000	22,000	23,000	23,000	15,000	21,000
稅外支出															171,000	177,000	70,000	79,000

（第十八圖）

二十万
十万
九万
八万
七万
六万
五万
四万
三万
二万
一万
九千
八千
七千
六千
五千
四千
三千

十五年七月 八月 九月 十月 十一月 十二月 十六年一月 二月 三月 四月 五月 六月 七月 八月 九月 十月 十一月 十二月

司法費
交通費
黨務費
農商費
稅外支出

外交費還欠及雜項支出每月比較圖

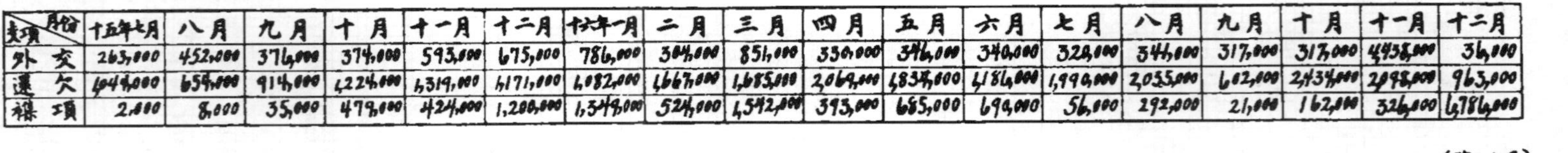

支項＼月份	十五年七月	八月	九月	十月	十一月	十二月	十六年一月	二月	三月	四月	五月	六月	七月	八月	九月	十月	十一月	十二月
外交	263,000	452,000	376,000	374,000	593,000	675,000	786,000	304,000	851,000	330,000	346,000	340,000	320,000	346,000	317,000	317,000	4438,000	36,000
還欠	1,044,000	654,000	914,000	1,224,000	1,319,000	1,171,000	1,082,000	1,667,000	1,685,000	2,069,000	1,837,000	1,184,000	1,990,000	2,035,000	602,000	2,434,000	2,098,000	963,000
雜項	2,000	8,000	35,000	479,000	424,000	1,200,000	1,348,000	524,000	1,542,000	393,000	685,000	690,000	56,000	292,000	21,000	162,000	326,000	6,786,000

（第十九番）

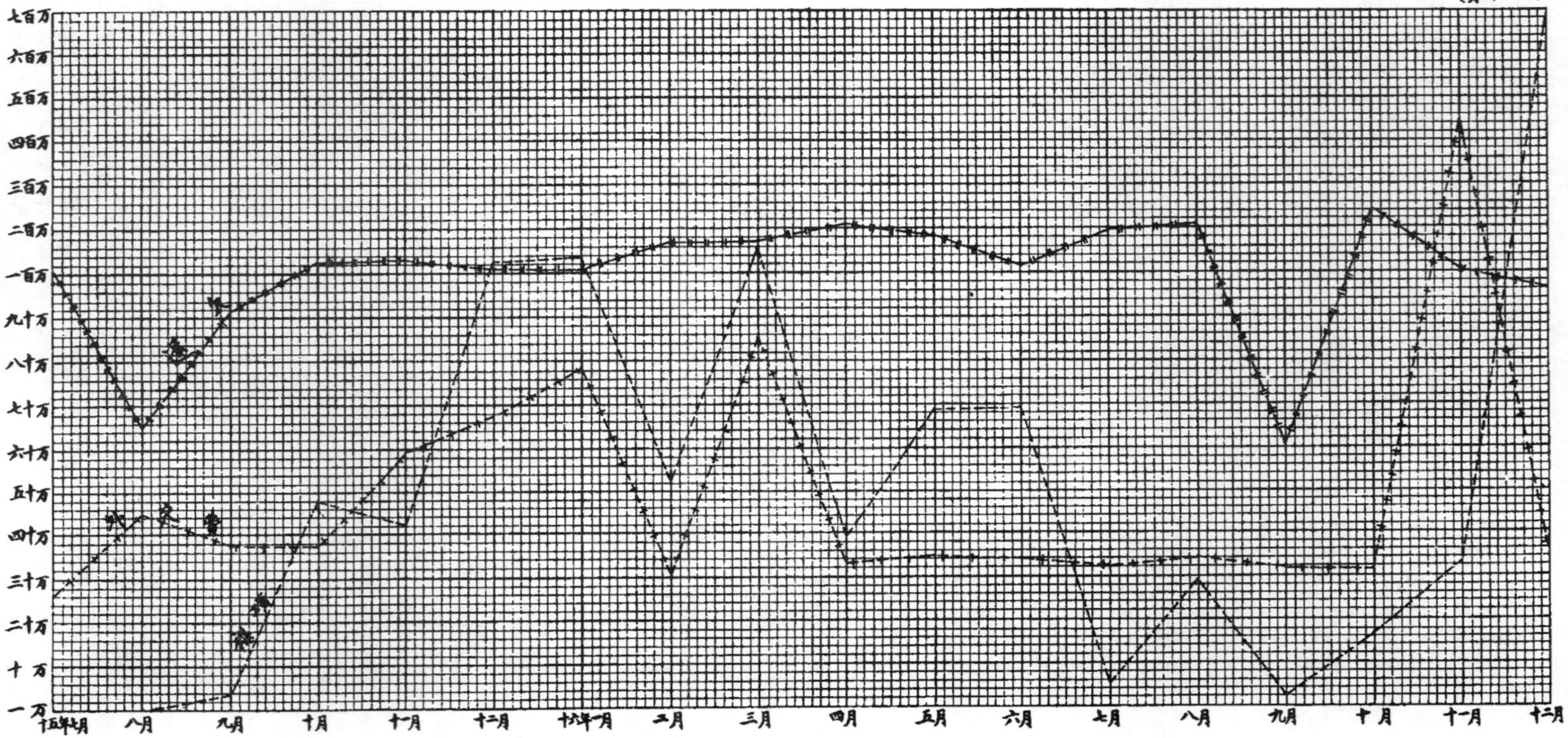

七百万
六百万
五百万
四百万
三百万
二百万
一百万
九十万
八十万
七十万
六十万
五十万
四十万
三十万
二十万
十万
一万

十五年七月　八月　九月　十月　十一月　十二月　十六年一月　二月　三月　四月　五月　六月　七月　八月　九月　十月　十一月　十二月

還欠
外交費
雜項

年度＼收項	鹽稅	関稅	煤油	爆烈品	内地稅	煙酒	印花	禁烟	沙田	籌餉	田賦	厘捐	其他收入	公債庫券	淨借款	合計
十五年度每月平均數	961.000	97.000	345.000	59.000	330.000	401.000	401.000	555.000	97.000	1,407.000	362.000	1,303.000	751.000	3,477.000		10,546.000
十五年度收入百分比較	9.1	1.0	3.3	.5	3.1	3.8	3.8	5.3	1.0	13.3	3.4	12.3	7.1	33.0		100%
十六年度上半年每月平均數	986.000	37.000	380.000	57.000	380.000	437.000	444.000	559.000	93.000	1,093.000	91.000	910.000	1,050.000	2,348.000	2,238.000	11,103.000
十六年度上半年收入百分比較	8.9	3	3.4	.5	3.4	3.9	4.0	5.0	.8	9.8	.8	8.2	9.8	21.1	20.1	100%

（第二十圖）

十五年度收入比較圖

鹽稅 9.1
A
內地稅 3.1
煤油 3.3
B
菸酒 3.8
印花 3.8
C
籌餉 13.3
禁烟 5.3
田賦 3.4
厘捐 12.3
雜項 7.1
公債庫券 33.0

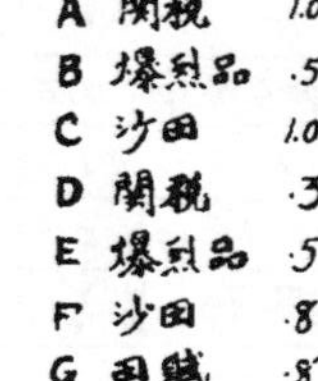

（第廿一圖）

十六年度上半年收入比較圖

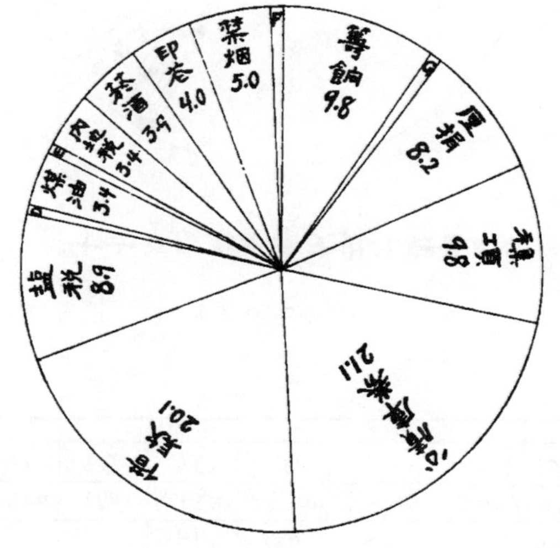

年度＼支項	黨務	國務	省政府	内務	外交	財政	教育	司法	交通	農商	軍費	還欠	禄項	稅外支出	合計
十五年度每月平均數		197,000	443,000	33,000	474,000	310,000	112,000	11,000	2,000		6,939,000	1,321,000	611,000		10,453,000
十五年度支出百分比較		1.9	4.2	.3	4.5	3.0	1.0	.1			66.4	12.6	6.0		100%
十六年度上半年每月平均數	54,000	101,000	18,000	64,000	962,000	384,000	214,000	43,000	13,000	21,000	6,245,000	1,687,000	1,274,000	83,000	11,163,000
十六年度上半年支出百分比較	.5	1.0	.2	.6	8.6	3.4	1.9	.4	.1	.2	55.9	15.1	11.4	.7	100%

(第廿二圖)

十五年度支出比較圖

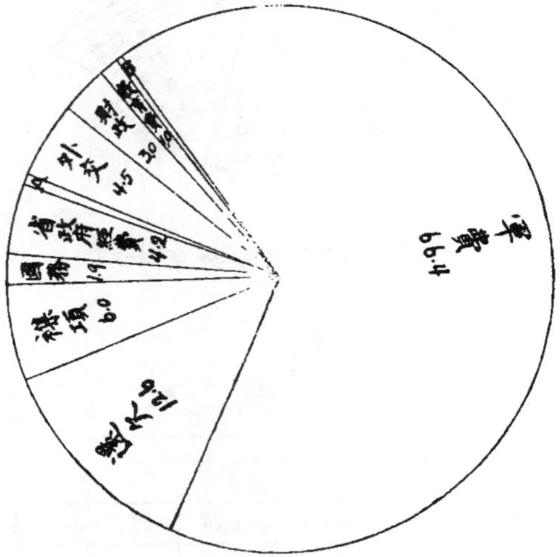

(第廿三圖)

十六年度上半年支出比較圖

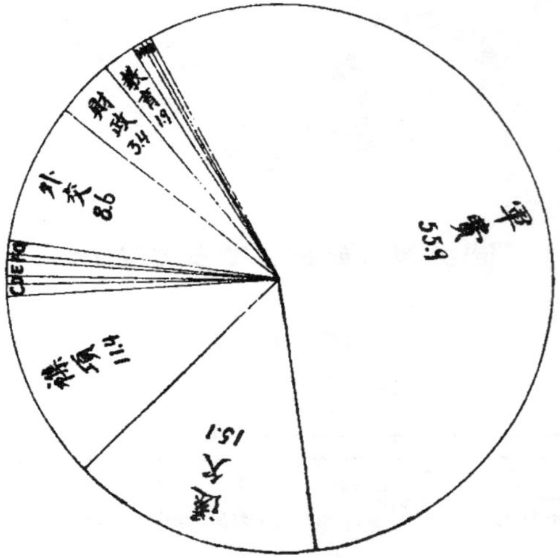

A 内務 .3
B 司法 .1
C 稅外支出 .7
D 黨務 .5
E 國務 1.0
F 省政府經費 .2
G 内務 .6
H 司法 .4
I 交通 .1
J 農商 .2

廣東財政廳國省庫十六年度下半年收支分類統計表

(表20)

收項 ＼ 月份	十七年一月	二月	三月	四月	五月	六月	合計	平均	百分比較
鹽稅	1,435,000	928,000	529,000	478,000	680,000	881,000	4,931,880	822,000	10.5
關稅	22,000	31,000	20,000	26,000	12,000	47,000	158,000	26,000	.3
煤油	277,000	361,000	275,000	368,000	275,000	262,000	1,818,000	303,000	3.9
爆烈品	21,000	2,000	69,000	42,000		48,000	182,000	30,000	.4
內地稅	380,000	483,000	667,000	570,000	622,000	692,000	3,414,000	569,000	7.3
煙酒	391,000	283,000	615,000	417,000	502,000	399,000	2,607,000	435,000	5.6
印花	553,000	631,000	404,000	458,000	461,000	440,000	2,947,000	491,000	6.3
禁煙	226,000	605,000	605,000	388,000	900,000	479,000	3,203,000	534,000	6.8
沙田	110,000	101,000	31,000	43,000	21,000	104,000	410,000	68,000	.9
籌餉	822,000	583,000	1,319,000	1,039,000	1,264,000	1,275,000	6,302,000	1,051,000	13.5
田賦	85,000	132,000	318,000	214,000	143,000	44,000	936,000	156,000	2.0
簽捐	1,283,000	1,178,000	951,000	1,025,000	1,383,000	1,285,000	7,105,000	1,184,000	15.1
鐵路解款		21,000	5,000				26,000	4,000	
大學收入	36,000	27,000	77,000	86,000	115,000	62,000	403,000	67,000	.9
雜項收入	313,000	707,000	330,000	744,000	749,000	802,000	3,645,000	608,000	7.8
公債	20,000	5,915,000	57,000	74,000	117,000	113,000	6,296,000	1,049,000	13.4
賑款		71,000	352,000	446,000	579,000	496,000	1,944,000	324,000	4.2
借款	100,000			165,000	245,000		510,000	85,000	1.1
合計	6,074,000	12,059,000	6,624,000	6,583,000	8,068,000	7,429,000	46,837,000	7,806,000	100%
結存	1,338,000	2,631,000	4,315,000	2,099,000	1,991,000	2,306,000	1,338,000		
合計	7,412,000	14,690,000	10,939,000	8,682,000	10,059,000	9,735,000	48,175,000		

支項 ＼ 月份	十七年一月	二月	三月	四月	五月	六月	合計	平均	百分比較
黨務費	21,000	59,000	31,000	37,000	39,000	31,000	218,000	36,000	.5
國務費	28,000	137,000	48,000	114,000	173,000	163,000	663,000	111,000	1.5
內務費	34,000	101,000	47,000	59,000	80,000	131,000	452,000	75,000	1.0
外交費	8,000	8,000	8,000	17,000	6,000	11,000	58,000	10,000	.1
財政費	58,000	269,000	184,000	235,000	197,000	212,000	1,155,000	193,000	2.6
教育費	47,000	199,000	173,000	186,000	164,000	196,000	965,000	161,000	2.2
司法費	5,000	34,000	79,000	44,000	38,000	43,000	243,000	40,000	.6
交通費	1,000	7,000	35,000	25,000	45,000	32,000	145,000	24,000	.3
實業費	12,000	17,000	30,000	28,000	29,000	30,000	146,000	24,000	.3
軍費	4,093,000	3,105,000	3,825,000	3,848,000	4,943,000	3,876,000	23,690,000	3,948,000	53.5
雜項支出	238,000	411,000	170,000	319,000	336,000	467,000	1,941,000	324,000	4.4
還欠		6,026,000	94,000	73,000	3,000	37,000	6,233,000	1,039,000	14.1
附存款			4,000,000	1,700,000	1,700,000	600,000	8,000,000	1,333,000	18.1
稅外支出	236,000	2,000	116,000	6,000			360,000	60,000	.8
合計	4,781,000	10,375,000	8,840,000	6,691,000	7,753,000	5,829,000	44,269,000	7,378,000	100%
結存	2,631,000	4,315,000	2,099,000	1,991,000	2,306,000	3,906,000	3,906,000		
合計	7,412,000	14,690,000	10,939,000	8,682,000	10,059,000	9,735,000	48,175,000		

勘誤表

表	15	收項	關稅	元年度	737,000	誤	789,000
表	15	支項	合計	平均	34,507,000	誤	3,4507,000
表	16	收項	平均	三月	3,146,000	誤	3,146,000
表	16	收項	總數	五月	43,034.000	誤	44,034,000
表	16	支項	八年度	九月	6,279.000	誤	2,279.000
表	17	支項	合計	六月	43,471,000	誤	4 317.000
表	20	收項	鹽稅	合計	4 931,000	誤	4,931,850

廣州市永漢北路

培英印務公司

專營一切印刷事業

民国廿一年度至廿二年度广东财政统计

广东财政厅第四科统计股　编

民國廿一年度至廿二年度

廣東財政統計

區芳浦題

區廳長芳浦玉照

凡　例

1. 本書統計範圍限於省庫收支實數
2. 本書各表數字均以廣東毫洋元數爲單位
3. 本書材料來源係根據本廳會計股省庫會計賬簿各科目總額編列與每月印行之省庫收支結算表採用差額編列者畧異
4. 本書旣採材於會計賬簿故欵項收支時期悉以賬簿記載爲據
5. 凡補收補支上月之欵與預收預支下月之欵統作是月實在收支計列
6. 凡稅欵確已繳解到庫者始作收入計列其征存未經解庫者從畧
7. 凡坐支抵解之欵經已補入收支者始照編列其未經補入收支者從畧

目錄

表1 省庫收支比較總表

月	別	收入	支出	比較	
				盈餘	不敷
二十一年度	七月	3,208,302	2,305,214	903,088	
	八月	3,207,435	2,949,329	258,106	
	九月	3,591,383	3,237,736	353,647	
	十月	4,319,388	3,716,653	602,735	
	十一月	7,027,293	6,947,807	79,486	
	十二月	9,046,896	9,029,976	16,920	
	一月	3,418,785	3,978,918		560,133
	二月	6,374,263	4,026,717	2,347,546	
	三月	3,948,199	3,183,219	764,980	
	四月	2,588,040	3,491,011		902,971
	五月	3,904,432	5,013,824		1,109,392
	六月	7,207,290	7,491,213		283,923
	合計	57,841,706	55,371,617	2,470,089	
二十二年度	七月	3,222,960	3,368,260		145,300
	八月	3,718,005	4,060,942		342,937
	九月	3,262,988	3,997,195		734,207
	十月	3,873,723	3,685,048	188,675	
	十一月	4,703,488	2,756,825	1,946,663	
	十二月	6,422,484	7,839,360		1,416,876
	一月	3,356,747	4,181,614		824,867
	二月	3,798,682	2,885,002	913,680	
	三月	6,264,481	5,520,735	743,746	
	四月	4,872,556	3,658,776	1,213,780	
	五月	6,637,417	7,027,383		389,966
	六月	6,529,388	3,936,938	2,592,450	
	合計	56,662,919	52,918,078	3,744,842	

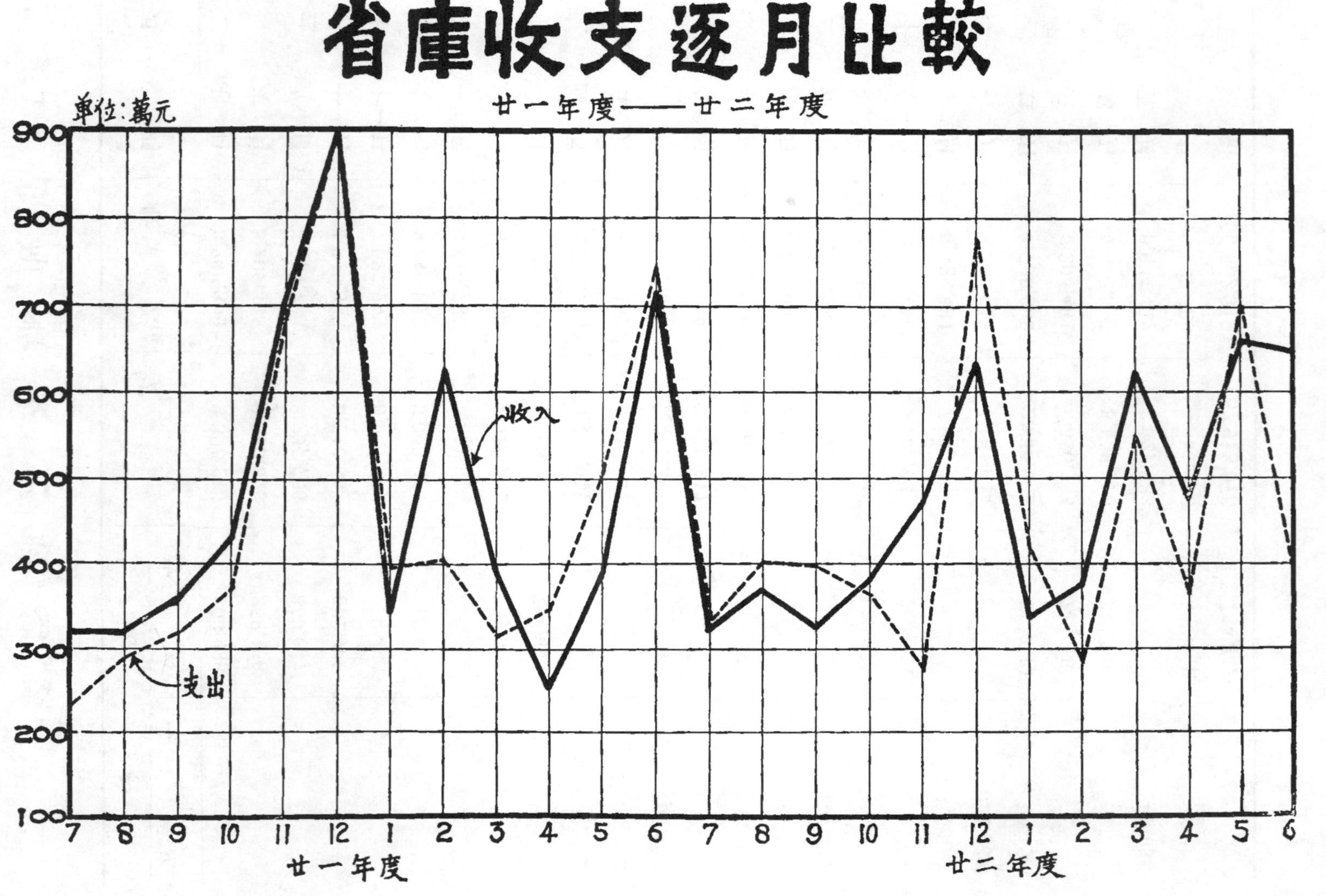
省庫收支逐月比較
廿一年度——廿二年度
単位:萬元
900
800
700
600
500
400
300
200
100
收入
支出
7 8 9 10 11 12 1 2 3 4 5 6 7 8 9 10 11 12 1 2 3 4 5 6
廿一年度
廿二年度

表 2　省庫收入歲計簡要表

類	別	二十二年度	二十一年度	較差 (十)增(一)減	較差 百分數
賦稅收入	收益稅	7,104,507	5,593,462	十 1,511,045	十 26.83
	行為稅	1,938,599	3,417,878	一 1,479,279	一 76.31
	消費稅	19,091,704	8,697,821	十 10,393,883	十 117.19
	雜項稅捐	352,902	509,919	一 157,017	一 44.49
	籌餉收入	15,186,296	17,366,942	一 2,180,646	一 14.36
	合計	**43,674.008**	**35,586,022**	**十 8,087,986**	**十 22.32**
非賦稅收入	官有產業收入	100.258	392,790	一 292,532	一 291.75
	行政收入	519,102	483,280	十 35.822	十 7.41
	雜項收入	1,109,032	306,928	十 802,104	十 261.34
	合計	**1.728,392**	**1,182,998**	**十 545,394**	**十 46.10**
其他收入	債項收入	8,456,736	18,791,566	一 10,334,830	一 122.21
	來往款項收入	2,803,783	2,281,120	十 522,663	十 22.91
	合計	**11,260,519**	**21,072,686**	**一 9,812,167**	**一 87.13**
	總計	**56,662,919**	**57,841,706**	**一 1,178,787**	**一 20.80**

省庫歲入本年度與上年度比較

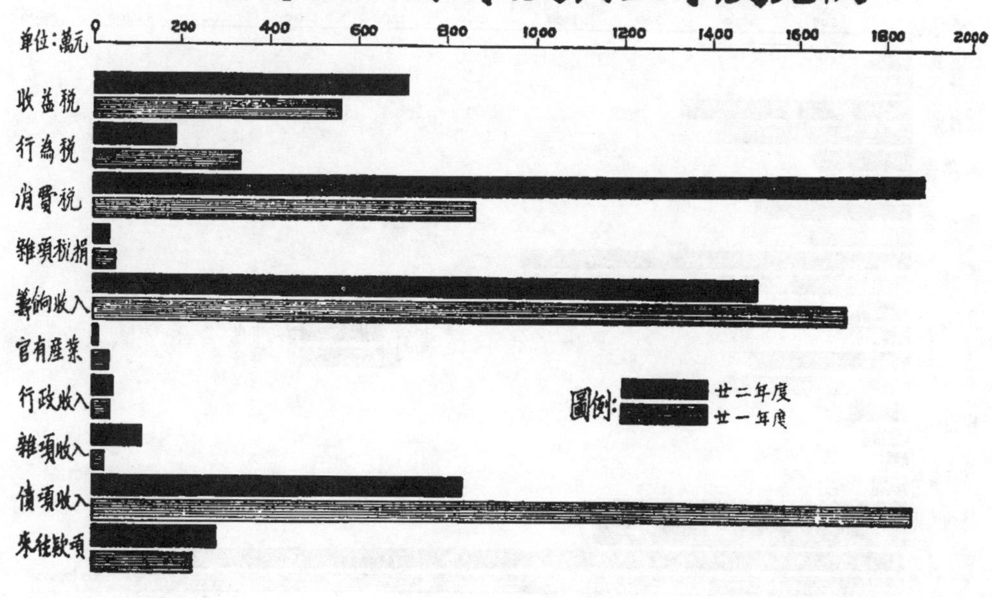

表 3　省庫支出歲計簡要表

類	別	二十二年度	二十一年度	較差 (+)增(—)減	較差 百分數
正項支出	黨務費	1,037,416	1,160,566	— 125,150	— 11.54
	行政費	5,311,107	4,668,802	+ 642,305	+ 13.75
	財務費	2,283,474	1,401,691	+ 881,783	+ 62.91
	教育費	3,660,733	2,264,435	+ 1,396,298	+ 61.66
	建設費	9,003,298	4,485,249	+ 4,518,049	+ 100.73
	司法費	1,220,725	1,413,388	— 192,663	— 15.78
	協助費	3,752,617	4,357,977	— 605,360	— 16.13
	合計	**26,269,370**	**19,752,108**	**+ 6,517,262**	**+ 32.99**
雜項支出	雜項支出	1,381,104	1,136,167	+ 244,937	+ 21.55
	發還各款	668,084	817,360	— 149,276	— 22.61
	合計	**2,049,188**	**1,953,527**	**+ 95,661**	**+ 48.84**
其他支出	債項支出	7,359,511	7,284,970	+ 74,541	+ 10.23
	來往款項	17,240,009	26,381,012	— 9,141,003	— 53.02
	合計	**24,599,520**	**33,665,982**	**— 9,066,462**	**— 36.85**
	總計	**52,918,078**	**55,371,617**	**— 2,453,539**	**— 46.37**

省庫歲出本年度與上年度比較

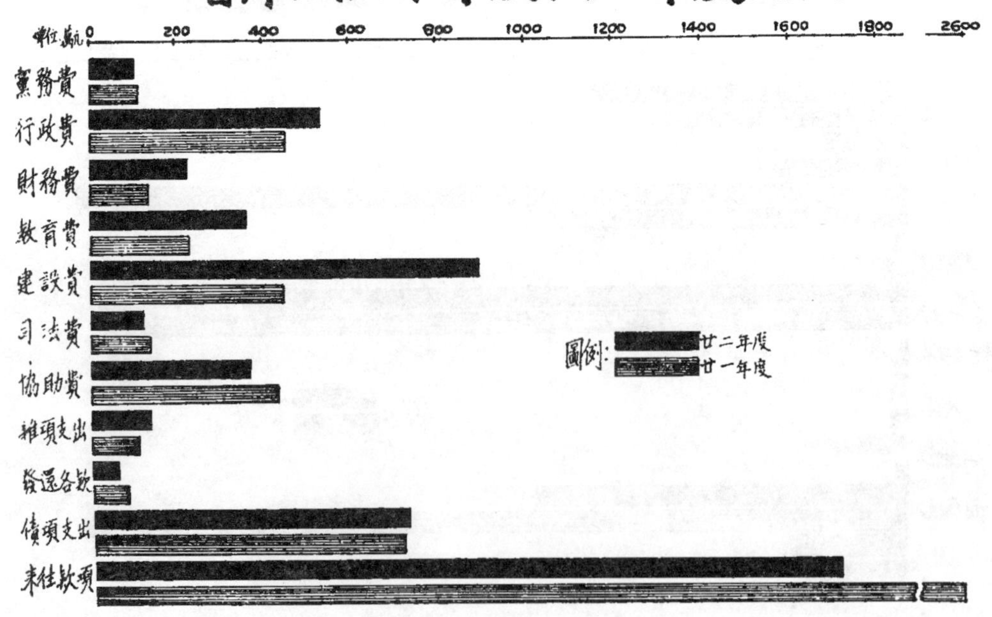

省庫歲入歲出百分比較

民國廿一年度

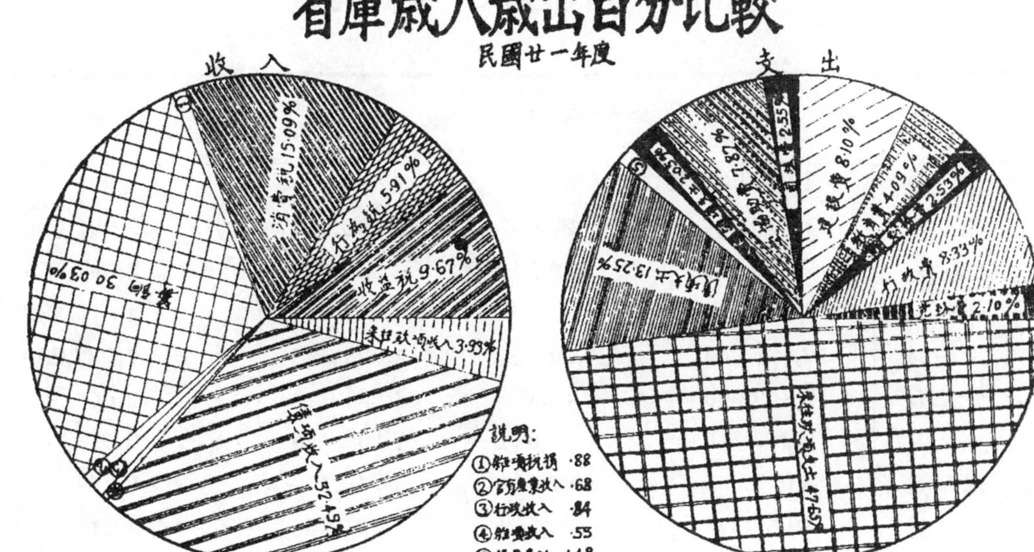

省庫歲入歲出百分比較

民國廿二年度

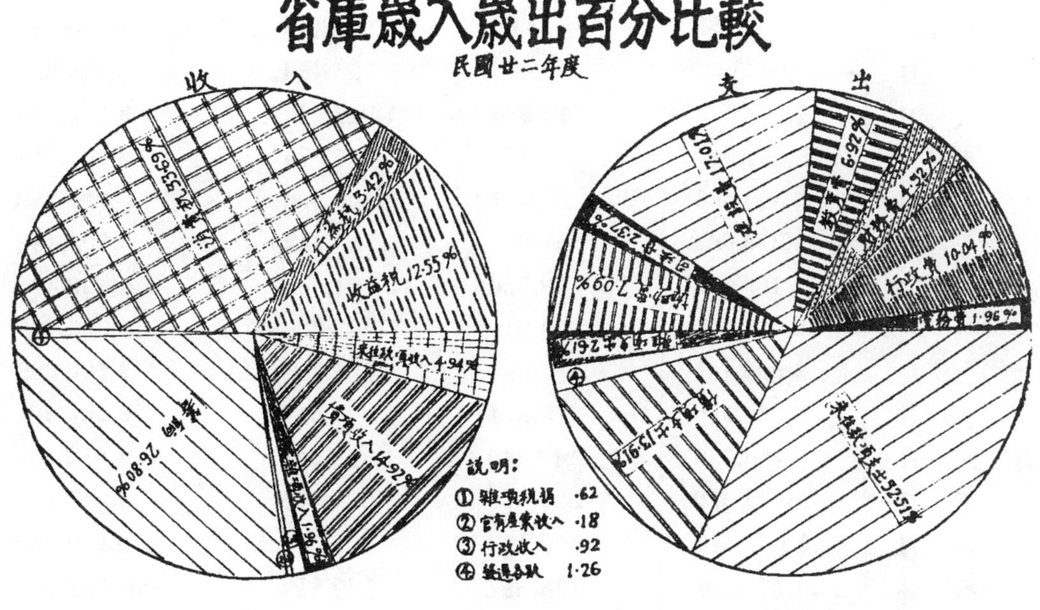

表 4　　**省庫收入總表**

年度	月　別	賦稅收入	非賦稅收入	其他收入	合　計
二十一年度	七　月	1,766,590	39,576	1,402,136	3,208,302
	八　月	1,838,964	27,657	1,340,814	3,207,435
	九　月	2,913,691	50,236	627,456	3,591,383
	十　月	3,336,442	70,138	912,808	4,319,388
	十一月	2,885,083	59,852	4,082,358	7,027,293
	十二月	2,766,008	49,172	6,231,716	9,046,896
	一　月	2,275,748	38,041	1,104,996	3,418,785
	二　月	3,045,602	87 684	3,240,977	6,374,263
	三　月	3,053,223	173,771	721,205	3,948,199
	四　月	2,222,292	84,980	280,768	2,588,040
	五　月	3,718,193	63,155	123,084	3,904,432
	六　月	5,764,186	438,736	1,004,368	7,207,290
	合　計	**35,586,022**	**1,182,998**	**21,072,686**	**57,841,706**
	平　均	**2,965,502**	**98,583**	**1,756,057**	**4,820,142**
	百分比	**61.52**	**2.05**	**36.43**	**100%**
二十二年度	七　月	2,606,953	59,553	556,454	3,222,960
	八　月	2,598,013	72,086	1,047,906	3,718,005
	九　月	2,851,621	56,293	355,074	3,262,988
	十　月	3,300,196	84,831	488,696	3,873,723
	十一月	3,878,863	41,063	783,562	4,703,488
	十二月	3,199,393	58,726	3,164,365	6,422,484
	一　月	2,810,206	59,211	487,330	3,356,747
	二　月	3,096,435	16,996	685,251	3,798,682
	三　月	5,166,080	276,824	821,577	6,264,481
	四　月	3,450,529	42,820	1,379,207	4,872,556
	五　月	5,622,372	392,826	622,219	6,637,417
	六　月	5,093,347	567,163	868,878	6,529,388
	合　計	**43,674,008**	**1,728,392**	**11,260,519**	**56,662,919**
	平　均	**3,639,501**	**144,033**	**938,376**	**4,721,910**
	百分比	**77.08**	**3.05**	**19.87**	**100%**

表 5 省庫支出總表

月 別		正項支出	雜項支出	其他支出	合 計
二十一年度	七 月	874,094	85,908	1,345,212	2,305,214
	八 月	1,087,919	67,818	1,793,592	2,949,329
	九 月	1,804,722	315,776	1,117,238	3,237,736
	十 月	2,372,807	205,095	1,138,751	3,716,653
	十一月	1,697,831	59,657	5,190,319	6,947,807
	十二月	1,607,558	70,009	7,352,409	9,029,976
	一 月	1,301,562	459,180	2,218,176	3,978,918
	二 月	1,692,718	159,654	2,174,345	4,026,717
	三 月	1,639,576	44,695	1,498,948	3,183,219
	四 月	1,511,440	11,173	1,968,398	3,491,011
	五 月	2,170,018	23,884	2,819,922	5,013,824
	六 月	1,991,863	450,678	5,048,672	7,491,213
	合 計	19,752,108	1,953,527	33,665,982	55,371,617
	平 均	1,646,009	162,794	2,805,499	4,614,302
	百分比	35.67	3.53	60.80	100%
二十二年度	七 月	1,543,831	47,315	1,777,114	3,368,260
	八 月	2,024,759	88,399	1,947,784	4,060,942
	九 月	1,776,448	45,976	2,174,771	3,997,195
	十 月	2,156,067	163,797	1,365,184	3,685,048
	十一月	1,567,317	49,335	1,140,173	2,756,825
	十二月	2,131,669	391,920	5,315,771	7,839,360
	一 月	2,560,317	66,929	1,554,368	4,181,614
	二 月	2,023,613	137,848	723,541	2,885,002
	三 月	2,367,004	135,370	3,018,361	5,520,735
	四 月	2,375,564	29,196	1,254,016	3,658,776
	五 月	3,079,046	700,644	3,247,693	7,027,383
	六 月	2,663,735	192,459	1,080,744	3,936,938
	合 計	26,269,370	2,049,188	24,599,520	52,918,078
	平 均	2,189,114	170,766	2,049,960	4,409,840
	百分比	49.65	3.87	46.48	100%

表6 賦稅收入分類總表

年度	月別	收益稅	行為稅	消費稅	雜項稅捐	餉	合計
二十一年度	七月	230,190	141,224	340,067	51,006	1,004,103	1,766,590
	八月	172,678	178,628	463,131	20,958	1,003,569	1,838,964
	九月	519,228	273,493	890,894	42,168	1,187,908	2,913,691
	十月	500,045	631,046	848,968	45,450	1,310,933	3,336,442
	十一月	353,240	480,668	798,084	42,326	1,210,765	2,885,083
	十二月	620,687	193,062	702,844	42,810	1.206.605	2,766,008
	一月	180,603	168,054	574,162	45,640	1,307,289	2,275,748
	二月	480,459	346,834	783,056	41,428	1,394,825	3,045,602
	三月	563,292	195,096	784,567	51,486	1,458,782	3,053,223
	四月	233,016	122,979	723,325	42,116	1,100,856	2.222,292
	五月	824,286	366,639	1,086,523	42,357	1,398,388	3,718,193
	六月	915,738	321,155	702,200	42,174	3,782,919	5,764,186
	合計	**5,593,462**	**3,417,878**	**8,697,821**	**509,919**	**17,366,942**	**35,586,022**
	平均	**466,122**	**284,823**	**724,818**	**42,493**	**1447,245**	**2,965,501**
	百分比	**15.72**	**9.61**	**24.44**	**1.43**	**48.80**	**100%**
二十二年度表	七月	398,305	166,626	548,952	13,078	1,479,992	2,606,953
	八月	358,912	153,008	564,256	18,683	1,503,154	2,598,013
	九月	386,491	120,641	769,301	19,138	1,556,050	2,851,621
	十月	705,405	212,236	891,094	38,561	1,452,900	3,300,196
	十一月	253,372	128,874	1,686,001	40,756	1,769,860	3,878,863
	十二月	527,159	105,978	1,473,556	24,991	1,067,709	3,199,393
	一月	586,069	74,555	1,056,527	34,330	1,058,725	2,810,206
	二月	554,719	147,233	1,284,402	22,825	1,087,256	3,096,435
	三月	1,035,361	159,476	2,648,247	46,589	1,276,407	5,166,080
	四月	526,312	108,413	1,922,640	33,174	859,990	3,450,529
	五月	1,087,213	159,331	3,290,540	42,176	1,043,112	5,622,372
	六月	685,189	402,228	2,956,188	18,601	1,031,141	5,093,347
	合計	**7,104,507**	**1,938,599**	**19,091,704**	**352,902**	**15,186,296**	**43,674,008**
	平均	**592,042**	**161,550**	**1,590,975**	**29,408**	**1,265,525**	**3,639,500**
	百分比	**16.27**	**4.44**	**43.71**	**.81**	**34.77**	**100%**

表 7

非賦稅收入分類總表

年度	月別 \ 類別	官有產業收入	行政收入	雜項收入	合計
二十一年度	七月	3,343	21,838	14,395	39,576
	八月	791	6,588	20,278	27,657
	九月	7,155	27,407	15,674	50,236
	十月	14.260	39.473	16,405	70,138
	十一月	6,927	35,845	17.080	59,852
	十二月	14,562	23,033	11,577	49,172
	一月	6,506	16,612	14,923	38,041
	二月	32,733	29,845	25,106	87,684
	三月	132,415	2,482	38,874	173,771
	四月	49,339	6.403	29,238	84,980
	五月	11,794	11,270	40,091	63,155
	六月	112,965	262.484	63,287	438,736
	合計	**392,790**	**483,280**	**306,928**	**1,182,998**
	平均	**32,733**	**40,273**	**25,577**	**98,583**
	百分比	**33.20**	**40.85**	**25.95**	**100**
二十二年度	七月	5,190	22,621	31,742	59,553
	八月	4,823	45,284	21,979	72,086
	九月	4,185	21.203	30,905	56,293
	十月	30,930	31,545	22,356	84,831
	十一月	1,158	26,260	13,645	41,063
	十二月	447	44,569	13,710	58,726
	一月	31,258	14,226	13,727	59,211
	二月	2,850	5,425	8,721	16,996
	三月	2,232	260.957	13,635	276,824
	四月	1,647	13,612	27,561	42,820
	五月	10,745	18,500	363,581	392,826
	六月	4,793	14,900	547,470	567,163
	合計	**100,258**	**519,102**	**1,109,032**	**1,728,392**
	平均	**8,355**	**43,259**	**92,419**	**144,033**
	百分比	**5.80**	**30.03**	**64.17**	**100**

表8 其他收入分類總計表

月別		債項收入	來往欵項	合計
二十一年度	七月	1,402,136	——	1,402,136
	八月	1,340,814	——	1,340,814
	九月	627,456	——	627,456
	十月	912,808	——	912,808
	十一月	4,082,358	——	4,082,358
	十二月	6,231,716	——	6,231,716
	一月	1,104,996	——	1,104,996
	二月	959,857	2,281,120	3,240,977
	三月	721,205	——	721,205
	四月	280,768	——	280,768
	五月	123,084	——	123,084
	六月	1,004,368	——	1,004,368
	合計	18,791,566	2,281,120	21,072,686
	平均	1,565,964	190,093	1,756,057
	百分比	89.17	10.83	100%
二十二年度	七月	556,454	——	556,454
	八月	1,047,906	——	1,047,906
	九月	355,074	——	355,074
	十月	488,696	——	488,696
	十一月	783,562	——	783,562
	十二月	360,582	2,803,783	3,164,365
	一月	487,330	——	487,330
	二月	685,251	——	685,251
	三月	821,577	——	821,577
	四月	1,379,207	——	1,379,207
	五月	622,219	——	622,219
	六月	868,878	——	868,878
	合計	8,456,736	2,803,783	11,260,519
	平均	704,728	233,648	938,376
	百分比	75.10	24.90	100%

附註：來往欵項欄數目係根據第十三表淨收欄數目列入

表 9 **正項支出分類總表**

年度	月別	業務費	行政費	財務費	教育費	建設費	司法費	協助費	合計
二十一年度	七月	72,467	195,183	80,615	98,046	105,003	67,475	255,305	874,094
	八月	74,047	241,332	73,116	121,867	243,176	57,221	277,160	1,087,919
	九月	99.635	541,585	112,896	191,229	301,790	116,672	440,915	1,804,722
	十月	98,912	465,448	133,235	185,181	1,004,431	129,390	356,210	2,372,807
	十一月	87,005	397,052	89,055	184,936	395,105	156,583	388,095	1,697,831
	十二月	110,873	379,428	133,456	202,821	369,630	152,435	258.915	1,607,558
	一月	93,547	226,672	66,577	206,276	350,616	72,974	284,900	1,301,562
	二月	129,138	497,069	126,825	188,515	252,182	148,679	350,310	1,692,718
	三月	100,013	461,012	137,210	200,712	228,026	122,418	390,185	1,639,576
	四月	83 044	250,954	88,329	240,143	373,765	85,820	389,385	1,511,440
	五月	114,771	510,914	159,976	244,360	454,639	170,061	515,297	2,170,018
	六月	97,114	502,153	200,401	200,349	406,886	133,660	451,300	1.991,863
	合計	**1,160,566**	**4,668,802**	**1,401,691**	**2,264,435**	**4,485,249**	**1,413,388**	**4,357,977**	**19,752,108**
	平均	**96,713**	**389,067**	**116,808**	**188,703**	**373,771**	**117,782**	**363,165**	**1,646,009**
	百分比	**5.88**	**23.65**	**7.09**	**11.46**	**22.71**	**7.15**	**22.06**	**100.00**
二十二年度	七月	84,035	485,820	109,555	211,000	171,196	78,298	403,927	1,543,831
	八月	91,241	547,069	108.274	215,500	387,220	105,013	570,442	2,024,759
	九月	98,404	382,363	123,077	395,708	282.005	84,136	410,255	1,776,448
	十月	97,560	497,439	110,253	407,497	399,789	143,192	500,337	2,156,067
	十一月	60,290	222,178	116,925	154,718	527,209	54 310	431,687	1,567,317
	十二月	95,254	470,526	414,123	226,031	698,989	75,786	150,960	2,131,669
	一月	86,608	412,526	171,195	283,760	995.961	77,072	533,195	2,560,317
	二月	83,696	408,781	203,986	366,868	706,760	54,861	198,661	2,023,613
	三月	118,972	510,755	196,997	303,040	827,765	320,230	89,245	2,367,004
	四月	87,044	439,058	176,162	420,608	1,034,494	68,797	149,401	2,375,564
	五月	81,244	439,933	279,028	375,699	1,505.534	99,504	298,104	3,079,046
	六月	53,068	494,159	273,899	300,304	1,466,376	59.526	16,403	2,663,735
	合計	**1,037,416**	**5,311,107**	**2,283,474**	**3,660,733**	**9,003,298**	**1,220,725**	**3,752,617**	**26,269,370**
	平均	**86,451**	**442.592**	**190,290**	**305,061**	**750,275**	**101,727**	**312,718**	**2,189,114**
	百分比	**3.95**	**20.22**	**8.69**	**13.94**	**34.26**	**4.65**	**14.29**	**100.00**

表 10　　# 雜項支出分類總計表

年度	月別	雜項支出	發還各欵	合計
二十一年度	七月	61,248	24,660	85,908
	八月	43,832	23,986	67,818
	九月	165,455	150,321	315,776
	十月	124,831	80,264	205,095
	十一月	19,789	39,868	59,657
	十二月	16,600	53,409	70,009
	一月	234,573	224,607	459,180
	二月	77,507	82,147	159,654
	三月	7 923	36,772	44,695
	四月	2,000	9,173	11,173
	五月	5,531	18,353	23,884
	六月	376,878	73,800	450,678
	合計	1,136,167	817,360	1,953,527
	平均	94,681	68,113	162,794
	百分比	58.16	41.84	100%
二十二年度	七月	8,811	38,504	47,315
	八月	37,436	50,963	88,399
	九月	6,887	39.089	45,976
	十月	1,348	162,449	163,797
	十一月	5,106	44.229	49,335
	十二月	386,011	5,909	391,920
	一月	13,233	53,696	66,929
	二月	120,777	17.071	137,848
	三月	3,251	132,119	135,370
	四月	637	28,559	29,196
	五月	665,750	34,894	700,644
	六月	131,857	60,602	192,459
	合計	1,381,104	668,084	2,049,188
	平均	115,092	55,674	170,766
	百分比	67.39	32.61	100%

表 11

其他支出分類總表

年度	月別	償項支出	來往欵項	合計
二十一年度	七月	366,395	978,817	1,345,212
	八月	291	1,793,301	1,793,592
	九月	215,000	902,238	1,117,238
	十月	454,549	684,202	1,138,751
	十一月	276,998	4,913,321	5,190,319
	十二月	300,073	7,052,336	7,352,409
	一月	210,000	2,008,176	2,218,176
	二月	2,174,345	——	2,174,345
	三月	285,073	1,213,875	1,498,948
	四月	287,073	1,681,325	1,968,398
	五月	402,123	2,417,799	2,819,922
	六月	2,313,050	2,735,622	5,048,672
	合計	**7,284,970**	**26,381,012**	**336,65,982**
	平均	**607,080**	**2,198,418**	**2,805,498**
	百分比	**21.64**	**78.36**	**100%**
二十二年度	七月	202,000	1,575,114	1,777,114
	八月	140,324	1,807,460	1,947,784
	九月	27.420	2,147,351	2,174.771
	十月	197,362	1,167,822	1,365,184
	十一月	——	1,140,173	1,140,173
	十二月	5,315,771	——	5,315,771
	一月	63,000	1,491,368	1,554,368
	二月	——	723,541	723,541
	三月	157,341	2,861,020	3,018,361
	四月	1,042.100	211,916	1,254,016
	五月	68,809	3,178,884	3,247,693
	六月	145,384	935,360	1,080,744
	合計	**7,359,511**	**17,240,009**	**24,599,520**
	平均	**613,293**	**1,436,667**	**2,049,960**
	百分比	**29.92**	**70.08**	**100%**

附註：來往欵項欄係根據第十二表淨支欄列入

表12 **來往欵項收支比較表**

月別		來往欵項收入	來往欵項支出	較差	
				淨收	淨支
二十一年度	七月	1,169,580	2,148,397		978,717
	八月	524,991	2,318,292		1,793,301
	九月	445,809	1,348,047		902,238
	十月	520,289	1,204,491		684,202
	十一月	476,585	5,389,906		4,913,321
	十二月	744,540	7,796,876		7,052,336
	一月	217,065	2,225,241		2,008,176
	二月	3,283,877	1,002,757	2,281,120	
	三月	695,898	1,909,773		1,213,875
	四月	473,802	2,155,127		1,681,325
	五月	379,824	2,797,623		2,417,799
	六月	485,159	3,220,781		2,735,622
	合計	**9,417,419**	**33,517,311**	**2,281,120**	**26,381,012**
二十二年度	七月	341,575	1,916,689		1,575,114
	八月	475,992	2,283,452		1,807,460
	九月	551,768	2,699,119		2,147,351
	十月	2,517,833	3,685,655		1,167,822
	十一月	688,004	1,828,177		1,140,173
	十二月	8,102,315	5,298,532	2,803,783	
	一月	980,304	2,471,672		1,491,368
	二月	845,029	1,568,570		723,541
	三月	1,637,433	4,498,453		2,861,020
	四月	2,310,744	2,522,660		211,916
	五月	1,059,278	4,238,162		3,178,884
	六月	2,946,860	3,882,220		935,360
	合計	**22,457,135**	**36,893,361**	**2,803,783**	**17,240,009**

表 13　　**收益税收入類別表**

年度	類別／月別	土地收益稅	房捐	營業稅類	礦稅	合計
二十一年度	七月	142,331	1,103	84,491	2,265	230,190
	八月	76,157	1,766	92,668	2,087	172,678
	九月	379,320	239	137,653	2,016	519,228
	十月	401,059	8,862	88,968	1,156	500,045
	十一月	285,410	416	65,826	1,588	353,240
	十二月	527,155	654	91,135	1,743	620,687
	一月	137,079	1	41,475	2,048	180,603
	二月	430,287	4,809	43,324	2,039	480,459
	三月	425,631	4,785	131,251	1,625	563,292
	四月	90,937	239	139,646	2,194	233,016
	五月	609,552	3,531	209,578	1,625	824,286
	六月	799,826	2,835	111,136	1,941	915,738
	合計	**4,304,744**	**29,240**	**1,237,151**	**22,327**	**5,593,462**
	平均	**358,729**	**2,437**	**103,096**	**1,860**	**466,122**
	百分比	**76.96**	**.53**	**22.11**	**.40**	**100%**
二十二年度	七月	319,120	2,593	74,395	2,197	398,305
	八月	286,081	2,375	69,214	1,242	358,912
	九月	310,401	——	75,900	190	386,491
	十月	599,908	360	105,137	——	705,405
	十一月	155,170	144	98,058	——	253,372
	十二月	272,485	319	254,355	——	527,159
	一月	286,110	——	789,959	——	586,069
	二月	217,435	1,784	335,500	——	554,719
	三月	296,605	10,158	728,598	——	1,035,361
	四月	169,539	2,130	354,643	——	526,312
	五月	395,058	1,813	690,342	——	1,087,213
	六月	238,930	199	446,060	——	685,189
	合計	**3,546,842**	**21,875**	**3,532,161**	**3,629**	**7,104,507**
	平均	**295,570**	**1,823**	**294,347**	**302**	**592,042**
	百分比	**49.92**	**.37**	**49.71**	**——**	**100%**

表 14　　　　# 行爲稅收入類別表

年度	類別／月別	契税	契税附加（中資捐及附加）	交通税	船税	合計
二十一年度	七月	137,885	525	2,770	44	141,224
	八月	174,040	159	3,260	1,169	178,628
	九月	270,102	1,090	1,660	641	273,493
	十月	427,120	842	2,198	200,886	631,046
	十一月	379,458	1,535	3,148	96,527	480,668
	十二月	187,628	686	1,600	3,148	193,062
	一月	167,550	504	——	——	168,054
	二月	341,807	385	2,000	1,642	345.834
	三月	193,191	1,299	——	606	195,096
	四月	119,639	429	2,425	486	122,979
	五月	356,143	9,064	——	1,432	366,639
	六月	215,115	1,270	——	104,770	321,155
	合計	**2,969,678**	**17,788**	**19,061**	**411,351**	**3,417,878**
	平均	**247,473**	**1,483**	**1,588**	**34,279**	**284,823**
	百分比	**86.89**	**.52**	**.56**	**12.03**	**100%**
二十二年度	七月	164,569	761	——	1,296	166,626
	八月	152,184	561	——	263	153,008
	九月	119,895	525	——	221	120,641
	十月	209,486	489	——	2,261	212,236
	十一月	128,325	549	——	——	128,874
	十二月	98,118	267	——	7,593	105,978
	一月	72,902	705	——	948	74.555
	二月	145,956	335	——	942	147,233
	三月	156,499	233	——	2,744	159,476
	四月	107,597	737	——	79	108,413
	五月	158,622	315	——	394	159,331
	六月	100,557	693	——	300,978	402,228
	合計	**1,614,710**	**6,170**	——	**317,719**	**1,938,599**
	平均	**134,560**	**513**	——	**26,477**	**161,550**
	百分比	**83.29**	**.31**	——	**16.40**	**100%**

表 15

消費稅收入類別表

月	別	貨物稅	屠宰稅	特種消費稅	合計
二十一年度	七月	216,366	77,004	46,697	340,067
	八月	251,637	144,652	66.842	463,131
	九月	573,442	189,185	128,267	890,894
	十月	579,857	180,058	89,053	848,968
	十一月	547,667	131,844	118,573	798,084
	十二月	406,486	142,747	153,611	702,844
	一月	310.568	153,794	109,800	574,162
	二月	481.718	128,182	173,156	783,056
	三月	490,674	150,072	143,821	784,567
	四月	444,454	174,523	104,348	723,325
	五月	789,391	178,221	118,911	•1,086,523
	六月	563,199	61,677	77.324	702,200
	合計	**5,655,459**	**1,711,959**	**1,330,403**	**8,697,821**
	平均	**471,288**	**142,663**	**110,867**	**724,818**
	百分比	**65.02**	**19.68**	**15.30**	**100%**
二十二年度	七月	430,582	71,868	46,502	548,952
	八月	373,004	93,330	97,922	564,256
	九月	456,884	225,554	86,863	769,301
	十月	639,857	136,957	114,280	891,094
	十一月	1,293,371	247,827	144,803	686,001
	十二月	1,220,670	170 570	82,316	1,473,556
	一月	751,984	192,610	111,933	1,056,527
	二月	1,008,593	175,534	100,275	1,284,402
	三月	2,295.515	178,520	174,212	2,648,247
	四月	1,611,284	173,523	137,833	1.922,640
	五月	3,098,483	75,316	116,741	3,290.540
	六月	2,784,973	67,752	103,463	2.956,188
	合計	**5,965,200**	**1,809,361**	**1,317,143**	**19,091,704**
	平均	**1,330,433**	**150,780**	**109,762**	**1,590,975**
	百分比	**83.62**	**9.48**	**6.90**	**100%**

表16 雜項稅捐收入類別表

年度	月別	雜稅	雜捐	合計
二十一年度	七月	41,433	9,573	51,006
	八月	12,463	8,495	20,958
	九月	35,869	6,299	42,168
	十月	38,157	7,293	45,450
	十一月	35,488	6,838	42,326
	十二月	36,738	6,072	42,810
	一月	31,799	13,841	45,640
	二月	29,215	12,213	41,428
	三月	37,125	14,361	51,486
	四月	30,835	11,281	42,116
	五月	31.075	11,282	42,357
	六月	32,126	10,048	42,174
	合計	392,323	117,596	509,914
	平均	32,694	9,800	42,494
	百分比	76.94	23.06	100%
二十二年度	七月	1,796	11.282	13,078
	八月	17,450	1.233	18,683
	九月	18,419	719	19,138
	十月	37,328	1,233	38,561
	十一月	37.398	3,358	40,756
	十二月	23,594	1,397	24,991
	一月	31.613	2,717	34,330
	二月	21,351	1,474	22,825
	三月	40,430	6,159	46,589
	四月	31,122	2.052	33,174
	五月	32,100	10,076	42,176
	六月	16,074	2.527	18,601
	合計	308,675	44,227	352,902
	平均	25,723	3,685	29,408
	百分比	87.47	12.53	100%

表 17

籌餉收入類別表

年度	地別 / 月別	防務經費	有獎義會	館廠租捐	蔴雀牌捐	防務什費	合計
二十一年度	七月	753,968	240,822	5,964	3,349	—	1,004,103
	八月	840,868	152,600	7,877	2,224	—	1,003,569
	九月	952,412	227,050	4,831	3,615	—	1,187,908
	十月	1,073,874	224,499	7,810	4,750	—	1,310,933
	十一月	999,865	201,282	5,416	4,202	—	1,210,765
	十二月	978,123	220,986	4,419	3,077	—	1,206,605
	一月	1,015,234	285,748	3,481	2,826	—	1,307,289
	二月	1,098,915	287,761	3,160	4,989	—	1,394,825
	三月	1,162,197	282,855	9,612	4,118	—	1,458,782
	四月	810,298	280,605	6,153	3,800	—	1,100,856
	五月	1,105,377	282,130	7,450	3,431	—	1,398,338
	六月	3,496,443	273,540	8,970	3,966	—	3,782,919
	合計	14,287,574	2,959,878	75,143	44,347	—	17,366,942
	平均	1,190,635	246,656	6,262	3,696	—	1,447,249
	百分比	82.27	17.04	.44	.25	—	100%
二十二年度	七月	840,675	530,670	9,202	3,770	95,675	1,479,992
	八月	863,329	529,185	8,458	2,357	99,825	1,503,154
	九月	920,103	528,909	8,290	3,953	94,795	1,556,050
	十月	1,077,017	282,085	6,468	3,555	83,775	1,452,900
	十一月	1,636,921	37,440	8,638	4,376	82,485	1,769,860
	十二月	820,706	154,150	3,295	1,426	88,132	1,067,709
	一月	819,451	152,295	5,690	2,153	79,136	1,058,725
	二月	815,791	145,385	2,327	390	123,363	1,087,256
	三月	883,243	285,610	6,277	3,133	98,144	1,276,407
	四月	575,057	144,290	13,925	1,918	124,800	859,990
	五月	826,141	149,455	5,322	2,888	59,306	1,043,112
	太月	775,802	228,080	8,335	1,538	17,386	1,031,141
	合計	10,854,236	3,167,554	86,227	31,457	1,046,822	15,186,296
	平均	914,518	263,964	7,186	2,622	87,235	1,265,525
	百分比	71.46	20.86	.57	.21	6.90	100%

表 18

官有產業收入類別表

月別	類別	官業變價	墾荒地價	屯田繳價	洋人租地	合計
二十一年度	七月	3,343	—	—	—	3,343
	八月	791	—	—	—	791
	九月	3.578	3.016	—	561	7,155
	十月	9.415	4.845	—	—	14,260
	十一月	6.430	497	—	—	6,927
	十二月	12.052	2.510	—	—	14,562
	一月	2,459	4.047	—	—	6,506
	二月	32.431	302	—	—	32,733
	三月	132.415	—	—	—	132,415
	四月	49.339	—	—	—	49,339
	五月	11.794	—	—	—	11,794
	六月	111.369	1.596	—	—	112,965
	合計	375,416	16,813	—	562	392,790
	平均	31,285	1,401	—	47	32,733
	百分比	95.59	4.28	—	0.14	100%
二十二年度	七月	4.829	—	—	361	5,190
	八月	4.759	64	—	—	4,823
	九月	2.946	42	602	595	4,185
	十月	30.930	—	—	—	30,930
	十一月	1.158	—	—	—	1,158
	十二月	447	—	—	—	447
	一月	31.119	—	—	139	31,258
	二月	2.850	—	—	—	2,850
	三月	2.047	—	—	185	2,232
	四月	1.647	—	—	—	1,647
	五月	10.745	—	—	—	10,745
	六月	4.793	—	—	—	4,793
	合計	98,270	106	602	1,280	100,258
	平均	8,189	9	50	107	8,355
	百分比	98.01	0.11	0.60	1.28	100%

表 19 **行政收入類別表**

年度	月別 \ 類別	司法收入	護耕費	沙田登記費	各縣市土地局收入	長途電話所收入	合計
二十一年度	七月	3,921	13,032	4,885	——	——	21,838
	八月	406	1,695	4,487	——	——	6.588
	九月	4,024	17,372	6,011	——	——	27,407
	十月	8,271	19,130	12,072	——	——	39,473
	十一月	9,910	22,126	3,809	——	——	35,845
	十二月	15,280	——	7,753	——	——	23,033
	一月	——	14,627	1,985	——	——	16,612
	二月	11,458	17,362	1,025	——	——	29,845
	三月	245	——	2,237	——	——	2,482
	四月	——	4,028	2,375	——	——	6.403
	五月	7,546	1,467	2,257	——	——	11,270
	六月	4,444	256,563	1,477	——	——	262,484
	合計	65,505	367,402	50,373	——	——	483,280
	平均	5,459	30,617	4,198	——	——	40,274
	百分比	13.55	76.03	10.42	——	——	100%
二十二年度	七月	——	13,905	8,716	——	——	22,621
	八月	4,097	34,784	6,403	——	——	45,284
	九月	2,349	6,558	12,296	——	——	21.203
	十月	6,944	10,000	6,270	8,331	——	31,545
	十一月	213	15,746	5,482	4,819	——	26,260
	十二月	36	29,700	10,904	3,929	——	44,569
	一月	——	4,335	6,686	3,205	——	14,226
	二月	——	——	992	4,433	——	5,425
	三月	242,243	5,639	6.500	6,575	——	260,957
	四月	——	8,000	1,058	4,554	——	13.612
	五月	10,340	——	4,586	3,574	——	18.500
	六月	——	1,065	4,642	6,158	3,035	14.900
	合計	266,222	129,732	74,535	45,578	3,035	519,102
	平均	22,185	10,811	6,211	3,798	253	43.258
	百分比	51.29	25.00	14.35	8.78	.58	100%

表 20　雜項收入類別表

年度	月別	其他收入	舖底照費	契稅告白費	逾期補息	各項罰款	官欵繳還	保証金	加二軍款	特貨兌換溢利	合計
二十一年度	七月	27	670	1,828	4,635	690	295	6,250	—	—	14,395
	八月	3,570	1,106	370	3,571	442	1,930	9 289	—	—	20,278
	九月	577	204	332	9,940	259	2,138	2,224	—	—	15,674
	十月	1,006	497	1.319	8,302	48	1,913	3,320	—	—	16,405
	十一月	—	114	330	5,299	255	6,049	5,033	—	—	17,080
	十二月	1,952	100	2,088	4,962	557	1,918	—	—	—	11,577
	一月	—	734	651	5,172	275	342	7,500	—	249	14,923
	二月	586	235	1,851	8,758	168	2,591	10,917	—	—	25,106
	三月	8,368	313	1,559	6,034	129	1,820	20,651	—	—	38,874
	四月	—	376	1,067	5,329	18	2,880	19,568	—	—	29,238
	五月	500	455	1,575	9,401	71	12,089	16,000	—	—	40,091
	六月	209	815	3.046	10,334	69	5,783	43,031	—	—	63,287
	合計	**16,795**	**5,619**	**16,016**	**81,737**	**2,981**	**39,748**	**143,783**	—	**249**	**306,928**
	平均	**1,399**	**468**	**1,335**	**6,811**	**249**	**3,312**	**11,982**	—	**21**	**25,577**
	百分比	**5.47**	**1.82**	**5.22**	**26.63**	**0.97**	**12.97**	**46.84**	—	**0.08**	**100%**
二十二年度	七月	7,035	474	3,329	14,120	3	2,225	4 556	—	—	31,742
	八月	—	108	394	16,197	30	2,005	3,245	—	—	21,979
	九月	159	484	1,757	13,542	3	6,728	8,232	—	—	30,905
	十月	4.594	411	1,009	10,812	45	2,827	2,658	—	—	22,356
	十一月	—	160	1,046	9,795	802	1,213	629	—	—	13,645
	十二月	24	247	1,514	11,131	63	731	—	—	—	13,710
	一月	4,870	232	321	7,854	27	423	—	—	—	13,727
	二月	1,070	650	718	5,918	122	219	24	—	—	8,721
	三月	3,383	—	307	5,136	69	4,740	—	—	—	13,635
	四月	4	89	1,092	5,889	134	2,178	5	18,170	—	27,561
	五月	2,935	226	305	7,412	198	459	—	352,047	—	363,501
	六月	16,914	957	1,059	3,872	135	—	—	514,863	9,670	547,470
	合計	**40,988**	**4,038**	**12,851**	**111,677**	**1,631**	**23,748**	**19,349**	**885,080**	**9,670**	**1,109,032**
	平均	**3,416**	**336**	**1,071**	**9,306**	**136**	**1,979**	**1,612**	**73,757**	**806**	**92,419**
	百分比	**3.70**	**.36**	**1.16**	**10.07**	**.15**	**2.14**	**1.75**	**79.80**	**.87**	**100%**

表21 債項收入類別表

年度	月別＼類別	按預借餉	寄存欵項	公債庫券	息借各欵	合計
二十一年度	七月	658,286	——	343,850	400,000	1,402,136
	八月	802,975	124,351	216,488	197,000	1,340,814
	九月	244,456	99,846	158,879	124,275	627.456
	十月	9,398	——	226,680	676,730	912,808
	十一月	——	82,332	238,026	3,762,000	4,082,358
	十二月	530,117	513,928	217,671	4,970,000	6.231,716
	一月	490,330	302,240	84,213	228,213	1,104,996
	二月	848,811	4,320	106,726	——	959,857
	三月	285,522	259,302	176,381	——	721,205
	四月	152,893	33,264	94,611	——	280,768
	五月	——	——	123,084	——	123,084
	六月	——	——	802,070	202,298	1,004.368
	合計	**4,022,788**	**1,419,583**	**2,788,679**	**10,560,516**	**18,791,566**
	平均	**335,232**	**118,299**	**232,390**	**880,043**	**1,565,964**
	百分比	**21.41**	**7.55**	**14.84**	**56.20**	**100%**
二十二年度	七月	359,725	132,839	63,890	——	556,454
	八月	714,513	——	333,393	——	1,047,906
	九月	——	44,018	191,056	120,000	355,074
	十月	——	——	288,696	200,000	488 696
	十一月	24,494	435,201	323,867	——	783,562
	十二月	39,263	98,946	222,373	——	360.582
	一月	272,139	2,440	212,751	——	487,330
	二月	218.100	206,380	139,995	120,776	685,251
	三月	436,863	33,661	351,053	——	821,577
	四月	1,229,133	52,170	97,904	——	1,379,207
	五月	69,470	——	114,042	438,707	622,219
	六月	804,052	11,232	53,594	——	868,878
	合計	**4,167,752**	**1,016,887**	**2,392,614**	**879,483**	**8,456.736**
	平均	**347.313**	**84,741**	**199,384**	**73,290**	**704,728**
	百分比	**49.28**	**12.03**	**28.29**	**10.40**	**100%**

附註：(1)按預借餉欄數目係根據第三十二表淨收欄列入
(2)寄存欵項欄數目係根據第三十三表淨收欄列入
(3)息借各欵欄數目係根據第三十四表淨收欄列入

表 22　　# 來往款項收入類別表

月別		廣東財政特派員公署撥還借款	各分金庫解來款	提回附存款	提回短期庫券基金	提回有獎庫券本獎	各機關來往賬	各商號來往賬	合計
二十一年度	七月	792,500	33,334	—	—	343,746	—	—	1,169,580
	八月	179,416	345,575	—	—	—	—	—	524.991
	九月	120,000	225,809	—	—	100,000	—	—	445,809
	十月	110,645	228,920	—	—	—	—	180,724	520,289
	十一月	159,293	317,292	—	—	—	—	—	476,585
	十二月	150,000	594,540	—	—	—	—	—	744,540
	一月	100,178	116,887	—	—	—	—	—	217,065
	二月	178	427,995	—	296,904	—	—	2,558,800	3,283,877
	三月	339,935	353,213	2,750	—	—	—	—	695,898
	四月	317,430	156,372	—	—	—	—	—	473,802
	五月	93,400	286,424	—	—	—	—	—	379,824
	六月	99,920	270,113	100,000	—	15,126	—	—	485,159
	合計	2,462,895	3,356,474	102,750	296,904	458,872	—	2,739,524	9,417,419
	平均	205,241	279,706	8,562	24,742	38,239	—	228,294	784,784
	百分比	26.15	35.64	1.09	3.15	4.88	—	29.09	100%
二十二年度	七月	102,575	239,000	—	—	—	—	—	341,575
	八月	127,400	348,592	—	—	—	—	—	475,992
	九月	278,693	273,075	—	—	—	—	—	551,768
	十月	157,335	360,498	2,000,000	—	—	—	—	2,517,833
	十一月	211,418	476,586	—	—	—	—	—	688,004
	十二月	295,446	711,869	1,500,000	—	—	5,595,000	—	8,102,315
	一月	317,630	662,674	—	—	—	—	—	980,304
	二月	319,614	525,415	—	—	—	—	—	845,029
	三月	169,470	506,122	61,841	—	—	—	900,000	1,637,433
	四月	193,230	923,064	—	—	—	254,450	940,000	2,310,744
	五月	124,644	934,634	—	—	—	—	—	1,059,278
	六月	26,615	2,920,245	—	—	—	—	—	2,946,860
	合計	2,324,070	8,881,774	3,561,841	—	—	5,849,450	1,840,000	22,457,135
	平均	193,673	740,148	296,820	—	—	487,454	153,333	1,871,428
	百分比	10.35	39.55	15.86	—	—	26.05	8.19	100%

表23　黨務費支出類別表

月別＼科目		省黨部經費	各縣黨部經費	各市黨部經費	外屬黨部經費	黨務臨時費	合計
	七月	27,513	22,868	1,700	1,500	18,880	72,467
	八月	42,857	23,100	1,740	1,350	5,000	74,047
	九月	52,147	32,574	2,584	3,510	8,820	99,635
二	十月	36,022	48,438	3,124	540	10,788	98,912
	十一月	41,085	29,156	3,188	1,800	11,776	87,005
十	十二月	54,147	36,584	1,980	1,350	16,812	110,873
	一月	41,085	26,100	3,690	3,060	19,612	93,547
一	二月	26,022	66,219	4,050	1,530	31,317	129,188
	三月	47,085	40,060	2,880	2,160	7,828	100,013
年	四月	39,085	26,130	2,970	1,800	13,059	83,044
	五月	41,147	60,378	1,620	450	11,176	114,771
度	六月	42,022	41,942	2,610	1,800	8,740	97,114
	合計	**490,217**	**453,549**	**32,136**	**20,850**	**163,814**	**1,160,566**
	平均	**40,851**	**37,796**	**2,678**	**1,737**	**13,651**	**96,713**
	百分比	**42.24**	**39.06**	**2.78**	**1.80**	**14.12**	**100.00**
	七月	46,085	25,020	1,890	1,440	9,600	84,035
	八月	39,085	32,368	3,690	1,350	14,748	91,241
	九月	50,809	34,631	1,530	2,250	9,184	98,404
二	十月	28,046	56,911	3,690	450	8,463	97,560
	十一月	29,137	23,087	2,610	1,260	4,196	60,290
十	十二月	39,647	30,975	1,980	1,800	20,852	95,254
	一月	39,122	26,420	3,210	1,800	16,056	86,608
二	二月	38,910	23,400	1,620	1,350	18,416	83,696
	三月	38,810	31,070	2,610	1,800	44,682	118,972
年	四月	35,912	35,990	4,680	4,770	5,692	87,044
	五月	24,638	45,032	2,610	3,420	5,544	81,244
度	六月	18,362	30,126	1,710	450	2,420	53,068
	合計	**428,563**	**395,030**	**31,830**	**22,140**	**159,853**	**1,037,416**
	平均	**35,714**	**32,919**	**2,652**	**1,845**	**13,321**	**86,451**
	百分比	**41.31**	**38.08**	**3.70**	**2.13**	**15.41**	**100.00**

行政費支出類別表

表24

年度	月別＼科目	省政府及附屬經費	民政廳及附屬經費	各縣行政經費	各區綏靖公署經費	各管理局經費	卹金養老費	各項囚犯口糧費	各醫衛費	各項外交費	中山縣各項補助費	西南政務委員會特別宣傳費	各項臨時費	合計
二十一年度	七月	24,979	19,510	49,231	44,424	——	1,012	4,472	8,333	——	——	20,000	33,167	195,183
	八月	56,676	22,570	8,952	64,143	——	624	30	4,938	——	——	60,000	18,400	241,332
	九月	92,363	59,849	169,364	80,890	——	1,602	23,401	3,869	——	45,000	20,000	45,247	341,585
	十月	43,271	57,946	135,350	41,570	840	3,029	7,046	4,479	——	120,000	20,000	26,417	465,448
	十一月	44,893	58,623	106,070	122,543	——	872	12,518	4,409	——	——	30,000	17,118	397,052
	十二月	59,150	65,024	100,577	80,364	——	924	14,626	16,476	——	——	——	42,287	379,428
	一月	53,271	71,386	14,499	69,772	——	324	60	750	——	——	——	16,610	226,672
	二月	50,771	69,112	228,315	74,741	——	660	10,802	5,208	——	——	——	57,460	497,069
	三月	52,100	51,612	215,430	91,801	——	946	7,756	7,094	——	——	——	34,273	461,012
	四月	50,430	26,000	20,219	78,772	2,268	624	2,504	480	——	——	——	69,657	250,954
	五月	49,543	54,512	175,776	82,471	——	4,060	25,241	16,992	729	60,000	——	41,590	510,914
	六月	55,427	65,406	222,416	81,531	——	982	34,814	3,524	364	——	——	37,689	502,153
	合計	**637,874**	**621,555**	**1,446,749**	**913,022**	**3,108**	**15,659**	**143,270**	**81,557**	**1,093**	**225,000**	**150,000**	**429,915**	**4,668,802**
	平均	**53,156**	**51,796**	**120,563**	**76,085**	**259**	**1,395**	**11,939**	**6,797**	**91**	**18,750**	**12,500**	**35,826**	**389,067**
	百分比	**13.66**	**13.31**	**30.99**	**19.56**	**0.07**	**0.33**	**3.07**	**1.75**	**0.02**	**4.82**	**3.21**	**9.21**	**100.00**
二十二年度	七月	51,426	131,271	131,401	67,392	——	1,544	7,179	8,496	960	——	——	86,151	485,820
	八月	60,764	184,727	105,264	91,537	756	624	4,894	480	——	——	——	98,023	547,069
	九月	51,089	46,358	141,206	75,460	756	1,209	18,122	960	729	——	——	46,974	382,863
	十月	43,427	73,020	230,226	77,772	1,344	2,343	24,812	8,976	365	——	——	30,754	497,439
	十一月	41,426	21,486	57,312	73,394	1,992	879	4,669	8,976	——	——	——	12,044	222,178
	十二月	72,766	167,070	109,774	83,786	1,772	1,136	6,298	960	364	——	——	26,600	470,526
	一月	41,733	138,476	118,205	89,241	1,932	1,567	6,710	8,976	365	——	——	5,321	412,526
	二月	62,781	138,506	130,130	62,173	972	669	6,530	——	——	——	——	7,020	408,781
	三月	47,628	134,000	187,345	110,187	2,568	445	10,666	6,103	365	——	——	11,448	510,755
	四月	67,580	131,413	127,238	77,772	2,700	757	8,892	13,224	——	——	——	9,482	439,058
	五月	53,386	143,074	141,746	78,868	1,728	3,465	6,933	480	729	——	——	7,524	439,933
	六月	27,749	161,129	85,642	62,860	756	1,568	3,429	17,957	729	33,085	——	99,255	494,159
	合計	**628,755**	**1,470,530**	**1,565,489**	**950,442**	**17,276**	**16,206**	**109,134**	**75,588**	**4,606**	**33,085**	——	**439,996**	**5,311,107**
	平均	**52,396**	**122,544**	**130,457**	**79,203**	**1,440**	**2,351**	**9,095**	**6,299**	**384**	**2,757**	——	**36,666**	**442,592**
	百分比	**11.87**	**27.68**	**29.48**	**17.89**	**0.32**	**0.30**	**2.05**	**1.42**	**0.09**	**0.62**	——	**8.28**	**100.00**

表 25

財務費支出類別表

年度	月別	財政廳經費	各金庫經費	各沙田局經費	各項征收費	各項護沙經費	特務大隊經費	緝私總處及所屬機關經費	都城禁烟檢查所副所長薪俸	財政廳承審股拘留人犯口糧	毫幣廠保管委員會經費	財政廳印刷各種賬簿契紙工料費	財務臨時費	合計
二十一年度	七月	40.612	3,602	924	10,472	12,056	6,943	—	—	500	1,556	—	3,950	80,615
	八月	40,612	8,126	—	2,763	8,908	5,556	—	270	500	956	3.866	1,559	73,116
	九月	42,412	3,325	7,288	41,168	10,420	5,440	—	135	500	866	—	1,342	112,896
	十月	42,412	14,945	2,495	44,142	10,924	5,437	—	135	500	866	275	11,104	133,235
	十一月	42,412	3,326	4,251	19,669	10,364	5,438	—	135	500	866	—	2,094	89,055
	十二月	42,412	5,351	13,392	27,649	10,356	9,779	—	135	556	1,731	6,900	15,195	133,456
	一月	42,412	9,940	—	1,094	6,304	2,683	—	135	500	—	—	3,509	66,577
	二月	42,412	3,325	5,235	32,182	7,522	5,299	—	135	500	866	—	29,349	126,825
	三月	42,412	3,325	4,410	31.568	15,374	5,598	—	135	500	866	6,760	26,262	137,210
	四月	42.412	3,326	—	7,026	2,104	5,458	—	135	500	849	4,812	21,707	88,329
	五月	22,412	3,326	6,971	92,290	2,104	5,436	—	135	500	850	4,388	21,564	159,976
	六月	62,412	29,246	5,963	67,636	9.572	6,541	—	135	500	850	1.225	16,321	200,401
	合計	**505,344**	**91,163**	**50,929**	**377,659**	**106,008**	**69,608**	—	**1,620**	**6,056**	**11,122**	**28,226**	**153,956**	**1,401,691**
	平均	**42,112**	**7,597**	**4,244**	**31,471**	**8,833**	**5,801**	—	**135**	**505**	**927**	**2,352**	**12,830**	**116,808**
	百分比	**36.05**	**6.51**	**3.63**	26.94	**7.56**	**4.97**	—	**0.12**	**0.43**	**0.79**	**2.02**	**10.98**	**100 00**
二十二年度	七月	42,412	3,326	4,424	19,439	7,700	5,442	—	135	—	850	8,148	17,679	109,555
	八月	42,412	3,325	3,647	35,588	1,784	5,459	—	—	1,000	849	1,100	13,110	108,274
	九月	42,412	3,325	3,056	14,247	11,703	6,438	—	270	500	850	9,076	31,194	123,077
	十月	42,412	3,326	832	20,955	8,162	4,459	—	135	500	849	578	28,045	110 253
	十一月	42,411	3,325	3,326	28,183	7,174	7,494	—	135	500	850	—	23,527	116,925
	十二月	42,412	35,591	831	53,594	6,304	8,370	198,895	—	500	849	7,530	59,247	414.123
	一月	42,412	1,300	2,495	22,046	8,595	2,654	60,895	—	500	850	5,933	23,514	171,195
	二月	42,412	3,325	1,984	11,441	10,603	5,847	69.797	405	500	850	12,828	43,994	203,986
	三月	42,412	3,326	3,675	32,299	9,308	7,841	47,998	135	500	849	6,200	42,454	196,997
	四月	22,412	3,325	2,493	50,778	9,328	3,417	61,197	135	500	850	2,177	19.549	176,162
	五月	42,411	3,326	16,751	76,217	1,052	5,452	107,997	135	800	849	1,950	22,078	279,028
	六月	42,412	32,084	1,663	50,050	16,525	8,223	38,998	135	700	850	8,900	73,359	273,899
	合計	**488.942**	**98,905**	**45,177**	**414,837**	**98,243**	**71,106**	**585,777**	**1,620**	**6,500**	**10,194**	**64,420**	**397,753**	**2,283,474**
	平均	**40.745**	**8,242**	**3,765**	**34,570**	**8,187**	**5,925**	**48.815**	**135**	**542**	**849**	**5,368**	**33,146**	**190,290**
	百分比	**21.44**	**4.34**	**1.98**	**18.17**	**4.30**	**3.11**	**25.65**	**0.07**	**0.29**	0.45	**2.82**	**17.41**	**100.00**

表26　　**教育費支出類別表**

年度	月別	教育廳經費	省立學校經費	私立學校補助費	各講習所及訓練班經費	教育文化費	留學各國及各地學生學費	教育各項臨時費	合計
二十一年度	七月	5,460	47,449	16,350	2,070	2,795	5,990	17,882	98,046
	八月	11,214	58,052	21,911	4,000	1,704	14,289	10,697	121,867
	九月	11,214	99,787	30,331	13,450	10,018	11,249	15,180	191,229
	十月	11,313	92,387	40,793	6,000	36,629	4,659	26 400	185,181
	十一月	5,350	117,886	32,461	3,336	4,100	4,384	17,419	184,936
	十二月	16,463	106,729	47,611	10,366	5,458	5,629	10.565	202,821
	一月	14,776	109,220	45,485	9,148	3,489	11,245	12.913	206,276
	二月	8,313	98,417	38,941	7,218	4,709	16,627	14,290	188,515
	三月	28,428	96,404	42,271	7,218	3,944	1,635	20,812	200.712
	四月	18,000	98,354	34,222	1,218	44,844	8,417	35,088	240,143
	五月	23,649	112,191	41,069	10,218	19,844	133	32,256	244,360
	六月	17,649	81,472	37,836	5,600	16,269	16,523	25 000	200,349
	合計	**176,829**	**1,118,398**	**429,281**	**79,842**	**120,803**	**100,780**	**238,502**	**2,264,435**
	平均	**14,736**	**93,200**	**35,773**	**6,654**	**10,067**	**8,398**	**19,875**	**188,703**
	百分比	**7.81**	**49.39**	**18.96**	**3.53**	**5.33**	**4.45**	**10.53**	**100**
二十二年度	七月	33,649	81,498	41,332	6,618	8,344	4,388	35,171	211,000
	八月	22,649	72,212	46,806	12,597	16,296	4,648	40,292	215,500
	九月	22,649	76,418	34,206	63,345	27,204	886	171,000	395,708
	十月	17,000	83,580	52,456	88,792	19,819	13,321	127,529	407,497
	十一月	18,649	48,691	30,557	16,772	4,144	136	35 769	154,718
	十二月	30,049	124,444	24,218	7,180	14,019	1,134	24,987	226,031
	一月	17,000	102,288	68,602	7,000	28.410	882	59,578	283,760
	二月	36,897	134,999	77,186	12,134	30,370	14,490	60,782	366,868
	三月	13,000	167,513	41,798	18,080	15,624	9,025	38,000	303,040
	四月	10,649	143,031	97,407	25,887	9,299	750	133,585	420,608
	五月	32,048	124,542	42,744	26,681	9,064	17,890	122,730	375,699
	六月	42,049	120,301	45,509	15,571	4,519	750	71,605	300,304
	合計	**296,288**	**1,284,517**	**602,831**	**300,657**	**187,112**	**68,300**	**921,028**	**3,660,733**
	平均	**24,690**	**107,043**	**50,236**	**25,055**	**15,593**	**5,692**	**76,752**	**305,061**
	百分比	**8.09**	**35.09**	**16.47**	**8.21**	**5.11**	**1.87**	**25.16**	**100**

表 27　建設費支出類別表

月別		建設費	農林費	工商費	交通費	合計
二十一年度	七月	57,445	23,184	7,414	16,960	105,003
	八月	175,287	27,700	25,020	15,169	243,176
	九月	191.400	42.169	43,520	24,701	301,790
	十月	262.852	90.826	603.872	46,881	1,004,431
	十一月	303.134	56.366	7,348	28,257	395,105
	十二月	264.253	73.393	7,188	24,796	369,630
	一月	252,140	78.443	5 929	14,104	350,616
	二月	168.867	49,068	5,394	28,853	252,182
	三月	143.039	55 830	3,500	25,657	228,026
	四月	308.204	43,787	4,505	17,269	373,765
	五月	328,681	66,705	5,509	53,744	454,639
	六月	265.939	84.395	4,505	52,047	406,886
	合計	**2,721,241**	**691,866**	**723,704**	**348,438**	**4,485,249**
	平均	**226,770**	**57 655**	**60,309**	**29,036**	**373,770**
	百分比	**60.67**	**15.42**	**16.14**	**7.77**	**100.00**
二十二年度	七月	89,575	61,364	4,505	15,752	171,196
	八月	129,605	50 360	183,880	23,375	387,220
	九月	95,000	78,011	85,362	23,632	282,005
	十月	130.358	61.127	111,826	96,478	399,789
	十一月	133.000	58,432	288,616	47,161	527,209
	十二月	237,665	45,578	387,804	27.942	698,989
	一月	360.833	46.589	558,200	30,339	995,961
	二月	118.175	81,336	486,554	20,695	706,760
	三月	160.223	88,508	537,217	41,817	827,765
	四月	218.441	76,065	695,576	44,412	1,034,494
	五月	193.100	80,513	1,192,775	39,146	1,505,534
	六月	307.184	37,530	1,101.988	19,674	1,466,376
	合計	**2,173,159**	**765,413**	**5,634,303**	**430,423**	**9,003,298**
	平均	**181,097**	**63,784**	**469,525**	**35,869**	**750,436**
	百分比	**24.15**	**8.50**	**62.57**	**4.78**	**100.00**

表 28　　　　　　　　# 司法費支出類別表

年度	月別	高等法院經費	各地方法院經費	各地方法院分院經費	各監所經費	各登記局經費	反省院經費	各項臨時費	合計
二十一年度	七月	7,000	12,362	19,210	27,114	——	1,789	——	67,475
	八月	11,324	16,219	13,975	14,032	——	1,671	——	57,221
	九月	12,244	25,631	30,944	44,882	——	2,971	——	116,672
	十月	16,366	14,964	37 029	55.472	3,133	1,771	655	129,390
	十一月	14,620	33,025	46,973	59,594	——	2,371	——	156,583
	十二月	19,732	26,264	38,607	53,109	8,764	4,116	1,843	152,435
	一月	16,366	18,455	16.628	19,154	——	2,371	——	72,974
	二月	14,000	25,777	52,940	53,048	1,478	1,371	65	148,679
	三月	13,366	14,624	46,535	45,322	——	2,571	——	122,418
	四月	17,906	25,056	21,569	18,175	——	1,371	1,743	85,820
	五月	10,906	36,127	49 808	69,649	——	3,571	——	170,061
	六月	9,000	18.104	35,013	69,643	——	1,900	——	133,660
	合計	**162,830**	**266,608**	**409,231**	**529,194**	**13,375**	**27,844**	**4,306**	**1,413,388**
	平均	**13,569**	**22,217**	**34,103**	**44,100**	**1,114**	**2,320**	359	**117,782**
	百分比	**11.52**	**18.86**	**28.95**	**37.44**	**.95**	**1.97**	**.31**	**100**
二十二年度	七月	7,906	15,203	26,567	25,181	——	3,441	——	78,298
	八月	10,906	29.054	20,546	40,640	——	3,867	——	105,013
	九月	3,000	27,309	21,638	27,031	2,558	2,600	——	84,136
	十月	——	36,988	42,640	60,945	——	2,619	——	143,192
	十一月	——	21,573	4,102	26,335	——	2,300	——	54,310
	十二月	1,000	33,927	2,303	35,137	——	3,419	——	75,786
	一月	——	28,748	10,103	33,702	——	4,519	——	77,072
	二月	1,000	17,300	2,987	28,936	——	4,638	——	54.861
	三月	——	40,923	4,156	39,196	13,988	4,019	217,948	320,230
	四月	——	32,339	2,153	30,286	——	4,019	——	68,797
	五月	10.000	38,669	4,824	41,805	——	4,019	187	99,504
	六月	1,906	28,991	4,504	20,106	——	4,019	——	59,526
	合計	**35,718**	**351,024**	**146,523**	**409,300**	**16,546**	**43.479**	**218,135**	**1,220,725**
	平均	**2,977**	**29,252**	**12,210**	**34.108**	**1,379**	**3,623**	18,178	**101,727**
	百分比	**2.93**	**28.75**	**12.00**	**33.53**	**1.36**	**3.56**	17.87	**100**

表 29

協助費支出類別表

年度	月別	各團體補助費	各報社補助費	各機關及軍事補助費	合計
二十一年度	七月	2,855	2,450	250,000	255,305
	八月	5,760	1,400	270,000	277,160
	九月	8,665	2,250	430,000	440,915
	十月	5,760	450	350,000	356,210
	十一月	5,845	2,250	380.000	388,095
	十二月	4.865	4,050	250,000	258,915
	一月	4,450	450	280,000	284,900
	二月	8,060	2,250	340,000	350,310
	三月	9,135	4 050	377,000	390,185
	四月	9,135	2.250	378,000	389,385
	五月	7,335	450	507,512	515,297
	六月	3,730	2.250	445,320	451,300
	合計	**75,595**	**24,550**	**4,257,832**	**4,357,977**
	平均	**6,299**	**2,046**	**354,819**	**363,164**
	百分比	**1.74**	**.56**	**97.70**	**100.00**
二十二年度	七月	7,235	2 250	394,442	403,927
	八月	3,230	4 050	563,162	570,442
	九月	6,925	2,250	401,080	410,255
	十月	7,925	2,250	490.162	500,337
	十一月	4.825	450	426,412	431,687
	十二月	1,230	2,250	147,480	150,960
	一月	8,405	2,250	522,540	533,195
	二月	8,055	2,250	188,356	198,661
	三月	13,910	2.250	73,085	89,245
	四月	12,615	13,733	123,053	149,401
	五月	5,805	17,614	274,685	298,104
	六月	900	450	15,053	16,403
	合計	**81,060**	**52,047**	**3,619,510**	**3,752,617**
	平均	**6,755**	**4,337**	**301,629**	**312,718**
	百分比	**2.16**	**1.39**	**96.45**	**100.00**

表 30　　債項支出類別表

年度	月別	發還按預借餉	撥還寄存款項	償還息借各款	償還公債庫券款	合計
二十一年度	七月	——	7,649	——	358,746	366,395
	八月	——	——	——	291	291
	九月	——	——	——	215,000	215,000
	十月	——	184,476	——	270,073	454,549
	十一月	6,925	——	——	270,073	276,998
	十二月	——	——	——	300,073	300,073
	一月	——	——	——	210,000	210,000
	二月	——	——	1,834,200	340,145	2,174,345
	三月	——	——	10,000	275,073	285,073
	四月	——	——	10,000	277,073	287,073
	五月	315,879	83,244	——	3,000	402,123
	六月	1,057,800	870,051	——	385,199	2,313,050
	合計	1,380,604	1,145,420	1,854,200	2,904,746	7,284,970
	平均	115,125	95,452	154,517	242,062	607,156
	百分比	18.96	15.72	25.45	39.87	100%
二十二年度	七月	——	——	2,000	200,000	202,000
	八月	——	128,324	2,000	10,000	140,324
	九月	17,420	——	——	10,000	27,420
	十月	95,684	101,678	——	——	197,362
	十一月	——	——	——	——	——
	十二月	——	——	5,315,771	——	5,315,771
	一月	——	——	50,000	13,000	63,000
	二月	——	——	——	——	——
	三月	——	——	90,500	66.841	157,341
	四月	——	——	1,040,000	2,100	1,042,100
	五月	——	66,809	——	2,000	68,809
	六月	——	——	143,284	2,100	145,384
	合計	113,104	296,811	6,643,555	306,041	7,359.511
	平均	9,425	24,734	553,630	25,503	613,292
	百分比	1.54	4.03	90.27	4.16	100%

附註：(1)發還按預借餉欄係根據第三十二表淨支欄列入
(2)撥還寄存款項欄係根據第三十三表淨支欄列入
(3)償還息借各款欄係根據第三十四表淨支欄列入

表 31 **來往款項支出類別表**

年度	月別＼類別	廣東財政特派員公署借款	代支各費	各分金庫解款	暫存款	撥存加二專款	各機關來往賬	各商號來往賬	合計
二十一年度	七月	1,811,354	20,214	316,829	—	—	—	—	2,148,397
	八月	1,471,344	205	396,743	450,000	—	—	—	2,318,292
	九月	1,107,982	19,126	210,939	10,000	—	—	—	1,348,047
	十月	1,019,662	1,909	172,920	10,000	—	—	—	1,204,491
	十一月	1,496,637	5,977	217,292	10,000	—	—	3,660,000	5,389,906
	十二月	5,845,038	17,297	594,541	20,000	—	—	1,320,000	7,796,876
	一月	1,957,754	600	266,887	—	—	—	—	2,225,241
	二月	647,512	7,251	327,994	20,000	—	—	—	1,002,757
	三月	1,151,859	4,700	253,214	500,000	—	—	—	1,909,773
	四月	1,969,816	2,234	173,077	10,000	—	—	—	2,155,127
	五月	2,025,338	2,566	269,719	500,000	—	—	—	2,797,623
	六月	1,815,983	5,460	309,338	940,000	—	150,000	—	3,220,781
	合計	**22,320,279**	**87,539**	**3,509,493**	**2,470,000**	—	**150,000**	**4,980,000**	**33,517,311**
	平均	**1,860,023**	**7,295**	**292,458**	**205,833**	—	**12,500**	**415,000**	**2,793,109**
	百分比	66.59	.26	10.47	7.37	—	.45	14.86	100%
二十二年度	七月	1,466,000	689	250,000	200,000	—	—	—	1,916.689
	八月	1,681,517	1,113	350,822	—	—	250,000	—	2,283,452
	九月	1.997,600	22,729	338,790	120,000	—	—	220,000	2,699,119
	十月	1,176,886	1,452	307,317	2,200,000	—	—	—	3,685,655
	十一月	1,302,983	266	524,928	—	—	—	—	1,828,177
	十二月	2,948,367	78,826	771,339	1,500,000	—	—	—	5,298,532
	一月	1,235,724	615	580,883	400,000	—	254,450	—	2,471,672
	二月	1,124 221	595	443,754	—	—	—	—	1,568,570
	三月	2,286,942	1,015	910,496	400,000	—	—	900,000	4,498,453
	四月	1,442,297	1.895	·570,968	507,500	—	—	—	2,522.660
	五月	1,900,000	1,157	1,962,281	350,000	24,724	—	—	4,238,162
	六月	1,143,968	24,573	2.448,820	—	264,859	—	—	3,882,220
	合計	**19,706,505**	**134,925**	**9,460,398**	**5,677,500**	**289,583**	**504,450**	**1,120,000**	**36,893,361**
	平均	**1,642,209**	**11,244**	**788,367**	**473,125**	**24,132**	**42 037**	**93,333**	**3,074,447**
	百分比	53.42	.36	25.64	15.40	.78	1.36	3.04	100%

表32 按預借餉收支比較表

月別		按預借餉收入	發還按預餉	較差	
				淨收	淨支
二十一年度	七月	725,610	67,324	658,286	
	八月	816,113	13,138	802,975	
	九月	315,199	70,743	244,456	
	十月	435,501	426,103	9,398	
	十一月	371,796	378,721		6,925
	十二月	587,642	57,525	530,117	
	一月	516,561	26,231	490,330	
	二月	1,070,959	222,148	848,811	
	三月	349,146	36,624	285,522	
	四月	189,580	36,687	152,893	
	五月	551,438	867,317		315,879
	六月	612,579	1,670,379		1,057,800
	合計	**6,542,124**	**3,899,940**	**4,022,788**	**1,380,604**
二十二年度	七月	443,126	83,401	359,725	
	八月	738,474	23,961	714,513	
	九月	89,905	107,325		17,420
	十月	232,022	327,706		95,684
	十一月	43,102	18,608	24,494	
	十二月	70,544	31,281	39,263	
	一月	280,466	8,327	272,139	
	二月	218,100	——	218,100	
	三月	441,406	4,543	436,863	
	四月	1,241,058	11,925	1,229,133	
	五月	91,165	21,695	69,470	
	六月	816,635	12,583	804,052	
	合計	**4,706,003**	**651,355**	**4,167,752**	**113,104**

第四册 财政统计

表 33 寄存款项收支比较表

月别		寄存款项收入	發還寄存款項	較差	
				淨收	淨支
二十一年度	七月	46,509	54,158		7,649
	八月	124,351	——	124,351	
	九月	238,363	138,517	99,846	
	十月	152,353	336,829		184,476
	十一月	184,251	101,919	82,332	
	十二月	684,554	170,626	513,928	
	一月	305,240	3,000	302,240	
	二月	52,141	47,821	4,320	
	三月	380,128	120,826	259,302	
	四月	37,199	3,935	33,264	
	五月	27,439	110,683		83,244
	六月	197,231	1,067,282		870,051
	合計	2,429,759	2,155,596	1,419,583	1,145,420
二十二年度	七月	167,230	34,391	132,839	
	八月	108,163	236,487		128,324
	九月	90,590	46,572	44,018	
	十月	5,650	107,328		101,678
	十一月	440,725	5,524	435,201	
	十二月	142,966	44.020	98,946	
	一月	51,990	49,550	2,440	
	二月	222,006	15,626	206,380	
	三月	54,273	20,612	33,661	
	四月	68,650	16,480	52,170	
	五月	44,275	111,084		66,809
	六月	15,435	4,203	11,232	
	合計	1,411,953	691,877	1,016,887	296,811

表 34 **息借各款收支比較表**

年度	月別	息借各款收入	償還息借各款	較差	
				净收	净支
二十一年度	七月	400,000	——	400,000	
	八月	1,800.000	1,603,000	197,000	
	九月	124,275	——	124,275	
	十月	676,730	——	676,730	
	十一月	5,820,000	2,058,000	3,762,000	
	十二月	5,820,000	850,000	4,970,000	
	一月	228.213	——	228,213	
	二月	885,800	2,720,000		1,834,200
	三月	——	10,000		10,000
	四月	——	10,000		10,000
	五月	——	——		
	六月	702,298	500,000	202,298	
	合計	**16,457,316**	**7,751,000**	**10,560,516**	**1,854.200**
二十二年度	七月	200,000	202,000		2,000
	八月	——	2,000		2,000
	九月	370,000	250,000	120,000	
	十月	200,000	---	200,000	
	十一月	——	——		
	十二月	1,123,604	6,439,375		5,315,771
	一月	——	50,000		50,000
	二月	223,518	102,742	120,776	
	三月	900,000	990,500		90,500
	四月	405,661	1,445,661		1,040,000
	五月	609,429	170,722	438,707	
	六月	121,768	265,052		143,284
	合計	**4,153,980**	**9,918,052**	**879,483**	**6,643,555**

表35 土地收益税分類統計表

年度	類別 / 月別	錢糧	錢糧附加	沙捐	清佃	漁課	租課	地稅	合計
二十一年度	七月	97,517	1,205	9,903	33,642	—	21	26	142.314
	八月	43,182	555	13,605	15,828	1,140	1,847	—	76,157
	九月	300,646	311	18,500	50,035	193	—	9,635	379,320
	十月	348,981	838	18,953	30,680	1,030	577	—	401,059
	十一月	219,940	70	26,609	38,629	46	—	116	285.410
	十二月	383,124	1,207	23,041	115,855	213	63	3,652	527,155
	一月	100,029	498	5,044	31,505	3	—	—	137,079
	二月	359,821	399	19,001	48,104	280	90	2,592	430,287
	三月	363,073	160	6,971	51,696	133	2,006	1.592	425,631
	四月	28,402	394	8,143	53,998	—	—	—	90,937
	五月	453,939	1,449	10,033	142,097	222	—	1.762	609,552
	六月	694,483	707	8,241	94,481	662	362	890	799,326
	合計	**3,393,137**	**7,793**	**168,094**	**706,550**	**3,922**	**4,966**	**20.265**	**4,304,727**
	平均	**282,763**	**649**	**14,008**	**58,879**	**327**	**414**	**1,689**	**358,729**
	百分比	**78.82**	**.18**	**3.90**	**16.42**	**.09**	**.12**	**.47**	**100%**
二十二年度	七月	216,589	312	12,620	86,512	1,898	—	1,189	319,120
	八月	209,037	65	18,934	56,723	155	15	1,152	286.081
	九月	226,828	184	15,903	63,547	2.283	—	1,656	310,401
	十月	506,887	12	14,566	76,956	360	1,127	—	599,908
	十一月	103,108	789	14,883	36,168	—	222	—	155,170
	十二月	201,161	113	6,138	63,119	285	346	1,323	272,485
	一月	235,625	31	22,593	25,397	38	841	1,585	286,110
	二月	192,194	179	2,932	20,147	641	190	1,152	217,435
	三月	258,344	64	9,374	25,927	923	1,973	—	296.605
	四月	136.079	39	4,088	27,654	1,679	—	—	169.539
	五月	326,606	24	16,114	48,986	498	57	2,773	395,058
	六月	195,990	—	7,188	35,548	204	—	—	238,930
	合計	**2.808.448**	**1.812**	**145.333**	**566,684**	**8,964**	**4,771**	**10,830**	**3,546,842**
	平均	**234,037**	**151**	**12.112**	**47,224**	**747**	**397**	**902**	**295,570**
	百分比	**79.18**	**.05**	**4.10**	**15.98**	**25**	**.13**	**.31**	**100%**

表 36

錢粮收入詳表

年度	縣別 / 月別	南海	番禺	東莞	順德	中山	新會	潮安	潮陽	增城	台山	三水
二十一年度	七月	1,140	——	5,336	18	14,361	——	900	18,000	1,201	——	——
	八月	——	662	621	——	——	——	4,445	——	1,485	5,777	——
	九月	49,242	180	15,334	——	37 830	——	180	——	2,234	3,472	11,404
	十月	——	10,517	1,629	——	144,079	——	19,566	——	6,490	——	26.039
	十一月	——	——	247	42,410	——	——	——	——	4,000	8,030	——
	十二月	——	78,806	1,697	47,764	103,103	——	15,961	13,869	10,859	3,470	1,800
	一月	——	——	701	41,331	——	——	——	4	——	2,316	——
	二月	1,187	3,563	2,449	90,305	——	15,000	20,519	12	12,108	4,120	197
	三月	——	——	140,140	36,730	——	——	1,582	1,336	——	15,278	——
	四月	——	——	981	——	4,973	——	334	600	——	1,343	1,992
	五月	1,560	23 965	1,518	63,690	19,210	——	6,729	——	22,210	4,758	42,973
	六月	235,525	22,312	5,861	47,315	10,000	——	1,951	47	959	21,813	49,404
	合計	**338,654**	**140,005**	**176,514**	**369,473**	**333,556**	**15.000**	**72,167**	**33.868**	**61,546**	**70,377**	**133,809**
二十二年度	七月	——	——	3,608	28,770	6,990	——	8,212	3,432	——	366	759
	八月	34,803	——	8,647	5,147	——	——	120	9,169	——	1	4,242
	九月	32,363	——	3,731	——	——	25	205	8,567	3,950	——	——
	十月	——	17,266	33,475	——	142,423	——	13,128	234	——	——	——
	十一月	——	——	16,002	——	——	2.660	914	548	——	8,069	——
	十二月	——	——	15,210	——	20,850	10,000	13,402	9,302	6,252	10,247	877
	一月	——	——	44,666	40,069	596	——	6,535	——	——	——	33,146
	二月	10,240	——	——	——	——	30,000	——	——	——	3,579	5,000
	三月	6,875	12,554	34,797	10,277	——	25	5,159	——	——	8,633	2,823
	四月	——	——	1,155	9,669	——	——	4,957	——	——	——	——
	五月	——	——	15,161	121,305	——	6,900	126	——	2.882	4,522	31,351
	六月	——	5,352	6,669	35,468	33,084	6.000	327	——	——	400	2,184
	合計	**84,281**	**35.172**	**183,121**	**250,705**	**203,943**	**55,610**	**53,085**	**31,252**	**13,084**	**35,817**	**80,382**

表 36 錢糧收入詳表(續)

清遠	高要	羅定	陽江	惠陽	博羅	揭陽	澄海	梅縣	南雄	曲江	英德
70	7,443	—	1,021	72	2,772	—	—	600	50	—	—
—	9,533	—	—	—	—	2,000	6,963	—	—	—	—
530	11,859	3,400	3,446	3,676	—	8,712	158	72	5,680	656	—
247	8,877	—	11,105	273	9,515	—	—	—	70	5,656	—
171	46,686	3,026	13,070	—	36,240	—	147	400	2,514	2,484	461
—	4,834	500	80	3,052	—	—	120	—	8,250	—	3,483
4,199	—	—	—	—	—	—	—	—	—	6,446	163
—	225	982	—	—	34,242	144	—	716	2,998	144	12
13,274	13,997	631	—	—	62	480	396	13,211	3,106	—	5,024
101	1.136	1,900	—	150	—	—	—	—	—	895	—
4,669	14,502	416	3,135	35.868	25,936	46,610	364	13,185	5,092	7,477	34,814
18,837	10,526	1,458	—	252	—	939	317	—	3,471	41,934	6,312
42,098	**129,618**	**12,313**	**31,857**	**43,343**	**108,767**	**58,885**	**8,465**	**28,184**	**31,231**	**65,692**	**50,269**
—	11,133	—	—	—	—	144	16,404	—	—	—	—
58	10,754	—	—	41,056	4,687	—	—	390	631	5,261	3,030
—	10,245	348	—	6,170	5,811	20,734	—	—	1,080	—	464
14,358	6,835	33,658	—	6,512	30,077	—	—	—	946	1,987	21,774
—	9,583	—	—	—	11,285	—	—	—	—	—	—
88	2,740	—	—	—	6,656	3,000	—	—	696	17,926	1,533
—	1,583	……	—	—	1,341	863	—	732	1,105	14,397	—
113	2,211	—	3,893	—	2 637	—	—	—	10,209	—	—
15,513	28,446	—	19,207	—	1,329	600	—	22,855	6,206	160	2,110
750	554	—	3,897	42	25,609	—	—	—	2,912	—	18,260
74	5,000	—	12,906	320	963	—	—	—	—	3,800	—
70	1,951	1,727	300	—	2,051	144	—	—	2,912	100	360
31,024	**91,035**	**35,733**	**40,203**	**54,100**	**92,446**	**25,485**	**16,404**	**23,977**	**26,697**	**43,631**	**47,531**

表 36

錢粮收入詳表（續）

連縣	茂名	電白	海康	合浦	瓊山	寶安	花縣	四會	新興	恩平	廣寧
1,931	—	—	—	838	—	—	226	299	—	—	12,544
—	1,000	—	—	—	200	365	—	—	—	—	—
2,712	20,000	—	—	—	5,015	5,340	—	10,037	1,884	220	1,753
2,990	8,708	—	—	6,463	6,160	—	3,017	3,117	2,815	—	530
3,812	1,357	—	—	—	10,640	—	414	—	—	—	—
2,982	—	—	—	—	4,300	14,816	—	10,052	—	66	306
—	3,000	—	—	—	21,134	—	—	2,800	6,145	—	—
10,417	—	—	3,302	—	13,666	—	—	9,582	94	1,016	41,362
—	—	—	—	31 834	—	—	—	729	—	—	14,304
507	6,000	—	—	—	—	—	—	274	—	—	—
14,173	—	—	—	70	12,214	—	3,547	40	—	—	—
3,769	2,000	43,241	8,616	—	126	5	—	9	—	8,128	103
43,293	**42,065**	**43,241**	**11,918**	**39,205**	**73,455**	**20,526**	**7,204**	**36,939**	**10,938**	**9,430**	**70 902**
11,274	19,702	216	1,542	—	4,430	—	20,745	300	313	—	33
275	—	216	600	—	18,933	—	—	228	—	—	930
35	—	—	—	—	160	—	—	409	1,138	—	15,920
—	3,200	—	4,108	—	3,000	—	—	—	4,000	6 304	—
—	1,920	—	26,109	—	3,000	—	—	642	3,000	—	557
10,990	516	3,000	18,139	2,651	—	—	—	—	—	—	—
2,569	—	216	—	—	9,045	—	23,522	—	1,880	—	163
—	3,080	4,710	13,630	—	324	—	3 600	—	3,900	13,700	2
—	36,182	360	—	—	3,180	36	1,474	—	2,500	—	—
—	13,142	24,641	—	—	—	—	—	—	2,000	—	2
—	—	—	—	—	—	—	2,674	832	—	1,803	13,955
—	18,599	35	—	—	576	—	455	—	10,781	—	36
25 143	**96,341**	**33,394**	**64,128**	**2,651**	**42,648**	**36**	**52,470**	**2,411**	**29,512**	**21,807**	**31,598**

表 36　　錢糧收入詳表（續）

開平	鶴山	德慶	雲浮	鬱南	陽春	海豐	龍川	連平	河源	饒平	惠來
118	—	119	—	—	2 129	100	1,779	—	—	—	—
157	—	—	—	5,343	1,200	—	—	—	—	—	—
1.813	—	3,081	920	614	11,415	100	—	769	—	—	5,101
166	6,900	—	2,926	—	595	—	616	—	108	—	1,255
334	590	—	180	—	815	—	—	—	—	—	—
82	10,168	5,557	3,856	—	2,238	150	—	—	—	1,953	—
100	—	—	—	—	—	—	—	—	—	—	—
149	12,765	10,161	1,136	—	20,488	—	—	—	—	—	—
—	—	—	358	—	—	—	—	—	—	—	—
148	—	—	—	—	141	—	—	—	—	—	—
155	455	4,234	—	—	200	150	—	—	117	—	—
122	265	13,987	—	25,236	6,017	1,148	—	—	—	—	—
3,344	**31.143**	**37,139**	**9,376**	**31,193**	**45,238**	**1,648**	**2,395**	**769**	**225**	**1,953**	**6,356**
72		—	—	—	8,647	—	—	—	—	—	—
57	420	—	—	—	14 134	—	126	—	576	—	—
232	19,593	5,830	—	—	464	—	—	—	508	—	—
47,717	64	—	—	—	29,797	—	—	—	1,649	1,037	—
57	1,290	—	—	—	—	—	—	—	18	—	—
45	4,960	4,786	—	—	2,558	—	—	—	43	—	—
—	1.706	3,686	—	—	—	—	—	—	6,035	1,464	—
58	—	1,052	—	—	—	—	38,024	—	—	18,084	—
149	8,848	—	—	—	45	—	654	—	40	—	—
120	—	—	—	85	—	—	—	—	—	—	—
—	—	4,016	—	—	16,272	—	—	—	—	—	—
283	—	722	—	—	1,909	—	—	—	5,255	—	—
48,790	**36,881**	**20,092**	—	**85**	**73,826**	—	**38,804**	—	**14,124**	**20,585**	—

表 36

錢糧收入詳表（續）

五華	興寧	樂昌	陽山	連山	信宜	化縣	廉江	吳川	遂溪	靈山	防城
—	—	—	—	—	—	5,744	1,461	2,189	—	626	—
—	—	240	—	—	—	—	736	—	—	—	—
—	—	4,870	2,000	—	—	4,308	—	—	—	18,376	—
—	—	441	11,950	50	—	—	678	—	—	30	—
—	—	—	1,024	—	—	4,504	—	—	2,318	9,010	—
—	—	7,112	2,255	—	—	60	211	—	—	1,087	—
—	—	4,765	5,263	—	—	—	—	—	—	—	—
—	—	80	855	—	—	5,400	312	—	—	—	—
25,599	—	16,843	—	—	—	—	—	—	—	—	—
—	—	—	4,993	—	—	—	—	—	—	—	—
—	—	6,890	4,734	—	—	1,768	1,141	1,339	—	—	108
—	—	—	4,991	—	—	2,350	—	420	2,930	2,283	—
25,599	—	**41,241**	**38,065**	**50**	—	**24,134**	**4,539**	**3,948**	**5,248**	**31,412**	**108**
—	—	2,143	166		—	—	—	419	—	1,150	1,948
427	—	430	4,388	—	—	432	—	6,514	2,405	9,168	85
—	—	9,317	2,188	—	—	—	40	—	—	17,939	—
11,442	3,339	4,608	2,319	—	216	19,856	1,015	—	—	—	731
—	—	8,425	73	—	—	2,027	—	—	104	—	97
—	17,758	398	2,294	—	—	—	—	—	108	—	—
—	948	—	3,200	—	—	—	44	—	—	5,000	—
—	—	—	295	—	—	173	2,774	—	—	—	1,128
—	350	370	54	—	—	6,227	80	—	9,629	—	45
—	—	1,987	252	—	—	595	—	180	39	—	108
17	—	6,299	3,328	—	—	—	—	—	—	—	—
—	—	—	2,450	—	—	9,789	690	—	—	109	—
11,886	**22,395**	**33,977**	**21,007**	—	**216**	**39,099**	**4,643**	**7,113**	**12,285**	**33,366**	**4,142**

表36　　錢糧收入詳表（續）

文昌	定安	儋縣	龍門	從化	高明	封川	和平	大埔	豐順	蕉嶺	始興
810	—	—	—	600	5,003	—	—	—	—	—	—
320	2	—	—	1,119	604	—	—	—	—	—	—
400	315	—	—	2,293	5,372	1,666	6,628	—	120	494	—
—	5,996	—	—	3,947	7,599	—	—	—	—	—	—
10,454	—	—	2,199	—	3,846	1,642	—	—	175	—	6,461
—	102	—	—	—	1,139	—	—	78	56	—	423
—	—	—	—	—	91	1,571	—	—	—	—	—
381	—	—	32,689	—	25	2,319	—	—	142	1,425	193
—	30	2,396	—	144	13,774	—	—	—	—	253	—
1,666	—	—	—	—	160	—	—	—	108	—	—
480	—	—	1,094	—	2,990	—	650	—	30	2,302	—
2,832	—	3,282		100	6,447	—	—	—	15	—	12,408
17,343	**6,445**	**6,178**	**35,982**	**8,203**	**47,050**	**7,198**	**7,278**	**78**	**646**	**4,474**	**19,485**
—	—	—	17,123	144	2,742	—	10,841	—	15	109	—
6,766	—	—	—	205	1,884	—	—	120	30	—	—
2,020	12,370	—	206	4,142	22,658	159	3,430	—	8,316	4,913	—
2,955	—	—	—	19,152	4,026	—	—	—	15	2,217	3,952
—	16	—	—	—	212	—	7,274	—	20	—	—
—	—	144	—	—	—	—	.300	—	—	77	639
—	—	—	—	—	—	—	—	—	10	—	423
—	—	—	—	—	5,000	—	—	1	—	—	—
—	—	294	—	—	—	—	400	—	7,703	48	423
—	—	93	388	—	—	—	—	—	15	—	—
2,600	—	—	144	—	3,578	25,622	6,965	—	18	—	—
—	—	4,893	17,285	244	10,936	—	—	15	15	62	—
14,341	**12,386**	**5,424**	**35,146**	**23,887**	**51,036**	**25,781**	**29,210**	**136**	**16,157**	**6,426**	**5,437**

表36 錢糧收入詳表（續）

翁源	仁化	佛岡	徐聞	澄邁	臨高	陵水	萬寧	赤溪	開建	南澳	乳源
72	—	—	—	—	—	—	—	—	7,765	—	—
100	310	—	—	—	—	—	—	—	—	—	—
15,498	975	139	120	—	3,627	—	—	639	—	—	209
37	—	—	—	—	120	—	—	—	—	—	—
—	—	—	—	—	—	—	—	—	—	—	—
14,067	—	—	—	—	—	807	—	—	13	—	—
—	—	—	—	—	—	—	—	—	—	—	—
—	—	374	—	—	1,395	1,062	—	—	—	—	—
4,682	—	—	4,564	—	—	1.114	108	—	573	—	—
—	—	—	—	—	—	—	—	—	—	—	—
11,167	968	—	—	—	—	1,898	—	—	1,858	—	—
3,340	—	6,486	—	—	—	930	—	—	3.005	—	68
48 963	**2,253**	**6,999**	**4,684**	—	**5,142**	**5,811**	**108**	**639**	**13,214**	—	**277**
—	—	—	—	—	—	664	—	—	—	—	—
576	—	—	—	—	—	—	—	166	—	—	—
—	—	—	—	—	—	1,416	108	—	—	1,864	—
—	—	—	—	324	—	607	—	—	—	—	—
—	—	—	—	—	—	—	—	619	4,733	—	—
—	—	—	108	—	—	—	—	—	4,197	592	—
8,274	11,353	—	426	—	—	1,301	—	—	84	—	—
—	12,571	—	108	1,424	—	—	—	425	—	249	—
—	757	108	—	300	—	—	—	462	—	444	—
—	—	—	—	—	—	—	—	—	—	415	—
16,492	—	554	—	—	—	579	108	—	—	—	2,354
250	—	—	—	—	—	—	—	3,941	—	384	—
25,592	**24,681**	**662**	**642**	**2,048**	—	**4 567**	**216**	**5,613**	**9,014**	**3,948**	**2,354**

表36 錢糧收入詳表（續）

樂會	瓊東	普寧	昌江	紫金	陸豐	合計
——	——	180	——	——	——	97,517
——	——	——	——	——	——	43,182
1,540	——	60	——	2,158	——	300,646
——	——	27,704	——	——	——	348,981
——	——	279	——	——	——	219,940
——	——	1,540	——	——	——	383,124
——	——	——	——	——	——	100,029
——	——	108	——	——	——	359,821
——	——	——	——	——	21	363,073
——	——	——	——	——	——	28,402
——	——	——	576	——	——	453,939
——	——	108	483	——	——	694,483
1,540	——	**29,979**	**1,059**	**2,158**	**21**	**3,393,137**
6,925	64	35,340	545	——	——	216,589
——	——	——	109	——	——	209,037
——	——	1,190	——	——	——	226,828
4,034	——	100	——	——	——	506.887
——	——	——	1,128	——	——	103,108
45	——	——	1,016	44	——	201,161
——	——	8 943	——	——	——	235,625
——	——	——	——	——	——	192,194
——	——	——	——	——	13	258,344
——	——	——	——	23,812	——	136,079
9,146	——	1,745	——	——	9,160	326,606
——	——	——	212	——	——	195,990
20,150	**64**	**47,318**	**3,010**	**23,856**	**9,173**	**2,808,448**

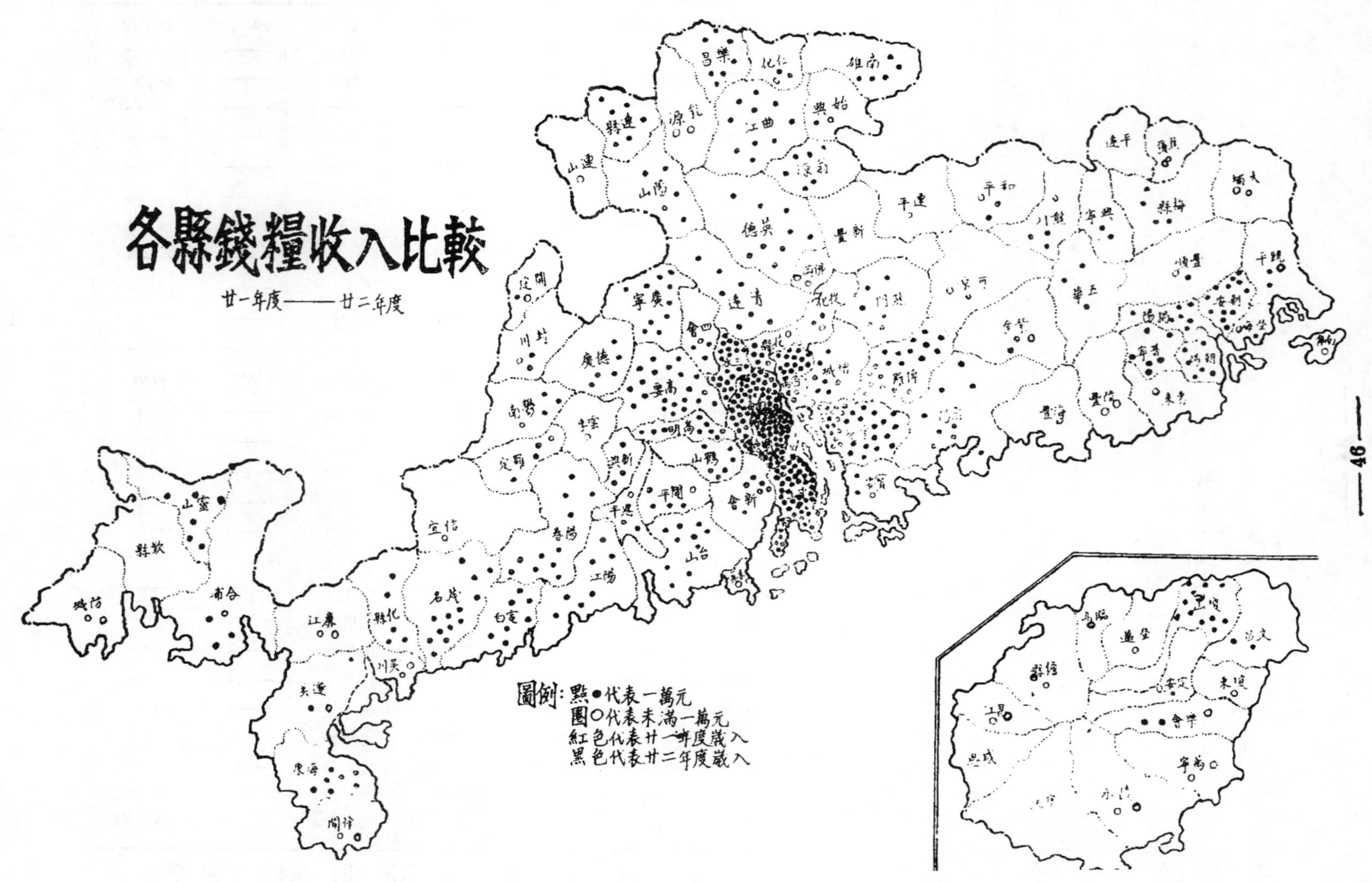
各縣錢糧收入比較
廿一年度——廿二年度
圖例：點●代表一萬元
圈○代表未滿一萬元
紅色代表廿一年度歲入
黑色代表廿二年度歲入

表37 沙捐收入詳表

年度	月別	南番局	東莞局	新會局	中山局	潮州局	合計
二十一年度	七月	437	4,283	2,535	——	2,649	9,904
	八月	12,311	1,269	25	——	——	13,605
	九月	9,316	6,613	2,572	——	——	18,501
	十月	6,321	2,632	10,000	——	——	18,953
	十一月	11,179	5,916	8,710	——	803	26,608
	十二月	7,563	3,158	4,820	——	7,500	23,041
	一月	1,661	3,382	——	——	——	5,043
	二月	2,223	7,859	8,245	——	675	19,002
	三月	508	4,107	2,356	——	——	6,971
	四月	42	7,491	610	——	——	8,143
	五月	3,260	1,236	5,586	——	——	10,082
	六月	2,429	3,920	1,892	——	——	8,241
	合計	**57,250**	**51,866**	**47,351**	——	**11,627**	**168,094**
二十二年度	七月	4,658	1,858	6,103	——	——	12,619
	八月	12,619	5,484	832	——	——	18,935
	九月	6,945	2,196	5,736	——	1,026	15,903
	十月	2,371	7,013	859	4,323	——	14,566
	十一月	8,034	1,639	5,210	——	——	14,883
	十二月	5,590	548	——	——	——	6,138
	一月	6,521	8,989	7,082	——	——	22,592
	二月	1,355	1,576	——	——	——	2,931
	三月	6,047	1,663	1,663	——	——	9,373
	四月	1,813	1,754	524	——	——	4,091
	五月	1,813	——	1,476	——	12,825	16,114
	六月	6,404	——	784	——	——	7,188
	合計	**64,170**	**32,720**	**30,269**	**4,323**	**13,851**	**145,333**

表 38

房捐收入詳表

月別	縣別	潮安	廉江	澄海	高明	赤溪	高要	中山	陽江	南雄	潮陽
二十一年度	七月	1.103	—	—	—	—	—	—	—	—	—
	八月	—	1,019	747	—	—	—	—	—	—	—
	九月	—	—	—	87	152	—	—	—	—	—
	十月	—	931	—	91	—	5,860	1,980	—	—	—
	十一月	—	—	—	—	—	—	—	416	—	—
	十二月	136	—	—	67	—	—	—	—	451	—
	一月	—	—	—	—	—	—	—	—	—	1
	二月	2,045	—	—	—	—	—	—	—	—	1,830
	三月	—	—	—	—	—	—	—	—	—	523
	四月	—	—	—	—	—	—	—	—	—	—
	五月	—	—	—	—	—	—	—	349	905	—
	六月	—	—	—	—	—	—	—	—	—	2835
	合計	3,284	1,950	747	245	152	5,860	1,980	765	1,356	5,189
二十二年度	七月	—	—	2,588	—	—	—	—	—	—	5
	八月	—	—	—	208	—	—	—	—	—	9
	九月	—	—	—	—	—	—	—	—	—	—
	十月	—	—	—	—	—	—	—	—	—	—
	十一月	—	—	—	—	—	—	—	—	—	—
	十二月	—	—	—	—	—	—	—	—	—	—
	一月	—	—	—	—	—	—	—	—	—	—
	二月	—	—	—	—	83	—	—	—	787	—
	三月	5,906	—	—	—	—	—	—	986	—	—
	四月	—	—	—	—	—	—	—	130	—	—
	五月	—	—	—	—	—	—	—	—	—	1,723
	六月	—	—	—	—	—	—	—	199	—	—
	合計	5,906	—	2,588	208	83	—	—	1,315	787	1,737

表 38

房捐收入詳表(續)

德慶	鶴山	五華	高要	惠來	曲江	揭陽	信宜	羅定	茂名	合計
—	—	—	—	—	—	—	—	—	—	1,103
—	—	—	—	—	—	—	—	—	—	1,766
—	—	—	—	—	—	—	—	—	—	239
—	—	—	—	—	—	—	—	—	—	8,862
—	—	—	—	—	—	—	—	—	—	416
—	—	—	—	—	—	—	—	—	—	654
—	—	—	—	—	—	—	—	—	—	1
428	506	—	—	—	—	—	—	—	—	4,809
—	—	1,803	2,459	—	—	—	—	—	—	4,785
—	—	—	—	—	239	—	—	—	—	239
—	—	—	—	—	—	2,277	—	—	—	3,531
—	—	—	—	—	—	—	—	—	—	2835
428	**506**	**1,803**	**2,459**	—	**239**	**2,277**	—	—	—	**29,240**
—	—	—	—	—	—	—	—	—	—	2,593
—	1,658	500	—	—	—	—	—	—	—	2,375
—	—	—	—	—	—	—	—	—	—	—
—	—	360	—	—	—	—	—	—	—	360
—	144	—	—	—	—	—	—	—	—	144
—	319	—	—	—	—	—	—	—	—	319
—	—	—	—	—	—	—	—	—	—	—
—	—	—	—	—	—	—	—	914	—	1,784
—	71	—	2,361	—	—	—	—	—	834	10,158
—	—	—	—	—	—	2,000	—	—	—	2,130
—	—	—	—	—	—	—	—	90	—	1,813
—	—	—	—	—	—	—	—	—	—	199
—	**2,192**	**860**	**2,361**	—	—	**2,000**	—	**1,004**	**834**	**21,875**

表 39 **營業稅類收入分類統計表**

月別		營業稅	煤油販賣業營業稅	商業牌照費	當稅	保險稅	合計
二十一年度	七月	73,772	—	1,788	2,819	6,112	84,491
	八月	80,600	—	1,673	7,350	3,045	92,668
	九月	116,795	—	320	13,840	6,698	137,653
	十月	64,216	—	3,294	14,706	6,752	88,968
	十一月	33,947	—	1,216	19,466	11,197	65,826
	十二月	60,201	—	1,439	18,428	11,067	91,135
	一月	16,323	—	1,553	12,726	10,873	41,475
	二月	23,294	—	1,260	11,577	7,193	43,324
	三月	97,611	—	27	23,401	10,212	131,251
	四月	126,934	—	757	8,513	3,442	139,646
	五月	190,311	—	709	14,146	4,412	209,578
	六月	91,145	—	767	12,051	7,713	111,136
	合計	**975,149**	—	**14,803**	**159,023**	**88,176**	**1,237,151**
	平均	**81,262**	—	**1,233**	**13,253**	**7,348**	**103,096**
	百分比	**78.82**	—	**1.19**	**12.86**	**7.13**	**100%**
二十二年度表	七月	62,403	—	210	5,958	5,824	74,395
	八月	52,949	—	29	11,020	5,216	69,214
	九月	51,661	—	245	14,574	9,420	75,900
	十月	76,747	—	822	19,399	8,169	105,137
	十一月	50,682	7,140	6	28,572	11,658	98,058
	十二月	56,011	161,535	594	14,037	22,178	254,355
	一月	59,420	210,172	714	24,114	5,539	299,959
	二月	21,464	295,030	824	12,171	6,011	335,500
	三月	16,757	686,441	20	20,341	5,039	728,598
	四月	103,815	227,632	1,035	13,687	8,474	354,643
	五月	114,017	554,931	529	14,664	6,201	690,342
	六月	97,679	322,270	370	21,467	4,274	446,060
	合計	**763,605**	**2,465,151**	**5,398**	**200,004**	**98,003**	**3,532,161**
	平均	**63,634**	**205,429**	**450**	**16,667**	**8,167**	**294,347**
	百分比	**21.63**	**69.79**	**.15**	**5.66**	**2.77**	**100%**

表40 **營業稅收入詳表**

年度	局別 月別	廣州市	南番三	新台開	中山	汕頭	瓊山	合計
二十一年度	七月	73,772	——	——	——	——	——	73,772
	八月	80,600	——	——	——	——	——	80,600
	九月	116,795	——	——	——	——	——	116,795
	十月	63,907	309	——	——	——	——	64,216
	十一月	29,742	1,675	2,530	——	——	——	33,947
	十二月	53,276	4,348	2,077	500	——	——	60,201
	一月	14,152	1,671	——	500	——	——	16,323
	二月	18,055	1,099	2,011	1,701	428	——	23,294
	三月	71,899	6,693	6,197	——	12,822	——	97,611
	四月	123,509	——	1,223	2,186	16	——	126,934
	五月	161,166	6,630	7,954	1,703	12,858	——	190,311
	六月	83,390	1,247	4,278	1,703	527	——	91,145
	合計	890,263	23,672	26,270	8,293	26,651	——	975,149
二十二年度	七月	41,047	6,721	5,547	4,782	3,806	500	62,403
	八月	40,937	4,372	4,791	435	204	2,210	52,949
	九月	38,731	6,336	3,335	1,620	339	1,300	51,661
	十月	37,063	7,568	5,509	1,937	24 670	——	76,747
	十一月	36,106	4,530	4,087	1,872	4,087	——	50,682
	十二月	40 069	3,799	3,431	2,505	5,707	500	56,011
	一月	47,837	2,536	2,691	2,394	3,962	——	59,420
	二月	14,052	2,920	2,007	128	2,357	——	21,464
	三月	5,399	1,751	2,665	1,064	4,878	1,000	16,757
	四月	71,780	6,115	5,418	2,461	18,041	——	103,815
	五月	76,397	8,556	3,940	2,814	21,802	500	114,017
	六月	71,209	8,941	3,059	3,050	11,420	——	97,679
	合計	520,627	64,145	46,488	25,062	101,273	6,010	763,605

表41 煤油販賣業營業稅收入詳表

月別		廣州市	汕頭	五邑	高雷	三水	海口	合計
二十二年度	十一月	—	1,930	3,210	—	—	—	7,140
	十二月	110,581	9,647	57,756	975	2,176	400	161,535
	一月	120,000	64,236	10,000	—	—	15,936	210,172
	二月	194,090	46,617	28,034	2,008	4,052	20,230	295,030
	三月	412,210	167,702	56,610	9,172	3,701	36,956	686,441
	四月	80,170	96,503	35,100	4,715	—	11,144	227,632
	五月	314,036	149,778	48,210	2,873	5,951	34,083	554,931
	六月	207,2[illegible]6	57,7[illegible]7	34,023	20	—	23,184	322,270
	合計	1,438,343	594,290	254,942	19,763	15,880	141,933	2,465,151

附註：查煤油販賣營業稅，係於民國二十二年十一月開征，合註明。

表 42

契稅收入詳表

年度	縣別 月別	廣州市	汕頭市	南海	番禺	順德	東莞	中山	增城	龍門	從化	花縣
二十一年度	七月	35,022	32,135	—	400	620	5,424	—	3,838	—	146	—
	八月	61,921	5.440	10,838	13,427	912	—	55,650	550	—	411	—
	九月	69,398	14,832	3,501	6,383	6,076	774	35,277	1,011	—	183	100
	十月	138,076	14,312	450	20,399	5,021	2,829	154,332	921	—	3,206	2,305
	十一月	144.388	25,583	400	35,927	3,476	150	—	1,488	—	—	100
	十二月	41,696	5,745	500	400	7,892	6,095	978	1,732	300	1,786	—
	一月	45,011	5,660	45,227	—	5,002	2,884	1,586	—	75	417	200
	二月	68,717	7,176	10,828	400	18,736	9,016	61,555	582	3,591	612	—
	三月	36,651	10,760	11,159	175	720	4,063	10,420	573	344	636	225
	四月	46,037	39,981	5,236	400	1,162	1,822	500	—	175	116	—
	五月	121.621	18,325	7,371	13.947	1,779	4,501	72,968	208	357	318	100
	六月	34,553	4,778	10,120	30,400	2,504	4,347	27,969	—	—	1,334	—
	合計	**843,091**	**148,727**	**105,630**	**122,258**	**53,900**	**41,905**	**421,235**	**10.903**	**4,842**	**9,165**	**3,030**
二十二年度	七月	36,304	6,151	4,082	—	1,151	1,640	10,953	1,132	—	177	4,445
	八月	44,655	8,618	8,984	3,429	1,466	1,569	—	300	1,844	316	—
	九月	21,662	21,665	3,080	400	2,904	2,047	500	735	100	182	207
	十月	58,901	5,266	—	—	3,154	2,825	70 244	4,197	100	320	15,000
	十一月	38,740	36,338	400	400	1,126	1,062	971	455	196	48	—
	十二月	37,697	4,652	—	—	1,408	2,151	—	1,063	—	56	—
	一月	10,234	22,298	16,373	374	1,504	—	—	327	—	86	—
	二月	38,469	8,665	4,075	19,423	1,971	1,633	500	520	—	107	1,625
	三月	48,819	9,301	4,103	—	1,423	1,792	—	338	—	109	4,824
	四月	17,623	12,726	6,559	—	1,464	1,434	—	354	200	—	1,658
	五月	60,049	20,354	3,266	200	5,728	2,007	500	2,180	—	312	5,694
	六月	13,993	18,123	5,565	200	3,795	5,783	—	173	9	69	2,046
	合計	**427,151**	**174.157**	**61,487**	**24,426**	**27,094**	**23,943**	**83,668**	**11,774**	**2,489**	**1,782**	**35,499**

表 42 契税收入詳表（續）

三水	清遠	寶安	佛崗	四會	鶴山	新興	德慶	封川	廣寧	高明	羅定
105	225	100	—	1,739	2,107	1,839	—	—	11,014	665	—
—	237	200	—	—	50	2,554	—	—	500	900	100
1,703	11,427	1,741	150	1,434	2,882	150	—	100	1,511	238	—
4,936	1,616	5	369	1,993	4,590	770	150	—	1,322	421	—
50	4,709	271	—	1,250	783	150	—	9	612	616	110
2,876	—	2,361	—	1,232	303	150	—	4,077	827	624	241
958	6,368	200	—	868	2,962	1,291	150	—	—	171	—
777	—	—	—	1,332	11,593	710	2,509	1,723	2,398	—	881
670	300	200	25	—	315	150	—	—	10,670	407	627
1,303	3,285	5	—	96	3,197	—	1,153	—	1,541	71	343
161	2,867	—	50	200	6,524	1,686	369	165	500	89	345
2.761	8,761	—	2,030	140	2,96	—	7	200	604	—	150
16,300	**39,795**	**5,083**	**2,624**	**10,284**	**35,602**	**9,450**	**4,338**	**6,274**	**31,499**	**4,202**	**2.797**
—	—	—	—	—	3,459	2,061	—	—	175	411	—
50	2,120	—	50	1,698	—	—	—	—	3,209	400	—
—	—	200	—	1,323	1,105	130	—	20	7,158	44	—
—	250	—	—	—	32	113	100	—	271	60	—
—	—	—	—	1,241	2,693	150	—	—	161	—	50
2,500	894	—	308	639	100	552	—	—	500	—	—
1,567	—	—	129	150	150	289	—	100	229	284	—
—	3,325	—	—	426	734	—	152	—	9	44	—
735	3,561	50	100	619	1,391	—	661	—	144	—	165
—	300	—	186	556	100	135	—	—	510	92	—
503	3,115	125	20	413	—	—	100	850	5,229	50	—
1,470	5	—	—	—	204	200	—	150	536	67	410
6,825	**13,570**	**375**	**793**	**7,115**	**9 968**	**3,630**	**1,013**	**1,120**	**18,131**	**1,452**	**625**

表 42　契稅收入詳表（續）

雲浮	鬱南	惠陽	博羅	新豐	連平	和平	吳川	徐聞	紫金	龍川	河源
50	165	—	2,137	—	150	—	—	—	—	460	150
250	1,255	275	300	—	—	—	—	—	—	—	—
32	—	320	—	—	100	—	100	—	—	400	—
—	300	3,365	1,139	—	—	150	351	200	—	—	350
300	850	350	300	25	—	—	200	—	—	—	576
200	—	2,231	—	25	—	—	—	—	200	—	200
—	3,044	—	728	50	—	—	—	—	300	—	904
150	800	7,026	8,377	—	65	300	50	—	—	300	105
300	4,442	150	2,740	—	—	—	—	1,426	—	—	—
—	115	1,095	1,246	—	125	—	150	—	—	—	9
—	—	1,165	1,832	125	200	—	—	—	—	—	—
—	1,565	2,132	1,241	—	150	—	200	—	125	—	—
1,282	**12,536**	**18,109**	**20,040**	**225**	**790**	**450**	**1,051**	**1,626**	**625**	**1,160**	**2,294**
—	—	743	—	—	—	—	5	200	—	300	—
—	—	1,404	—	—	175	463	—	—	—	—	6
—	—	766	866	—	105	—	—	—	—	—	1,075
—	—	821	—	125	—	—	—	—	100	490	339
—	—	200	384	13	—	—	—	—	100	—	—
—	—	612	—	—	—	—	—	250	—	34	—
150	—	105	—	—	—	—	50	—	—	—	136
—	—	274	200	—	—	—	—	364	—	274	—
—	—	1,572	—	—	—	—	—	—	—	—	—
—	9,189	1,671	614	25	—	—	—	—	6,537	—	—
—	—	800	408	—	150	—	—	200	100	—	206
—	—	876	1,587	—	200	712	—	—	—	—	—
150	**9,198**	**9,844**	**4,059**	**163**	**480**	**1,175**	**55**	**1,014**	**6,837**	**1,098**	**1,762**

表 42

契稅收入詳表(續)

海康	高要	開建	遂溪	陽江	陽春	潮安	潮陽	揭陽	海豐	陸豐	南澳
300	1,881	1,889	200	7,000	—	532	4,003	—	—	—	—
—	1,262	—	—	—	300	150	—	150	—	200	—
180	1,432	—	200	7,163	—	75	300	—	400	—	350
—	1,526	—	838	350	872	5,200	—	—	—	—	50
300	9,180	—	985	13,709	1,045	10,150	350	140	—	—	—
—	2,800	374	—	5,542	992	13,739	10,931	1,000	97	—	229
—	3,407	—	—	—	2,780	—	152	—	—	200	—
—	1,866	—	100	3,985	5,406	13,152	4,035	—	6,065	—	—
—	1,259	1,563	—	2 671	1,030	8,313	2,076	150	—	—	—
340	—	—	100	3,099	989	2,893	—	—	1,016	200	109
—	—	250	200	4,241	—	4,857	5,295	—	571	200	50
5,510	3,251	543	2,033	—	3,341	1,986	—	—	1,760	—	152
6,630	**27,864**	**4,619**	**4,656**	**47,760**	**16,755**	**61,047**	**27,142**	**1,440**	**9,909**	**800**	**940**
65	1,907	—	—	350	592	14,384	4,209	—	—	200	42
322	401	—	—	—	473	1,055	429	—	1,278	—	—
—	1,698	100	195	250	315	4,027	2,135	—	756	—	40
1,052	1,239	23	—	—	—	5,185	1,890	—	—	—	71
149	730	1,508	180	—	—	1,390	—	4,239	1,169	—	20
—	989	381	—	300	1,547	1,098	425	—	—	200	118
56	825	—	—	—	1,522	1,917	52	1,732	—	—	—
—	1,047	—	—	14,053	—	3,867	—	2,000	—	—	—
386	698	200	360	2,735	—	659	263	—	2,042	3,632	53
280	1,718	—	—	998	1,004	9,918	—	1,150	—	31	116
—	47	—	100	6,522	1,460	3,215	277	—	786	1,240	—
260	3,865	—	—	400	130	2,831	117	—	734	200	44
2 570	**15,164**	**2,212**	**835**	**25,608**	**7,043**	**49,546**	**9,797**	**9,121**	**6,765**	**5,503**	**504**

表 42 契稅收入詳表（續）

澄海	饒平	普寧	大埔	豐順	惠來	梅縣	五華	興寧	蕉嶺	平遠	瓊山
7,552	—	—	—	—	—	666	—	500	—	—	—
300	—	—	210	1,100	—	470	200	—	—	—	285
19,126	—	—	—	1,010	1,103	1,275	700	1,917	1,192	1,218	—
5,300	—	885	200	250	653	3,194	—	500	200	—	2,324
400	12	463	—	—	—	2,542	—	—	—	—	5,086
17,303	711	55	200	300	—	6,623	500	1,000	200	250	—
4,500	—	—	—	250	325	250	—	—	—	—	5,354
8,280	—	50	108	—	—	9,371	—	—	958	—	173
3,500	5,699	1,252	200	—	—	15,300	10,016	1 000	—	150	387
5,768	—	—	—	—	175	250	—	—	200	—	—
3,809	—	767	—	200	1,061	250	344	—	435	—	753
2,779	—	—	200	—	—	250	—	—	—	—	778
78,617	**6,422**	**3,472**	**1 118**	**3,110**	**3,317**	**40,441**	**11,760**	**4,917**	**3,185**	**1,618**	**15,140**
8,491	—	278	108	—	—	—	—	1,000	—	—	1,497
—	200	69	—	200	—	—	2,273	1,378	—	150	961
2,883	—	467	—	4,754	—	250	250	—	—	—	2,444
—	860	—	200	486	—	250	2,859	—	200	—	2,234
—	—	—	—	—	—	605	—	—	—	—	1,080
4,355	—	486	—	—	—	—	—	500	—	—	2,213
—	972	—	—	200	—	—	—	—	—	150	2,005
—	3,075	—	2,683	—	—	500	96	—	—	—	—
—	—	—	—	739	—	6,668	—	—	—	—	3,882
3,914	250	—	200	—	50	—	—	—	—	—	—
400	—	344	—	707	—	—	160	—	—	—	4,109
—	—	—	11	—	—	335	868	—	665	—	418
20,043	**5,357**	**1,644**	**3,202**	**7,086**	**50**	**8,605**	**6,506**	**2,878**	**865**	**450**	**20,843**

表42　契税收入詳表（續）

澄邁	定安	文昌	瓊東	樂會	臨高	萬寧	崖縣	陵水	合浦	靈山	欽縣
—	—	—	—	—	—	25	—	—	580	425	—
—	27	605	—	—	210	—	—	—	810	—	325
125	366	241	373	40	30	—	100	—	7.645	—	—
—	886	1,115	—	223	420	—	—	50	822	250	295
100	50	4,055	945	124	—	50	115	—	1,280	750	7,300
—	970	—	300	125	127	50	—	—	3,550	524	—
1,000	—	—	—	1,370	—	—	—	—	—	—	—
—	—	1,211	—	—	210	—	—	579	6,800	500	200
—	186	—	1,665	157	510	25	—	370	676	—	—
—	—	1,474	2,731	88	—	—	—	—	50	—	—
—	60	—	—	352	—	150	—	—	6,378	—	200
100	—	406	—	461	—	—	—	—	500	1,525	—
1,325	**2,545**	**9,107**	**6,014**	**2,940**	**1,507**	**300**	**215**	**999**	**29,091**	**3,974**	**8,320**
—	—	—	—	763	50	175	150	—	2,636	—	—
133	150	169	—	—	—	—	—	—	1,280	—	—
—	—	144	—	—	—	—	—	265	825	5,000	200
—	—	296	—	—	—	—	90	—	2,085	1,000	—
—	—	—	61	—	—	—	—	—	—	—	512
29	350	190	600	510	—	—	—	—	597	—	253
—	—	92	—	—	—	—	—	—	—	—	—
—	—	2,367	—	—	50	246	—	—	—	—	2,276
—	—	—	—	50	—	—	—	—	2,773	—	—
—	—	694	—	—	—	—	—	—	—	—	250
—	—	943	—	—	—	—	—	298	500	—	—
—	—	1,374	150	—	200	—	—	—	1,423	25	715
162	**500**	**6,269**	**811**	**1,323**	**300**	**421**	**240**	**563**	**12.119**	**6,025**	**4,206**

表 42

契稅收入詳表（續）

防城	新會	台山	赤溪	恩平	開平	始興	曲江	樂昌	仁化	英德	翁源
—	6,445	—	129	—	3,701	—	381	—	—	520	—
—	600	1,906	75	481	1,452	—	—	175	753	—	171
—	21,880	16,714	1,384	3,236	5,946	60	2,825	3,876	—	—	136
100	1,542	10,246	—	699	6,049	150	221	—	75	810	563
2,835	—	68,687	—	175	12,340	360	854	—	708	603	457
195	1,000	16,876	75	1,029	3,691	697	1,197	150	9	919	780
—	—	3,498	—	—	4,397	—	547	1,983	—	2,991	840
100	24,748	8,934	—	3,817	5,220	110	729	600	100	—	215
346	—	23,216	—	406	4,163	—	424	—	443	1,058	50
200	—	7,096	—	4,733	6,539	—	839	1,676	100	184	—
—	20,937	21,627	50	11	6,544	100	1,801	3,247	16	6,594	—
175	—	11,423	153	2,051	9,080	100	225	—	—	647	100
3,951	**77,152**	**190,223**	**1,866**	**16,638**	**69,122**	**1,577**	**10,043**	**11,707**	**2.204**	**14,326**	**3,312**
3,495	7,189	5,188	—	—	4,076	—	1,685	108	—	—	287
—	51,737	3,539	—	—	2,062	—	—	998	—	954	—
—	9,664	5,427	—	2,533	2,832	—	200	142	—	—	—
3,202	1,875	6,091	105	—	3,640	41	1,849	300	—	590	—
—	18,680	4,048	239	666	1,156	—	451	42	75	820	179
—	20,000	—	—	1,539	3,967	—	261	—	—	—	—
704	—	2,784	50	1,245	—	100	640	245	800	250	697
3,531	10,000	9,203	349	200	2,449	—	378	58	280	563	—
—	27,000	4,264	496	842	1,453	—	150	—	530	—	849
150	6,330	4,991	—	2,018	2,630	178	270	72	—	—	—
—	12,995	6,644	—	763	73	—	959	112	—	—	37
—	12,131	7,049	210	400	5,813	—	—	267	—	486	—
11,082	**177,601**	**50,228**	**1,449**	**10,206**	**30,151**	**319**	**6,843**	**2,344**	**1,635**	**3,663**	**2,049**

表42　契税收入詳表（續）

乳源	陽山	連山	南雄	茂名	電白	信宜	化縣	廉江	儋縣	連縣	合計
——	——	——	50	800	200	——	——	360	——	1,255	137,885
50	——	——	——	4,779	——	——	300	924	——	——	174,040
——	500	235	1,033	——	——	300	2.207	——	——	3,386	270,102
——	5,663	60	812	7,675	——	——	350	958	——	866	427,120
——	125	——	335	8,273	400	——	1,239	263	——	——	379,458
——	1,231	50	2,841	1.000	200	400	1,305	1,525	——	1,295	187.628
482	——	——	——	7,500	——	50	1,368	250	——	——	167,550
100	722	——	——	5,600	3,754	——	3,350	——	——	350	341.807
——	275	50	746	1,250	109	——	1,617	——	1,440	1,295	193,191
——	1,208	50	1,029	2,000	——	140	850	350	——	——	119,639
——	373	15	483	1.550	1,330	——	2,322	——	697	250	356.143
——	370	50	638	7,000	18,356	——	456	250	——	2,099	215,115
632	**10,467**	**510**	**7,967**	**47,427**	**24.349**	**890**	**15,364**	**4,880**	**2,137**	**10,796**	**2,969,678**
——	1,509	——	353	19,000	11,170	——	223	——	——	——	164,569
——	430	50	385	——	——	——	——	250	62	——	152,184
——	110	50	235	300	30	100	——	——	——	——	119,895
634	64	——	521	7,000	——	——	731	——	115	——	209,486
——	——	2,422	364	2,320	350	——	——	——	142	——	128,325
——	292	——	551	238	9	——	245	——	——	2,409	98,118
——	608	——	271	——	——	150	——	300	——	——	72,902
——	296	33	——	2,680	——	——	886	——	——	——	145,956
98	386	——	884	5,843	2,057	——	——	5,808	742	250	156,499
——	76	115	1,212	3,900	1,000	——	761	——	74	1,300	107,597
——	157	——	449	27	1,356	——	361	——	——	1,022	158,622
279	72	——	462	1,400	300	200	200	——	——	350	100,557
1,011	**4,000**	**2,670**	**5,687**	**42,708**	**16,272**	**450**	**3,407**	**6,358**	**1,135**	**5,331**	**1,614,710**

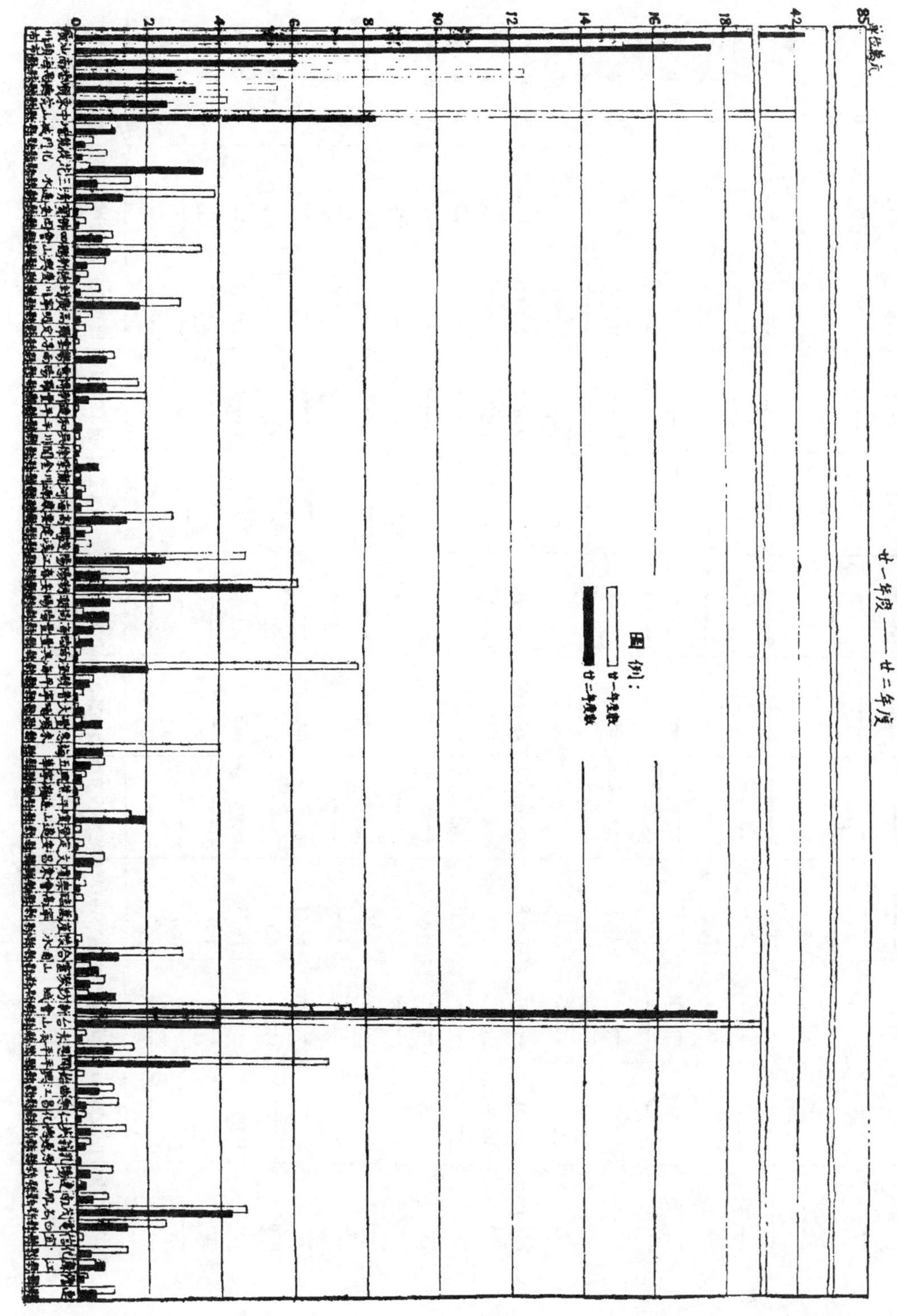
各縣契稅收入比較圖
廿一年度——廿二年度
圖例：
廿一年度數
廿二年度數
單位萬元

表 43

船稅收入詳表

年度	月別＼局別	省河航政局	東江航政局	潮梅航政局	北江航政局	陳佛航政局	中山航政局	瓊崖航政局	欽廉航政局	陽江航政局	江門航政局	西江航政局
二十一年度	七月	—	—	—	—	—	—	—	44	—	—	—
	八月	—	—	879	—	—	—	—	290	—	—	—
	九月	—	—	—	—	—	—	—	641	—	—	—
	十月	118 058	5,313	20,640	12,259	13,604	7,829	39	1,094	3,487	11,066	7,497
	十一月	69,377	4,825	12,218	4,226	2,393	275	—	939	841	—	930
	十二月	—	—	—	—	—	1,302	11	1,835	—	—	—
	一月	—	—	—	—	—	—	—	—	—	—	—
	二月	—	—	—	—	—	—	188	1,454	—	—	—
	三月	600	—	—	—	—	—	—	6	—	—	—
	四月	—	—	—	—	—	—	—	486	—	—	—
	五月	544	—	—	—	—	—	394	494	—	—	—
	六月	82,704	—	3,310	5,719	2,990	642	110	860	2,665	5,332	947
	合計	**271 283**	**10,138**	**37,047**	**22.195**	**18,987**	**10,048**	**742**	**8.143**	**6,936**	**16.398**	**9,374**
二十二年度	七月	—	—	878	—	—	—	26	353	—	—	—
	八月	—	—	—	—	—	—	—	263	—	—	—
	九月	—	—	—	—	—	—	125	96	—	—	—
	十月	—	—	—	—	—	—	24	397	—	—	—
	十一月	—	—	—	—	—	—	—	—	—	—	—
	十二月	—	—	—	—	—	—	—	695	—	—	—
	一月	—	—	—	—	—	—	—	948	—	—	—
	二月	—	—	—	—	—	—	—	942	—	—	—
	三月	2,744	—	—	—	—	—	—	—	—	—	—
	四月	—	—	—	—	—	—	—	—	79	—	—
	五月	394	—	—	—	—	—	—	—	—	—	—
	六月	40,829	4,943	27,789	11,423	15,900	—	—	—	1,400	9,645	9,391
	合計	**43,967**	**4,943**	**28,667**	**11,423**	**15,900**	—	**175**	**3,694**	**1,479**	**9,645**	**9,391**

表 43　船稅收入詳表（續）

高雷航政局	潮汕港務管理局	廣東全省港務管理局	合計
——	——	——	44
——	——	——	1,169
——	——	——	641
——	——	——	200,886
——	——	——	96,527
——	——	——	3,148
——	——	——	——
——	——	——	1,642
——	——	——	606
——	——	——	486
——	——	——	1.432
——	——	——	104,770
——	——	——	**411,351**
——	39	——	1,296
——	——	——	263
——	——	——	221
——	——	1,840	2,261
——	——	——	——
——	——	6,898	7,593
——	——	——	948
——	——	——	942
——	——	——	2,744
——	——	——	79
——	——	——	394
1,002	10,784	167,872	300,878
1.002	**10,823**	**176,610**	**317,710**

表 44　交通稅收入詳表

年度	月別＼船別	電船	汽船	合計
二十一年度	七月	1,060	1,710	2,770
	八月	——	3,260	3,260
	九月	——	1,660	1,660
	十月	2,138	60	2,198
	十一月	60	3,088	3,148
	十二月	1,060	540	1,600
	一月	——	——	——
	二月	2,000	——	2,000
	三月	——	——	——
	四月	2,175	250	2,425
	五月	——	——	——
	六月	——	——	——
	合計	**8,493**	**10,568**	**19,061**
二十二年度	七月	——	——	——
	八月	——	——	——
	九月	——	——	——
	十月	——	——	——
	十一月	——	——	——
	十二月	——	——	——
	一月	——	——	——
	二月	——	——	——
	三月	——	——	——
	四月	——	——	——
	五月	——	——	——
	六月	——	——	——
	合計	——	——	——

表 45

貨物稅收入分類統計表

年度	月別＼類別	各行商厘費	府稅	商稅	洋布疋頭專稅	洋紙專稅	人造絲專稅	顏料專稅	蜡類專稅
二十一年度	七月	33,712	34,187	47,861	333	15,957	28	30,000	11.528
	八月	34,054	42.805	21,372	19,029	17,217	62	42,687	46,411
	九月	246,940	42,301	43,411	49,400	17.217	27	19,500	23,355
	十月	81,357	43,314	142,305	78,652	16,913	44	38,812	37,811
	十一月	116,764	44,263	100,001	14,571	11,260	158	26,250	20,255
	十二月	96,868	44,800	115,954	776	142	75	26,109	7,996
	一月	121,653	6,917	70,822	1,553	——	——	9,750	——
	二月	193,547	26,809	92,067	3,882	78,433	——	329	30,625
	三月	148,372	24,303	108,880	3,106	78,433	56	16.412	34,641
	四月	118,495	22,026	69,316	1,553	78,433	48	32,825	23,292
	五月	336,262	32,420	139,317	1,553	130,722	——	54,708	34,937
	六月	242,591	21,105	102,766	2,329	52,289	54	32,825	35,135
	合計	1,770,615	385,250	1,054,072	176,737	497,016	552	330,207	305,986
	平均	147,551	32,104	87,839	14,728	41,418	46	27.517	25,799
	百分比	31.34	6.82	18,65	3.13	8.80	.01	5.84	5,41
二十二年度	七月	192,844	17.028	61,829	2,329	52,289	——	22,143	46,484
	八月	130,704	37,645	18,776	776	78.673	38	44,287	23,193
	九月	171,151	35,350	100,690	4,000	26,144	——	——	46,583
	十月	103,722	188,587	97,108	19,489	26,144	——	——	23,094
	十一月	135,023	36,040	75,558	18,561	52,289	——	11,072	34,838
	十二月	106,695	33,987	20,473	37,122	26,144	——	55,358	11,844
	一月	107,183	27,365	31,842	9,280	——	——	——	——
	二月	38,264	15,123	17,502	——	——	——	11,072	32,350
	三月	54,348	13.968	151,336	9,280	41,500	——	41,318	35,511
	四月	19,245	29,574	100,661	9,280	34,758	——	19,838	16,505
	五月	49,228	30,684	110,063	——	39,060	—	11,124	25,133
	六月	37,736	23,114	91,378	9,281	45,699	——	12,479	27,430
	合計	1.146.143	506,465	877.216	119,398	422,700	38	228,691	322,965
	平均	95,512	42.205	73,101	9,950	35,225	3	19,058	26,914
	百分比	7.18	3.17	5.49	.75	2.65	0	1.43	2.02

表 45 貨物稅收入分類統計表（續）

舶來土繳土稅	舶來農產品雜項專稅	舶來皮革稅	糖類捐	京果海味捐	合計
36,760	——	——	6,000	——	216,366
20,350	——	——	7,650	——	251,637
33,900	——	12,698	32,986	51,707	573,442
34 650	——	633	65.167	40,199	579,857
30,525	——	——	130,333	53,287	547,667
29,775	——	——	32,583	51,408	406,486
28.600	——	——	20,000	51,273	310,568
12,100	——	——	10,000	33,926	481,718
——	——	——	30,000	46,471	490,674
17,970	——	——	35,000	45,496	444,454
2.250	——	——	40,000	17,222	789,391
——	——	——	47,500	26,605	563,199
246,880	——	**13,331**	**457,219**	**417,592**	**5,655,459**
20,136	——	**1,111**	**38,102**	**34,799**	**470,850**
4.28	——	**.24**	**8.09**	**7.39**	**100%**
——	——	——	21,667	13,969	430,582
5,000	——	——	833	33,079	373,004
10,480	——	——	57,778	4,708	456,884
——	51,941	——	47,222	82,550	639,857
——	834,359	——	48,333	47,298	1,293,371
——	837,002	——	45,278	46,767	1,220,670
——	481,513	——	47,778	47,023	751,984
——	797,770	——	70,000	26.512	1,008,593
——	1,807,762	——	61,389	61.103	2,295,515
——	1,331,408	——	35,000	15,015	1,611,284
503,371	2,267,544	——	1,041	61,235	3,098,483
13,344	2,503,736	——	9,020	11,756	2,784,073
532,195	**10,913,035**	——	**445,339**	**451,015**	**15,965,200**
44,349	**909,419**	——	**37,112**	**37,585**	**1,330,433**
3.33	**68.36**	——	**2.79**	**2.83**	**100%**

表 46

厘費收入詳表

年度	月別＼行別	金行	京菓行	藥材行	磁器行	顏料行	檳榔行	玉器行	玉石行	草蓆行	豆豉行
二十一年度	七月	—	—	—	—	—	—	—	813	421	—
	八月	—	—	332	1,250	—	—	—	813	421	—
	九月	2,639	—	—	650	—	789	1,558	813	—	1,875
	十月	1,301	—	8,314	—	—	1,450	975	813	—	—
	十一月	1,300	—	—	1,950	—	739	975	813	782	—
	十二月	1,301	—	—	8,330	783	739	975	813	632	—
	一月	1,492	—	25,941	1,950	—	739	975	—	582	18,958
	二月	1,492	—	51,832	1,950	—	739	975	1,625	782	27,038
	三月	1,492	—	25,942	1,950	—	739	975	—	1,564	—
	四月	1,492	—	12,970	1,950	—	739	975	1,625	782	16,250
	五月	1,492	—	12,970	1,117	—	739	975	—	1,825	16,250
	六月	1,492	—	12,970	1,117	—	739	975	813	782	16,250
	合計	**15,493**	—	**151,321**	**22,214**	**783**	**8,151**	**10,333**	**8,941**	**8,573**	**96,621**
二十二年度	七月	1,492	—	12,970	1,117	—	739	975	—	782	16,250
	八月	1,492	—	12,970	1,117	—	—	975	1,625	782	16,250
	九月	1,492	—	12,970	5,283	—	16,234	975	813	782	16,250
	十月	1,492	—	—	1,950	—	—	975	—	782	16,250
	十一月	1,492	—	—	1,950	—	—	975	—	782	—
	十二月	1,492	—	—	1,950	—	—	975	—	782	32,500
	一月	1,492	—	12,970	1,950	—	—	975	—	782	13.000
	二月	—	—	—	—	—	—	—	2,437	782	13,000
	三月	—	—	12,970	—	—	—	—	1,010	—	13,000
	四月	—	—	—	—	—	—	—	520	—	—
	五月	—	—	—	—	—	—	—	520	—	26,000
	六月	—	—	—	—	—	—	—	520	—	16,250
	合計	**10,444**	—	**64,850**	**15,317**	—	**16,973**	**6,825**	**7,475**	**6,256**	**178,750**

表 46

厘費收入詳表（續）

金銀首飾行	蔴行	土絲行	雜木行	銅鐵行	花生芝蔴行	猪欄行	機窰製磚行	土榨行	餅行	醬料行
—	—	—	—	—	—	—	732	—	—	974
351	—	—	—	—	—	2,034	732	—	—	975
542	106	127,882	12,587	1,859	—	2,034	732	—	—	—
749	1,067	—	3,169	2,810	—	—	—	—	2,867	1,669
48	2,027	—	3,846	21,338	—	—	520	—	3,764	600
1,315	1,067	—	4,794	2,226	—	6,484	—	—	2,941	975
502	1,067	—	—	2,803	—	—	—	—	1,471	—
460	1,067	—	813	2,809	—	6,825	144	—	2,828	975
622	1,067	—	22,019	2,809	—	3,413	3,851	—	1,586	975
621	1,067	—	813	2,809	—	3,412	—	—	600	168
621	1,067	—	813	2,809	215,224	3,412	2,567	—	3,341	—
621	1,067	—	813	2,809	—	3,413	2,567	—	1,471	—
6,452	**10,669**	**127,882**	**49,667**	**48,087**	**215,224**	**31,027**	**11,845**	—	**20,869**	**7,311**
621	1,067	—	—	2,809	—	3,413	—	11,767	—	—
621	1,067	—	2,356	2,809	—	3,412	2,567	3,373	—	937
621	1,067	—	2,356	2,809	—	3,412	—	31,431	—	—
621	1,067	—	2,356	2,809	—	—	—	3,323	—	—
1,243	2,134	—	4,712	5,619	—	1,137	—	3,323	—	3,315
621	1,067	—	—	2,809	—	1,993	—	3,323	—	1,657
497	1,067	—	2,356	—	—	6,403	—	—	—	1,657
—	—	—	—	—	—	2,990	—	—	—	—
—	—	—	—	—	—	2,990	650	—	—	3,315
—	—	—	—	—	—	2,990	650	—	—	—
—	—	—	—	—	—	2,990	650	—	—	1,657
—	—	—	—	—	—	2,990	—	—	—	—
4,845	**8,536**	—	**14,136**	**19,664**	—	**34,720**	**4,517**	**56,490**	—	**12,538**

表 46

厘費收入詳表（續）

蓄莨行	銀業行	如意油行	玻璃鏡貨行	珍珠行	省城鮮魚行	鹹魚行	土茶行	絨線行	香粉行	省陳鮮果鹹貨行
—	—	722	—	—	—	3,714	—	1,053	2,034	—
1,085	—	722	260	168	—	3,714	—	—	2,034	—
2,171	26,325	1,787	345	—	—	3,714	772	1,053	2,519	—
1,085	—	1,342	390	315	2,805	3,272	1,349	1,053	1,792	—
1,085	13,162	1,341	390	—	2,846	—	4,631	1,053	1,550	—
1,085	6,581	1,341	390	139	1,402	—	2,316	—	2,519	405
1,085	6,581	1,341	390	259	—	—	2,316	840	2,519	13,689
1,085	6,581	1,341	390	195	1,609	5,214	2,316	—	2,519	34,391
1,085	13,163	1,341	390	195	3,218	11,578	2,316	—	—	13,689
1,085	—	1,341	390	—	1,609	5,038	2,316	—	5,037	13,689
1,085	9,872	1,341	390	195	—	5,038	2,316	—	2,519	13,689
1,085	116,522	1,341	390	195	1,609	—	2,316	—		13,689
13,021	**198,787**	**15,301**	**4,115**	**1,651**	**15,098**	**41,282**	**22,964**	**5,052**	**25,042**	**103,241**
1,085	13,162	1,341	390	—	—	5,038	2,316	—	2,519	63,909
1,085	13,163	1,341	390	195	—	—	2,316	—	2,519	13,689
1,085	13,162	1,341	—	—	—	—	2,316	—	936	13,689
1,085	13,163	1,341	390	195	—	—	2,316	—	—	13,689
1,085	26,325	1,341	780	195	—	—	2,316	—	2,422	27,378
1,085	—	1,341	—	975	—	—	2,316	—	—	13,689
1,085	13,162	1,341	390	195	1,609	4,858	2,316	—	—	—
1,085	—	—	390	—	—	—	—	—	—	—
1,085	—	—	—	195	—	4,859	—	—	—	—
1,085	—	—	—	—	1,609	2,400	—	—	—	—
1,085	—	—	—	—	—	3,500	—	—	—	—
1,085	—	—	—	390	—	3,818	—	—	—	—
13,020	**92,137**	**9,387**	**2,730**	**2,340**	**3,218**	**24,473**	**16,212**	—	**8,396**	**146,043**

表 46

厘費收入詳表（續）

運峯紙行	新釘洋鐵行	東莞鮮魚行	布行	南行	魚欄行	葵扇行	青磚行	蒲包行	紅磚瓦蓋行	炮竹行
1,834	152	1,658	1,181	—	—	—	—	3,700	188	2,409
1,834	—	1,658	1,181	—	—	1,804	—	3,200	4,892	1,984
—	739	1,658	1,462	—	—	—	11,196	5,200	4,892	2,978
2,270	172	—	1,041	—	—	—	5,598	5,200	4,892	3,277
—	172	2,199	6,848	4,056	—	2,109	6,952	5,200	4,892	2.946
3,935	536	—	900	1,014	—	1,172	5,598	—	17,123	2,152
2,951	268	1,658	2,194	1,014	—	1,172	5,598	—	7,338	1,133
2,951	268	1,390	2,194	1,014	—	1,172	5,598	—	8,906	1,133
2,951	268	—	2,194	1,014	—	1,172	5,598	—	7,338	402
2,951	268	—	2,194	1.014	—	1,172	5.598	9,069	7,338	2,514
2,951	—	2,321	2,194	1,014	—	1,172	5,598	—	7,338	402
2,951	268	1,934	2,194	1,014	—	1,172	5,598	22,328	7,338	2,580
27,579	**3,111**	**14,476**	**25,777**	**11,154**	—	**12,117**	**62,932**	**53,897**	**82,475**	**23,910**
2,951	268	—	2,194	1,014	—	1,172	5,598	5,346	7,338	6,886
2,951	268	1,934	2,194	1,014	—	1,172	5,598	5,346	7,338	402
2,951	268	—	2,194	1,014	—	1,172	5,598	5,346	7,338	2,580
2,951	268	1,934	2,194	1,014	—	1,172	5,598	5,346	7,338	402
2,951	309	—	2,194	1,014	—	1,172	5,598	5 346	14,677	2,982
2,951	309	—	2,194	1,014	—	1,172	5,598	5,346	—	5,834
2,951	309	—	2,194	1,014	—	1,172	5,598	5,346	7,338	402
—	247	1,219	—	—	—	—	—	5,346	—	—
—	553	1,462	—	—	—	—	—	3,564	—	—
—	247	1,219	—	—	—	—	—	1,766	—	1,414
—	247	1,219	—	—	—	—	—	5,297	—	1.414
—	247	—	—	—	—	—	—	5,298	—	1,414
20,657	3,543	8,987	15,358	7,098	—	8,204	39,186	58,693	51,367	23,730

表 46

厘費收入詳表（續）

南安北棧行	石灰行	海口海防台費	佛山補抽厘費局	雜項坐厘	江門鮮果行	石岐鮮果行	酸枝花梨紅木行	省城鮮果行	佛山折飾金行	合計
—	324	1,666	6,559	—	3,144	433	—	—	—	33,712
—	280	—	2,175	—	—	165	—	—	—	34,054
1,064	324	—	24,136	—	137	402	—	—	—	426,940
—	824	8,811	8,192	—	2,746	247	—	—	—	81,357
—	280	2,833	8,631	—	1,236	650	—	—	—	116,764
—	456	4,251	7,103	—	2,746	330	—	—	—	96,868
941	455	2,947	7,105	—	1,373	—	—	—	—	121,653
—	455	2,947	5,967	—	1,373	134	—	—	—	193,547
—	455	4,420	4,721	—	1,373	488	—	—	—	148,372
—	455	2,947	4,093	—	1,373	731	—	—	—	118,495
—	—	1,473	5,956	—	1,373	2,803	—	—	—	336,262
—	528	2,037	5,296	—	1,373	934	—	—	—	242,591
2,005	**4,335**	**34,332**	**89,934**	—	**18,247**	**7,317**	—	—	—	**1,770,615**
—	1,056	5,618	4,628	—	1,373	1,219	812	1,609	—	192,844
—	528	2,519	6,441	1,471	1,373	731	813	1,609	—	130,704
—	528	2,519	4,379	1,471	1,373	975	812	1,609	—	171,151
—	528	2,519	4,615	—	1,373	244	813	1,609	—	103,722
—	528	1,679	3,198	—	1,373	244	1,625	1,609	—	135,023
—	528	1,679	4,539	3,162	1,373	—	812	1,609	—	106,695
—	528	2,519	4,647	4,375	686	—	—	—	—	107,183
—	528	2,519	4,725	715	—	—	—	—	2,281	38,264
—	528	1,679	5,740	715	—	—	—	—	—	54,348
—	—	839	3,791	715	—	—	—	—	—	19,245
—	455	—	3,479	715	—	—	—	—	—	49,228
—	455	839	3,715	415	—	—	—	—	—	37,736
—	**6,190**	**24,928**	**53,897**	**14,054**	**8,924**	**3,413**	**5,687**	**9,654**	**2,281**	**1,146,143**

表 47

府 税 收 入 詳 表

年度	月別 \ 類別	高州	雷州	潮州	廉州	瓊州	合計
二十一年度	七月	2,800	——	28,499	2,888	——	34,187
	八月	4,293	——	35,624	2.888	——	42,805
	九月	2,490	——	35,624	2.888	849	42 301
	十月	2,427	——	35,624	——	5,263	43,314
	十一月	——	69	35,624	1,643	6,927	44 263
	十二月	1,213	——	35,624	4 518	3,445	44,800
	一月	——	——	——	3,132	3,785	6,917
	二月	3,467	——	13,874	6 023	3,445	26,809
	三月	3.467	——	12,874	4,517	3,445	24,303
	四月	5,200	——	11,875	1,506	3,445	22,026
	五月	5,200	25	23,750	——	3,445	32 420
	六月	6,933	——	11,875	——	2,297	21,105
	合計	**37,940**	**94**	**280,867**	**30,003**	**36,346**	**385,250**
二十二年度	七月	1,733	——	12,998	——	2,297	17,028
	八月	5,200	36	27,853	2,259	2,297	37 645
	九月	5,200	——	27,853	——	2,297	35 350
	十月	3,467	——	180,316	991	3,813	188,587
	十一月	3 467	73	27,853	1,982	2,665	36,040
	十二月	——	——	27,853	3 469	2,665	33,987
	一月	2,167	——	18,568	3,965	2,665	27,365
	二月	4,442	——	6,034	1,982	2,665	15,123
	三月	4,615	——	21,714	2,974	2,665	31,968
	四月	2,221	——	21,714	2,974	2,665	29,574
	五月	3,331	——	21,714	2,974	2,665	30,684
	六月	3,331	——	14,041	3,965	1,777	23,114
	合計	**39,174**	**109**	**408,511**	**27,535**	**31,136**	**506,465**

表 48

西税收入詳表

年度	月別	廣州西税廠	滘洸税廠	黄江税廠	始興江口税廠	羅江税廠	陸屋税廠	佛山汾新税廠	羅完柱税局	東龍税廠	合計
二十一年度	七月	——	6,305	30,388	367	——	150	3,449	6,141	1,061	47,861
	八月	——	9,458	——	367	800	158	2,807	6,792	990	12,372
	九月	——	9,457	19,177	367	——	158	2,506	6,793	4,953	43,411
	十月	57,156	9,458	39,165	367	2,282	139	2,986	25.882	4,870	142,305
	十一月	6,474	9,458	60,773	——	3,510	105	2,541	2,004	15,046	100,001
	十二月	8,944	11,191	79,950	249	2,632	139	848	6,533	5,468	115,954
	一月	8,944	4,886	39,075	——	1,755	——	——	11,321	4,841	70,822
	二月	8,944	7,566	60,052	——	2,632	——	3,387	——	9,486	92,067
	三月	8.944	6,305	79,140	——	2,633	——	1,338	4,528	5,992	108,880
	四月	7,453	——	39,165	——	2,632	——	4,014	11,299	4,753	69,316
	五月	10,826	12,009	89,743	——	1,755	——	——	17,827	7,157	139,317
	六月	5,944	21,840	60,773	——	1,755	——	1,338	5,624	5,492	102,766
	合計	**123,629**	**107,933**	**597,401**	**1,717**	**22,386**	**939**	**25,214**	**104,744**	**70,109**	**1.054,072**
二十二年度	七月	——	10,920	39,975	——	1,755	——	——	9,179	——	61.829
	八月	——	7,280	——	572	1,755	——	1,338	5.274	2,557	18,776
	九月	48,137	14,560	21,331	——	878	——	——	8,396	7,388	100,690
	十月	17,518	7,280	64,696	——	——	——	——	5,157	2,557	97,108
	十一月	20,437	14,560	23,422	——	2,613	——	——	9,413	5,115	75,558
	十二月	——	7,280	810	——	1,452	——	——	5,818	5,113	20,473
	一月	8,759	10 920	——	——	2,177	——	2,389	5,040	2,557	31,842
	二月	——	10,920	——	——	1,452	——	2,389	661	2,080	17,502
	三月	18,566	7,280	113,191	——	2,177	——	2,389	5,393	2,340	151,336
	四月	10,000	3,109	72,017	——	1,452	——	2,389	7,014	4,680	100,661
	五月	29,365	9,327	50,215	——	5,081	——	4,777	6,618	4,680	110,063
	六月	14,682	9,328	51,621	——	9,177	——	2,398	6,501	4,680	91,378
	合計	**167,464**	**112,764**	**437,178**	**572**	**22,969**	——	**18,060**	**74,464**	**43,745**	**877.216**

表49　舶來農產品專稅收入詳表

月別	地別	廣州	五邑	潮梅	瓊崖	欽廉	合計
二十一年度	七月	—	—	—	—	—	—
	八月	—	—	—	—	—	—
	九月	—	—	—	—	—	—
	十月	—	—	—	—	—	—
	十一月	—	—	—	—	—	—
	十二月	—	—	—	—	—	—
	一月	—	—	—	—	—	—
	二月	—	—	—	—	—	—
	三月	—	—	—	—	—	—
	四月	—	—	—	—	—	—
	五月	—	—	—	—	—	—
	六月	—	—	—	—	—	—
	合計	—	—	—	—	—	—
二十二年度	七月	—	—	—	—	—	—
	八月	—	—	—	—	—	—
	九月	—	—	—	—	—	—
	十月	11,941	40,000	—	—	—	51,941
	十一月	531,795	108,989	193.575	—	—	834.359
	十二月	474,236	176,187	122 107	64,471	—	837,001
	一月	275,036	92,356	77.912	36,208	—	481,512
	二月	526,239	131,151	124,005	16,375	—	797,770
	三月	1.222,031	192,139	323.902	69,690	—	1.807.762
	四月	940,993	251,206	3.710	134.687	811	1,331.407
	五月	1.277,557	249,860	651.213	88.913	—	2.267,543
	六月	1,778,088	203,000	490,924	31.724	—	2.503.736
	合計	7,037,916	1,444,888	1,987,348	442,068	811	10,913,031

表 50　京果海味捐收入詳表

年度	月別＼地別	廣州	汕頭	五邑	高雷欽廉	瓊崖	中山	全省	合計
二十一年度	七月	——	——	——	——	——	——	——	——
	八月	——	——	——	——	——	——	——	——
	九月	34,883	——	15,947	877	——	——	——	51,707
	十月	34,883	——	5,316	——	——	——	——	40,199
	十一月	11,628	30,290	7,973	——	3,396	——	——	53,287
	十二月	23,256	18,258	5,315	——	3,019	1,560	——	51,408
	一月	34,883	9,564	5,315	——	1,509	——	——	51,271
	二月	23,256	4,000	5,316	——	754	——	——	33,926
	三月	34,883	2,860	7,973	——	755	——	——	46,471
	四月	34,883	6,752	2,658	531	672	——	——	45,496
	五月	11,628	4,000	1,063	531	——	——	——	17,222
	六月	23,255	2,287	1,063	——	——	——	——	26,605
	合計	**267,438**	**78,611**	**57,939**	**1,939**	**10,105**	**1,560**	——	**417,592**
二十二年度	七月	11,628	2,200	——	——	——	141	——	13,969
	八月	23,394	500	——	——	——	9,186	——	33,080
	九月	——	——	——	——	4,708	——	——	4,708
	十月	82,153	——	——	——	——	396	——	82,549
	十一月	47,024	——	——	——	50	224	——	47,298
	十二月	46,767	——	——	——	——	——	——	46,767
	一月	——	——	——	——	——	——	47,024	47,024
	二月	——	——	3,000	——	——	——	23,512	26,512
	三月	——	——	——	——	——	——	61,103	61,103
	四月	——	3,259	——	——	——	——	11,756	15,015
	五月	——	——	——	——	——	——	61,235	61,235
	六月	——	——	——	——	——	——	11,756	11,756
	合計	**210,966**	**5,959**	**3,000**	——	**4,758**	**9,947**	**216,386**	**451,016**

表51 屠宰税收入分類統計表

月別		屠牛牛皮生牛出口税	屠捐	猪捐	合計
二十一年度	七月	29,606	43,232	4,166	77,004
	八月	39,299	100,687	4666	144,652
	九月	52,870	132,840	3475	189,185
	十月	70,108	106,307	3,643	180,058
	十一月	19,730	107,311	4,803	131,844
	十二月	26,378	113,130	3,239	142,747
	一月	11,634	140,363	1,797	153,794
	二月	16,918	108,565	2,699	128,182
	三月	1	140,347	9,724	150,072
	四月	25.402	140,347	8,774	174,523
	五月	23,437	139,519	15,265	178,221
	六月	——	52,506	9,171	61,677
	合計	**315,383**	**1,325,154**	**71,422**	**1,711,959**
	平均	**26,282**	**110,429**	**5,952**	**142,663**
	百分比	**18.43**	**77.40**	**4.17**	**100%**
二十二年度	七月	59,985	2,043	9,840	71,868
	八月	29,992	55,813	7,525	93,330
	九月	12,011	202,389	11,154	225,554
	十月	16,935	108,027	11,995	136,957
	十一月	12,971	225,053	9,803	247,827
	十二月	51,343	109,827	9,400	170,570
	一月	22,968	167,440	2,202	192,610
	二月	2,973	165,640	6,921	175,534
	三月	1,982	167,440	9,098	178,520
	四月	——	165,640	7,883	173,523
	五月	4,149	55,813	15,354	75,316
	六月	2,674	58,813	6,265	67,752
	合計	**217,983**	**1,483 938**	**107,140**	**1,809 361**
	平均	**18,165**	**123,661**	**8,954**	**150,780**
	百分比	**12.05**	**82.01**	**5.94**	**100%**

表52 特種消費稅收入統計表

年度	月別＼類別	花筵捐	花捐附加	筵席捐	香燭紙寶捐	戲院附加	合計
二十一年度	七月	805	11,213	33,573	902	204	46.697
	八月	806	8,960	57.076	——	——	66.842
	九月	692	31,214	40.864	55,497	——	128.267
	十月	902	51,216	14.967	19.016	2.952	89,053
	十一月	1,422	35,892	13,711	64.551	2.997	118.573
	十二月	720	41,253	69,191	40,959	1,488	153,611
	一月	——	41,154	47,071	20,000	1,575	109.800
	二月	271	35,023	96,287	40.000	1.575	173.156
	三月	788	33,823	74.760	32,875	1,575	143.821
	四月	——	32,710	30.063	40.000	1.575	104.343
	五月	1,317	7,037	108.982	——	1,575	118.911
	六月	1,870	14,199	55,846	3.834	1,575	77.324
	合計	**9,593**	**343,694**	**642,391**	**317,634**	**17,091**	**1,330,403**
	平均	**799**	**28,641**	**53,533**	**26,470**	**1,424**	**110,867**
	百分比	**.72**	**25.83**	**48.30**	**23.87**	**1.28**	**100%**
二十二年度	七月	1,681	5,037	38.209	——	1,575	46,502
	八月	902	24,491	72,529	——	——	97.922
	九月	902	14,472	37.222	34.267	——	86,863
	十月	160	27,819	39.291	47.010	——	114,280
	十一月	3,210	22,502	35.682	83.292	117	144.803
	十二月	——	10.030	51.201	20.578	507	82.316
	一月	2,029	40,990	20.608	48,306	——	111.933
	二月	——	56,674	11.492	32,109	——	100 275
	三月	2,400	65,255	57.497	47,539	1.521	174,212
	四月	——	30,768	59,761	47.304	——	137.833
	五月	1,445	33,980	46.365	34.951	——	116.741
	六月	——	33,725	53,383	15.610	745	103,463
	合計	**12,729**	**365,743**	**523.240**	**410,966**	**4,465**	**1,317,143**
	平均	**1,061**	**30,479**	**43,603**	**34,247**	**372**	**109,762**
	百分比	**.97**	**27.77**	**39.73**	**31.20**	**.33**	**100%**

表 53 花筵捐收入詳表

年度	月别＼地别	惠州十屬	電白	陽江	三水	合計
二十一年度	七月	477	78	250	——	805
	八月	477	79	250	——	806
	九月	477	215	——	——	692
	十月	477	——	425	——	902
	十一月	1,098	149	175	——	1,422
	十二月	474	96	150	——	720
	一月	——	——	——	——	——
	二月	175	96	——	——	271
	三月	788	——	——	——	788
	四月	——	——	——	——	——
	五月	525	——	792	——	1,317
	六月	394	351	1,125	——	1,870
	合計	**5,362**	**1,064**	**3,167**	——	**9,593**
二十二年度	七月	392	350	937	——	1,681
	八月	552	350	——	——	902
	九月	551	351	——	——	902
	十月	——	——	——	160	160
	十一月	2,509	701	——	——	3,210
	十二月	——	——	——	——	——
	一月	342	——	1,687	——	2,029
	二月	——	——	——	——	——
	三月	——	——	2,400	——	2,400
	四月	——	——	——	——	——
	五月	1,445	——	——	——	1,445
	六月	——	——	——	——	——
	合計	**5,793**	**1,752**	**5,024**	**160**	**12,729**

表54　花捐附加收入分類統計表

月別		教育費	鐵路費	軍費	合計
二十一年度	七月	5,095	6,118	——	11,213
	八月	2,069	6,891	——	8,960
	九月	7,230	4,484	19,500	31,214
	十月	8,501	3,715	39,000	51,216
	十一月	19,905	2,987	13,000	35,892
	十二月	24,128	3,125	14,000	41,253
	一月	15,535	5,619	20,000	41,154
	二月	18,061	3,962	13,000	35,023
	三月	16,363	4,460	13,000	33,823
	四月	8,647	4,563	19,500	32,710
	五月	2,725	4,312	——	7,037
	六月	3,509	4,190	6,500	14,199
	合計	**131,768**	**54,426**	**157,500**	**343,694**
二十二年度	七月	2,875	2,162	——	5,037
	八月	10,737	7,254	6,500	24,491
	九月	10,420	4,052	——	14,472
	十月	2,737	5,542	19,540	27,819
	十一月	4,179	4,560	13,763	22,502
	十二月	1,431	2.616	5,983	10.030
	一月	14,668	1,181	25,141	40,990
	二月	20,881	1,628	34,165	56,674
	三月	51,798	6,649	6,808	65,255
	四月	20,725	3,688	6,355	30,768
	五月	22,668	4,740	6.572	33,980
	六月	15,167	4,336	4,222	33,725
	合計	**188,286**	**48,408**	**129,049**	**365,743**

表 55

花捐附加教育費收入詳表

月別	地別	廣州市	順德	佛山	開平	陽江陽春	江門	東莞	台山	合計
二十一年度	七月	——	——	——	4,050	570	——	475	——	5,095
	八月	——	775	——	——	380	914	——	——	2,069
	九月	——	1,834	——	1,350	475	963	950	1,658	7,230
	十月	——	——	——	3,117	665	2,728	333	1,658	8,501
	十一月	12,634	——	1,911	1,558	1,140	861	143	1,658	19,905
	十二月	18,048	——	1,433	1,558	570	861	——	1,658	24,128
	一月	9,024	——	1,433	1,558	570	1,292	——	1,658	15,535
	二月	13,536	533	1,433	1,558	570	431	——	——	18,061
	三月	13,536	533	1,433	——	——	861	——	——	16,363
	四月	4,512	533	1,433	——	570	861	738	——	8,647
	五月	——	——	1,433	——	——	1,292	——	——	2,725
	六月	——	533	1,433	——	190	861	492	——	3,509
	合計	**71,290**	**4,741**	**11,942**	**14,749**	**5,700**	**11,925**	**3,131**	**8,290**	**131,768**
二十二年度	七月	——	533	1,481	——	——	861	——	——	2,875
	八月	——	533	1,051	——	——	861	——	8,292	10,737
	九月	——	587	——	——	——	3,875	983	4,975	10,420
	十月	——	587	——	——	——	——	492	1,658	2,737
	十一月	——	1,173	1,348	——	——	——	——	1,358	4,179
	十二月	——	306	1,125	——	——	——	——	——	1,431
	一月	12,719	320	1,629	——	——	——	——	——	14,668
	二月	13,860	1,250	4,760	——	1,011	——	——	——	20,881
	三月	46,582	833	2,275	——	——	2,108	——	——	51,798
	四月	15,539	——	2,275	——	867	2,044	——	——	20,725
	五月	15,043	833	2,275	1,733	867	1,917	——	——	22,668
	六月	19,275	833	2,275	——	867	1,917	——	——	25,167
	合計	**123,018**	**7,788**	**20,494**	**1,733**	**3,612**	**13,583**	**1,475**	**16,583**	**188,286**

表 56 花捐附加築路費收入詳表

年度	月別	惠 州	東江三屬	南路十六屬	南始曲樂	新會台山	佛山六屬
二十一年度	七 月	——	1,692	700	——	2,725	883
	八 月	——	1,692	700	——	2,512	883
	九 月	——	1,522	700	485	853	779
	十 月	——	1,128	——	992	712	883
	十一月	——	169	876	——	712	857
	十二月	——	——	——	485	712	442
	一 月	——	1,271	1,500	485	1 420	589
	二 月	——	1.733	1,500	——	——	——
	三 月	——	1,733	——	320	1,033	——
	四 月	——	1,155	1,500	407	——	1,092
	五 月	——	——	1,500	485	689	1,455
	六 月	——	2,311	——	727	689	——
	合 計	——	**14,406**	**8,976**	**4,386**	**12,057**	**7,863**
二十二年度	七 月	——	1,155	200	——	344	——
	八 月	——	2,889	——	——	1,033	2,183
	九 月	——	2,022	——	——	1,722	——
	十 月	——	1,907	——	——	2,067	192
	十一月	——	635	——	——	689	2,620
	十二月	——	1,271	——	——	1,033	——
	一 月	——	809	——	——	——	——
	二 月	367	1,155	19	——	——	——
	三 月	1,100	2,222	295	——	——	——
	四 月	——	2,667	577	——	——	200
	五 月	550	2,542	325	354	——	——
	六 月	550	2 542	496	354	——	——
	合 計	**2,567**	**21,816**	**1,912**	**708**	**6,888**	**6,095**

表 56 花捐附加築路費收入詳表（續）

中順東	番　禺	瓊　崖	鬱　勳	順　德	英　德	佛山十二屬	合　計
118	—	—	—	—	—	—	6,118
1,000	—	—	104	—	—	—	6,891
—	119	—	26	—	—	—	4,484
—	—	—	—	—	—	—	3,715
—	—	—	—	373	—	—	2,987
354	—	572	—	560	—	—	3,125
354	—	—	—	—	—	—	5,619
634	95	—	—	—	—	—	3,962
280	—	—	—	—	1,094	—	4,460
280	—	—	—	—	129	—	4,563
183	—	—	—	—	—	—	4,312
463	—	—	—	—	—	—	4,190
3,666	**214**	**572**	**130**	**933**	**1,223**	—	**54,426**
463	—	—	—	—	—	—	2,162
280	95	774	—	—	—	—	7,254
308	—	—	—	—	—	—	4,052
476	—	—	—	—	—	—	5,542
616	—	—	—	—	—	—	4,560
312	—	—	—	—	—	—	2,616
240	—	132	—	—	—	—	1,181
—	87	—	—	—	—	—	1,628
2,795	75	162	—	—	—	—	6,649
169	—	75	—	—	—	—	3,688
744	75	150	—	—	—	—	4,740
169	75	150	—	—	—	—	4,336
6,572	**407**	**1,443**	—	—	—	—	**48,408**

表57

筵席捐收入詳表

年度	月別	廣州	高要	順德	東莞	中山	台山	潮安	南海主簿	南海江埔	汕頭
二十一年度	七月	26,405	324	—	—	—	1,465	742	486	—	1,264
	八月	45,267	—	—	—	—	1 465	1,856	486	138	1,137
	九月	32,064	54	1,000	300	—	438	557	436	—	1,138
	十月	—	519	1,633	739	4,870	977	—	486	282	885
	十一月	—	519	2,994	1,601	—	977	2,783	—	376	135
	十二月	56,583	433	817	739	1,854	976	1,299	—	282	2,043
	一月	37,722	519	1,906	739	—	1,465	1,299	—	—	631
	二月	81,742	519	1,039	—	856	1,465	1,299	787	282	3,631
	三月	54,375	—	2,178	—	855	1,953	—	787	282	3,315
	四月	18,125	—	1,633	1,478	856	—	—	788	232	3,315
	五月	90.725	—	1,361	—	855	4,393	1,776	788	282	1,894
	六月	36,250	—	1,084	—	856	2,139	1,332	787	282	3,315
	合計	**479,158**	**2,887**	**15,695**	**5,596**	**11,002**	**17,763**	**12,943**	**5,881**	**2,488**	**22,703**
二十二年度	七月	18,125	375	1,906	—	855	2,139	1,332	788	—	3,000
	八月	54,375	—	1,314	1,794	—	2,139	1,560	889	107	931
	九月	18,125	627	—	—	—	2,139	1,503	889	60	5,304
	十月	20,000	487	2.163	—	966	2.139	1,503	889	—	2,179
	十一月	20,000	404	2.065	472	—	2,139	1,503	889	1,391	—
	十二月	30,000	540	2,879	393	—	2,139	1,446	—	—	6,346
	一月	10,000	490	1,643	623	—	2,139	1,332	509	253	—
	二月	—	437	—	418	—	2,139	883	408	253	4,075
	三月	41,039	340	1,643	418	—	713	—	408	253	2,321
	四月	44,953	340	1,095	418	—	2,750	992	408	253	3,067
	五月	20,000	—	548	418	5,459	1,782	992	408	253	2,120
	六月	41,625	681	548	418	781	1,069	992	408	—	2,120
	合計	**318,252**	**4,721**	**15,834**	**5,372**	**8,071**	**23,426**	**14,043**	**5,893**	**2,823**	**31,463**

表 57

筵席捐收入詳表（續）

鬱南	三水	合浦防城	澄海	陽江	清遠	鶴山	新會江門開平	佛山	合計
144	233	61	389	156	—	89	—	1,815	33,573
72	233	57	389	—	288	—	3,873	1,815	57,076
37	233	57	389	21	288	—	1,937	1,815	40,864
216	233	185	778	250	288	358	—	2,268	14,967
—	233	97	—	540	288	—	899	2,269	13,711
144	—	48	389	360	288	179	1,245	1,512	69,191
72	—	67	593	—	288	179	1,591	—	4[illegible],071
—	—	1	593	219	288	179	1,937	1,400	96,287
72	—	56	389	1,094	288	179	1,937	7,000	74,760
—	331	—	593	437	288	—	1,937	—	30,063
216	275	191	—	438	288	—	—	5,600	108,982
—	331	—	593	—	—	626	4,051	4,200	55,846
973	**2,102**	**820**	**5,095**	**3,515**	**2,880**	**1,789**	**19,407**	**29,694**	**642,391**
—	33[illegible]	121	—	437	370	—	4,051	4,380	38,209
—	373	146	593	438	439	230	2,431	4,740	72,529
—	373	—	593	—	439	—	2,430	4 740	37,222
—	373	—	593	—	828	—	2,431	4,740	39,291
—	373	145	593	—	439	489	1,620	3,160	35,682
—	373	121	—	366	439	—	3,419	2,740	51,201
—	—	132	424	243	389	—	2,431	—	20,608
—	—	—	622	243	389	—	1,620	—	11,492
—	170	136	622	243	—	—	3,241	5,950	57,497
—	204	—	622	243	389	232	810	2,975	59,761
—	204	111	622	243	389	—	2,431	10,375	46,365
—	204	—	622	243	—	—	697	2,975	53,383
—	**2,977**	**912**	**5,906**	**2,699**	**4,510**	**951**	**27,612**	**46,775**	**523,240**

表58

雜稅收入詳表

年度	月別	牛河雜稅	雜稅	南北關	太平三關	南雄梅關	地稅	榔稅	山河小稅	合計
二十一年度	七月	593	1,250	834	37,222	——	1,534	——	——	41,433
	八月	593	1,250	——	5,997	3,333	1,290	——	——	12,463
	九月	137	1,278	571	27,690	4,702	1,463	28	——	35,869
	十月	——	——	285	27,690	5,200	4 383	599	——	38,157
	十一月	——	——	——	27,690	4,777	2,761	260	——	35,438
	十二月	——	1,342	296	27,690	3,184	2,826	——	1,400	36,738
	一月	——	1,342	——	27,690	——	2,767	——	——	31,799
	二月	——	1,342	——	27,690	——	——	152	31	29,215
	三月	——	1,789	——	27,690	——	7,588	58	——	37,125
	四月	——	1,342	——	27,690	——	1,803	——	——	30,835
	五月	——	1,342	——	27,690	——	1,803	240	——	31.075
	六月	——	1,342	——	27,690	——	1,118	96	1,880	32,126
	合計	**1,323**	**13,619**	**1,986**	**320,119**	**21,196**	**29,336**	**1,433**	**3,311**	**392,323**
二十二年度	七月	——	1,341	——	——	——	279	176	——	1,796
	八月	——	——	——	13,845	——	3,605	——	——	17,450
	九月	——	——	——	15,161	——	3,211	47	——	18,419
	十月	——	134	——	30,323	——	4,887	114	1,780	37,328
	十一月	——	——	——	37,398	——	——	——	——	37,398
	十二月	——	——	——	23,247	——	347	——	——	23.594
	一月	——	——	——	30,322	——	1,241	50	——	31,613
	二月	——	——	——	20,215	——	1,136	——	——	21.351
	三月	——	——	——	40,430	——	——	——	——	40,430
	四月	——	——	——	30,322	——	800	——	——	31,122
	五月	——	251	——	30,322	——	1,527	——	——	32,100
	六月	——	——	——	15,161	——	——	——	913	16,074
	合計	——	**1,726**	——	**286,746**	——	**17,033**	**387**	**2,783**	**308,675**

表 59　**雜捐收入詳表**

年度	月别	檳榔捐	晒莨捐	冬草菇臘鴨捐	灰捐附加	磚捐附加	其他雜捐	合計
二十一年度	七月	267	7,962	——	——	1,012	(1) 332	9,573
	八月	——	7,962	——	533	——	——	8,495
	九月	1,399	4,900	——	——	——	——	6,299
	十月	1,219	5,666	——	——	408	——	7,293
	十一月	1,172	5,666	——	——	——	——	6,838
	十二月	1,172	4,900	——	——	——	——	6,072
	一月	1,219	7,963	——	2,467	2,192	——	13,841
	二月	1,219	7,962	——	1,233	867	(2) 932	12,213
	三月	1,219	7,963	——	2,467	1,733	(3) 979	14,361
	四月	1,219	7,962	——	1,233	867	——	11,281
	五月	1,219	7,963	——	1,233	867	——	11,282
	六月	1,219	7,962	——	——	876	——	10,048
	合計	**12,543**	**84,831**	——	**9,166**	**8,813**	**2,243**	**117,596**
二十二年度	七月	1,219	7,963	——	1,233	867	——	11,282
	八月	——	——	——	1,233	——	——	1,233
	九月	——	——	——	——	——	(4) 719	719
	十月	——	——	——	1,233	——	——	1,233
	十一月	1,008	——	——	1,233	1,117	——	3,358
	十二月	601	796	——	——	——	——	1,397
	一月	601	——	934	——	1,117	(5) 65	2,717
	二月	601	——	——	542	——	(6) 331	1,474
	三月	601	——	2,608	2,392	558	——	6,159
	四月	601	——	1,451	——	——	——	2,052
	五月	2,226	——	5,947	1,264	558	(7) 81	10,076
	六月	——	——	1,050	——	1,117	(8) 360	2,527
	合計	**7,584**	**8,759**	**11,990**	**9,130**	**5,334**	**1,556**	**44,227**

附註：
(1)牛皮捐　(2)穀米出口捐
(3)穀米出口捐19元牛皮捐96元　(4)穀米出口捐69元柴業捐650元
(5)穀米出口捐　(6)柴業捐320元大小鈎水11元
(7)穀米出口捐　(8)柴業捐

表 60

防務經費收入詳表

年度	月別＼地別	河南	墓德里	芳花崇	沙茭鹿	江浦主滘	廣三	九江	三江金利	順德	會寧	清花佛
二十一年度	七月	137,100	2,330	16,575	11,552	8,395	62,400	1,995	10,323	25,800	5,184	12,560
	八月	163,100	3,330	23,775	25,992	12,045	73,400	3,515	9,067	23,295	——	24,335
	九月	162,500	3,000	21,600	18,050	7,665	61,117	1,995	10,237	27,090	26,100	23,550
	十月	163,700	3,550	33,045	25,992	5,475	86,800	1,805	9,068	38,700	31,320	20,410
	十一月	138,300	2,200	21,600	18,050	——	84,000	2,375	5,850	——	26,100	23 550
	十二月	151,900	1,300	22,320	25,992	21,080	86,800	2,945	9,067	34,035	26,970	24,335
	一月	175,500	2,175	22,320	18,772	21,080	86,800	2,470	9,068	59,040	26,970	24,335
	二月	195,000	3,625	7,200	19,266	22,440	78,400	970	8,190	40,350	24,360	21,980
	三月	201,500	23,985	23,205	18,582	21,080	84,800	8,215	9,068	47,075	26,970	11,165
	四月	97,500	4,350	53,550	——	17,000	——	6,625	8,775	32,280	——	30,450
	五月	81,600	5,800	64,260	36,385	24,480	49,920	13,440	2,925	28,245	53,070	48,315
	六月	2,652,000	4,350	53,550	41,825	20,433	101,450	7,950	9,068	28,245	13,050	30,450
	合計	**4,319,700**	**59,995**	**363,000**	**260,458**	**181,173**	**855,887**	**54,300**	**100,706**	**384,155**	**260,094**	**295,435**
二十二年度	七月	——	3,770	31,000	36,735	21,080	88,970	8,215	11,075	40,350	——	31,465
	八月	40,200	3,625	31,000	34,365	3,400	98,970	8,215	14,725	44,385	8,897	21,315
	九月	——	4,495	30,000	35,550	3,400	88,475	——	15,125	36,315	21,300	40,600
	十月	——	5,075	34,365	23,560	3,400	88,975	1,325	13,175	44,385	22,010	21,315
	十一月	656,600	4,350	46,360	38,625	——	114,800	2,650	12,750	45,730	31,950	30,450
	十二月	——	3,770	——	25,185	5,445	84,270	5,000	13,175	34,950	——	41,615
	一月	26,800	2,740	——	33,945	12,375	88,970	——	8,500	41,155	21,315	7,500
	二月	53,600	3,335	——	28,470	15,345	80,360	——	——	33,125	20,300	7,500
	三月	53,600	3,565	——	31,755	13,860	88,970	2,925	——	33,125	8,120	——
	四月	——	2,875	——	——	15,345	——	1,500	——	34,450	6,350	——
	五月	210,960	4,140	——	14,195	14,850	——	2,250	——	34,450	12,300	5,900
	六月	175,800	5,050	——	16,402	15,345	——	2,325	——	19,875	10,700	18,290
	合計	**1,217,560**	**46 790**	**172,725**	**318,787**	**123,845**	**822,755**	**34,405**	**88,525**	**442,295**	**163,242**	**225,950**

表 60

防務經費收入詳表（續）

鶴山	高明	恩平	開平	新會	台山	赤溪	高要	鬱南	德慶	羅定	雲浮
6,090	2,037	8,133	32,432	63,261	79,629	279	——	6,625	——	1,848	2,696
8,990	3,977	8,220	39,840	59,252	50,673	225	——	9,173	——	3,933	2,945
8,700	1,940	9,720	27,627	57,915	47,816	233	11,075	8,918	——	3,564	1,995
8,990	2,813	5,160	23,451	47,966	62,865	179	23,780	7,899	2,880	2,050	2,090
8,700	1,940	7,518	28,984	46,035	65,341	270	8,600	7,644	5,400	1,320	2,280
6,090	1,843	5,100	23,004	53,757	66,485	——	16,080	6,233	1,800	3,898	——
8,990	1,650	522	35,907	59,846	71,819	358	19,480	6625	3,780	3,546	4,200
8,120	3,000	——	32,432	48,262	64,389	252	10,640	7,134	1,800	2,059	3,500
1,740	4,200	15,600	35,907	59,845	81,725	529	16,080	10,839	1,800	3,546	4,480
18,750	4,650	6,075	28,957	57,915	66,865	——	12,000	5,338	1,980	3,432	3,500
26,250	4,500	11,925	41,699	59,846	74,295	279	19,480	9,017	1,800	4,690	4,480
15,000	4,650	8,100	11,583	57,915	76,771	260	15,400	1,952	3,240	2,890	3,640
126,410	**37,200**	**86,073**	**361,823**	**671,815**	**808,673**	**2,864**	**152,615**	**87,397**	**24,480**	**36,746**	**35,806**
7,500	4,500	[illegible],950	53,165	59 845	84,201	269	12,680	6,568	1,800	572	4,200
15,000	2,1000	16,075	61,740	69,845	84,295	269	——	5,000	18,00	1,144	2,800
11,250	3,000	14,175	48,020	67,706	79,295	260	11,080	5,250	1,980	3,761	3,500
11,250	3,450	12,150	53,165	59,124	61,959	269	11,500	6,250	2,480	4,805	4,200
3,750	3,150	10,125	30,870	76,498	64,389	260	16,975	6,500	3,875	12,466	2,380
15,00	750	10,525	——	54,193	71,818	269	14,333	5,000	5,580	1,550	3,780
——	——	12,150	56,160	57,054	52,006	269	6,215	4,500	5,580	——	5,340
——	4,837	13,770	48,020	54,654	83,246	242	3,955	4,250	4,340	1,550	3,315
——	——	——	48,020	66,237	89,600	269	2.825	2,392	2,325	4,185	3,485
——	1,032	2,650	41,160	46,932	83,600	260	2825	2,608	3,255	3,100	1,700
12,750	1,310	7,950	36,015	46,932	54,231	269	5,765	——	3,875	6,045	2,635
2,544	534	6,625	10,290	20,585	35,694	260	1,001	108	2,325	3,874	2,550
79,044	**24,663**	**119,145**	**486,625**	**679,605**	**844,334**	**3,165**	**89,154**	**48,426**	**39,215**	**43,052**	**39,885**

表60　防務經費收入詳表(續)

新興	封川	開建	南始曲英	樂仁乳翁	連陽	東莞	增城	寶安	從化	龍門	惠州
2,000	2,205	2,170	29,760	17,097	588	—	10,819	—	2,835	—	10,283
—	—	1,736	33,015	14,196	1,162	29,930	8,725	30,670	4,185	1,044	8,240
—	1,900	1,736	31,950	13,650	11,125	21,900	7,329	66,900	3,375	1,972	25,227
3,750	6,840	1,550	33,015	13,650	5,668	26,280	13,960	80,280	4,185	1,710	29,753
6,125	5,700	1,550	31,950	14,196	11,315	22,630	5,584	66,900	4,050	2,529	17,007
7,250	5,890	868	33,015	21,840	24,840	14,600	9,074	69,130	4,185	2,345	29,753
5,000	5.890	620	33,015	11,466	10.916	—	6,631	55,800	4,185	567	20,504
6,000	5,320	1,616	29,820	14,196	5,429	44,530	9,074	50,400	3,780	1,655	21,857
6,000	5,890	518	33,015	13,287	9,587	15,330	8,932	55,800	4,185	2,293	23,220
2,000	4,750	518	24,495	9,067	7.876	11,680	15,900	54,000	2 700	1,147	9,025
3,000	5,890	1,258	42,735	13,380	6 433	24,090	18,550	55,800	925	3,440	8,829
3,000	2,850	2,442	38,850	11,150	9,479	—	7,950	54,000	2,775	2 867	5,685
44,125	**53,125**	**16,582**	**394,635**	**167,175**	**104,418**	**210,970**	**122,528**	**639,680**	**41 365**	**21,569**	**209,403**
2,000	3,800	1,850	40,145	9,366	8,900	8,190	2,500	55,800	4,810	1,147	19,905
2,000	3,800	1,702	40,145	16,837	4,047	—	14,460	33,451	2,775	1,147	27,955
1,000	3,990	1,998	38,850	20,166	403	2,790	7,950	73,590	925	1,147	25,810
4,100	8,175	1,554	40,145	19,023	—	123,480	7,950	109,493	3,885	620	16,100
4,100	4,050	1,480	32,375	9,500	—	2,700	5,300	98,120	2,775	3,100	25,880
4,100	4,860	1,258	46,620	19,475	10,000	27,000	5,300	51,513	1,850	1,302	14,534
4,100	4,860	—	25,900	14,725	—	—	17,090	76,043	1,850	682	23,934
1,025	2,430	—	33,670	10,925	17,286	—	10,231	68,684	—	310	16,505
—	4,860	2,970	29,785	11,875	9,312	54,900	7,977	76,043	—	1,240	26,565
—	2,700	1,380	9,065	12,350	—	—	13,242	63,590	—	372	20,930
—	2,700	2,330	20,220	9,500	—	7,450	9,455	76,043	—	310	14,650
—	4,860	1,380	20,940	7,125	5,127	133,620	9,150	73,590	3,245	1,991	—
22,425	**51,085**	**17,002**	**377,860**	**160.867**	**55,075**	**360,130**	**110,605**	**865,960**	**22,115**	**13,368**	**233,168**

表60　防務經費收入詳表（續）

潮州	梅州	陽江	陽春	高雷	欽縣	防城	合浦	靈山	瓊崖	合計
136,240	16,376	——	8,610	4,270	——	2,446	6,320	1,360	3,345	753,968
75,439	16,613	18,000	8,697	8,540	2,[illegible]66	2,446	9,164	2,108	15,610	840,868
65,690	20,425	33,750	5,927	32,532	2,430	3,633	14,522	2,103	41,924	952,412
82,094	19,151	40,500	5,740	34,410	1,858	3,301	9,400	——	46,791	1,073,874
142,148	18,430	33,750	11,767	27,750	2,050	5,637	11,270	6,188	45,282	999,865
10,000	19,151	34,875	2,780	39,960	——	2,698	14,571	1,020	39,244	978,123
42,800	21,630	34,875	6,375	28,860	5,794	——	14,570	1,088	39,375	1,013,234
167,122	20,909	31,500	4,765	27,750	1,052	1,878	21,160	2,108	23,625	1,098,915
96,800	22,351	34,875	15,880	31,080	7,889	6,449	14,570	1,360	40,950	1,162,197
76,000	10,815	33,750	8,925	34,410	2,415	733	11,750	——	28,350	810,298
84,000	25,350	34,875	8,680	33,300	10,241	13,522	14,570	4,608	25,200	1,105,377
48.000	29,250	28,125	8,320	28,860	4,186	6,692	16,450	2,870	18,900	3,496,443
1,026,333	**240,451**	**358,875**	**96,466**	**331,722**	**40,181**	**49,435**	**158,317**	**24,818**	**368,596**	**14,287,574**
22,000	30,225	34,875	13,355	27,750	7,245	3,755	9,400	1,722	11,025	840,675
50,260	30,225	——	8,500	19,980	6,118	3,373	8,460	3,444	15,485	863,329
83,030	29,250	5,000	10,092	49,495	2,415	5,958	16,050	3,082	12,575	920,103
102,370	30,225	20,000	6,980	37,975	2,415	5,115	16,585	2,870	29,775	1,077,017
82,520	29,250	43,000	4,340	30,625	4,830	3,942	13,375	2,296	17,860	1,636,921
108,330	30,225	20,000	4,250	30,625	6,080	4,364	16,050	1,722	15,040	820,706
102,680	30,225	20,000	2,550	23,275	4,340	1,742	11,235	2,296	9,400	819,451
106,324	24,375	10,000	2,715	24,500	4,117	997	11,235	1,148	4,700	815,791
108,330	22,425	35,000	8,325	1,550	4,340	2,560	14,980	1,148	4,700	883,243
108,025	23,400	——	5,265	26,994	4,200	3,059	11,235	1,148	8,460	575,057
98,379	46,590	17,690	7,560	11,497	4,340	6,702	2,675	3,708	7,520	826,141
72,109	43,200	12,200	5,290	16,438	4,200	6,542	——	1,798	2,820	775,802
1,044,307	**369,615**	**217,765**	**79,222**	**300,794**	**54,640**	**48,109**	**131,280**	**26,382**	**139,360**	**10,854,236**

表 61　有獎義會收入詳表

年度	月別＼地別	全省	番禺	惠陽	電白	雷州	瓊崖	合計
二十一年度	七月	229,500	6,000	3,000	354	568	1,400	240,822
	八月	144,500	——	3,900	——	——	4,200	152,600
	九月	212,500	10,150	4,400	——	——	——	227,050
	十月	178,500	19,260	4,600	780	5,482	15,877	224,499
	十一月	178,500	11,250	2,000	400	715	8,417	201,282
	十二月	178,500	20,241	3,750	1,200	2,145	15,150	220,986
	一月	255,000	14,518	3,900	800	1,430	10,100	285,748
	二月	255,000	16,531	3,900	800	1,430	10,100	287,761
	三月	255,000	11,625	3,900	800	1,430	10,100	282,855
	四月	255,000	9,375	3,900	800	1,430	10,100	280,605
	五月	255,000	13,500	1,300	800	1,430	10,100	282,130
	六月	255,000	5,625	1,300	800	715	10,100	273,540
	合計	2,652,000	138,075	39,850	7,534	16,775	105,644	2,959,878
二十二年度	七月	510,000	3,750	5,200	800	820	10,100	530,670
	八月	510,000	7,500	3,900	800	1,262	5,723	529,185
	九月	510,000	9,025	3,900	800	3,280	1,904	528,909
	十月	255,000	13,315	3,900	800	1,640	7,430	282,085
	十一月	——	12,950	9,750	1,200	1,640	11,900	37,440
	十二月	127,500	13,140	1,950	400	1,640	9,520	154,150
	一月	127,500	11,315	3,900	800	1,640	7,140	152,295
	二月	127,500	8,395	1,950	400	——	7,140	145,385
	三月	255,000	13,140	5,850	1,200	3,280	7,140	285,610
	四月	127,500	7300	1,950	400	——	7,140	144,290
	五月	127,500	9,125	3,250	800	1,640	7,140	149,455
	六月	212,500	13,140	——	800	1,640	——	228,080
	合計	2,890,000	122,095	45,500	9,200	18,482	82,277	3,167,554

表 62

館廠租捐收入詳表

年度	月別 \ 地別	番禺	南三	新會	台山	高要	恩平	羅定	合計
二十一年度	七月	321	835	1,288	3,317	—	203	—	5,964
	八月	983	835	1,932	3,317	610	200	—	7,877
	九月	586	835	—	3,210	—	200	—	4,831
	十月	440	835	2,378	3,852	305	—	—	7,810
	十一月	416	1,185	1,798	1,712	305	—	—	5,416
	十二月	510	835	—	2,568	356	—	150	4,419
	一月	602	745	2,134	—	—	—	—	3,481
	二月	476	700	—	1,605	379	—	—	3,160
	三月	284	560	3,818	4,625	325	—	—	9,612
	四月	50	228	—	5,550	325	—	—	6,153
	五月	—	195	1,380	5,550	325	—	—	7,450
	六月	140	195	2,760	5,550	325	—	—	8,970
	合計	**4,808**	**7,983**	**17,488**	**40,856**	**3,255**	**603**	**150**	**75,143**
二十二年度	七月	1,752	195	1,380	5,550	325	—	—	9,202
	八月	1,203	—	1,380	5,550	325	—	—	8,458
	九月	840	195	1,380	5,550	325	—	—	8,290
	十月	868	195	1,380	3,700	325	—	—	6,468
	十一月	1,708	—	1,380	5,550	—	—	—	8,638
	十二月	—	195	—	2,775	325	—	—	3,295
	一月	868	390	407	3,700	325	—	—	5,690
	二月	924	—	1,036	—	271	—	96	2,327
	三月	280	—	1,147	4,850	—	—	—	6,277
	四月	—	—	1,110	12,600	215	—	—	13,925
	五月	—	235	1,147	3,700	240	—	—	5,322
	六月	—	235	1,110	6,750	240	—	—	8,335
	合計	**8,443**	**1,640**	**12,857**	**60,275**	**2,916**	—	**96**	**86,227**

表 63

麻雀牌捐收入詳表

地別 / 月別		南海	三水	順德	新會	高要	曲江	連縣	陽江	陽春	惠陽	合計
二十一年度	七月	100	99	912	915	550	130	137	506	—	—	3,349
	八月	—	110	288	962	250	117	137	—	—	360	2,224
	九月	1,700	100	448	962	250	155	—	—	—	—	3,615
	十月	1,125	59	480	894	210	155	—	1,137	450	240	4,750
	十一月	1,575	—	160	962	—	155	548	802	—	—	4,202
	十二月	1,350	—	—	962	210	155	200	200	—	—	3,077
	一月	1,350	128	416	282	180	155	114	201	—	—	2,826
	二月	1,350	330	240	962	300	155	360	602	450	240	4,989
	三月	1,350	110	240	962	300	155	240	401	—	360	4,118
	四月	1,350	—	250	962	442	155	240	401	—	—	3,800
	五月	1,350	73	100	962	350	155	240	201	—	—	3,431
	六月	1,350	110	310	1,122	58	155	240	401	—	220	3,966
	合計	**13,950**	**1,119**	**3,844**	**10,909**	**3,100**	**1,797**	**2,456**	**4,852**	**900**	**1,420**	**44,347**
二十二年度	七月	1,350	110	—	820	350	—	240	—	900	—	3,770
	八月	—	110	280	820	700	207	240	—	—	—	2,357
	九月	1,017	110	430	820	580	155	240	401	200	—	3,953
	十月	1,220	110	280	820	350	155	240	—	—	380	3,555
	十一月	1 220	110	310	820	350	155	240	811	—	3[illegible]0	4,376
	十二月	—	110	130	820	—	155	—	211	—	—	1,426
	一月	—	110	100	820	350	155	365	253	—	—	2,153
	二月	—	110	—	—	—	155	125	—	—	—	390
	三月	610	—	—	1,640	350	155	125	253	—	—	3,133
	四月	—	73	240	—	265	155	125	—	700	360	1,918
	五月	407	90	248	820	790	155	125	253	—	—	2,888
	六月	—	90	240	410	265	—	280	253	—	—	1,538
	合計	**5,824**	**1,133**	**2,258**	**8,610**	**4,350**	**1,602**	**2,345**	**2,435**	**1,800**	**1,100**	**31,457**

表 64

防務什費收入詳表

年度	月別＼地別	高要	廣州	肇慶	江門	新會	開平	台山	潮州	合計
二十一年度	七月	—	—	—	—	—	—	—	—	—
	八月	—	—	—	—	—	—	—	—	—
	九月	—	—	—	—	—	—	—	—	—
	十月	—	—	—	—	—	—	—	—	—
	十一月	—	—	—	—	—	—	—	—	—
	十二月	—	—	—	—	—	—	—	—	—
	一月	—	—	—	—	—	—	—	—	—
	二月	—	—	—	—	—	—	—	—	—
	三月	—	—	—	—	—	—	—	—	—
	四月	—	—	—	—	—	—	—	—	—
	五月	—	—	—	—	—	—	—	—	—
	六月	—	—	—	—	—	—	—	—	—
	合計	—	—	—	—	—	—	—	—	—
二十二年度	七月	3,300	24,000	915	21,110	21.240	12,710	12,400	—	95,675
	八月	—	24,000	2,745	20,900	18.290	9,610	12,400	11,880	99,825
	九月	—	24,000	2,745	20,450	17,700	9,300	14,000	6,600	94,795
	十月	—	24,000	2,745	16,730	18,290	9,610	12,400	—	83,775
	十一月	—	24,000	1,635	19,850	17,700	9,300	10,000	—	82,485
	十二月	8,295	24,000	—	21,037	18,290	6,510	10,000	—	88,132
	一月	6,702	—	—	21,570	18,290	6,200	10,000	16.374	79,136
	二月	5,143	48,000	—	23,536	13'570	—	12,000	21,114	123,363
	三月	3,435	24,000	—	21,965	21,240	6,160	4,000	17,344	98,144
	四月	5,867	24,000	—	15,895	14,750	14,230	2,000	8,058	124,800
	五月	1,128	24,000	—	11,728	14,750	7.700	—	—	59,306
	六月	4,168	—	—	3,428	6,490	3,300	—	—	17.386
	合計	38,038	304,000	10,785	218,199	200,600	94,630	99,200	81,370	1,046,822

表 65　　按預借餉收入詳表

月別＼類別		按餉	預餉	借餉	合計
二十一年度	七月	365,460	348,380	11,770	725,610
	八月	173,116	635,515	7,482	816,113
	九月	15,663	296,286	3,250	315,199
	十月	187,202	225,939	22,360	435,501
	十一月	102,510	269,286	——	371,796
	十二月	114,708	472,934	——	587,642
	一月	277,921	238,640	——	516,561
	二月	39,004	31,955	1,000,000	1,070,959
	三月	56,774	42,372	250,000	349,146
	四月	106,954	82,626	——	189,580
	五月	194,993	356,445	——	551,438
	六月	412,629	199,950	——	612,579
	合計	**2,046,934**	**3,200,328**	**1,294,862**	**6,542,124**
二十二年度	七月	420,008	23,118	——	443,126
	八月	467,368	271,106	——	738,474
	九月	48,622	41,283	——	89,905
	十月	200,914	31,108	——	232,022
	十一月	40,068	3,034	——	43,102
	十二月	70,544	——	——	70,544
	一月	280,466	——	——	280,466
	二月	218,100	——	——	218 100
	三月	265,606	175,800	——	441,406
	四月	241,058	——	1,000,000	1,241,058
	五月	91,165	——	——	91,165
	六月	166,635	——	650,000	816,635
	合計	**2,510,554**	**545,449**	**1,650,000**	**4,706,003**

表 66

寄存欵項收入詳表

年度	月別 \ 類別	田賦	契稅	厘費	各項稅捐	地方行政	籌餉	其他	合計
二十一年度	七月	43,800	—	—	2,709	—	—	—	46,509
	八月	122,738	1,613	—	—	—	—	—	124,351
	九月	205,699	32,000	—	—	—	664	—	338,363
	十月	151,897	456	—	—	—	—	—	152,353
	十一月	173,721	—	10,530	—	—	—	—	184,251
	十二月	160,550	10,000	10,530	—	—	500,000	3,474	684,554
	一月	283,034	20,500	1,706	—	—	—	—	305.240
	二月	40,641	—	—	11,500	—	—	—	52,141
	三月	292,139	38,073	12,166	15,093	—	—	22,657	480,128
	四月	17,598	—	10,000	5,045	—	1,640	2,916	37,199
	五月	16,439	—	—	11,000	—	—	—	27,439
	六月	27,791	—	—	169,440	—	—	—	197,231
	合計	**1,536,047**	**102,642**	**44,932**	**214,787**	—	**502,304**	**29,047**	**2,429,759**
二十二年度	七月	161,230	—	—	2,000	4,000	—	—	167,230
	八月	62,480	—	—	45,683	—	—	—	108,163
	九月	76,590	4,000	—	10,000	—	—	—	90,590
	十月	5,650	—	—	—	—	—	—	5,650
	十一月	258,184	—	1,000	179,541	2,000	—	—	440,725
	十二月	118,540	18,140	—	2,290	973	—	3,023	142,966
	一月	39,390	5,000	—	—	7,600	—	—	51,990
	二月	218'600	—	—	—	2,356	—	1,050	222,006
	三月	54,273	—	—	—	—	—	—	54,273
	四月	68,650	—	—	—	—	—	—	68,650
	五月	41,350	—	2,925	—	—	—	—	44,275
	六月	12,795	—	—	—	200	2,440	—	15,435
	合計	**1,117,732**	**27,140**	**3,925**	**239,514**	**17,129**	**2,440**	**4,073**	**1,411,953**

表 67

公債庫券收入詳表

年度	類別 / 月別	代收第二次軍需庫券款	維持中幣有奬庫券款	代辦國防公債款	合計
二十一年度	七月	2,443	17,342	324,065	343,850
	八月	8,707	17,665	190,116	216,488
	九月	7,684	18,720	132,475	158,879
	十月	38,350	23,940	164,390	226,680
	十一月	19,095	22,345	196,586	238,026
	十二月	31,192	27,811	158,668	217,671
	一月	8,173	——	76,040	84,213
	二月	8,181	——	98,545	106,726
	三月	854	1,060	174,467	176,381
	四月	159	——	94,452	94,611
	五月	11,041	——	112,043	123,084
	六月	7,510	——	794,650	802,070
	合計	**143,389**	**128,883**	**2,516,407**	**2,788,679**
二十二年度	七月	1,658	——	62,232	63,890
	八月	3,343	——	330,050	333,393
	九月	7,441	——	183,615	191,056
	十月	1,722	——	286,974	288,696
	十一月	6,100	——	317,767	323,867
	十二月	108	——	222,265	222,373
	一月	221	——	212,530	212,751
	二月	686	——	139,309	139,995
	三月	74	——	350,979	351,053
	四月	64	——	97,840	97,904
	五月	——	——	114,042	114,042
	六月	19	——	53,575	53,594
	合計	**21,436**	——	**2,371,178**	**2,392,614**

表 68

息借各款收入詳表

類別 / 月別		銀行借款	商號借款	商人借款	機關借款	合計
二十一年度	七月	400,000	——	——	——	400,000
	八月	1,300,000	500,000	——	——	1800,000
	九月	124.275	——	——	——	124,275
	十月	676.730	——	——	——	676,730
	十一月	4,238,000	1,582.000	——	——	5,820,000
	十二月	4.770.000	550.000	500,000	——	5,820,000
	一月	228.213	——	——	——	228,213
	二月	885,800	——	——	——	885,800
	三月	——	——	——	——	——
	四月	——	——	——	——	——
	五月	——	——	——	——	——
	六月	702 298	——	——	——	702,298
	合計	13,325,316	2632,000	500,000	——	16,457,316
二十二年度	七月	200.000	——	——	——	200,000
	八月	——	——	——	——	——
	九月	270.000	100,000	——	——	370,000
	十月	——	——	——	200,000	200,000
	十一月	——	——	——	——	——
	十二月	1,123.604	——	——	——	1,123,602
	一月	——	——	——	——	——
	二月	223.518	——	——	——	223,518
	三月	900.000	——	——	——	900,000
	四月	405.661	——	——	——	405,661
	五月	609.429	——	——	——	609,426
	六月	121.768	——	——	——	121,768
	合計	3.853.980	100,000	——	200,000	4,153.980

表 69 廣東財政特派員公署撥回欵收入詳表

年度	類別 月別	廣東財政特派員公署撥回省庫欵	撥回省庫二次軍需庫券欵	撥回省庫代辦國防公債欵	撥回墊支軍事囚粮	撥回墊支徐聞剿匪費	合計
二十一年度	七月	792,500	——	——	——	——	792,500
	八月	147,250	8,955	——	——	23,211	179,416
	九月	100,000	——	——	——	20,000	120,000
	十月	110,000	——	——	645	——	110,645
	十一月	149,293	——	——	——	10,000	159,293
	十二月	150,000	——	——	——	——	150,000
	一月	100,000	178	——	——	——	100,178
	二月	——	178	——	——	——	178
	三月	339,935	——	——	——	——	339,935
	四月	317,430	——	——	——	——	317,430
	五月	93,400	——	——	——	——	93,400
	六月	99,920	——	——	——	——	99,920
	合計	2,399,728	9,311	——	645	53,211	2,462,895
二十二年度表	七月	102,575	——	——	——	——	102,575
	八月	127,400	——	——	——	——	127,400
	九月	67,425	——	211,268	——	——	278,693
	十月	8,585	——	148,750	——	——	157,335
	十一月	57,950	——	153,468	——	——	211,418
	十二月	149,280	——	146,166	——	——	295,446
	一月	234,720	——	82,910	——	——	317,630
	二月	189,280	——	130,334	——	——	319,614
	三月	154,880	——	14,590	——	——	169,470
	四月	172,520	——	20,710	——	——	193,230
	五月	111,640	——	13,004	——	——	124,644
	六月	20,000	——	6,615	——	——	26,615
	合計	1,396,255	——	927,815	——	——	2,324,070

表 70 省黨部經費支出詳表

年度	科目 月別	省黨部執行委員會經費	省黨部監察委員會經費	省黨部黨務工作人員訓練所經費	合計
二十一年度	七月	16,000	2,213	9,200	27,513
	八月	20,250	1,913	20,694	42,857
	九月	29,275	3,425	19,447	52,147
	十月	19,275	1,300	15,447	36,022
	十一月	22,275	2,363	16,447	41,085
	十二月	28,275	3,425	22,447	54,147
	一月	22,275	2,363	16 447	41,085
	二月	16,275	1,300	8,447	26,022
	三月	25,275	2,363	19,447	47,085
	四月	19,275	2,363	17,447	39,085
	五月	20,275	3,425	17.447	41,147
	六月	21,275	1,300	19,447	42,022
	合計	**260,000**	**27,853**	**202,364**	**490,217**
二十二年度	七月	27,275	2,363	16,447	46,085
	八月	17,275	2,363	19,447	39,085
	九月	18,000	2,362	30,447	50,809
	十月	16,275	2,363	9,408	28,046
	十一月	14,275	2,362	12,500	29,137
	十二月	17,275	3,425	18,947	39,647
	一月	22,275	1,300	15,547	39,122
	二月	20,000	2,363	16,547	38,910
	三月	35,550	2,363	897	38,810
	四月	33,550	2,362	——	35,912
	五月	22,275	2,363	——	24,638
	六月	16,000	2,362	——	18,362
	合計	**260,025**	**28,051**	**140,187**	**428,563**

表71

各縣黨部經費支出詳表

年度	月份＼縣別	南海	番禺	順德	東莞	中山	陽春	羅定	惠陽	高要	河源	龍門
二十一年度	七月	—	—	—	—	—	—	—	—	500	—	—
	八月	—	—	—	—	—	—	—	—	—	950	—
	九月	—	—	—	—	3,200	3,070	—	300	500	450	—
	十月	—	—	—	—	9,360	—	—	—	450	450	—
	十一月	—	—	—	—	—	—	—	—	1,350	450	—
	十二月	—	2,400	1,520	—	—	—	—	500	450	450	—
	一月	—	—	—	—	—	—	—	—	—	450	—
	二月	—	—	10,240	—	—	4,040	—	—	—	450	5,789
	三月	—	—	2,880	8,840	—	—	—	—	—	900	—
	四月	—	—	—	—	—	—	—	—	—	—	—
	五月	—	3,780	1,440	—	3,200	—	—	4,120	1,350	450	—
	六月	8,880	—	720	—	—	1,260	—	—	900	—	—
	合計	**8,880**	**6,180**	**16,800**	**8,840**	**15,760**	**8,370**	—	**4,920**	**5,000**	**5,000**	**5,789**
二十二年度	七月	—	—	720	—	—	—	—	—	900	900	2,700
	八月	—	—	720	—	—	—	—	2,430	—	450	—
	九月	5,400	—	—	—	—	—	—	—	450	—	—
	十月	—	2,700	—	—	9,040	5,040	4,050	—	450	450	—
	十一月	—	—	—	—	—	—	—	—	450	—	—
	十二月	—	—	—	—	—	—	—	—	450	450	—
	一月	—	—	1,440	6,600	—	—	—	—	450	450	—
	二月	—	—	—	—	—	—	—	—	—	450	—
	三月	—	—	1,440	—	—	—	—	—	450	450	—
	四月	—	—	720	—	—	—	—	—	—	900	—
	五月	—	—	1,440	—	—	2,520	—	—	—	900	—
	六月	—	2,700	—	—	—	—	—	—	—	—	2,700
	合計	**5,400**	**5,400**	**6,480**	**6,600**	**9,040**	**7,560**	**4,050**	**2,430**	**3,600**	**4,500**	**5,400**

表 71 **各縣黨部經費支出詳表（續）**

博羅	鶴山	從化	清遠	龍川	三水	廣寧	花縣	高明	佛岡	紫金	潮安
—	—	—	—	300	—	6,048	—	300	—	—	800
—	—	—	—	270	—	—	—	—	—	570	800
—	—	—	—	360	—	—	—	—	840	270	720
3,500	—	1,719	—	360	1,500	—	1,500	540	270	270	720
—	—	—	—	360	—	270	—	—	270	270	—
—	—	—	—	360	—	—	—	—	540	270	1,440
—	—	—	—	720	—	—	—	—	270	270	1,440
3,150	3,200	—	—	360	—	700	—	—	270	540	720
—	—	—	—	—	—	2,330	—	1,350	270	—	1,440
—	—	—	—	360	—	—	—	—	270	540	720
—	—	—	4,150	360	—	—	—	270	270	—	720
—	—	—	—	360	3,510	—	—	270	270	270	720
6,650	**3,200**	**1,719**	**4,150**	**4,170**	**5,010**	**9,348**	**1,500**	**2.730**	**3,540**	**3,270**	**10,240**
—	—	—	—	360	—	—	2,430	270	270	270	—
—	—	—	—	—	418	—	—	540	270	270	1,440
—	3,150	3,731	—	720	—	2,160	—	270	270	—	—
2,250	—	—	2,700	—	—	—	—	351	—	—	1,440
—	—	—	—	—	—	—	—	—	—	270	—
1,350	900	—	—	360	—	—	—	—	270	270	1,440
450	1,225	—	—	360	—	—	—	—	540	270	—
—	—	—	—	360	—	—	3,600	—	270	270	720
—	—	—	—	660	—	—	—	—	270	270	720
900	—	—	—	1,080	—	—	—	—	540	540	1,440
—	—	—	—	720	2,822	2,160	—	—	270	540	720
537	—	—	—	—	—	—	—	1,269	—	—	720
5,487	**5,175**	**3,731**	**2,700**	**4,620**	**3,240**	**4,320**	**6,030**	**2,700**	**2,970**	**2,970**	**8,640**

表71　各縣黨部經費出支詳表（續）

梅縣	澄海	潮陽	揭陽	饒平	蕉嶺	平遠	興寧	五華	普寧	海豐	陸豐
500	500	500	500	—	—	—	—	—	—	—	300
500	—	500	500	500	500	500	1,000	500	600	300	—
—	950	450	450	950	500	500	—	950	270	300	570
990	450	450	450	450	450	450	450	450	360	270	360
540	450	450	450	—	450	450	450	450	360	360	—
540	450	450	450	900	900	450	450	450	360	360	360
540	900	900	900	450	450	900	900	450	720	720	1,080
540	900	900	450	450	900	450	900	900	360	720	360
1,080	450	450	900	900	900	900	450	900	720	360	360
540	450	450	450	450	450	450	450	450	360	720	360
1,080	450	450	450	900	450	450	900	450	360	—	720
—	450	450	—	450	450	450	450	—	360	360	—
6,850	**6,400**	**6,400**	**5,950**	**6,400**	**6,400**	**5,950**	**6,400**	**5,950**	**4,830**	**4,470**	**4,170**
540	—	—	450	—	—	450	—	450	—	360	360
1,030	900	900	900	450	900	450	450	450	360	360	720
—	—	—	—	450	—	450	450	450	360	360	—
1,080	900	900	900	900	450	450	450	450	720	360	720
540	—	—	—	—	450	450	450	450	—	360	360
540	900	900	900	900	450	450	430	900	360	360	360
—	—	—	—	—	450	450	450	—	360	360	—
540	450	450	450	450	450	—	450	450	360	—	360
540	450	450	450	450	450	450	450	450	360	720	360
540	900	900	900	450	450	450	450	450	720	360	360
1,080	450	450	450	900	900	900	450	900	360	360	720
540	450	450	450	450	450	450	450	450	360	360	360
7,020	**5,400**	**5,400**	**5,850**	**5,400**	**5,400**	**5,400**	**4,950**	**5,850**	**4,320**	**4,320**	**4,680**

表71 各縣黨部經費支出詳表（續）

豐順	大埔	惠來	文昌	瓊山	澄邁	儋縣	定安	瓊東	臨高	萬寧	崖縣
—	300	—	250	200	—	—	—	100	—	—	—
300	300	300	800	—	—	500	500	—	—	—	—
300	—	300	—	518	431	—	—	—	—	300	431
270	270	270	968	326	431	431	690	690	690	517	517
270	270	720	604	518	431	—	345	345	690	518	517
540	540	360	604	518	431	862	345	345	—	—	—
270	270	360	630	540	450	450	360	360	360	270	270
540	540	720	630	540	450	450	360	360	360	270	270
270	270	360	630	1.080	450	450	720	360	360	270	270
540	540	720	630	—	450	450	—	360	360	270	270
270	270	360	630	540	450	450	360	360	360	270	270
—	270	—	630	540	450	450	360	360	360	270	270
3,570	**3,840**	**4,470**	**7,006**	**5,320**	**4,424**	**4,493**	**4,040**	**3,640**	**3,540**	**2,955**	**3,085**
270	270	360	630	540	450	—	360	—	—	—	—
270	270	720	630	540	450	450	360	360	360	270	—
270	270	—	630	540	450	450	360	360	—	—	1,020
270	270	360	630	540	450	450	360	360	720	540	540
270	270	720	630	540	450	450	360	360	360	270	270
270	270	360	315	240	—	450	—	360	360	270	270
270	270	—	315	1,100	450	—	360	—	360	—	—
270	270	360	630	—	450	450	360	360	360	270	270
270	270	360	630	1,080	450	450	360	720	1,250	270	540
270	270	720	630	1,080	1,700	900	1,410	360	720	270	270
540	540	360	1,260	540	900	900	720	1,080	720	810	540
270	270	360	2.310	540	450	—	360	—	1,080	1,020	—
3,510	**3,240**	**4,680**	**9,240**	**7,280**	**6,650**	**4.950**	**5,370**	**4,320**	**5,570**	**3,990**	**3,720**

表 71 各縣黨部經費支出詳表(續)

樂會	合浦	靈山	欽縣	防城	台山	新會	恩平	開平	赤溪	曲江	英德
—	1,000	1,000	1,000	600	1,200	—	—	—	270	—	—
300	450	450	450	270	1,080	720	—	450	—	450	—
—	450	450	360	—	900	720	—	450	—	1,080	—
518	450	450	360	720	900	1,440	—	900	540	540	—
259	450	450	360	360	1,800	720	—	450	540	540	—
259	450	450	360	360	900	720	—	450	—	540	—
—	450	450	360	360	—	720	—	—	270	540	—
540	450	450	360	360	1,800	720	4,000	900	540	540	—
270	450	450	360	360	900	720	—	450	270	540	—
270	900	450	360	360	900	720	—	450	270	540	—
270	450	450	360	360	900	720	—	450	—	540	10,742
270	450	900	360	360	900	720	1,575	450	540	540	—
2,956	**6,400**	**6,400**	**5,050**	**4,470**	**12,180**	**8,640**	**5,575**	**5,400**	**3,240**	**6,390**	**10,742**
—	—	—	360	360	900	720	—	450	—	540	—
270	900	450	360	360	900	720	—	450	540	540	—
270	450	450	360	360	900	720	—	450	270	540	—
—	450	450	360	360	900	720	1,260	450	270	540	1,350
540	450	450	360	360	—	720	—	450	—	540	—
540	450	450	720	360	1,800	720	—	450	540	540	—
—	—	450	—	360	900	720	—	450	270	540	—
—	450	450	360	360	900	720	2,520	450	270	540	—
540	450	450	360	360	900	720	—	450	270	540	—
1,020	900	450	360	360	900	720	—	450	270	540	—
810	450	450	360	360	900	720	—	450	—	540	—
—	—	450	360	360	—	720	—	450	270	540	—
3,990	**4,950**	**4,950**	**4,320**	**4,320**	**9,900**	**8,640**	**3,780**	**5,400**	**2,970**	**6,480**	**1,350**

表 71

各縣黨部經費支出詳表（續）

連縣	仁化	南雄	始興	樂昌	信宜	茂名	電白	化縣	吳川	廉江	徐聞
—	500	—	300	300	1,600	—	800	800	800	800	—
—	450	570	270	270	1,440	800	720	720	720	720	570
500	450	360	360	360	900	1,350	630	630	630	630	270
—	450	360	360	360	900	630	630	630	630	630	—
900	450	360	720	720	900	630	630	630	630	630	540
1,000	900	360	360	360	900	—	630	270	630	630	270
—	—	360	360	—	900	1,260	630	630	630	630	270
1,800	450	360	360	720	900	1,260	630	1,260	1,260	630	270
—	450	360	360	360	900	—	—	—	—	630	—
—	900	720	360	360	—	—	1,260	1,260	1,260	630	540
1,350	450	—	360	360	1,800	—	630	—	—	630	270
—	—	360	360	360	900	1,890	630	630	630	630	270
5,550	**5,450**	**4,170**	**4,530**	**4,530**	**12,040**	**7,820**	**7,820**	**7,460**	**7,820**	**7,820**	**3,270**
1,350	900	360	360	360	—	—	630	1,260	630	630	270
—	450	720	—	360	1,800	1,260	630	630	630	630	270
—	—	—	720	360	1,800	—	630	—	1,260	630	540
—	900	720	360	360	—	1,260	1,260	1,260	630	630	—
—	450	360	360	360	1,800	1,260	630	2,657	630	630	270
1,800	450	360	360	360	900	630	630	630	630	630	270
—	450	360	360	360	900	—	630	630	630	630	270
—	—	720	—	360	—	630	—	—	—	630	270
—	450	—	360	360	900	630	630	630	630	630	270
—	900	360	720	360	—	630	630	630	1,260	—	540
—	450	360	360	360	—	—	630	630	630	—	—
—	—	—	—	360	2,700	1,260	630	630	—	1,260	—
3,150	**5,400**	**4,320**	**3,960**	**4,320**	**10,800**	**7,560**	**7,560**	**9,587**	**7,560**	**6,930**	**2,970**

表71　各縣黨部經費支出詳表(續)

海康	遂溪	連山	陽山	增城	陽江	鬱南	雲浮	德慶	四會	寶安	南澳
300	300	—	—	—	—	—	—	—	200	—	—
270	270	—	—	—	—	—	—	—	—	—	—
360	270	—	—	1,084	500	—	—	—	—	1,000	—
360	270	—	—	—	500	—	2,320	—	—	—	—
360	570	—	—	—	1,950	—	—	—	—	—	—
360	630	—	—	—	—	—	—	2,500	1,400	2,300	—
360	270	—	—	—	—	—	—	—	—	—	—
360	540	—	—	—	—	—	630	—	1,350	—	—
360	—	—	—	—	—	—	—	—	—	—	—
360	1,2[illegible]0	—	—	—	—	—	—	—	—	—	—
360	—	—	—	5,016	—	—	—	2,550	—	—	—
360	810	—	—	—	—	630	—	1,877	—	—	—
4,170	**5,130**	—	—	**6,100**	**2,950**	**630**	**2,950**	**6,927**	**2,950**	**3,300**	—
360	540	—	—	—	—	—	—	—	—	—	—
360	—	—	—	—	—	—	—	—	—	—	—
360	540	—	—	—	—	—	—	—	—	—	—
360	270	—	—	—	—	—	—	—	—	—	—
360	279	—	—	—	—	—	—	—	—	—	—
360	270	—	—	—	—	—	—	—	—	—	—
360	270	—	—	—	—	—	—	—	—	—	—
360	—	—	—	—	—	—	—	—	—	—	—
360	270	—	—	—	2,700	—	—	—	—	—	—
360	270	180	180	—	540	—	—	—	—	—	360
360	270	360	360	—	1,080	—	—	—	—	—	360
360	270	—	—	—	—	—	—	—	—	—	180
4,320	**3,249**	**540**	**540**	—	**4,320**	—	—	—	—	—	**900**

表71 各縣黨部經費支出詳表（續）

和平	新豐	新興	封川	合計
—	—	—	—	22,868
—	—	—	—	23,100
—	—	—	—	32,574
—	—	300	—	48,438
—	—	—	—	29,156
—	—	—	—	36,584
—	—	—	—	26,100
—	—	—	—	66,219
—	—	—	—	40,060
—	—	—	—	26,130
—	—	—	—	60,378
—	—	—	—	41,942
—	—	**300**	—	**453,549**
—	—	—	—	25,020
—	—	—	—	32,368
—	—	—	—	34,631
—	—	—	—	56,911
—	—	—	—	23,087
—	—	—	—	30,975
—	—	—	—	26,420
—	—	—	—	23,400
—	—	—	—	31,070
225	225	—	—	35,990
450	450	—	3,600	45,032
—	—	600	—	30,126
675	**675**	**600**	**3,600**	**395,030**

表72 各市黨部經費支出詳表

月別	科目	汕頭	海口	江門	梅菉	合計
二十一年度	七月	1,200	200	—	300	1,700
	八月	1,200	—	270	270	1,740
	九月	1,080	604	540	360	2,584
	十月	1,080	604	1,080	360	3,124
	十一月	1,080	1,208	540	360	3,188
	十二月	1,080	—	540	360	1,980
	一月	2,160	630	540	360	3,690
	二月	2,160	630	540	720	4,050
	三月	1,080	1,260	540	—	2,880
	四月	1,080	630	540	720	2,970
	五月	1,080	—	540	—	1,620
	六月	1,080	630	540	360	2,610
	合計	**15,360**	**6,396**	**6,210**	**3,170**	**32,136**
二十二年度	七月	—	630	540	720	1,890
	八月	2,160	630	540	360	3,690
	九月	—	630	540	360	1,530
	十月	2,160	630	540	360	3,690
	十一月	1,080	630	540	360	2,610
	十二月	1,080	—	540	360	1,980
	一月	—	2,310	540	360	3,210
	二月	1,080	—	540	—	1,620
	三月	1,080	630	540	360	2,610
	四月	2,160	1,260	540	720	4,680
	五月	1,080	630	540	360	2,610
	六月	1,080	630	—	—	1,710
	合計	**12,960**	**8,610**	**5,940**	**4,320**	**31,830**

表 73　外屬黨部經費支出詳表

月別	科目	香港	澳門	廣州灣	海員特別區	合計
二十一年度	七月	500	500	500	——	1,500
	八月	450	450	450	——	1,350
	九月	1,620	540	1,350	——	3,510
	十月	——	540		——	540
	十一月	810	540	450	——	1,850
	十二月	810	540	——	——	1,350
	一月	1,620	540	900	——	3,060
	二月	——	1,080	450	——	1,530
	三月	1,620	540	——	——	2,160
	四月	810	540	450	——	1,800
	五月	——	——	450	——	450
	六月	810	540	450	——	1,800
	合計	9,050	6,350	5,450	——	20,850
二十二年度	七月	——	540	900	——	1,440
	八月	810	540	——	——	1,350
	九月	810	540	900	——	2,250
	十月	——	——	450	——	450
	十一月	810	——	450	——	1,260
	十二月	810	540	450	——	1,800
	一月	810	540	450	——	1,800
	二月	810	540	——	——	1,350
	三月	810	540	450	——	1,800
	四月	2,430	1,080	900	360	4,770
	五月	1,620	1,080	——	720	3,420
	六月	——	——	450	——	450
	合計	9,720	5,940	5,400	1,080	22,140

表 74 黨務臨時費支出詳表

年度	月別	省黨部全省代表大會	省黨部全省代表大會各縣市黨部出席代表費	各縣市及外圍黨部代表大會費	省黨部抗日救國會經費	省黨部黨務工作人員訓練所特別費	省黨部特別費	合計
二十一年度	七月	—	—	800	3,000	15,086	—	18,886
	八月	—	—	—	1,000	—	4,000	5,000
	九月	—	780	2,040	6,000	—	—	8,820
	十月	—	720	1,068	9,000	—	—	10,788
	十一月	—	260	1,192	9,000	—	1,324	11,776
	十二月	—	220	2,592	14,000	—	—	16,812
	一月	—	—	612	15,000	—	4,000	19,612
	二月	—	820	2,531	9,250	15,073	3,643	31,317
	三月	—	—	828	7,000	—	—	7,828
	四月	—	200	508	2,000	—	10,351	13,059
	五月	—	140	4,536	6,500	—	—	11,176
	六月	—	60	3,180	5,500	—	—	8,740
	合計	—	**3,200**	**19,887**	**87,250**	**30,159**	**23,318**	**163,814**
二十二年度	七月	—	360	3,240	6,000	—	—	9,600
	八月	—	—	1,748	4,500	—	8.500	14,748
	九月	—	—	684	4,500	—	4,000	9,184
	十月	—	—	1,404	4,500	—	2,559	8,463
	十一月	—	—	396	3,800	—	—	4,196
	十二月	—	—	2,052	3,800	—	15,000	20,852
	一月	—	—	1,650	2,400	—	12,000	16,056
	二月	—	—	1,308	5,000	—	12,108	18,416
	三月	—	—	1,458	3,500	—	—	44,682
	四月	39,724	—	1,692	4,000	—	—	5,692
	五月	—	—	1,044	4,500	—	—	5,544
	六月	—	—	1,620	800	—	—	2,420
	合計	**39,724**	**360**	**18,302**	**47,300**	—	**54,167**	**159,853**

表75 省政府及附屬經費支出詳表

年度	月別＼科目	省政府委員會	省政府秘書處	省政府宣傳費	省政府電報費	調查統計局	聘任香港砵打律師年俸	合計
二十一年度	七月	9,678	365	9,479	5,000	—	457	24,979
	八月	16,160	21,516	14,500	4,500	—	—	56,676
	九月	57,716	32,147	2,500	—	—	—	92,363
	十月	29,338	18,933	—	—	—	—	48,271
	十一月	20,960	18,933	5,000	—	—	—	44,893
	十二月	37,716	18,934	2,500	—	—	—	59,150
	一月	29,338	18,933	5,000	—	—	—	53,271
	二月	29,338	18,933	2,500	—	—	—	50,771
	三月	29,338	18,934	2,500	—	1,328	—	52,100
	四月	29,338	18,933	—	—	1,700	459	50,430
	五月	22,000	18,933	5,000	—	3,610	—	49,543
	六月	31,338	18,934	2,500	—	2,655	—	55,427
	合計	**342,258**	**224,428**	**51,479**	**9,500**	**9,293**	**916**	**637,874**
二十二年度	七月	27,338	18,933	2,500	—	2,655	—	51,426
	八月	36,676	18,933	2,500	—	2,655	—	60,764
	九月	27,000	18,934	2,500	—	2,655	—	51,089
	十月	24,339	18,933	2,500	—	2,655	—	48,427
	十一月	17,338	18,933	2,500	—	2,655	—	41,426
	十二月	48,677	18,934	2,500	—	2,655	—	72,766
	一月	19,000	18,933	2,500	—	1,300	—	41,733
	二月	35,538	19,833	2,500	—	4,910	—	62,781
	三月	22,338	19,834	2,500	—	2,500	456	47,628
	四月	40,477	19,833	2,500	—	4,770	—	67,580
	五月	29,338	19,833	2,500	—	3,715	—	55,386
	六月	4,200	19,834	—	—	3,715	—	27,749
	合計	**332,259**	**231,700**	**27,500**	—	**36,840**	**456**	**628,755**

表76

民政廳及所屬經費支出詳表

月別	科目	民政廳經費	民政廳視察員經費	民廳服務辦公費	民廳測量隊經費	地方自治工作人員訓練所經費	地政工作人員養成所經費	工會工作人員養成所經費	各縣市土地局經費	各縣化裝費	全省人口調查處經費	廣東糧食調節委員會經費	救濟失業回國華僑費	合計
二十一年度	七月	6,510	—	—	—	9,000	—	—	—	—	—	—	4,000	19,510
	八月	12,206	—	—	—	7,364	—	—	—	—	—	—	3,000	22,570
	九月	28,485	—	—	—	24,364	—	—	—	—	—	—	7,000	59,849
	十月	30,796	—	—	—	22,150	2,000	—	—	—	—	—	3,000	57,946
	十一月	10,620	—	—	—	45,160	2,848	—	—	—	—	—	—	58,628
	十二月	30,466	—	—	—	26,783	—	—	—	7,775	—	—	—	56,024
	一月	33,550	—	—	—	33,664	4,172	—	—	—	—	—	—	71,386
	二月	25.086	—	—	—	34,966	6,510	—	—	2,550	—	—	—	69,112
	三月	25,086	—	—	—	26,526	—	—	—	—	—	—	—	51,612
	四月	19,000	—	—	—	7,000	—	—	—	—	—	—	—	26,000
	五月	9,086	—	—	20,000	17,016	6,510	—	—	1,900	—	—	—	54,512
	六月	42,086	—	—	10,000	8,000	—	—	1,494	3,826	—	—	—	65,406
	合計	**272,977**	—	—	**30,000**	**261,993**	**22,040**	—	**1,494**	**16,051**	—	—	**17,000**	**621,555**
二十二年度	七月	30,171	—	—	3,876	17,679	23,038	—	1,494	—	1,013	—	—	131,271
	八月	25,086	—	—	67,752	46,631	31,401	—	4,482	—	9,375	—	—	184,727
	九月	8,000	—	—	33,876	—	—	—	4,482	—	—	—	—	46,358
	十月	23,086	—	—	33,876	4,000	4,510	—	2,988	—	4,560	—	—	73,020
	十一月	5,000	—	—	—	8,016	1,000	—	7,470	—	—	—	—	21,486
	十二月	45,775	—	—	105,628	—	—	—	4,482	625	4,560	—	6,000	167,070
	一月	68,653	—	—	29,876	26,016	8,019	—	—	—	405	2,507	3,000	138.476
	二月	—	—	—	55,000	24,033	46,101	—	3,759	9,180	—	433	—	138,506
	三月	17,000	3,159	447	80,504	13,000	12,107	—	2,988	—	405	1,390	3,000	134,000
	四月	4,932	3,159	446	67,752	19,015	19,394	3,888	8,436	—	—	1,391	3,000	131,413
	五月	43,864	3,159	447	67,752	7,000	7,010	1,944	7.491	17	—	1,390	3,000	143,074
	六月	6,000	3,159	447	67,752	39,815	29,720	1,944	7,901	—	—	1,391	3,000	161,129
	合計	**277,567**	**12,636**	**1,787**	**613,644**	**259,205**	**182,300**	**1,776**	**55,973**	**9,822**	**20,318**	**8,502**	**21,000**	**1.470,530**

表77　各縣市土地局經費支出詳表

年度	月別＼局別	汕頭市	南海	台山	茂名	合浦	番禺	順德	新會	合計
二十一年度	七月	—	—	—	—	—	—	—	—	—
	八月	—	—	—	—	—	—	—	—	—
	九月	—	—	—	—	—	—	—	—	—
	十月	—	—	—	—	—	—	—	—	—
	十一月	—	—	—	—	—	—	—	—	—
	十二月	—	—	—	—	—	—	—	—	—
	一月	—	—	—	—	—	—	—	—	—
	二月	—	—	—	—	—	—	—	—	—
	三月	—	—	—	—	—	—	—	—	—
	四月	—	—	—	—	—	—	—	—	—
	五月	—	—	—	—	—	—	—	—	—
	六月	1,494	—	—	—	—	—	—	—	1,494
	合計	**1,494**	—	—	—	—	—	—	—	**1,494**
二十二年度	七月	—	—	—	1,494	—	—	—	—	1,494
	八月	2,988	—	—	1,494	—	—	—	—	4,482
	九月	—	2,988	—	1,494	—	—	—	—	4,482
	十月	1,494	—	—	1,494	—	—	—	—	2,988
	十一月	1,494	—	2,988	2,988	—	—	—	—	7,470
	十二月	2,988	—	—	1,494	—	—	—	—	4,482
	一月	—	—	—	—	—	—	—	—	—
	二月	1,494	—	—	1,494	771	—	—	—	3,759
	三月	1,494	—	—	1,494	—	—	—	—	2,988
	四月	1,494	—	—	1,494	4,482	219	747	—	8,436
	五月	1,494	—	4,482	21	1,494	—	—	—	7,491
	六月	2,988	1,020	—	2,988	—	—	—	905	7,901
	合計	**17,928**	**4,008**	**7,470**	**17,949**	**6,747**	**219**	**747**	**905**	**55,973**

表78

各縣化猺費支出詳表

年度	月別	連陽化猺局經費	連陽化猺局及所屬各項經費	連陽化猺局猺餉	乳源縣綏猺經費	合計
二十一年度	七月	—	—	—	—	—
	八月	—	—	—	—	—
	九月	—	—	—	—	—
	十月	—	—	—	—	—
	十一月	—	—	—	—	—
	十二月	6,600	1,175	—	—	7 775
	一月	—	—	—	—	—
	二月	2,160	390	—	—	2,550
	三月	—	—	—	—	—
	四月	—	—	—	—	—
	五月	1,080	820	—	—	1,900
	六月	3,240	585	—	—	3,826
	合計	13,080	2,970	—	—	16,051
二十二年度	七月	—	—	—	—	—
	八月	—	—	—	—	—
	九月	—	—	—	—	—
	十月	—	—	—	—	—
	十一月	—	—	—	—	—
	十二月	—	—	625	—	625
	一月	—	—	—	—	—
	二月	5,400	780	3,000	—	9,180
	三月	—	—	—	—	—
	四月	—	—	—	—	—
	五月	—	—	—	17	17
	六月	—	—	—	—	—
	合計	5,400	786	3,625	17	9,822

表79　各縣行政費支出詳表

年度	月別＼縣別	南海	番禺	順德	東莞	中山	高要	增城	三水	清遠	羅定	陽江
二十一年度	七月	—	—	—	—	3,678	—	—	—	—	—	—
	八月	—	—	—	—	—	—	—	—	—	—	—
	九月	14,320	—	—	10,740	10,740	—	—	—	10,382	—	3,580
	十月	—	—	—	—	13,430	—	—	14,360	—	—	7,160
	十一月	—	—	—	—	—	—	—	—	—	—	13,962
	十二月	—	7,160	9,738	—	—	—	8,616	—	—	—	—
	一月	—	—	—	—	—	—	—	—	—	—	—
	二月	—	—	44,822	—	—	—	9,607	—	—	—	—
	三月	—	—	9,022	24,344	—	—	—	—	—	—	—
	四月	—	—	—	—	—	—	—	—	—	—	—
	五月	—	12,888	5,155	—	14,320	—	9,951	—	—	—	—
	六月	—	—	2,578	—	—	—	—	25,073	17,399	—	—
	合計	**14,320**	**20,048**	**71,315**	**35,084**	**42,168**	—	**28,174**	**39,433**	**27,781**	—	**24,702**
二十二年度	七月	—	—	2,577	—	—	—	—	—	—	—	—
	八月	27,781	—	2,578	—	—	—	—	2,851	—	—	—
	九月	15,465	—	—	—	—	—	—	—	—	—	—
	十月	—	7,733	—	—	38,521	—	—	—	—	18,417	—
	十一月	—	—	—	—	—	—	—	—	—	—	—
	十二月	—	—	—	—	—	—	—	—	—	—	—
	一月	—	—	5,155	18,902	—	—	—	—	—	—	—
	二月	—	—	—	—	—	—	—	—	—	—	3,222
	三月	—	7,733	5,976	—	—	28,998	—	—	15,466	—	11,599
	四月	—	—	2,578	—	—	—	—	—	—	—	2,578
	五月	—	—	5,976	—	—	—	—	19,182	—	—	5,155
	六月	—	—	—	—	—	—	—	—	—	—	—
	合計	**43,246**	**15,466**	**24,840**	**18,902**	**38,521**	**28,998**	—	**22,033**	**15,466**	**18,417**	**22,554**

表79

各縣行政費支出詳表（續）

惠陽	博羅	寶安	花縣	四會	新興	德慶	雲浮	陽春	高明	鶴山	海康
—	—	—	—	—	—	—	—	—	4,136	—	—
—	—	—	—	—	—	—	—	—	—	—	—
2,387	—	4,136	—	7,445	—	—	—	—	—	—	—
—	—	—	1,280	—	2,068	—	—	—	3,722	—	—
—	20,104	—	—	—	—	—	—	—	1,861	—	—
—	—	9,212	—	5,790	—	—	3,856	—	—	—	—
—	—	—	—	—	—	—	—	—	—	—	—
—	15,250	—	—	5,584	—	10,814	—	—	—	13,235	—
—	1,505	—	—	—	—	—	—	—	9,306	—	—
—	—	—	—	—	—	—	—	—	—	—	—
—	—	—	—	—	—	—	—	—	1,861	—	—
—	—	—	—	—	—	7,765	—	4,911	1,861	—	8,616
2,387	**36,859**	**13,348**	**1,280**	**18,819**	**2,068**	**18,579**	**3,856**	**4,911**	**22,747**	**13,235**	**8,616**
—	—	—	13,028	—	—	—	—	—	1,861	—	—
11,211	—	—	—	—	—	—	—	—	—	—	—
—	—	—	—	—	—	—	—	—	5,584	13,028	—
—	13,638	—	—	—	—	—	—	19,644	2,414	—	—
—	—	—	—	—	—	—	—	—	—	—	23,450
—	—	—	—	—	—	3,422	—	—	—	3,723	14,733
—	—	—	18,576	—	—	3,686	—	—	—	—	—
—	—	—	—	—	—	—	—	—	—	—	11,740
—	—	—	—	—	—	—	—	—	—	4,608	—
—	17,185	—	—	—	—	—	—	—	—	—	—
—	—	—	—	—	—	3,686	—	9,756	—	—	—
—	—	—	—	—	8,272	—	—	—	8,636	—	—
11,211	**39,823**	—	**31,604**	—	**8,272**	**10,794**	—	**29,400**	**18,522**	**21,359**	**49,923**

表97

各縣行政費支出詳表（續）

靈山	防城	台山	新會	開平	恩平	赤溪	南雄	曲江	英德	翁源	連縣
—	—	—	—	—	—	600	3,000	—	—	—	—
—	—	—	—	—	—	540	—	—	—	—	—
14,360	3,000	—	—	5,457	—	2,715	1,372	—	—	11,407	3,929
401	—	—	—	—	—	540	—	—	—	—	1,861
—	4,050	28,192	749	—	—	1,080	1,429	—	—	—	—
—	—	—	—	—	—	—	10,089	—	—	12,201	2,451
—	—	—	—	—	—	540	—	—	—	—	—
—	1,350	—	—	—	—	540	2,455	—	—	—	7,445
—	—	23,055	—	—	—	1,080	2,456	—	—	—	—
—	—	—	—	—	—	—	675	—	—	—	—
—	4,050	526	—	—	—	1,080	4,911	—	12,278	11,167	5,583
—	1,350	12,458	—	—	4,563	540	3,806	16,110	—	—	—
14,761	**13,800**	**64,231**	**749**	**5,457**	**4,563**	**9,255**	**30,193**	**16,110**	**12,278**	**34,775**	**21,269**
—	6,472	—	—	—	—	540	675	—	—	—	5,584
7,798	—	—	—	—	—	706	—	—	—	—	—
12,278	2,700	—	—	—	—	540	1,350	—	—	—	—
—	4,667	—	—	27,399	3,722	540	—	—	7,367	—	—
—	—	—	—	—	—	1,578	—	—	—	—	—
—	1,350	7,733	—	—	—	630	—	10,310	—	—	7,427
—	1,350	—	—	—	—	630	1,106	8,143	—	8,585	—
—	4,389	—	—	—	9,270	1,488	9,578	—	—	—	—
—	1,350	7,733	—	—	—	1,488	4,878	—	—	—	—
—	—	—	—	—	—	630	2,439	—	14,667	—	—
—	2,700	—	—	—	—	630	—	—	—	13,677	—
—	2,700	—	—	—	—	4,871	2,439	—	—	—	—
20,078	**27,678**	**15,466**	—	**27,399**	**12,992**	**14,271**	**22,465**	**18,453**	**22,034**	**22,262**	**13,011**

表 79

各縣行政費支出詳表（續）

定安	崖縣	澄邁	臨高	陵水	萬寧	樂會	瓊東	感恩	昌江	合浦	欽縣
—	—	—	—	—	—	—	—	—	—	—	—
—	—	—	—	—	—	—	—	—	—	—	2,000
600	—	—	3,804	2,000	500	1,885	—	—	—	—	1,800
6,911	1,209	—	1,383	1,728	—	519	808	—	—	—	—
520	605	—	752	864	865	260	260	1,727	2,591	—	1,800
519	605	—	691	1,826	865	260	—	1,727	864	—	900
540	1,260	—	—	900	450	270	540	900	900	54	—
—	—	—	2,627	3,203	—	—	270	—	900	—	1,800
540	1,260	—	720	2,652	450	540	270	900	—	31,834	900
540	630	—	720	1,800	900	270	270	900	1,800	—	900
1,080	—	—	—	3,647	450	279	270	1,800	1,476	—	900
540	630	—	720	1,068	—	270	—	—	1,423	—	1,800
11,790	**6,199**	—	**11,417**	**19,688**	**4,480**	**4,544**	**2,688**	**7,954**	**9,954**	**31,888**	**12,800**
540	630	—	720	1,827	900	7,398	540	900	995	—	—
540	1,260	—	720	—	—	—	—	450	1,459	—	—
10,658	—	—	—	2,816	—	—	540	1,800	450	—	—
540	630	—	1,440	2,543	1,350	4,448	270	450	450	—	—
540	630	—	720	900	—	270	270	900	2,028	—	4,500
—	—	—	720	—	—	540	—	900	3,086	—	—
540	1,260	—	720	2,497	450	270	540	2,340	585	—	900
540	—	—	—	1,140	450	1,080	540	1,440	585	—	900
540	630	—	2,160	660	450	—	—	1,170	1,170	—	900
1,080	1,260	—	—	1,800	450	1,080	1,080	2,340	2,340	—	—
1,080	—	—	1,440	2,564	1,350	9,670	1,080	—	226	—	—
540	—	—	720	—	—	540	—	—	2,326	—	—
17,138	**6,300**	—	**9,360**	**16,747**	**5,400**	**25,296**	**4,860**	**12,690**	**15,700**	—	**7,200**

表 79　各縣行政費支出詳表（續）

海豐	陸豐	五華	興寧	大埔	豐順	平遠	蕉嶺	南澳	瓊山	文昌	廣寧
—	—	—	—	1,000	—	1,038	840	—	—	—	—
—	—	1,081	—	1,040	440	—	840	824	—	—	—
—	—	1,081	—	—	—	2,108	1686	824	3,580	—	—
—	—	977	—	1,880	840	2,108	1,512	744	—	—	—
—	—	—	—	940	400	940	756	744	—	9,894	—
—	—	188	—	940	400	940	—	744	—	—	—
—	—	—	—	940	800	940	756	—	—	—	—
—	—	—	—	1,800	720	1,840	3,467	720	—	—	41,070
—	—	39,010	—	900	360	1,800	1,410	1,440	—	—	16,844
—	—	931	—	900	720	900	720	720	—	—	—
—	5,040	931	—	1,800	360	900	3,002	720	—	—	—
848	700	931	—	—	—	900	720	—	—	—	—
848	**5,740**	**45,130**	—	**12,140**	**5,040**	**13,296**	**15,739**	**7,480**	**3 580**	**9,894**	**57,914**
—	740	931	—	900	360	900	720	720	—	—	—
—	1,440	3,981	—	900	360	900	720	720	7,691	—	—
—	1,440	—	—	900	13,429	—	5,285	5,464	—	—	14,733
—	700	14,061	—	900	360	1,800	1,861	720	—	—	—
—	5,060	—	—	900	360	18,00	720	720	—	—	—
—	—	—	17,189	900	360	—	720	1,398	—	—	—
—	—	931	—	900	360	900	720	720	—	—	—
—	1,440	930	—	900	360	900	720	1,398	—	—	—
—	—	931	—	900	8,786	900	720	1,668	—	—	—
—	—	930	—	900	360	900	720	2,615	—	—	—
—	10,882	931	—	900	360	1,800	720	720	—	—	14,667
—	—	930	—	1,800	360	900	1,440	2,388	—	—	—
—	**21,702**	**24,556**	**17,189**	**11.700**	**5,815**	**11,700**	**15,066**	**19,251**	**7,691**	—	**29,400**

表 79 **各縣行政費支出詳表（續）**

鬱南	龍川	連平	河源	吳川	遂溪	龍門	從化	封川	新豐	紫金	和平
—	—	700	—	—	1,400	—	—	—	484	—	—
—	—	—	—	—	—	—	—	—	—	—	333
—	—	748	—	—	—	—	—	—	636	—	6,961
—	—	674	—	—	1,890	—	1.054	—	720	—	303
—	—	—	—	—	2,767	—	—	—	—	—	303
—	—	—	—	—	630	—	—	—	720	—	303
—	—	2,696	—	—	630	—	—	—	360	—	303
—	—	630	15,667	—	—	23,942	—	—	360	—	573
—	—	1,260	—	—	1,260	—	—	—	360	—	540
—	—	630	—	—	—	—	—	—	—	—	—
—	—	630	—	—	1,260	—	—	—	360	—	540
23,108	—	630	—	—	2,424	—	—	—	720	—	—
23,108	—	**8,598**	**15,667**	—	**12,261**	**23,942**	**1,054**	—	**4,720**	—	**10,159**
—	—	630	—	—	1,260	11,167	—	—	—	—	540
—	—	630	—	6,514	630	—	—	—	360	—	11,104
—	—	630	—	—	—	—	—	—	360	—	—
—	—	630	—	—	1,260	—	19,152	—	360	—	3,470
—	—	1,260	—	—	1,260	—	—	—	360	—	540
—	—	—	—	—	—	—	—	—	—	—	7,596
—	—	630	5,074	—	1,260	—	—	—	—	—	270
—	36,604	630	—	—	—	—	—	—	4,500	—	—
—	—	630	—	—	7,756	—	—	—	990	—	—
—	—	630	—	—	1.260	—	—	—	990	26,727	810
—	—	1,260	—	—	630	—	—	17,251	360	—	270
—	—	630	4,715	—	630	11,167	—	—	360	—	7,947
—	**36,604**	**8,190**	**9,789**	**6,514**	**15,946**	**22,334**	**19,152**	**17,251**	**8,640**	**26,727**	**32,547**

表 79　各縣行政費支出詳表（續）

徐聞	佛岡	開建	潮安	潮陽	揭陽	梅縣	饒平	惠來	普寧	澄海	樂昌
—	—	7,765	—	17,900	146	—	—	—	—	—	—
—	1,080	—	—	—	—	—	—	—	—	—	—
—	219	—	—	256	1,958	—	—	6,204	—	15,126	7,553
—	—	—	19,511	—	—	—	—	—	26,682	—	—
—	836	—	—	—	—	—	—	—	—	220	135
—	1,080	—	610	13,647	—	—	—	—	286	—	—
—	—	—	—	—	—	—	—	—	—	—	—
—	914	—	15,831	—	159	—	—	—	—	—	—
5,790	2,599	—	—	—	—	—	3,000	—	—	—	14,062
—	540	—	—	—	—	13,211	—	—	—	—	—
—	270	1,398	3,179	1,611	38,521	7,367	—	—	—	—	7,197
—	9,388	1,398	—	—	—	—	—	—	—	—	—
5,790	**16,926**	**10,561**	**39,131**	**33,414**	**40,784**	**20,578**	**3,000**	**6,204**	**26,968**	**15,346**	**28,947**
—	540	—	5,155	—	—	—	—	—	32,392	26,430	2,109
—	—	—	—	7,518	—	—	—	—	—	—	—
—	540	—	—	6,444	15,466	—	—	—	—	—	7,445
—	—	—	7,733	—	—	—	—	—	—	—	3,722
—	540	5,155	—	—	—	—	—	—	—	—	1,861
270	—	4,070	10,721	8,143	—	—	1000	—	—	—	—
599	—	540	2,988	—	—	—	1300	—	8,180	—	—
—	2,160	—	—	—	—	—	22,059	—	—	—	—
270	—	1,080	—	—	—	24,522	—	—	—	—	—
540	540	760	4,916	—	—	—	—	—	—	—	—
—	—	540	—	—	—	—	—	1,800	—	—	5,529
270	1,890	—	—	—	—	—	—	—	—	—	—
1,949	**6,210**	**12,145**	**31,513**	**22,105**	**15,466**	**24,522**	**24,859**	**1,800**	**40,572**	**26,430**	**20,666**

表 79　各縣行政費支出詳表（續）

陽山	連山	始興	仁化	乳源	茂名	電白	化縣	信宜	合計
—	800	—	—	—	—	—	5,744	—	49,281
—	720	—	—	—	—	—	54	—	8,952
—	720	—	—	—	—	—	2,872	273	169,364
15,924	4,819	—	—	—	—	—	—	—	135,850
—	720	—	—	—	—	—	5,744	—	106,070
1,861	720	138	—	—	—	—	—	—	100,577
—	720	—	—	—	—	—	—	—	14,499
—	720	—	—	—	—	—	—	—	228,315
—	720	—	—	—	—	—	—	—	215,130
4,033	720	—	—	—	—	—	—	—	20,219
3,722	720	—	—	—	—	—	2,585	—	175,776
3,722	720	12,408	—	—	—	50,318	—	—	222,416
29,262	**12,819**	**12,546**	—	—	—	**50,318**	**16,999**	**273**	**1,446,749**
—	720	—	—	—	—	—	—	—	131,401
3,722	720	—	—	—	—	—	—	—	105,264
1,861	—	—	—	—	—	—	—	—	141,205
1,861	720	—	—	—	—	—	14,733	—	220,226
—	720	—	—	270	—	—	—	—	57,312
1,843	720	—	—	270	—	—	—	—	109,774
2,765	1,710	—	11,353	270	—	—	—	—	118,205
—	—	—	11,167	—	—	—	—	—	130,130
—	—	—	—	270	36,322	—	4,091	—	187,345
—	—	—	—	270	7,342	24,521	—	—	127,238
2,765	—	—	—	2,189	—	—	—	—	141,746
1,843	—	—	—	540	6,972	—	9,789	—	85,648
16,660	**5,310**	—	**22,520**	**4,079**	**50,636**	**24,521**	**28,613**	—	**1,565,489**

表 80 各綏靖委員公署經費支出詳表

月	署別	中區	東區	南區	西北區	瓊崖區	合計
二十一年度	七月	18,234	9,234	9,317	7,639	——	44,424
	八月	16,758	12,929	13,817	15.639	5,000	64.143
	九月	20,879	12,906	27,633	15,639	3'833	80,890
	十月	4,879	12,906	——	15,639	8,146	41,570
	十一月	24,879	25,813	27,633	15,639	28,579	122,543
	十二月	13,758	25,813	13,816	15,639	11,338	80,364
	一月	15,579	12,907	13,817	15,639	11,830	69,772
	二月	15,579	18,307	15,616	21,039	4,200	74,741
	三月	15,579	15,606	17,416	18,339	24,861	91,801
	四月	15,579	15,606	15,617	18,339	13,631	78,772
	五月	15,579	15,606	15,616	18,339	17,331	82,471
	六月	15,579	15,606	15,617	18,339	16,390	81,531
	合計	192,861	193,239	185,915	195,868	145,139	913,022
二十二年度	七月	15,579	15,606	15,616	15,000	5,591	67,392
	八月	15,579	15,607	15,617	21,678	23,056	91,537
	九月	16,579	15,606	15,616	18,339	9,320	75,460
	十月	14,579	15,607	15,617	18,339	13,630	77,772
	十一月	15,579	15,606	15,616	18,339	8,254	73,394
	十二月	19,079	15,607	15,617	18,339	15,144	83,786
	一月	19,079	15,606	15,616	18,339	20,601	89,241
	二月	14,579	15,607	——	18,339	13,648	62,173
	三月	16,579	15,606	31,233	18,339	28,430	110,187
	四月	14,579	15,607	15,617	18,339	13,630	77,772
	五月	15,579	15,606	15,616	18,339	13,728	78.868
	六月	9,752	15,607	15,617	8,000	13,884	62,860
	合計	187,121	187,278	187,398	209,729	178,916	950,442

表81 各管理局經費支出詳表

年度	月別 ＼ 科目	圖州斜陽管理局	梅菉管理局	合計
二十一年度	七月	——	——	——
	八月	——	——	——
	九月	——	——	——
	十月	840	——	840
	十一月	——	——	——
	十二月	——	——	——
	一月	——	——	——
	二月	——	——	——
	三月	——	——	——
	四月	2,268	——	2,268
	五月	——	——	——
	六月	——	——	——
	合計	3,108	——	3,108
二十二年度	七月	——	——	——
	八月	——	756	756
	九月	——	756	756
	十月	588	756	1,344
	十一月	588	1,404	1,992
	十二月	588	1,184	1,772
	一月	1,176	756	1.932
	二月	756	216	972
	三月	1,596	972	2,568
	四月	756	1,944	2,700
	五月	756	972	1,728
	六月	756	——	756
	合計	7,560	9,720	17,276

表 82 警衛費支出詳表

月別	科目	韓江警衛營	潮安警衛教練所	合計
二十一年度	七月	7,858	480	8,338
	八月	9,458	480	9.938
	九月	2,909	960	3,869
	十月	3,999	480	4,479
	十一月	3,929	480	4.409
	十二月	15,996	480	16,476
	一月	750	——	750
	二月	4,248	960	5,208
	三月	7,094	——	7,094
	四月	——	480	480
	五月	16,992	1,440	16,992
	六月	2,084	——	3,524
	合計	**75,317**	**6,240**	**81,557**
二十二年度	七月	8,496	——	8,496
	八月	——	480	480
	九月	——	960	960
	十月	8,496	480	8.976
	十一月	8,496	480	8,976
	十二月	——	960	960
	一月	8,496	480	8,976
	二月	——	——	——
	三月	5,623	480	6,103
	四月	12,744	480	13,224
	五月	——	480	480
	六月	17,477	480	17,957
	合計	**69,828**	**5,760**	**75,588**

表83　卹金養老費支出詳表

科目 / 月別		各同志養老金	譚發譚成麟生活費	楊學齡養老金	陳瑞芬女士贍養費	夏百子遺族卹金	各機關員役遺族卹金	合計
二十一年度	七月	300	200	100	200	100	112	1,012
	八月	——	200	100	200	100	24	624
	九月	770	200	100	200	100	232	1,602
	十月	1,310	200	100	200	100	1,119	3,092
	十一月	——	200	100	200	100	272	872
	十二月	——	300	100	400	100	24	924
	一月	——	100	100	——	100	24	324
	二月	——	200	100	200	100	60	660
	三月	——	200	100	200	100	346	946
	四月	——	200	100	200	100	24	624
	五月	3,400	200	100	200	100	60	4,030
	六月	——	200	100	200	100	382	982
	合計	**5,780**	**2,400**	**1,200**	**2,400**	**1,200**	**2,679**	**15,659**
二十二年度	七月	600	200	100	200	100	344	1,544
	八月	——	200	100	200	100	24	624
	九月	546	200	100	200	100	63	1,200
	十月	1,560	200	100	200	100	183	2,343
	十一月	——	200	100	200	200	279	879
	十二月	——	200	100	200	——	436	1,136
	一月	——	200	100	200	100	1,067	1,567
	二月	——	200	——	200	100	169	669
	三月	——	100	——	200	100	45	445
	四月	——	300	——	200	100	157	757
	五月	2,400	200	——	200	100	565	3,465
	六月	600	200	——	200	100	468	1,568
	合計	**5,706**	**2,400**	**700**	**2,400**	**1,200**	**3,800**	**16,206**

表 84

各項囚犯口糧支出詳表

年度	月份 \ 縣別	寶安	三水	翁源	佛岡	陽山	海康	開建	瓊山	東莞	臨高	惠來
二十一年度	七月	107	—	—	—	—	—	—	—	—	—	—
	八月	—	—	—	—	—	—	—	—	—	—	—
	九月	60	1,289	330	150	—	—	—	—	480	—	—
	十月	141	—	—	44	440	—	—	—	—	—	409
	十一月	—	—	—	—	—	—	9	—	—	—	—
	十二月	356	—	—	—	110	—	—	300	—	—	—
	一月	—	—	—	—	—	—	—	—	—	—	—
	二月	—	—	—	—	—	—	—	—	—	208	—
	三月	—	—	330	—	—	—	12	—	1,227	—	—
	四月	—	—	—	—	238	—	23	—	—	—	—
	五月	—	—	—	—	220	—	262	6,441	—	—	—
	六月	—	3,069	254	—	220	2,576	21	—	—	—	—
	合計	**664**	**4,358**	**914**	**194**	**1,228**	**2,576**	**327**	**6,741**	**1,707**	**208**	**409**
二十二年度	七月	—	81	—	—	—	1,608	25	—	—	—	—
	八月	—	—	1,021	—	220	—	—	895	—	—	—
	九月	—	—	—	—	110	—	—	—	—	—	—
	十月	—	—	—	—	110	—	—	—	—	—	—
	十一月	—	—	—	—	—	2,659	197	—	—	—	—
	十二月	—	—	—	241	110	—	200	—	—	—	—
	一月	—	—	—	—	165	—	—	—	1,173	—	—
	二月	—	—	—	—	—	1,890	—	—	—	—	—
	三月	—	—	—	—	—	—	—	—	—	—	—
	四月	—	—	—	—	—	—	—	—	—	—	—
	五月	—	549	405	—	165	—	—	—	—	—	—
	六月	—	—	—	—	110	—	—	—	—	—	—
	合計	—	**630**	**1,427**	**241**	**990**	**6,157**	**422**	**895**	**1,173**	—	—

表 84

各項囚犯口糧支出詳表（續）

惠陽	定安	清遠	高要	海豐	四會	陸豐	梅縣	陽江	連縣	南雄	新興
—	—	—	50	—	16	—	—	—	—	—	—
—	—	—	—	—	—	30	—	—	—	—	—
140	—	1,020	157	—	—	30	—	60	100	97	—
—	90	—	112	—	—	30	—	80	—	70	—
—	—	—	193	—	—	30	—	160	190	140	—
—	—	—	194	—	120	30	400	160	100	43	—
—	—	—	—	—	—	60	—	—	—	—	—
—	—	—	494	—	120	60	500	590	380	70	—
—	—	2,040	—	—	—	30	—	—	—	70	—
—	—	—	259	—	—	30	—	—	—	1,600	—
4,969	—	—	510	—	—	30	300	—	287	140	—
1,428	—	—	235	300	—	30	—	—	—	800	—
6,537	**90**	**3,060**	**2,204**	**300**	**256**	**390**	**1,200**	**1,070**	**1,057**	**3,030**	—
—	—	—	225	—	—	30	—	—	287	120	—
913	—	—	184	730	—	50	—	—	—	—	—
—	231	—	107	—	56	50	—	—	—	800	—
—	—	2,040	—	—	—	30	—	—	—	400	—
—	—	—	—	—	139	30	—	—	—	800	—
—	—	—	—	—	—	30	—	—	382	400	—
—	—	—	—	—	78	30	—	—	—	—	—
—	—	—	—	—	—	30	—	80	—	—	—
—	—	—	550	—	—	30	—	320	—	800	—
—	—	—	—	—	—	30	—	80	—	400	—
—	—	—	—	—	—	30	—	160	—	—	—
—	—	—	—	—	—	30	—	—	—	800	150
913	**231**	**2,040**	**1,066**	**730**	**273**	**360**	—	**640**	**669**	**4,520**	**150**

表 84　**各項囚犯口粮支出詳表（續）**

花縣	鬱南	揭陽	鹽山	南海	和平	台山	高明	乳源	增城	曲江	化縣
226	—	—	—	—	—	—	76	—	149	—	—
—	—	—	—	—	—	—	—	—	—	—	—
—	—	73	1,950	7,902	—	—	81	1,033	—	—	1,080
176	—	—	—	—	—	—	—	—	—	—	—
414	—	—	1,885	—	—	1,260	228	—	—	764	—
—	—	—	—	—	—	816	—	—	—	—	1,065
—	—	—	—	—	—	—	—	—	—	—	—
—	—	—	—	—	818	134	—	—	—	—	—
—	—	480	—	—	—	—	50	—	—	—	—
—	—	—	—	—	—	—	354	—	—	—	—
—	—	—	—	—	845	560	43	—	841	—	—
—	41	—	1,235	16,016	—	700	40	—	—	2,304	2,070
816	**41**	**553**	**5,070**	**23,918**	**1,663**	**3,470**	**872**	**1,033**	**990**	**3,068**	**4,215**
696	—	—	—	—	—	—	40	—	—	—	—
—	—	—	—	—	—	—	—	—	—	—	—
—	—	240	1,950	7,709	1,235	—	223	—	—	—	—
—	—	—	—	—	500	—	122	1,800	—	—	2,123
—	—	—	—	—	—	420	—	—	—	—	—
—	—	—	—	—	—	—	—	—	—	3,502	—
—	—	—	—	—	300	—	—	—	—	3,277	—
—	—	—	—	—	—	420	—	—	—	—	—
1,150	—	—	—	—	—	—	—	272	—	—	1,420
—	—	—	—	—	400	—	—	—	—	—	596
—	—	—	—	—	—	—	—	110	—	—	—
—	—	—	—	—	—	—	188	—	—	—	—
1,846	—	**240**	**1,950**	**7,709**	**2,435**	**840**	**573**	**2,182**	—	**6,779**	**4,139**

表 84

各項囚犯口糧支出詳表(續)

興寧	五華	鶴山	德慶	開平	番禺	澄海	潮安	仁化	河源	從化	中山	廣寧
—	—	—	—	—	—	—	—	—	—	—	587	3,261
—	—	—	—	—	—	—	—	—	—	—	—	—
—	—	—	—	108	—	158	—	—	—	—	1,903	1,013
—	—	—	—	—	—	—	55	—	—	424	2,342	—
—	—	—	—	—	—	—	—	—	—	—	—	—
—	—	—	804	110	5,358	—	—	—	—	—	—	—
—	—	—	—	—	—	—	—	—	—	—	—	—
—	—	418	—	—	—	—	—	—	—	—	—	—
—	1,200	—	—	—	—	—	—	—	—	—	—	1,267
—	—	—	—	—	—	—	—	—	—	—	—	—
—	—	—	688	—	3,817	—	22	824	—	—	—	—
—	—	—	—	—	—	317	10	—	—	—	—	—
—	**1,200**	**418**	**1,492**	**218**	**9,175**	**475**	**87**	**824**	—	**424**	**4,832**	**5,541**
—	—	—	—	—	—	—	10	—	—	—	—	—
—	150	420	—	—	—	—	—	—	—	—	—	—
—	—	—	956	—	—	—	—	—	—	412	—	1,140
—	600	—	—	1,193	5,085	—	10	—	—	—	2,400	—
—	—	—	—	—	—	—	20	—	—	—	—	—
245	—	120	303	—	—	—	30	—	—	—	—	—
—	—	150	—	—	—	—	—	—	360	—	—	—
—	—	—	330	—	—	—	—	810	—	—	—	—
—	—	—	—	—	4,821	—	10	—	—	—	—	—
—	—	—	—	—	—	—	6	—	—	—	—	—
—	—	—	330	—	—	—	—	—	—	—	—	1,140
—	—	—	—	—	—	—	—	—	540	—	—	—
245	**750**	**690**	**1,919**	**1,193**	**9,906**	—	**86**	**810**	**900**	**412**	**2,400**	**2,280**

表84　各項囚犯口粮支出詳表（續）

紫金	陽春	博羅	遂溪	文昌	豐順	普寧	英德	始興	茂名	饒平	潮陽	順德
—	—	—	—	—	—	—	—	—	—	—	—	—
—	—	—	—	—	—	—	—	—	—	—	—	—
2,158	2,009	—	—	—	—	—	—	—	—	—	—	—
—	—	770	798	1,065	—	—	—	—	—	—	—	—
—	—	—	76	1,066	1,231	1,099	893	482	1,297	—	—	—
—	—	—	—	—	—	—	—	20	—	392	553	1,120
—	—	—	—	—	—	—	—	—	—	—	—	—
—	720	67	—	—	717	—	—	—	—	—	72	3,360
—	—	—	—	—	—	—	—	—	—	—	210	840
—	—	—	—	—	—	—	—	—	—	—	—	—
—	—	—	—	—	30	—	3,822	—	—	—	—	560
—	360	—	188	1,032	145	—	—	—	—	—	440	280
2,158	**3,089**	**837**	**1,062**	**3,163**	**2,123**	**1,099**	**4,715**	**502**	**1,297**	**392**	**1,275**	**6,160**
—	—	—	—	—	41	385	—	—	—	—	—	280
—	—	—	—	—	51	—	—	—	—	—	—	280
—	—	—	—	—	97	—	—	—	—	—	—	—
—	1,440	611	—	—	15	—	510	280	—	541	10	—
—	—	—	—	—	20	—	—	—	—	—	—	—
—	—	312	—	—	—	—	—	30	—	—	180	—
—	—	110	—	—	10	100	—	30	—	—	—	560
—	—	—	—	—	—	—	—	—	—	—	—	—
—	—	—	472	—	231	—	—	30	—	—	—	560
2,742	—	110	—	—	15	—	—	—	2,733	—	—	280
—	720	241	—	—	—	—	—	—	—	—	—	560
—	—	—	—	—	15	—	—	—	467	—	—	—
2,742	**2,160**	**1,384**	**472**	—	**495**	**485**	**510**	**370**	**3,200**	**541**	**190**	**2,520**

表84 各項囚犯口糧支出詳表（續）

樂昌	封川	龍門	蕉嶺	恩平	電白	防城	樂會	羅定	徐聞	龍川	汕頭市公安局	合計
—	—	—	—	—	—	—	—	—	—	—	—	4,472
—	—	—	—	—	—	—	—	—	—	—	—	30
—	—	—	—	—	—	—	—	—	—	—	—	23,401
—	—	—	—	—	—	—	—	—	—	—	—	7,046
—	—	—	—	—	—	—	—	—	—	—	1,101	12,518
925	1,650	—	—	—	—	—	—	—	—	—	—	14,626
—	—	—	—	—	—	—	—	—	—	—	—	60
—	—	2,029	45	—	—	—	—	—	—	—	—	10,802
—	—	—	—	—	—	—	—	—	—	—	—	7,756
—	—	—	—	—	—	—	—	—	—	—	—	2,504
—	—	—	30	—	—	—	—	—	—	—	—	25,241
—	—	—	—	221	482	—	—	—	—	—	—	34,814
925	**1,650**	**2,029**	**75**	**221**	**482**	—	—	—	—	—	**1,101**	**143,270**
—	—	1,122	—	—	2,090	139	—	—	—	—	—	7,179
—	—	—	—	—	—	—	—	—	—	—	—	4,894
611	—	—	60	—	—	—	—	—	—	—	2,155	18,122
235	—	—	15	180	—	90	281	4,191	—	—	—	24,812
384	—	—	—	—	—	—	—	—	—	—	—	4,669
213	—	—	—	—	—	—	—	—	—	—	—	6,298
—	—	—	—	—	—	—	—	—	367	—	—	6,710
—	—	—	—	450	1,100	120	—	—	—	1,300	—	6,530
—	—	—	—	—	—	—	—	—	—	—	—	10,666
—	—	—	—	—	—	—	1,500	—	—	—	—	8,892
657	1,057	—	—	—	—	—	808	—	—	—	—	6,933
—	—	1,129	—	—	—	—	—	—	—	—	—	3,429
2,100	**1,057**	**2,251**	**75**	**630**	**3,190**	**349**	**2,589**	4,191	**367**	**1,300**	**2,155**	**109,134**

表 85

行政各項臨時費支出詳表

年度	月別	省政府合署建築費	省政府各項臨時費	統計調查局開辦購置費	民廳各項臨時費	籌辦地方自治協助員薪旅費	地方自治工作人員訓練所建築費及購置傢私費	民廳測量隊開辦及購置儀器費	民廳地政工作人員訓練所購置費	各縣市土地局開辦費
二十一年度	七月	—	—	—	—	2,000	3,667	—	—	—
	八月	—	—	—	—	2,660	4,000	—	—	—
	九月	—	—	—	—	9,580	25,667	—	—	—
	十月	—	—	—	1,300	2,140	17,227	—	—	—
	十一月	—	—	—	—	6,150	6,230	—	—	—
	十二月	12,000	—	—	—	4,620	15,667	—	—	—
	一月	14,000	—	—	—	2,610	—	—	—	—
	二月	16,000	—	—	—	2,610	—	10,000	—	—
	三月	20,000	—	—	—	2,610	—	—	4,163	—
	四月	7,000	—	2,950	—	2,610	—	20,097	—	—
	五月	—	—	—	—	—	—	16,590	—	—
	六月	—	—	—	—	2,610	—	25,079	—	—
	合計	**69,000**	—	**2,950**	**1,300**	**40,200**	**72,548**	**17,766**	**4,163**	—
二十二年度	七月	—	10,000	—	—	7,830	—	30,079	—	5,486
	八月	18,200	15,000	—	—	—	—	50,000	14,103	—
	九月	—	—	—	—	—	—	40,237	—	—
	十月	—	10,000	—	—	5,220	—	—	—	—
	十一月	—	4,978	—	—	—	—	—	—	5,486
	十二月	—	—	—	—	7,830	—	11,590	—	—
	一月	—	—	—	—	—	—	—	—	—
	二月	—	—	—	400	2,610	—	—	—	—
	三月	—	—	—	1,390	2,610	—	—	—	—
	四月	—	1,005	—	—	5,220	—	—	—	—
	五月	—	—	—	—	2,610	—	—	—	—
	六月	50,000	—	—	—	2,610	—	45,000	—	320
	合計	**68,200**	**40,983**	—	**1,790**	**36,540**	—	**176,906**	**14,103**	**11,292**

表 85 行政各項臨時費支出詳表（續）

考試及格縣長生活費	各綏靖公署各臨時什費	警衛服裝及印刷等費	旅粵專員及所屬經臨等費	各縣政府修築防城及縣公署費	救災費	祭關岳孔及烈士費	其他	合計
—	17,500	—	—	—	—	—	—	23,167
—	10,740	—	—	—	—	—	(1) 1,000	18,400
—	—	—	—	10,000	—	—	—	45,247
—	—	—	—	—	5,000	—	(2) 750	26,417
—	1,648	—	—	—	3,000	—	—	17,118
—	—	—	—	—	7,000	—	(3) 3,000	42,287
—	—	—	—	—	—	—	—	16,610
—	—	1,350	—	—	6,000	—	(4) 21,500	57,460
—	—	—	—	—	7,000	—	(5) 500	34,273
—	—	—	—	—	37,000	—	—	69,657
—	—	20,000	—	—	5,000	—	—	41,590
—	—	—	—	10,000	—	—	—	37,689
—	**29,888**	**21,350**	—	**20,000**	**70,000**	—	**26,750**	**429,915**
720	—	10,036	22,000	—	—	—	—	86,151
720	—	—	—	—	—	—	—	98 023
—	—	—	6,737	—	—	—	—	46,974
1,440	—	—	—	—	—	—	(6) 13,494	30,154
—	—	—	1,580	—	—	—	—	12,044
720	—	—	4,460	2,000	—	—	—	26,600
360	—	—	4,961	—	—	—	—	5,321
—	377	—	3,633	—	—	—	—	7,020
—	—	—	6,448	—	—	—	(7) 1,000	11,448
—	—	—	2,157	—	—	1,100	—	9,482
—	—	—	3,070	—	1,000	244	(8) 600	7,524
—	—	—	1,245	—	—	80	—	99,255
3,960	**377**	**10,036**	**56,291**	**2,000**	**1,000**	**1,424**	**15,094**	**439,996**

附註

1. 南區綏靖公署犒賞徐聞勳張梁兩團士兵酒肉費
2. 圍洲斜陽管理局開辦費
3. 東北義勇軍密探補助費
4. 徐聞各區建築碉樓18,500元 縣長考試費3,000元
5. 植樹典禮費
6. 全省各縣市行政會議臨時費
7. 植樹典禮費
8. 黃同志中理喪葬費

各金庫經費支出詳表

表 86

年度	月別 \ 庫別	省金庫	汕頭分金庫	韶州分金庫	江門分金庫	南路分金庫	海口分金庫	北海分金庫	中山分金庫	合計
二十一年度	七月	3,446	——	——	——	——	150	——	——	3,602
	八月	3,326	800	800	800	800	800	800	——	8,126
	九月	3,325	——	——	——	——	——	——	——	3,325
	十月	3,425	2,160	2,160	2,160	2,160	720	2,160	——	14,945
	十一月	3,326	——	——	——	——	——	——	——	3,326
	十二月	5,351	——	——	——	——	——	——	——	5,351
	一月	1,300	1,440	1,440	1,440	1,440	1,440	1,440	——	9,940
	二月	3,325	——	——	——	——	——	——	——	3,325
	三月	3,325	——	——	——	——	——	——	——	3,325
	四月	3,326	——	——	——	——	——	——	——	3,326
	五月	3,326	——	——	——	——	——	——	——	3,326
	六月	3,326	4,320	4,320	4,320	4,320	4,320	4,320	——	29,246
	合計	**40,127**	**8,720**	**8,720**	**8,720**	**8,720**	**7,436**	**8,720**	——	**91,163**
二十二年度	七月	3,325	——	——	——	——	——	——	——	3,325
	八月	3,326	——	——	——	——	——	——	——	3,326
	九月	3,325	——	——	——	——	——	——	——	3,325
	十月	3,326	——	——	——	——	——	——	——	3,326
	十一月	3,325	——	——	——	——	——	——	——	3,325
	十二月	5,351	5,040	5,040	5,040	5,040	5,040	5,040	——	35,591
	一月	1,300	——	——	——	——	——	——	——	1,300
	二月	3,326	——	——	——	——	——	——	——	3,326
	三月	3,325	——	——	——	——	——	——	——	3,325
	四月	3,326	——	——	——	——	——	——	——	3,326
	五月	3,326	——	——	——	——	——	——	——	3,326
	六月	5,351	4,400	4,400	4,400	4,400	4,400	4,400	333	32,084
	合計	**41,932**	**9,440**	**9,440**	**9,440**	**9,440**	**9,440**	**9,440**	**333**	**98,905**

表87 各沙田局經費支出詳表

年度	局別 月別	南番沙田局	東莞沙田局	寶安沙田局	潮州沙田局	欽廉沙田局	新會沙田局	合計
二十一年度	七月	—	—	—	—	—	924	924
	八月	—	—	—	—	—	—	—
	九月	832	2,680	3,776	—	—	—	7,288
	十月	1,663	832	—	—	—	—	2,495
	十一月	832	832	—	—	—	2,587	4,251
	十二月	—	1,663	1,152	7,500	2,245	832	13,392
	一月	—	—	—	—	—	—	—
	二月	1,663	832	1,152	675	774	139	5,235
	三月	—	1,663	391	—	—	2,356	4,410
	四月	—	—	—	—	—	—	—
	五月	1,355	832	1,728	—	1,393	1,663	6,971
	六月	1,879	1,663	576	—	—	1,845	5,963
	合計	**8,224**	**10,997**	**8,775**	**8,175**	**4,412**	**10,346**	**50,929**
二十二年度	七月	—	—	1,152	—	1,393	1,879	4,424
	八月	831	832	1,152	—	—	832	3,647
	九月	832	831	—	—	1,393	—	3,056
	十月	—	832	—	—	—	—	832
	十一月	—	832	—	—	—	2,495	3,327
	十二月	831	—	—	—	—	—	831
	一月	832	832	—	—	—	831	2,495
	二月	831	—	1,152	—	—	—	1,983
	三月	—	1,663	—	—	348	1,663	3,674
	四月	832	1,662	—	—	—	—	2,494
	五月	831	415	1,728	12,825	—	952	16,751
	六月	1,663	—	—	—	—	—	1,663
	合計	**7,483**	**7,899**	**5,184**	**12,825**	**3,134**	**17,652**	**45,177**

表 88　各項征收費支出詳表

年度	月別	各營業稅局員及評議委員會經費	煤油販賣業營業稅總處及所屬機關經費	各舶來農產雜項專稅局經費	各稅廠經費	各屬屠牛皮稅征收局經費	田畝陳報處經費	各區催收員經費	各分庫催收餉款辦公費	各縣征收稅契一成經費	各縣征糧經費	各稅收視察員經費	廣州市花捐附加征收專員經費	合計
二十一年度	七月	1,338	—	—	—	2,660	—	—	230	—	6,244	—	—	10,472
	八月	412	—	—	—	—	—	2,090	261	—	—	—	—	2,763
	九月	16,838	—	—	—	—	—	965	564	—	22,801	—	—	41,168
	十月	13,154	—	—	1,153	—	—	2,741	974	—	26,120	—	—	44,142
	十一月	2,390	—	—	384	—	400	104	639	4,294	11,458	—	—	19 669
	十二月	20 861	—	—	711	—	—	52	680	4,581	764	—	—	27 649
	一月	500	—	—	—	—	—	54	540	—	—	—	—	1,094
	二月	8,315	—	—	1,287	—	—	54	510	7,736	14,280	—	—	32,182
	三月	25,537	—	—	—	—	—	54	297	2,816	2,864	—	—	31,568
	四月	851	—	—	—	—	—	54	531	1,061	4,529	—	—	7,026
	五月	31,596	—	—	427	2,580	—	54	1,252	8,532	47,849	—	—	92,290
	六月	22,265	—	—	—	—	—	929	—	11,722	32,720	—	—	67,636
	合計	**144,057**	—	—	**3 962**	**5,240**	**400**	**7,151**	**6,478**	**40,742**	**169,685**	—	—	**377,659**
二十二年度	七月	6,301	—	—	—	—	—	—	557	11,790	791	—	—	19,439
	八月	8,832	—	—	—	—	—	—	817	10,802	15,137	—	—	35,588
	九月	2,583	—	—	—	—	—	—	369	4,290	7,005	—	—	14,247
	十月	13,111	—	—	—	—	—	—	603	2,597	4,644	—	—	20,955
	十一月	20,773	—	—	—	—	—	—	511	3,938	2,961	—	—	28,183
	十二月	21,258	15,085	—	—	—	—	—	702	4,667	11,882	—	—	53,594
	一月	10,633	—	600	—	—	—	—	342	3,814	6,657	—	—	22,046
	二月	2,026	—	1,867	—	—	—	—	468	3,751	3,329	—	—	11,441
	三月	2,972	—	9,567	—	—	—	—	558	9,856	6.349	2,997	—	32,299
	四月	7,498	30,170	7,091	—	—	—	—	576	1,231	3,762	450	—	50,778
	五月	7,238	—	13,841	—	—	—	—	637	10,223	44,278	—	—	76,217
	六月	12,672	—	—	—	—	—	—	360	1,617	33,682	—	1,719	50,050
	合計	**115,897**	**45,255**	**32,966**	—	—	—	—	**6,500**	**68,576**	**140,477**	**3,447**	**1,719**	**414,837**

表 89　各營業稅局及評議會經費支出詳表

年度	月別 \ 科目	廣州市營業稅局及河南征收處經費	廣州市營業稅局評議委員會經費	南番三營業稅局經費	新台開營業稅局經費	中山營業稅局經費	汕頭營業稅局經費	瓊山營業稅局經費	各屬營業稅評議委員會經費	合計
二十一年度	七月	1,338	—	—	—	—	—	—	—	1,338
	八月	412	—	—	—	—	—	—	—	412
	九月	16,264	574	—	—	—	—	—	—	16,838
	十月	12,976	178	—	—	—	—	—	—	13,154
	十一月	—	—	—	2,390	—	—	—	—	2,390
	十二月	15,478	178	1,352	1,471	—	—	2,382	—	20.861
	一月	—	—	—	—	—	—	500	—	500
	二月	6,686	—	—	—	1,201	428	—	—	8,315
	三月	14,815	355	2,495	2,887	—	4,275	710	—	25,537
	四月	—	—	—	—	851	—	—	—	851
	五月	23,900	535	2,495	2,495	1,702	469	—	—	31,596
	六月	16,466	355	1,247	2,495	1,702	—	—	—	22,265
	合計	**108,335**	**2,175**	**7,589**	**11,738**	**5,456**	**5,172**	**3,592**	—	**144,057**
二十二年度	七月	—	—	1,247	1,248	—	3,806	—	—	6,301
	八月	7,406	178	1,248	—	—	—	—	—	8,832
	九月	—	356	352	1,364	511	—	—	—	2,583
	十月	7,406	—	2,377	1,364	1,937	—	—	27	13,111
	十一月	14,707	133	1,455	1,364	—	3,060	—	54	20,773
	十二月	14,989	124	1,553	1,365	968	2,205	—	54	21,258
	一月	7,492	124	1,554	—	968	441	—	54	10,633
	二月	—	—	—	1,364	—	662	—	—	2,026
	三月	—	—	1,554	1,364	—	—	—	54	2,972
	四月	7,498	—	—	—	—	—	—	—	7,498
	五月	—	124	1,553	1,365	1,937	2,205	—	54	7,238
	六月	7,468	248	2,427	—	1,373	1,102	—	54	12,672
	合計	**66,966**	**1,287**	**15,320**	**10,798**	**7,694**	**13,481**	—	**351**	**115,897**

表 90 各舶來農產品雜項專稅局經費支出詳表

年度	月別＼科目	欽廉局	瓊崖局	潮梅局	合計
二十一年度	七月	—	—	—	—
	八月	—	—	—	—
	九月	—	—	—	—
	十月	—	—	—	—
	十一月	—	—	—	—
	十二月	—	—	—	—
	一月	—	—	—	—
	二月	—	—	—	—
	三月	—	—	—	—
	四月	—	—	—	—
	五月	—	—	—	—
	六月	—	—	—	—
	合計	—	—	—	—
二十二年度	七月	—	—	—	—
	八月	—	—	—	—
	九月	—	—	—	—
	十月	—	—	—	—
	十一月	—	—	—	—
	十二月	—	—	—	—
	一月	600	—	—	600
	二月	—	1,867	—	1,867
	三月	300	—	9,267	9,567
	四月	5,223	1,868	—	7,091
	五月	—	10,752	3,089	13,841
	六月	—	—	—	—
	合計	6,123	14,487	12,356	32,966

表 91　各税厰經費支出詳表

月別 \ 科目		廣州東稅廠	佛山汾新稅廠	乳源縣稅廠	合計
二十一年度	七月	—	—	—	—
	八月	—	—	—	—
	九月	—	—	—	—
	十月	1,513	—	—	1,513
	十一月	384	—	—	384
	十二月	—	711	—	711
	一月	—	—	—	—
	二月	576	711	—	1,287
	三月	—	—	—	—
	四月	—	—	—	—
	五月	427	—	—	427
	六月	—	—	—	—
	合計	2,540	1,422	—	3,962
二十二年度	七月	—	—	—	—
	八月	—	—	—	—
	九月	—	—	—	—
	十月	—	—	—	—
	十一月	—	—	—	—
	十二月	—	—	—	—
	一月	—	—	—	—
	二月	—	—	—	—
	三月	—	—	—	—
	四月	—	—	—	—
	五月	—	—	—	—
	六月	—	—	—	—
	合計	—	—	—	—

表92 **各項護沙經費支出詳表**

年度	月別 \ 科目	護沙隊經費	護沙第一號巡輪經費	第二號巡輪經費	第三號巡輪經費	第四號巡輪經費	巡輪煤炭費	合計
二十一年度	七月	7,308	683	683	683	683	2,016	12,056
	八月	7,308	400	400	400	400	——	8,908
	九月	7,308	526	526	526	526	1,008	10,420
	十月	7,308	652	652	652	652	1,008	10,924
	十一月	7,308	526	526	526	526	952	10,364
	十二月	7,452	726	726	726	726	——	10,356
	一月	5,000	326	326	326	326	——	6,304
	二月	5,922	400	400	400	400	——	7,522
	三月	12,766	652	652	652	652	——	15,374
	四月	——	526	526	526	526	——	2,104
	五月	——	526	526	526	526	——	2,104
	六月	5,922	852	526	526	526	1,220	9,572
	合計	**73,602**	**6,795**	**6,469**	**6,469**	**6,469**	**6,204**	**106,008**
二十二年度	七月	5,922	200	526	526	526	——	7,700
	八月	——	126	526	126	526	480	1,784
	九月	10,656	——	526	——	526	——	11,708
	十月	7,110	——	526	——	526	——	8,162
	十一月	5,922	——	726	200	326	——	7,174
	十二月	4,800	——	652	——	852	——	6,304
	一月	7,955	——	200	——	200	240	8,595
	二月	9,551	——	526	——	526	——	10,603
	三月	7,736	——	726	——	726	120	9,308
	四月	7,736	——	326	——	326	940	9,328
	五月	——	——	526	——	526	——	1,052
	六月	15,473	——	526	——	526	——	16,525
	合計	**82,861**	**326**	**6,312**	**852**	**6,112**	**1,780**	**98,243**

表 93 　财務臨時費支出詳表

年度	月別	沙田測丈隊費	駐沙編驗專員各隊費	財政廳派赴各沙田局登記專員費	潮州沙田局測丈隊及護沙排費	護沙隊全隊臨時費	省金庫印製賬簿等費	財務臨時什費	合計
二十一年度	七月	—	—	—	—	940	—	3,010	3,950
	八月	—	—	—	—	—	—	1,559	1,559
	九月	—	—	—	—	890	—	452	1,342
	十月	—	—	—	—	3,118	753	7,233	11,104
	十一月	—	—	—	—	2,094	—	—	2,094
	十二月	—	—	—	—	4,241	—	10,954	15,195
	一月	—	3,315	—	—	194	—	—	3,509
	二月	—	615	—	—	8 947	—	19,787	29,349
	三月	18,903	1,847	—	—	5,264	—	248	26,262
	四月	11,970	2,463	—	—	1,731	—	5,543	21,707
	五月	11,970	2,462	—	—	6,722	—	410	21,564
	六月	11,970	2,462	—	—	219	—	1,670	16,321
	合計	**54,813**	**13,164**	—	—	**34,360**	**753**	**50,866**	**153,956**
二十二年度	七月	11,970	4,309	—	—	400	—	1,000	17,679
	八月	11,970	616	524	—	—	—	—	13,110
	九月	12,114	2,318	1,047	—	6,081	—	9,634	31,194
	十月	12,114	2,318	524	—	1,934	—	11,158	28,048
	十一月	12,114	2 319	524	—	400	748	7,422	23,527
	十二月	14,114	2,318	524	2,596	1,325	—	38,370	59,247
	一月	12,025	2,319	1,047	—	1,070	—	7,053	23,514
	二月	12,504	2,318	524	—	1,092	—	27,556	43,994
	三月	15,965	2,318	—	—	3,401	—	20,770	42,454
	四月	13,935	2,318	1,571	—	492	—	1,233	19,549
	五月	15,511	2,318	1,571	—	—	—	2,678	22,078
	六月	20,739	2,319	2,161	—	1,308	—	46,632	73,359
	合計	**165,275**	**28,108**	**10,017**	**2,596**	**17,503**	**748**	**173,506**	**397,753**

表 94

省立各學校經費支出詳表

年度	月別	工業專科學校	第一師範	第二師範	第三師範	第四師範	第五師範	第六師範	第一女子師範	第一中學
二十一年度	七月	8,000	1,660	——	——	2,806	——	——	7,110	6 000
	八月	13,708	2,471	——	——	2,654	2,517	——	7,133	8,000
	九月	13,000	3,466	4,773	5,344	2,806	——	4,053	15,133	8,500
	十月	25,742	3,270	4,773	——	2,806	5,033	1,944	11.133	6,750
	十一月	16,708	4,271	2,387	9,188	3,279	——	8,117	13,223	26,777
	十二月	25,384	5,148	5,946	——	2,876	——	——	18,341	18,468
	一月	21,092	5,407	——	6,519	2,774	——	——	16,271	21,804
	二月	17,709	2,000	5,946	——	2,774	——	3,920	13,191	18,027
	三月	14,000	4,703	5,946	6,517	2,775	——	1,306	11,500	18,027
	四月	18,709	3,704	2,973	3,258	2,774	——	5,226	12 691	15,000
	五月	16,708	4,204	2,973	3,258	3,229	——	2.613	11,191	16,027
	六月	11,708	5,204	2,973	3,258	3,078	——	2 613	12,191	20,027
	合計	**202,468**	**45,508**	**38,690**	**37,340**	**34,631**	**7,500**	**29,792**	**149,108**	**183,407**
二十二年度	七月	17,708	3,204	——	3,258	3,078	——	600	11,191	12,027
	八月	18,708	3,203	2,973	——	2,774	——	1,300	8,691	15,027
	九月	12,708	4,204	——	6,517	2.926	——	1,513	15,691	16,027
	十月	13,709	3,203	5,946	——	2,926	——	2,413	9,191	14,027
	十一月	6,000	1,000	——	8,655	3,411	——	2,146	5,000	8,000
	十二月	18,008	4,203	5,946	——	1,152	——	3.213	12,501	13.527
	一月	12,409	2,500	2,973	8,655	2,411	——	2,253	21,538	14,527
	二月	32,008	5,641	2,973	——	3,259	——	3,338	20,096	17 300
	三月	35,117	7,141	5,946	8,655	6,670	——	3,458	14,043	17,871
	四月	9,000	8,182	2,973	4.328	4,259	——	4,635	21,248	27144
	五月	21,012	8,082	2,973	4.328	5.518	——	6,195	13,048	1,3144
	六月	19.911	4,441	2.973	4,328	3.259	——	10,152	14,248	26,144
	合計	**216,298**	**55,004**	**35,676**	**48,724**	**41,643**	——	**41.216**	**66 491**	**194,765**

表 94

省立各學校經費支出詳表（續）

第二中學	第三中學	第五中學	第六中學	第七中學	第八中學	第九中學	第十中學	第十一中學
4,000	—	—	2,187	1,749	1,399	—	1,650	2,799
5,447	825	4,198	—	640	—	2,014	—	2,000
7,267	2,475	2,099	1,458	1,949	2,799	4,028	3,299	2,799
8,180	2,474	2,099	—	2,699	1,399	—	—	—
267	2,425	2,099	2,187	2,216	1,845	—	—	4,199
—	2,524	4,198	—	2,176	955	2,014	4,949	—
—	3,299	—	1,458	2,216	1,399	4,028	—	—
—	—	4,199	—	2,216	1,399	4,028	3,299	2,799
—	1,650	—	1,658	2,216	1,399	—	3,299	2,799
—	1,649	4,199	—	2,216	1,399	4,028	—	1,399
—	1,650	2,099	1,658	2,216	1,399	—	3,299	1,399
—	800	2,099	—	800	700	4,028	—	—
25,161	**19,771**	**27,289**	**10,606**	**23,309**	**16,092**	**24,168**	**19,795**	**20,193**
—	2,499	2,099	829	3,632	2,099	2,014	1,649	1,399
—	800	2,099	829	1,000	800	2,014	—	1,400
—	849	—	—	2,216	599	—	1,649	—
—	1,649	4,198	1,658	1,216	1,399	4,028	3,299	2,799
—	—	—	—	1,000	1,399	—	—	—
—	1,999	4,199	3,031	3,898	1,399	5,401	3,299	2,799
—	1,299	4,198	2,573	—	1,400	2,471	—	2,799
—	3,299	—	—	8,048	—	2,472	—	—
—	3,299	4,199	2,573	4,682	2,799	4,943	6,598	2,799
—	—	2,099	—	3,365	2,799	2,472	1,649	1,399
—	4,949	2,099	2,573	2,683	2,799	—	1,649	1,399
—	—	2,099	1,287	—	—	4,943	1,650	—
—	**20,642**	**27,289**	**15,353**	**31,740**	**17,492**	**30,758**	**21,442**	**16,793**

表 94　**省立各學校經費支出詳表（續）**

第十二中學	第十三中學	第一女子中學	第一職業學校	第一農業學校	第二農業學校	第三農業學校	嶺東商業學校	合計
1,196	—	4,000	—	—	—	—	2,943	47,499
1,196	—	2,306	—	—	—	—	2.943	58,052
2,391	2.742	9,406	—	—	—	—	—	99,787
—	1,343	6,856	—	—	—	—	5.886	92,387
4,519	4.830	6,406	—	—	—	—	2,943	117,886
—	—	7,864	—	—	—	—	5,886	106,729
—	—	9,279	—	7,790	—	—	5,886	109,220
3,324	1.399	6,914	—	5,273	—	—	—	98,417
3,324	1.399	5,000	—	3,000	—	—	5.886	96,404
—	2.799	6,914	—	6,473	—	—	2,943	98,354
3.324	1,400	7.414	—	23,187	—	—	2,943	112,191
—	1,399	4,414	—	3,237	—	—	2,943	81.472
19,274	**17,311**	**76,773**	—	**48,960**	—	—	**41 202**	**1,118,398**
1,662	1,399	7,914	—	3.237	—	—	—	81,498
—	—	4,414	—	3,237	—	—	2.943	72,212
1,662	—	6,914	—	—	—	—	2,943	76,418
3,324	—	5.415	2,000	3,237	—	—	2,943	88,580
—	1,400	2,500	2,000	3,237	—	—	2.943	48,691
4,224	1,399	8,415	8,000	7,388	—	—	2,943	124,444
4,224	700	2,915	4,500	—	—	7,500	2,943	102,288
—	2,099	15,829	12,000	3,694	—	5,000	5,886	134,999
—	1.399	6,930	17,500	—	—	—	2,943	167,513
4,224	2,799	10,931	9,000	11,082	4,000	5,000	2,943	143,031
4,224	2,799	9,931	5,000	4,694	—	2,500	2,943	124.542
—	2,799	3,930	9,000	3,694	—	2,500	2,943	120,301
23,544	**16,793**	**86,038**	**69,000**	**43,500**	**4,000**	**25,000**	**35,316**	**1,284,517**

表95 私立各學校補助經費支出詳表

年度	月別	嶺南大學	廣州大學	國民大學	仲愷農工學校	執信學校	明遠中學
二十一年度	七月	5,665	——	——	4,130	4,155	900
	八月	3,000	——	——	10,716	7,745	——
	九月	3,665	950	1,500	9,711	8,055	2,000
	十月	13,332	150	150	8,716	10,745	100
	十一月	9,665	3,000	1,500	7,341	9,555	900
	十二月	18,002	——	1,350	12,524	10,245	2,000
	一月	17,002	1,350	1,500	10,673	11,800	1,000
	二月	15,002	3,000	1,500	9,649	8,900	——
	三月	17,002	1,500	1,500	9,649	8,900	2,000
	四月	15,002	1,500	1,500	8,500	6,000	——
	五月	14,000	1,500	800	8,649	8,900	2,000
	六月	15,667	700	700	10,149	7,900	1,000
	合計	**147,004**	**13,650**	**12,300**	**110,407**	**102,900**	**11,900**
二十二年度	七月	20,333	1,600	2,300	5,649	7,900	1,000
	八月	24,667	1,500	2,200	9,649	6,900	1,000
	九月	13,667	1,400	700	8,649	8,900	——
	十月	22,667	800	800	6,649	6,900	2,000
	十一月	15,667	800	700	8,500	3,000	1,000
	十二月	6,667	——	2,000	3,649	5,400	1,000
	一月	38,533	——	3,300	11,149	10,400	1,000
	二月	43,533	——	——	15,298	13,900	1,000
	三月	19,933	——	——	8,000	7,900	1,000
	四月	41,333	10,000	——	2,947	21,700	1,000
	五月	41,067	1,200	4,500	9,649	8,900	1,000
	六月	25,933	1,500	——	9,649	5,000	500
	合計	**287,000**	**18,800**	**16,500**	**117,437**	**106,800**	**11,500**

表 95 私立各學校補助費支出詳表(續)

崇實中學	仙逸中學	世德中學	庚戌首義學校	譽光中學	德明中學	合計
—	1,500	—	—	—	—	16,350
450	—	—	—	—	—	21.911
450	4,000	—	—	—	—	30,331
500	7,100	—	—	—	—	40,793
500	—	—	—	—	—	32,461
1,000	—	2.490	—	—	—	47.611
500	—	1,660	—	—	—	45,485
500	—	—	390	—	—	38,941
500	—	830	390	—	—	42,271
500	—	830	390	—	—	34,222
—	4,000	830	390	—	—	41,069
500	—	830	390	—	—	27,836
5,400	**16,600**	**7,470**	**1,950**	—	—	**429,281**
500	—	1,660	390	—	—	41.332
500	—	—	390	—	—	46,806
500	—	—	390	—	—	34,206
—	12,000	—	390	250	—	52.456
—	—	—	390	—	500	30,557
1,000	—	3,862	390	250	—	24,218
1,500	—	830	390	500	1,000	68,602
—	—	2,575	390	—	500	77,186
1,000	—	2,575	390	500	500	41,798
—	—	1,287	390	250	500	97,407
1,000	—	1,288	390	250	500	42,744
500	—	1,287	390	250	500	45,509
6,500	**12,000**	**15,364**	**4,680**	**2,250**	**4,000**	**602,831**

表 96

各講習所及訓練班經費支出詳表

月別		小學教員訓練所	暑期體育班	省立民衆教育人員訓練所	軍事政治學校政治深造班	廣東婦女習藝所	廣州市內省市高中以上學校女生救護訓練所	中上學校軍事訓練	軍童訓練所	合計
二十一年度	七月	2,070	—	—	—	—	—	—	—	2,070
	八月	4,000	—	—	—	—	—	—	—	4,000
	九月	10,930	—	2,520	—	—	—	—	—	13,450
	十月	6.000	—	—	—	—	—	—	—	6,000
	十一月	2,070	—	1,266	—	—	—	—	—	3,336
	十二月	7,930	—	2,436	—	—	—	—	—	10,366
	一月	7,930	—	1,218	—	—	—	—	—	9,148
	二月	6,000	—	1,218	—	—	—	—	—	7,218
	三月	6,000	—	1,218	—	—	—	—	—	7,218
	四月	—	—	1,218	—	—	—	—	—	1,218
	五月	6,000	—	1,218	—	—	—	—	—	10,218
	六月	5,000	—	600	—	—	—	—	—	5,600
	合計	**66,930**	—	**12,912**	—	—	—	—	—	**79,842**
二十二年度	七月	6,000	—	618	—	—	—	—	—	6,618
	八月	6,000	4,179	1,218	—	—	1,200	—	—	12,597
	九月	10,000	—	—	—	—	2,000	51,345	—	63,345
	十月	12,000	—	700	74,353	—	1,740	—	—	88,792
	十一月	9,560	—	1,736	5,476	—	—	—	—	16,772
	十二月	7,000	—	—	—	180	—	—	—	7,180
	一月	6,000	—	1,000	—	—	—	—	—	7,000
	二月	8,060	—	3,654	—	420	—	—	—	12,134
	三月	8,080	—	—	9,600	400	—	—	—	18,080
	四月	8,980	—	—	12,112	200	—	—	4,595	25,887
	五月	11,328	—	—	12,856	200	—	—	2,297	26,681
	六月	3,000	—	1,218	8,856	200	—	—	2,297	15,571
	合計	**96,098**	**4,179**	**10,144**	**123,252**	**1,600**	4,940	**51,345**	**9,189**	**300,657**

表 97 教育文化費支出詳表

年度	月別＼科目	省立民衆教育館	實驗民衆教育館	省立圖書館	仲元圖書館	教育成績展覽所	廣東省教育會	廣東體育委員會
二十一年度	七月	—	—	695	750	—	900	—
	八月	—	—	—	694	—	90	—
	九月	180	—	1,390	1,358	—	1,710	—
	十月	—	—	695	684	—	900	—
	十一月	360	—	786	684	—	900	—
	十二月	—	—	695	684	—	900	—
	一月	360	—	695	684	—	900	—
	二月	180	—	695	684	—	900	—
	三月	180	—	695	684	—	900	—
	四月	180	30,000	695	684	—	900	—
	五月	180	8,000	695	684	—	900	—
	六月	180	12,000	745	684	—	900	—
	合計	1,800	50,000	8,485	8,958	—	10,805	—
二十二年度	七月	180	4,000	695	684	—	900	850
	八月	180	8,000	695	684	4,312	900	850
	九月	180	22,000	695	684	—	900	1,350
	十月	180	16,000	695	684	—	900	1,000
	十一月	180	—	695	684	—	700	850
	十二月	180	11,600	695	684	—	—	500
	一月	180	23,000	695	500	—	1,100	1,900
	二月	180	23,000	737	868	—	900	2,300
	三月	180	10,030	695	684	—	1,800	1,200
	四月	180	4,000	—	684	—	900	2,500
	五月	180	4,500	1,390	684	—	900	1,050
	六月	180	—	720	684	—	900	1,000
	合計	2,160	126,130	8,407	8,208	4,312	10,800	15,350

表 97 教育文化費支出詳表(續)

育體協會	全省教育會議經費	公共運動場委員會	全省運動會	民衆體育實驗區	社會教育實驗區	合計
—	—	450	—	—	—	2,795
920	—	—	—	—	—	1,704
880	3,600	900	—	—	—	10,018
900	—	450	—	—	—	3,629
920	—	450	—	—	—	4,100
1,380	1,349	450	—	—	—	5,458
400	—	450	—	—	—	3,489
1,800	—	450	—	—	—	4,709
—	—	450	—	675	360	3,944
900	—	450	10,000	675	360	44,844
900	—	450	7,000	675	360	19,844
1,400	—	—	—	360	—	16,269
10,400	**4,949**	**4,950**	**17,000**	**2,385**	**1,080**	**120,803**
—	—	—	—	675	360	8,344
—	—	—	—	675	—	16,296
—	—	—	—	675	720	27,204
—	—	—	—	—	360	19,819
—	—	—	—	675	360	4,144
—	—	—	—	—	360	14,019
—	—	—	—	675	360	28,410
—	—	—	—	2,025	360	30,370
—	—	—	—	675	360	15,624
—	—	—	—	675	360	9,299
—	—	—	—	—	360	9,064
—	—	—	—	675	360	4,519
—	—	—	—	**7,425**	**4,320**	**187,112**

表 98　留學各國及各地學生學費支出詳表

月別		留學西洋學生學費及雜費	留學東洋學生學費及雜費	留法學生等學費	沈敦輝赴歐調查鹽業學費	羅明燏留美學習飛機費	留學省外專科以上學籍學生津貼費	黃林翔谷慶蔭張少領轉學補助費	合計
二十一年度	七月	——	4,490	15,00	——	——	——	——	5,990
	八月	——	4,531	1,258	——	8,500	——	——	14,289
	九月	14,38	8,183	1,628	——	——	——	——	11,249
	十月	——	4,525	134	——	——	——	——	4,659
	十一月	——	4,175	134	——	——	75	——	4,384
	十二月	——	5,020	134	——	——	475	——	5,629
	一月	——	9,612	1,633	——	——	——	——	11,245
	二月	6,685	9,808	134	——	——	——	——	16,627
	三月	——	——	1,635	——	——	——	——	1,635
	四月	3,256	4,628	133	——	——	400	——	8,417
	五月	——	——	133	——	——	——	——	133
	六月	7,057	9.466	——	——	——	——	——	16,523
	合計	18,436	64,438	8,456	——	8,500	950	——	100,780
二十二年度	七月	2,618	——	1,770	——	——	——	——	4.388
	八月	——	4,515	133	——	——	——	——	4,648
	九月	——	——	886	——	——	——	——	886
	十月	——	8,682	136	——	4,428	75	——	13,321
	十一月	——	——	136	——	——	——	——	136
	十二月	——	——	1,134	——	——	——	——	1,134
	一月	——	——	882	——	——	——	——	882
	二月	——	8,270	——	5,820	——	——	400	14,490
	三月	1,000	7,764	261	——	——	——	——	9,025
	四月	——	——	750	——	——	——	——	750
	五月	——	16,765	——	——	——	1,125	——	17,890
	六月	——	——	750	——	——	——	——	750
	合計	3,618	45,996	6,838	5,820	4,428	1,200	400	68,300

表99 教育各項臨時費支出詳表

月別		省督學出發旅費	撥南大學攤還舊欠	環市賽跑首名學生學費	各學校建築增班開辦購置費	其他臨時費	合計
二十一年度	七月	—	3,000	—	14,882	—	17,882
	八月	—	—	—	10,197	500	10,697
	九月	2,000	—	—	13,180	—	15,180
	十月	5,992	—	—	19,908	500	26,400
	十一月	—	3,500	—	13,381	538	17,419
	十二月	—	4,500	—	6,065	—	10,565
	一月	—	7,000	—	5,913	—	12,913
	二月	—	—	300	13,990	—	14,290
	三月	—	—	—	20,812	—	20,812
	四月	7,992	—	—	27,096	—	35,088
	五月	—	—	—	30,256	2,000	32,256
	六月	—	—	—	25,000	—	25,000
	合計	**15,984**	**18,000**	**300**	**200,680**	**(甲) 3,538**	**238,502**
二十二年度	七月	—	7,500	—	20,669	7,002	35,171
	八月	—	7,500	—	31,455	1,337	40,292
	九月	—	10,000	—	143,000	18,000	171 000
	十月	7,992	—	—	84,911	34,626	127,529
	十一月	—	5,000	300	30,469	—	35,769
	十二月	—	1,400	—	23,587	—	24,987
	一月	—	13,600	—	45,978	—	59,578
	二月	—	10,000	—	42,182	8,600	60,782
	三月	—	10,000	—	28,000	—	38,000
	四月	8,442	10,000	300	106,843	8,000	133,585
	五月	—	5,000	—	110,729	7,001	122,730
	六月	—	10,000	—	53,115	8,490	71,605
	合計	**16,434**	**90,000**	**600**	**720,938**	**乙) 93,056**	**921,028**

註：(甲)

項目	金額
派黃啓明出席全國體育會議旅費	500
全省水上運動第五次大會補助費	500
體育協進會領發獎品費	538
送中央軍校學生赴京覆試往返舟車費	2,000
合計	3,538

註：(乙)

項目	金額
辦理中等學校畢業會考費	52,628
教廳第四科長往山東考察旅費	1,337
全省水上運動第六次大會補助費	1,000
參加全國運動會經費	17,000
捐助青海教育費	2,600
廣州市第一次運動會補助費	6 000
參加第十屆遠東運動預選會經費	7,000
刊印全省教育概况工料費	1,501
赴往考察教育補助費	500
中等學校學生會操費	3,490
合計	93,056

表 100

建設費分類統計表

月別 \ 科目		建設廳經費	各公路建築費	中山紀念堂建築費	各項臨時費	合計
二十一年度	七月	1,445	50,000	6,000	——	57,445
	八月	4,287	162,000	6,000	3,000	175,287
	九月	5,440	155,000	25,035	5,925	191,400
	十月	24,071	165 000	37,000	36,781	262,852
	十一月	18,277	263,588	21,000	269	303,134
	十二月	25,987	195,000	27,000	16,266	264,253
	一月	36,300	173,875	41,965	——	252,140
	二月	27,650	101,000	33,000	7.217	168,867
	三月	26,000	60,000	25,000	32,039	143,039
	四月	28,090	196,000	26,000	58,114	308,204
	五月	25,090	111,979	14,000	177'612	328,681
	六月	12,090	129,000	12,000	112,849	265,939
	合計	**234,727**	**1,762,442**	**274,000**	**450,072**	**2,721,241**
二十二年度	七月	7,000	72,575	10,000	——	89,575
	八月	14.090	103,000	2,000	10,515	129,605
	九月	11,000	80,000	4,000	——	95,000
	十月	6,000	104,358	2,000	18 000	130,358
	十一月	2,000	118,000	2,000	11,000	133,000
	十二月	1,000	207,785	——	28,880	237,665
	一月	21,000	210,660	4,500	124,673	360.833
	二月	6,090	89,300	3,000	19,785	118,175
	三月	7,000	135,093	11,000	7,130	160,223
	四月	5,000	193,068	3,000	17,313	218,441
	五月	12 000	127,485	4.000	49,615	193,100
	六月	187,719	103.250	8,000	8,215	307,184
	合計	**219,899**	**1,544.574**	**53,500**	**295,186**	**2,173,159**

表 101 各公路建築費支出詳表

年度	月別＼路別	省道幹綫八大公路	合璽公路	韶坪公路	雄信公路	合欽公路	河紫公路	定和公路
二十一年度	七月	50,000	—	—	—	—	—	—
	八月	160,000	—	—	—	—	—	—
	九月	148,000	7,000	—	—	—	—	—
	十月	165,000	—	—	—	—	—	—
	十一月	263,588	—	—	—	—	—	—
	十二月	195,000	—	—	—	—	—	—
	一月	173,875	—	—	—	—	—	—
	二月	95,000	6,000	—	—	—	—	—
	三月	60,000	—	—	—	—	—	—
	四月	186,000	—	10,000	—	—	—	—
	五月	72,000	5,778	34,201	—	—	—	—
	六月	99,000	—	30,000	—	—	—	—
	合計	**1,667,463**	**18,778**	**74,201**	—	—	—	—
二十二年度	七月	35,000	2,575	5,000	30,000	—	—	—
	八月	84,000	—	19,000	—	—	—	—
	九月	35,000	—	20,000	20,000	—	—	5,000
	十月	73,358	—	26,000	—	—	—	—
	十一月	28,000	—	—	45,000	—	—	—
	十二月	72,785	—	—	5,000	—	—	—
	一月	30,000	—	—	—	—	—	22,660
	二月	34,300	—	—	—	—	—	—
	三月	10,000	2,093	—	—	10,000	38,000	—
	四月	16,000	—	41,000	—	—	—	—
	五月	9,700	—	23,000	—	—	38,000	—
	六月	66,250	—	10,000	—	—	—	—
	合計	**494,393**	**4,668**	**144,000**	**100,000**	**10,000**	**67,000**	**27,660**

表 101 各公路建築費支出詳表（續）

翁虔公路	英翁連公路	興平公路	東區公路	虎門軍路	吉平公路	合計
—	—	—	—	—	—	50,000
—	—	—	2,000	—	—	162,000
—	—	—	—	—	—	155,000
—	—	—	—	—	—	165,000
—	—	—	—	—	—	263,588
—	—	—	—	—	—	195,000
—	—	—	—	—	—	173,875
—	—	—	—	—	—	101,000
—	—	—	—	—	—	60,000
—	—	—	—	—	—	196,000
—	—	—	—	—	—	111,979
—	—	—	—	—	—	129,000
—	—	—	**2,000**	—	—	**1,762,442**
—	—	—	—	—	—	72,575
—	—	—	—	—	—	103,000
—	—	—	—	—	—	80,000
5,000	—	—	—	—	—	104,358
—	15,000	30,000	—	—	—	118,000
59,000	5,000	—	52,000	14,000	—	207,785
36,000	14,000	—	108,000	—	—	210,660
—	10,000	—	45,000	—	—	89,300
—	16,000	—	55,000	—	4,000	135,093
—	20,000	96,068	20,000	—	—	193,068
—	46,785	—	10,000	—	—	127,485
—	17,000	—	10,000	—	—	103,250
100,000	**143,185**	**126,068**	**300,000**	**14,000**	**4,000**	**1,544,574**

表 102 建設臨時費支出詳表

月別		各公路及橋樑建築費	各縣建築及修葺飛機場庫費	各縣置設飛行標誌工料費	撥築陸豐縣公路墊款	七星巖公園建築費	羅浮公園建築費	其他臨時費	合計
二十一年度	七月	—	—	—	—	—	—	—	—
	八月	—	3 000	—	—	—	—	—	3,000
	九月	—	5,925	—	—	—	—	—	5,925
	十月	15,000	5,000	—	—	—	—	(1) 16,781	36,781
	十一月	—	—	269	—	—	—	—	269
	十二月	—	16,091	175	—	—	—	—	16,266
	一月	—	—	—	—	—	—	—	—
	二月	—	6,563	654	—	—	—	—	7,217
	三月	32,000	39	—	—	—	—	—	32,039
	四月	40,000	16,000	114	10,000	—	—	(2) 2,000	58,114
	五月	173,424	4,188	—	—	—	—	—	177,612
	六月	102,849	—	—	10,000	—	—	—	112,849
	合計	**365,273**	**56,806**	**1,212**	**20,000**	—	—	**18,781**	**450,072**
二十二年度	七月	—	—	—	—	—	—	—	—
	八月	—	389	126	10,000	—	—	—	10,515
	九月	—	—	—	—	—	—	—	—
	十月	16,000	—	—	—	2,000	—	—	18,000
	十一月	—	—	—	10,000	1,000	—	—	11,000
	十二月	1,280	—	—	—	—	—	(3) 27,600	28,880
	一月	103,927	746	—	—	—	—	(4) 20,000	124,673
	二月	19,785	—	—	—	—	—	—	19,785
	三月	7,000	—	130	—	—	—	—	7,130
	四月	14,000	—	—	—	—	3.373	—	17,373
	五月	24,000	—	—	—	—	10,615	(5) 15,000	49,615
	六月	—	—	—	—	—	1,115	(6) 7,100	8,215
	合計	**185,992**	**1,135**	**256**	**20,000**	**3,000**	**15,103**	**69,700**	**295,186**

附註

(1) 中山港開港典禮籌備委員會經費
(2) 建築先烈鄧乃燕紀念碑費
(3) 徐聞縣建築碉樓及恢復荒鄉欵
(4) 同(3)
(5) 木炭汽車專利權讓與費及發明人旅費
(6) 翁江水力電廠工程測勘團旅費及調查滑水山森林旅費

農林費分類統計表

表 103

年度	月別＼科目	農林局及所屬機關經費	蠶絲改良局經費	生絲檢查所經費	瓊崖實業局經費	徐聞墾殖經費	南山移殖委員會經費	南路蠶業試驗場經費	各項臨時費	合計
二十一年度	七月	11,683	6,056	5,445	—	—	—	—	—	23,184
	八月	17,134	5,166	5,400	—	—	—	—	—	27,700
	九月	29,733	6,230	6,186	—	—	—	—	—	42,169
	十月	36,525	9,250	35,151	—	—	—	900	9,000	90'826
	十一月	26,032	7.750	11,651	—	—	—	—	10,933	56,366
	十二月	41,207	10,140	10,246	—	—	—	1,800	10,000	73,393
	一月	39,521	8,891	9,031	—	—	—	—	21,000	78,443
	二月	30,232	7,250	7,286	—	—	—	1,800	2,500	49,068
	三月	36,180	7,250	4,000	—	—	—	900	7,500	55,830
	四月	29,602	5,000	8.285	—	—	—	900	—	43,787
	五月	24,28[illegible]	7,750	7,286	—	—	—	900	26,480	66,705
	六月	24,289	5,750	4,285	2,741	—	3,430	900	43,000	84,395
	合計	**346,427**	**86,503**	**114,252**	**2,741**	—	**3,430**	**8,100**	**130,413**	**691,866**
二十二年度	七月	32,289	6,250	14,285	3,740	—	—	1,800	3,000	61,364
	八月	27,289	9,850	7,786	3,000	—	2,435	—	—	50,360
	九月	27,479	6,251	5,285	3,481	—	10,265	—	25,250	78,011
	十月	24,099	6,250	8,212	3,481	1,500	10,416	900	6,299	61,127
	十一月	14,792	3,500	2,500	5,481	—	15,359	1,800	15.000	58,432
	十二月	32,098	2,250	3,000	6,681	1 400	149	—	—	45,478
	一月	16,479	7,251	1,785	4,800	2,257	14,017	—	—	46,589
	二月	51,689	11,250	12,286	5,841	—	270	—	—	81,336
	三月	21,889	8,050	6,286	5,562	15,471	350	900	30,000	88,508
	四月	45,479	7,450	10,571	7,521	—	—	900	4,144	76,065
	五月	15,689	8,501	7,285	7,962	—	11,538	900	28,638	80,513
	六月	10,602	4,000	6,000	10,962	2,000	3,966	—	—	37,530
	合計	**319,873**	**80,853**	**85,281**	**68,512**	**22,628**	**68,765**	**7,200**	**112,301**	**765,413**

表 104 農林局及所屬機關經費支出詳表

月別＼科目		農林局	潮安模範林場	南華林場	水產系及中山農場	瓊州農場及遣散保管費	合計
二十一年度	七月	10,968	715	——	——	——	11,683
	八月	13,800	——	626	——	2,708	17,134
	九月	27,749	1,358	626	——	——	29,733
	十月	31,581	644	——	3,420	880	36,525
	十一月	26,032	——	——	——	——	26,032
	十二月	41,207	——	——	——	——	41,207
	一月	39,521	——	——	——	——	39,521
	二月	30,232	——	——	——	——	30,232
	三月	34,578	810	792	——	——	36,180
	四月	28,000	810	792	——	——	29,602
	五月	22,678	810	792	——	——	24,289
	六月	22,678	810	792	——	——	24,289
	合計	**329,042**	**5,957**	**4,420**	**3,420**	**3,588**	**346,427**
二十二年度	七月	30,687	810	792	——	——	32,289
	八月	25,687	810	792	——	——	27,289
	九月	26,687	——	792	——	——	27,479
	十月	21,687	1,620	792	——	——	24,099
	十一月	14,000	——	792	——	——	14,792
	十二月	29,686	1,620	792	——	——	32,098
	一月	15,687	——	792	——	——	16,479
	二月	50,087	810	792	——	——	51,689
	三月	20,287	810	792	——	——	21,889
	四月	43,067	1,620	792	——	——	45,479
	五月	14,087	810	792	——	——	15,689
	六月	9,000	810	792	——	——	10,602
	合計	**300,649**	**9,720**	**9,504**	——	——	**319,873**

表 105

農林臨時費支出詳表

年度	月別＼科目	蠶絲改良局購置費	徐聞墾殖臨時費	南山移墾臨時費	瓊崖實業局開辦費	籌辦曲江田螺冲及土猪嶺煤礦費	農林月刊工料費	派赴貴州調查煤油礦旅費	考察丹麥農林教育旅費	農林局臨時費	合計
二十一年度	七月	—	—	—	—	—	—	—	—	—	—
	八月	—	—	—	—	—	—	—	—	—	—
	九月	—	—	—	—	—	—	—	—	—	—
	十月	—	—	—	—	—	—	—	—	9,000	9,000
	十一月	1,000	—	—	—	9.933	—	—	—	—	10,933
	十二月	4,000	—	—	—	—	—	—	—	6,000	10.000
	一月	—	—	—	—	—	—	—	—	21,000	21,000
	二月	2,500	—	—	—	—	—	—	—	—	2,500
	三月	2,500	—	—	5,000	—	—	—	—	—	7,500
	四月	—	—	—	—	—	—	—	—	—	—
	五月	—	20,000	—	5,000	—	—	1,480	—	—	26,480
	六月	1,000	20,000	22,000	—	—	—	—	—	—	43,000
	合計	**11,000**	**40,000**	**22,000**	**10,000**	**9,933**	—	**1,480**	—	**36,000**	**130,413**
二十二年度	七月	—	—	3.000	—	—	—	—	—	—	3,000
	八月	—	—	—	—	—	—	—	—	—	—
	九月	—	25,250	—	—	—	—	—	—	—	25,250
	十月	—	5,000	1,269	—	—	—	—	—	—	6,269
	十一月	—	15,000	—	—	—	—	—	—	—	15.000
	十二月	—	—	—	—	—	—	—	—	—	—
	一月	—	—	—	—	—	—	—	—	—	—
	二月	—	—	—	—	—	—	—	—	—	—
	三月	—	—	—	—	—	—	—	—	30.000	30,000
	四月	—	—	—	—	—	1,444	—	2,700	—	4,144
	五月	—	—	8,638	—	—	—	—	—	20,000	28,638
	六月	—	—	—	—	—	—	—	—	—	—
	合計	—	**45,250**	**12,907**	—	—	**1,444**	—	**2,700**	**50,000**	**112,301**

表 106

工商費分類統計表

年度	月別	工業試驗所經費	度量衡檢定所經費	兩廣會辦硫酸廠經費	惠陽伊打機器費	惠陽酒精廠建築費	番禺酒精廠建築費	廣州精煉糖廠建築費	西村士敏土廠發借經費	製糖廠發借經費	水結及蔗紗廠資本	合計
二十一年度	七月	3,080	334	4,000	—	—	—	—	—	—	—	7,414
	八月	3,005	15	22,000	—	—	—	—	—	—	—	25,020
	九月	4,505	15	39,000	—	—	—	—	—	—	—	43,520
	十月	4,505	4,367	15,000	—	—	—	—	580,000	—	—	603,872
	十一月	5,585	1,763	—	—	—	—	—	—	—	—	7,348
	十二月	5,425	1,763	—	—	—	—	—	—	—	—	7,188
	一月	5,929	—	—	—	—	—	—	—	—	—	5,929
	二月	4,505	889	—	—	—	—	—	—	—	—	5,394
	三月	3,500	—	—	—	—	—	—	—	—	—	3,500
	四月	4,505	—	—	—	—	—	—	—	—	—	4,505
	五月	5,509	—	—	—	—	—	—	—	—	—	5,509
	六月	4,505	—	—	—	—	—	—	—	—	—	4,505
	合計	**54,558**	**9,146**	**80,000**	—	—	—	—	**580,000**	—	—	**723,704**
二十二年度	七月	4,505	—	—	—	—	—	—	—	—	—	4,505
	八月	4,000	—	—	—	—	—	—	—	179,880	—	183,880
	九月	2,004	—	—	—	—	—	—	—	83,358	—	85,362
	十月	3,005	—	—	—	—	—	—	—	108,821	—	111,826
	十一月	3,000	—	—	—	—	—	—	—	285,616	—	288,616
	十二月	8,509	—	—	6,389	29,288	29,288	—	—	314,330	—	387,804
	一月	6,004	—	—	5,974	27,385	27,385	100,298	—	391,154	—	558,200
	二月	6,009	—	—	—	34,424	28,259	101,523	—	317,339	—	486,554
	三月	3,504	—	—	—	36,398	29,880	—	—	467,435	—	537,217
	四月	6,505	—	—	6,650	30,484	30,484	105,406	—	516,047	—	695,576
	五月	4,504	—	—	6,706	30,743	30,743	108,951	—	507,835	503,293	1,192,775
	六月	3,005	—	—	6,173	28,298	28,917	134,282	—	901,312	—	1,101,988
	合計	**54,555**	—	—	**31,892**	**217,020**	**204,956**	**549,460**	—	**4,080,627**	**503,293**	**5,634,303**

表 107　**交通費分類統計表**

年度	月别	各公路處經費	各航政局經費	全省港務管理局經費	各長途電話所補助費	各屬電報分局補助費	西南航空公司官股資本	各項臨時費	合計
二十一年度	七月	10,311	9	—	—	6,640	—	—	16,960
	八月	8,065	—	—	1,658	5,446	—	—	15,169
	九月	9,923	110	—	1,181	13,487	—	—	24,701
	十月	31,022	1,019	—	590	11,748	—	2,502	46,881
	十一月	16,389	—	—	1,755	10,113	—	—	28,257
	十二月	12,195	1,302	—	650	10,649	—	—	24,796
	一月	9,242	—	—	232	4,630	—	—	14,104
	二月	14,292	—	—	1,181	13,380	—	—	28,853
	三月	7,059	—	—	898	17,100	—	600	25,657
	四月	9,627	—	—	667	6,975	—	—	17,269
	五月	27,113	—	—	2,722	23,018	—	891	53,744
	六月	6,744	—	—	1,107	17,948	—	26,248	52,047
	合計	**161,982**	**2,440**	—	**12,641**	**141,134**	—	**30,241**	**348,438**
二十二年度	七月	7,530	—	—	1,108	7,114	—	—	15,752
	八月	7,530	—	—	1,108	14,737	—	—	23,375
	九月	13,821	—	—	1,108	8,703	—	—	23,632
	十月	12,195	—	1,839	1,108	18,336	63,000	—	93,478
	十一月	7,059	—	—	—	8,667	16,000	15,435	47,161
	十二月	7,059	—	6,899	—	9,784	4,200	—	27,942
	一月	10,098	—	—	—	10,241	10,000	—	30,339
	二月	4,962	—	—	—	4,734	11,000	—	20,695
	三月	16,389	2,744	—	—	10,809	5,000	6,875	41,875
	四月	9,627	—	—	—	7,785	27,000	—	44,412
	五月	7,059	—	—	—	13,487	14,800	3,800	39,146
	六月	2,568	—	—	—	8,106	9,000	—	19,674
	合計	**105,897**	**2,744**	**8,738**	**4,432**	**122,503**	**160,000**	**26,110**	**430,423**

表 108 各公路處經費支出詳表

年度	月別	公路處	東路公路分處	南路公路專員辦事處	韶坪公路工程處	合計
二十一年度	七月	1,575	5,707	3,029	——	10,311
	八月	250	2,853	——	4,962	8,065
	九月	——	——	——	9,923	9,923
	十月	22,636	3,424	——	4,962	31,022
	十一月	——	5,136	6,291	4,962	16,389
	十二月	——	5,136	2,097	4,962	12.195
	一月	——	4,280	——	4,962	9.242
	二月	——	5.136	4.194	4,962	14'292
	三月	——	——	2,097	4.962	7.059
	四月	——	2,568	2,097	4,962	9,627
	五月	——	22,151	——	4,962	27,113
	六月	——	——	1,782	4,962	6.744
	合計	24,461	56,391	21,587	59,543	161,982
二十二年度	七月	——	2.568	——	4,962	7,530
	八月	——	2,568	——	4,962	7,530
	九月	——	2,568	6.291	4,962	13,821
	十月	——	5,136	2,097	4,962	12,195
	十一月	——	——	2,097	4,962	7,059
	十二月	——	——	2,097	4,962	7,059
	一月	——	5,136	——	4.962	10,098
	二月	——	——	——	4,962	4,962
	三月	——	5,136	6,291	4.962	16,389
	四月	——	2,568	2,097	4,962	9.627
	五月	——	——	2.097	4,962	7,059
	六月	——	2,568	——	——	2,568
	合計	——	28,248	23,067	54,582	105,897

表 109　各長途電話所補助費支出詳表

月別		廣惠長途電話所	廣清花長途電話所	廣韶長途電話所	合計
二十一年度	七月	——	——	——	——
	八月	1,658	——	——	1,658
	九月	1,181	——	——	1.181
	十月	590	——	——	590
	十一月	1.121	634	——	1,755
	十二月	650	——	——	650
	一月	——	232	——	232
	二月	1,181	——	——	1,181
	三月	743	155	——	898
	四月	590	77	——	667
	五月	590	77	2,055	2,722
	六月	590	77	440	1,107
	合計	**8,894**	**1,252**	**2,495**	**12,641**
二十二年度	七月	590	78	440	1,108
	八月	581	77	440	1,108
	九月	590	78	440	1,108
	十月	591	77	440	1,108
	十一月	——	——	——	——
	十二月	——	——	——	——
	一月	——	——	——	——
	二月	——	——	——	——
	三月	——	——	——	——
	四月	——	——	——	——
	五月	——	——	——	——
	六月	——	——	——	——
	合計	**2,362**	**310**	**1,760**	**4,432**

表 110

各航政局經費支出詳表

月別	科目	省河航政局	東江航政局	北江航政局	陳佛航政局	中山航政局	瓊崖航政局	欽廉航政局	江門航政局	西江航政局	高雷航政局	合計
二十一年度	七月	—	—	—	—	—	—	9	—	—	—	9
	八月	—	—	—	—	—	—	—	—	—	—	—
	九月	—	—	110	—	—	—	—	—	—	—	110
	十月	—	11	—	7	—	—	—	793	208	—	1,019
	十一月	—	—	—	—	—	—	—	—	—	—	—
	十二月	—	—	—	—	1,302	—	—	—	—	—	1,302
	一月	—	—	—	—	—	—	—	—	—	—	—
	二月	—	—	—	—	—	—	—	—	—	—	—
	三月	—	—	—	—	—	—	—	—	—	—	—
	四月	—	—	—	—	—	—	—	—	—	—	—
	五月	—	—	—	—	—	—	—	—	—	—	—
	六月	—	—	—	—	—	—	—	—	—	—	—
	合計	—	**11**	**110**	**7**	**1,302**	—	**9**	**793**	**208**	—	**2,440**
二十二年度	七月	—	—	—	—	—	—	—	—	—	—	—
	八月	—	—	—	—	—	—	—	—	—	—	—
	九月	—	—	—	—	—	—	—	—	—	—	—
	十月	—	—	—	—	—	—	—	—	—	—	—
	十一月	—	—	—	—	—	—	—	—	—	—	—
	十二月	—	—	—	—	—	—	—	—	—	—	—
	一月	—	—	—	—	—	—	—	—	—	—	—
	二月	—	—	—	—	—	—	—	—	—	—	—
	三月	2,744	—	—	—	—	—	—	—	—	—	2,744
	四月	—	—	—	—	—	—	—	—	—	—	—
	五月	—	—	—	—	—	—	—	—	—	—	—
	六月	—	—	—	—	—	—	—	—	—	—	—
	合計	**2,744**	—	—	—	—	—	—	—	—	—	**2,744**

表111　各屬電報分局補助費支出詳表

月別		白沙	黃埔	圳深	江門	江門洋關	前山	四會	鎮平	三水	陽江	新興
二十一年度	七月	440	—	—	—	—	—	—	—	—	—	—
	八月	198	—	—	—	—	—	—	250	—	—	—
	九月	198	—	460	—	—	270	684	250	—	500	—
	十月	198	—	—	—	—	153	—	225	2,000	1,000	—
	十一月	198	—	—	—	—	—	—	225	—	1,950	—
	十二月	—	400	1,058	116	96	—	532	225	—	—	—
	一月	396	—	—	—	—	—	—	450	—	—	—
	二月	198	—	—	—	—	—	—	225	—	—	—
	三月	198	—	—	—	—	—	513	450	—	—	—
	四月	198	—	—	—	—	—	—	450	—	—	—
	五月	198	—	—	—	—	360	—	—	—	—	—
	六月	396	720	—	—	—	—	—	225	3,600	—	—
	合計	**2,816**	**1,120**	**1,518**	**116**	**96**	**783**	**1,729**	**2,975**	**5,600**	**3,450**	—
二十二年度	七月	—	—	—	—	—	—	—	225	—	—	—
	八月	198	—	—	—	—	—	—	225	418	—	—
	九月	198	—	—	—	—	—	—	225	—	—	—
	十月	198	540	—	—	—	1,017	—	225	—	—	—
	十一月	396	—	—	—	—	—	—	225	—	—	—
	十二月	198	—	—	—	—	—	—	225	—	—	—
	一月	—	—	—	—	—	—	—	225	—	—	—
	二月	198	—	—	—	—	—	—	—	—	450	—
	三月	198	—	—	—	—	—	—	450	—	1,800	—
	四月	198	—	—	—	—	—	—	225	—	450	—
	五月	198	—	—	—	—	—	—	225	2,822	900	—
	六月	198	540	—	—	—	—	—	450	—	—	240
	合計	**2,178**	**1,080**	—	—	—	**1,017**	—	**2,925**	**3,240**	**3,600**	**340**

表111 **各屬電報分局補助費支出詳表（續）**

樂昌	南雄	連縣	恩平	武利	廉州	靈山	欽州	小董	東興	那良	那麗
300	—	—	110	220	800	400	200	180	100	140	100
270	—	—	99	—	360	180	90	—	90	—	190
270	—	100	99	198	360	180	90	172	190	63	90
270	—	—	99	99	360	180	90	81	90	126	90
270	—	180	99	99	360	180	90	81	90	63	90
540	—	300	198	99	360	180	90	81	90	—	90
—	—	—	—	99	360	180	90	81	90	126	130
540	—	360	198	99	360	180	90	81	—	—	90
270	—	—	99	99	360	180	90	81	180	126	90
270	540	—	99	99	720	360	90	81	90	63	90
270	270	270	99	99	360	—	90	81	90	63	90
270	270	—	99	99	360	360	180	81	180	63	180
3,540	**1,080**	**1,210**	**1,298**	**1,309**	**5,120**	**2,560**	**1,280**	**1,081**	**1,280**	**833**	**1,320**
270	270	270	99	—	—	—	—	81	—	63	—
270	270	—	99	198	720	180	90	81	90	—	90
—	1080	—	99	99	360	180	90	81	90	126	90
540	540	—	99	198	360	360	90	81	90	63	180
270	—	—	99	—	360	180	180	81	180	—	90
270	1080	—	99	198	360	180	90	162	90	126	90
270	270	360	99	—	—	—	—	—	—	63	—
—	—	—	—	99	360	180	90	81	90	—	90
270	540	—	198	99	720	180	90	81	90	—	90
270	—	—	99	198	360	360	90	81	90	189	90
270	540	—	99	99	360	180	90	81	90	63	90
270	—	—	99	—	—	—	90	81	90	—	90
2,970	**4,590**	**630**	**1,188**	**1,188**	**3,960**	**1,980**	**990**	**972**	**990**	**693**	**990**

表 111　各屬電報分局補助費支出詳表(續)

防城	高州	水東	石城	岸步	化州	電白	遂溪	信宜	雷州	普寧	惠來
260	450	150	——	210	110	230	160	180	130	——	——
——	405	135	190	399	99	207	144	162	——	400	——
234	405	135	90	189	99	207	144	162	234	——	——
117	405	135	90	189	99	207	144	162	117	180	——
117	405	135	90	189	——	207	——	162	117	180	——
117	405	135	90	189	198	207	288	162	——	360	——
117	——	135	90	——	99	207	——	162	117	180	——
117	810	135	——	189	198	207	144	162	234	360	——
117	——	135	90	378	——	207	288	162	117	180	——
117	——	135	180	——	99	414	144	162	117	360	——
117	405	135	90	——	99	——	144	162	117	180	——
117	405	135	90	567	99	207	461	162	117	180	——
1,547	**4,095**	**1,635**	**1,090**	**2,499**	**1,199**	**2,507**	**2,064**	**1,962**	**1,417**	**2,560**	——
117	1,215	135	90	189	99	207	——	162	117	——	——
117	405	135	90	189	99	414	288	162	117	360	——
117	405	270	90	189	99	207	144	162	117	——	——
117	405	135	90	189	99	207	144	324	117	180	——
117	810	135	90	378	198	207	144	162	117	180	——
117	——	135	90	——	99	207	144	162	117	180	——
117	405	135	90	189	——	207	144	——	117	180	——
117	405	——	90	189	99	——	144	162	117	180	——
117	405	135	90	189	99	207	144	162	117	180	——
117	405	135	90	189	——	306	144	324	117	360	——
117	405	135	——	——	99	207	144	——	117	180	594
117	405	135	180	189	99	207	144	162	117	180	369
1,404	**5,670**	**1,620**	**1,080**	**2,079**	**1,089**	**2,583**	**1,728**	**1,944**	**1,404**	**2,160**	**990**

表 111 各屬電報分局補助費支出詳表（續）

惠州	海豐	潮州	黄崗	平山	河源	老隆	平遠	高坡	大埔	韶州	始興
—	—	—	—	—	400	—	—	240	—	—	170
—	150	—	—	—	—	100	400	—	160	495	153
500	150	—	—	—	400	100	—	456	160	495	153
—	135	—	—	—	360	90	180	216	144	990	153
—	135	—	—	—	360	90	360	—	144	495	306
—	135	—	—	—	720	180	180	432	288	495	153
—	270	—	—	—	—	—	—	432	144	495	—
—	135	1,912	1,350	—	720	270	360	216	288	495	306
—	270	—	—	—	720	90	360	432	144	495	153
—	135	—	—	—	360	90	180	216	288	495	153
7,000	135	765	540	1,950	360	90	180	216	—	495	153
—	135	383	270	—	360	90	360	—	144	495	153
7,500	**1,785**	**3,060**	**2,160**	**1,950**	**4,760**	**1,190**	**2,560**	**2,856**	**1,904**	**5,940**	**2,006**
—	135	382	270	—	360	90	—	216	144	495	153
5,400	135	—	—	1,404	360	90	180	432	144	495	153
—	135	—	—	—	—	90	180	—	144	495	—
—	135	1,530	1,080	—	720	90	180	216	144	495	306
—	135	—	—	—	360	90	180	216	144	495	153
—	135	765	540	—	360	90	360	216	144	495	153
—	135	382	270	—	360	90	—	216	144	495	153
—	135	—	—	—	—	—	180	216	144	495	—
—	135	765	540	—	720	90	180	216	144	495	153
—	135	—	—	—	360	180	180	216	144	495	153
—	270	—	—	—	—	—	180	432	144	495	306
—	135	—	—	—	720	180	180	216	288	495	153
5,400	**1,755**	**3,824**	**2,700**	**1,404**	**4,320**	**1,080**	**1,980**	**2,808**	**1,872**	**5,940**	**1,836**

表 111　　各屬電報分局補助費支出詳表（續）

隴屋	石龍	東莞	虎門	威遠	沙角	中山	饒平	坪石	肇慶	悅城	陳村
—	—	—	—	—	—	—	—	—	—	—	—
—	—	—	—	—	—	—	—	120	—	—	—
—	600	510	420	300	450	660	—	500	—	—	—
—	—	—	—	—	—	2,574	—	—	—	—	—
816	—	—	—	—	—	—	180	30	1,170	450	—
—	—	—	—	—	—	—	360	—	585	225	290
—	—	—	—	—	—	—	180	—	—	—	—
—	—	—	—	—	—	—	180	—	585	225	1,270
—	1,420	1,207	994	710	1,065	—	360	680	—	—	270
—	—	—	—	—	—	—	180	—	—	—	—
—	—	—	—	—	—	880	180	360	1,755	675	180
—	—	—	—	—	—	—	180	—	1,170	450	90
816	**2,020**	**1,717**	**1,414**	**1,010**	**1,515**	**4,114**	**1,800**	**1,690**	**5,265**	**2,025**	**2,100**
162	—	—	—	—	—	—	180	—	585	225	90
270	—	—	—	—	—	—	180	90	—	—	90
—	—	—	—	—	—	—	180	360	585	225	—
—	—	—	—	—	—	2,486	460	180	—	—	—
—	—	—	—	—	—	—	180	180	1,170	450	—
—	—	—	—	—	—	—	180	—	585	225	—
—	1,320	1,122	924	660	990	—	180	—	—	—	180
—	—	—	—	—	—	—	180	—	—	—	—
—	—	—	—	—	—	—	180	—	—	—	180
—	—	—	—	—	—	—	360	360	—	—	90
—	—	—	—	—	—	—	180	—	—	—	180
—	—	—	—	—	—	—	180	—	—	—	—
432	**1,320**	**1,122**	**924**	**660**	**990**	**2,486**	**2,620**	**1,770**	**2,925**	**1,125**	**810**

表 111　各屬電報分局補助費支出詳表（續）

佛山	源潭	清遠	英德	德慶	羅定	都城	陽春	翁源	和平	葵潭	合計
960	—	—	—	—	—	—	—	—	—	—	6,640
—	—	—	—	—	—	—	—	—	—	—	5,446
1,560	—	—	—	—	—	—	—	—	—	—	13,487
—	—	—	—	—	—	—	—	—	—	—	11,748
—	—	—	—	—	—	—	—	—	—	—	10,113
—	—	—	—	—	—	—	—	—	—	—	10,649
—	—	—	—	—	—	—	—	—	—	—	4,630
—	—	—	—	—	—	—	90	—	—	—	13,380
—	2,158	1,162	—	—	—	—	—	—	—	—	17,100
—	—	—	—	—	—	—	—	—	—	—	6,975
1,560	—	—	1,575	—	—	—	180	—	—	—	23,018
432	—	—	—	901	351	1,188	—	1,170	—	—	17,948
4,512	**2,158**	**1,162**	**1,575**	**901**	**351**	**1,188**	**270**	**1,170**	—	—	**141,134**
—	—	—	—	—	—	—	180	—	—	—	7,114
—	—	—	—	—	117	—	—	—	—	—	14,737
1,296	—	—	—	—	117	103	—	—	—	—	8,703
—	1,404	756	945	—	—	108	270	—	243	—	18,336
—	—	—	—	—	117	108	90	—	—	—	8,667
—	—	—	—	397	117	—	—	—	243	—	9,784
—	—	—	—	—	—	108	—	—	—	—	10,241
—	—	—	—	—	—	—	—	—	243	—	4,734
—	—	—	—	—	117	—	—	—	243	—	10,809
—	—	—	—	—	117	108	—	—	—	—	7,785
—	—	—	—	—	—	—	—	1,872	729	594	13,487
—	—	—	—	—	—	108	90	—	486	396	8,106
1,296	**1,404**	**756**	**945**	**397**	**702**	**648**	**630**	**1,872**	**2,187**	**990**	**122,503**

表 112 交通各項臨時費支出詳表

年度	月別 \ 科目	北江長途電話工料費	西江長途電話工料費	廣韶長途電話開辦費	全省港務管理局開辦費	航政局航行燈工料等費	廣汕鐵路籌備處領借開辦費	合計
二十一年度	七月	—	—	—	—	—	—	—
	八月	—	—	—	—	—	—	—
	九月	—	—	—	—	—	—	—
	十月	—	—	—	—	2,502	—	2,502
	十一月	—	—	—	—	—	—	—
	十二月	—	—	—	—	—	—	—
	一月	—	—	—	—	—	—	—
	二月	—	—	—	—	—	—	—
	三月	—	—	—	600	—	—	600
	四月	—	—	—	—	—	—	—
	五月	—	—	891	—	—	—	891
	六月	16,248	—	—	—	—	10,000	26,248
	合計	16,248	—	891	600	2,502	10,000	30,241
二十二年度	七月	—	—	—	—	—	—	—
	八月	—	—	—	—	—	—	—
	九月	—	—	—	—	—	—	—
	十月	—	—	—	—	—	—	—
	十一月	5,435	—	—	—	—	10,000	15,435
	十二月	—	—	—	—	—	—	—
	一月	—	—	—	—	—	—	—
	二月	—	—	—	—	—	—	—
	三月	—	—	—	—	—	—	6,875
	四月	—	6,875	—	—	—	—	—
	五月	3,800	—	—	—	—	—	3,800
	六月	—	—	—	—	—	—	—
	合計	9,235	6,875	—	—	—	10,000	26,110

表113

各地方法院經費支出詳表

年度	月別＼院別	廣州	潮梅	肇羅	南韶	惠州	高雷	瓊崖	欽廉	茂名	順德
二十一年度	七月	1,240	3,240	2,627	—	—	—	—	5,255	—	—
	八月	2,995	3,240	—	2,365	—	2,627	2,627	2,365	—	—
	九月	5,995	2,916	2,628	4,729	—	4,729	2,269	2,365	—	—
	十月	3,235	—	2,365	2,365	8,400	2,365	2,269	2,365	—	—
	十一月	2,395	5,773	7,094	2,364	2,445	2,365	2,269	2,365	—	—
	十二月	8,165	2,916	2,365	2,365	—	2,364	2,269	2,365	—	—
	一月	4,163	5,832	—	2,365	5,320	2,365	2,365	2,365	—	—
	二月	5,165	5,832	—	2,365	—	2,365	2,365	2,365	—	—
	三月	5,164	—	—	2,365	—	2,365	2,365	2,365	—	—
	四月	7,400	5,832	—	2,365	12,257	2,365	2,365	4,729	—	—
	五月	4,400	2,916	7,094	2,365	—	2,365	2,365	2,365	—	—
	六月	1,000	2,916	4,728	2,365	—	2,365	2,365	2,365	—	—
	合計	**51,317**	**41,413**	**28,901**	**28,378**	**28,432**	**28,640**	**25,893**	**33,634**	—	—
二十二年度	七月	2,900	—	4,729	2,365	—	4,729	—	—	—	—
	八月	3,900	5,832	—	—	6,128	—	2,365	2,365	—	—
	九月	2,000	—	2,365	—	—	—	480	—	4,025	—
	十月	—	5,832	—	—	5,040	—	2,845	—	2,012	—
	十一月	—	2,916	—	—	—	—	360	—	—	—
	十二月	—	2,916	—	—	1,260	—	1,353	—	—	—
	一月	—	—	—	—	—	—	—	—	6,037	—
	二月	—	—	—	—	—	—	300	—	—	—
	三月	—	—	—	—	—	—	—	—	2,012	—
	四月	—	—	—	—	2,520	—	—	—	2,012	—
	五月	—	—	—	—	—	—	—	—	2,013	2,983
	六月	—	—	—	—	—	—	—	—	—	—
	合計	**8,800**	**17,496**	**7,094**	**2,365**	**14,948**	**4,729**	**7,703**	**2,365**	**18,111**	**2,983**

表113　各地方法院經費支出詳表（續）

曲江	瓊山	合浦	梅縣	興寧	揭陽	河源	海康	海豐	連縣	陽江
—	—	—	—	—	—	—	—	—	—	—
—	—	—	—	—	—	—	—	—	—	—
—	—	—	—	—	—	—	—	—	—	—
—	—	—	—	—	—	—	—	—	—	—
—	—	—	—	—	—	—	—	—	—	—
—	—	—	—	—	—	—	—	—	—	—
—	—	—	—	—	—	—	—	—	—	—
—	—	—	—	—	—	—	—	—	—	—
—	—	—	—	—	—	—	—	—	—	—
—	—	—	—	—	—	—	—	—	—	—
—	—	—	—	—	—	—	—	—	—	—
—	—	—	—	—	—	—	—	—	—	—
—	—	—	—	—	—	—	—	—	—	—
—	—	—	—	—	—	—	—	—	—	—
2,012	—	1,895	—	—	—	—	—	—	—	—
2,012	—	1,895	900	1,697	797	1,371	1,371	1,371	1,810	—
2,012	—	1,895	1,800	3,395	1,595	—	1,371	1,371	—	—
2,012	1,052	1,895	—	—	—	2,741	1,371	1,371	—	—
2,013	2.613	1,895	1,800	1,697	1,595	—	1,371	1,371	—	—
2,012	2,372	1,895	—	1,697	—	2,741	1,371	1,371	—	—
2.012	1,172	1,895	900	—	797	—	1,371	1,371	—	—
2,012	2,612	1,895	900	3,395	797	1,371	1,371	1,371	—	—
2,013	2,492	1,895	1,800	1,697	1,595	2,741	1,371	1,371	—	—
2,012	3,425	1,895	900	1,697	797	2,741	1,371	1,371	—	1,180
2,012	3,065	—	900	3,395	797	—	1,371	1,371	900	—
22,134	**18,803**	**18,950**	**9,900**	**18,670**	**8,770**	**13,706**	**13,710**	**13,710**	**2.700**	**1,800**

表 113　各地方法院經費支出詳表（續）

化縣	儋縣	瓊東	連平	南雄	欽縣	崖縣	潮安	汕頭	合計
—	—	—	—	—	—	—	—	—	12,362
—	—	—	—	—	—	—	—	—	16,219
—	—	—	—	—	—	—	—	—	25,631
—	—	—	—	—	—	—	—	—	14,964
—	—	—	—	—	—	—	—	—	33,025
—	—	—	—	—	—	—	—	—	26.264
—	—	—	—	—	—	—	—	—	18,455
—	—	—	—	—	—	—	—	—	25,777
—	—	—	—	—	—	—	—	—	14,624
—	—	—	—	—	—	—	—	—	25,056
—	—	—	—	—	—	—	—	—	36,127
—	—	—	—	—	—	—	—	—	18,104
—	—	—	—	—	—	—	—	—	**266,608**
—	480	—	—	—	—	—	—	—	15,203
—	480	—	1,371	1,353	1,353	—	—	—	29,054
1,371	411	360	1,371	—	1,352	360	—	—	27,309
—	720	1,671	1,371	2,705	1,353	—	—	—	36,988
2,742	—	711	2,056	—	1,353	993	—	—	21,573
1,371	2,601	1,371	685	2,705	2,705	2,705	—	—	33,927
1,371	1,491	960	1,371	1,353	1,353	1,353	—	—	28,748
1,371	—	471	1,371	—	—	1,353	—	2,916	17.300
1,371	2,141	2,382	1,371	2,705	1,353	—	8,948	2,916	40,923
2741	720	1,371	1,371	1,353	—	360	—	2,916	32,339
—	2,021	1,371	2,741	1,353	1,353	993	—	5,832	38,669
1,371	2,741	2,741	—	—	1,353	4,058	—	2,916	38,991
13,709	**13,706**	**13,409**	**15,079**	**13,527**	**13,528**	**12,175**	**8,948**	**17,496**	**351,024**

附註

查地方法院制度，在民國廿一年度，只設有廣州，潮梅，肇羅，南韶，惠州，高雷，瓊崖，欽廉八個地方法院○其餘各縣僅設分庭，追二十二年度，取銷分庭，制度改爲地方法院或分院，由是設有廣州，汕頭，中山，新會，高要，茂名，曲江，瓊山，合浦，惠陽，台山，東莞，梅縣，清遠，興寧，揭陽，順德，潮安，陽江，羅定，河源，海康，海豐，連縣，化縣，儋縣，瓊東，連平，德慶，南雄，欽縣，崖縣等各地方法院○大埔，龍川，饒平，惠來，陽春，廣寧，鬱南，平遠，防城，雲浮，龍門，開建，新豐，紫金，和平，陽山，連山等各地方法院分院○合註明。

表 114　各地方法院分院經費支出詳表

年度	月別＼分院別	大埔	龍川	饒平	平遠	防城	新豐	和平	高明	順德	潮安
二十一年度	七月	—	—	—	—	895	—	447	895	—	—
	八月	530	530	—	447	403	—	448	—	—	—
	九月	530	530	—	849	—	—	403	—	—	—
	十月	477	477	—	403	805	—	403	—	—	—
	十一月	477	477	477	402	403	4,028	403	1,208	—	—
	十二月	954	477	477	402	403	—	403	—	1,159	—
	一月	477	—	954	—	403	—	805	—	—	—
	二月	954	1,431	477	402	402	2,416	805	—	8,357	2,745
	三月	477	954	954	1,207	403	—	805	2,014	1,647	—
	四月	954	477	477	—	403	—	403	—	—	—
	五月	—	—	—	1,214	402	—	403	403	1,098	1,098
	六月	477	954	477		403	—	—	403	549	549
	合計	6,397	6,307	4,293	5,326	5,325	6,444	5,325	4,923	12,816	4,392
二十二年度	七月	477	—	954	403	403	—	403	403	549	—
	八月	477	954	477	403	403	178	581	—	549	—
	九月	178	178	178	178	—	178	178	—	—	1,647
	十月	178	—	178	178	—	2,192	178	805	—	—
	十一月	178	357	178	178	—	267	267	—	—	—
	十二月	178	178	178	178	535	89	89	—	—	—
	一月	178	178	178	178	535	178	178	—	549	—
	二月	—	—	178	—	—	—	—	—	—	—
	三月	178	357	178	356	178	356	357	—	—	—
	四月	357	178	357	178	178	178	178	—	—	—
	五月	178	178	178	178	178	357	356	—	—	—
	六月	178	178	178	179	—	—	—	—	—	—
	合計	2,735	2,736	3,390	2,587	2,410	3,973	2,765	1,208	1,647	2,196

表114　各地方法院分院經費支出詳表(續)

連平	花縣	開建	封川	龍門	連山	連縣	豐順	曲江	惠來	蕉嶺
—	—	447	448	—	336	1,060	—	—	—	—
—	—	—	—	—	—	—	448	—	530	397
178	—	448	447	406	168	530	1,342	—	1,007	398
—	358	403	403	—	—	—	403	—	—	358
307	—	1,208	1,208	—	302	954	403	—	477	358
—	—	403	2,640	900	2,068	—	806	—	477	716
—	—	—	—	—	—	—	403	—	954	358
793	—	—	—	2,711	251	—	805	—	954	503
243	—	—	—	—	—	—	403	—	477	715
—	—	—	—	—	—	—	805	—	954	358
1,451	2,237	1,208	1,208	1,080	856	1,903	403	—	—	448
486	—	805	805	—	1,208	1,431	—	—	477	356
3,458	**2,595**	**4,922**	**7,159**	**5,097**	**5,189**	**5,883**	**6,221**	—	**6,307**	**4,965**
403	2,819	805	805	796	454	4,431	403	—	477	358
—	—	—	—	—	—	—	403	—	477	357
403	—	403	403	—	—	—	—	—	—	180
—	—	—	—	—	—	—	—	—	—	45
—	—	—	—	—	—	—	—	—	—	—
—	—	—	—	—	—	—	—	—	—	—
—	2,417	—	—	—	151	477	—	403	—	—
—	—	—	—	—	503	—	—	—	—	—
—	—	—	—	—	—	—	—	—	—	—
—	—	—	—	—	—	—	—	—	—	—
160	—	—	—	—	—	—	—	—	—	—
—	—	—	—	797	—	—	—	—	—	—
966	**5,236**	**1,208**	**1,208**	**1,593**	**1,108**	**1,908**	**806**	**403**	**954**	**940**

表 114 各地方法院分院經費支出詳表（續）

陸豐	海豐	五華	南雄	仁化	始興	樂昌	乳源	感恩	臨高	瓊東
—	—	—	530	447	447	530	448	—	—	—
448	530	530	477	403	403	477	403	—	—	—
447	530	530	477	403	403	—	403	—	—	834
403	477	477	477	403	403	954	403	773	773	386
806	477	477	954	403	806	477	403	386	387	386
403	954	954	477	403	403	954	403	386	386	386
403	—	477	—	403	—	—	403	403	403	403
805	1,431	477	954	403	403	954	403	—	403	403
403	477	954	477	403	805	—	402	403	805	403
806	477	954	477	805	403	954	806	403	—	—
—	477	—	477	403	403	477	403	805	403	403
403	477	477	—	—	—	477	403	—	403	403
5,327	**6,307**	**6,307**	**5,777**	**4,879**	**4,879**	**6,254**	**5,283**	**3,559**	**3,963**	**4,007**
403	477	477	477	805	403	477	403	403	403	403
—	477	—	477	—	403	—	—	303	—	402
403	—	—	—	—	—	—	—	1,298	403	403
—	—	—	—	—	—	—	—	—	—	—
—	—	—	—	—	—	—	—	224	—	—
—	—	—	—	—	—	—	—	—	—	—
—	—	477	—	—	—	—	—	—	—	—
—	—	—	—	—	—	—	—	—	—	—
—	—	—	—	—	—	—	—	—	—	—
—	—	—	—	—	—	—	—	—	—	—
—	—	—	—	—	—	—	—	—	—	—
—	—	—	—	—	—	—	—	—	—	—
806	**954**	**954**	**954**	**805**	**806**	**477**	**408**	2,328	**806**	**1,208**

表 114　各地方法院分院經費支出詳表（續）

萬寧	吳川	廉江	信宜	海康	遂溪	化縣	電白	徐聞	靈山	紫金
—	—	—	2,120	530	447	448	530	—	—	—
—	—	447	—	530	403	403	530	850	—	—
386	—	403	1,007	477	—	403	1,590	403	—	—
386	—	805	954	954	805	403	1,431	403	—	—
386	—	403	477	477	850	403	477	403	4,475	—
386	403	403	477	477	—	403	477	403	1,611	448
403	403	403	477	477	805	403	—	402	—	—
403	403	403	477	—	403	403	954	805	—	—
403	403	403	477	954	—	403	477	—	—	—
403	403	403	617	477	805	403	954	403	—	—
403	403	403	477	477	—	402	—	403	—	2,551
403	—	—	477	477	—	403	2,650	403	—	—
3,962	**2,418**	**4,476**	**8,037**	**6,307**	**4,518**	**4,880**	**10,070**	**4,878**	**6,086**	**2,999**
447	805	805	954	477	1,208	403	954	805	—	—
—	403	403	—	477	403	402	—	—	1,208	3,222
447	—	—	—	—	—	—	477	—	2,014	—
224	—	—	—	—	—	—	—	—	—	—
806	—	—	—	—	—	—	—	—	—	—
—	—	—	—	—	—	—	—	—	—	—
—	—	—	—	—	—	—	—	—	—	—
—	—	—	—	—	—	—	—	—	—	—
—	—	—	—	—	—	—	—	—	—	—
—	—	—	—	—	—	—	—	—	—	—
—	—	—	—	—	—	—	—	—	—	—
—	—	—	—	—	—	—	—	—	—	—
1,924	**1,208**	**1,208**	**954**	**954**	**1,611**	805	1,431	**805**	**3,222**	**3,222**

表114　各地方法院分院經費支出詳表（續）

東　莞	陽　江	三　水	文　昌	河　源	普　寧	欽　縣	安　定	鶴　山	陽　山	德　慶
—	—	—	—	—	—	—	—	—	448	—
—	—	—	—	—	1,060	530	448	—	—	—
—	—	—	—	1,060	—	1,007	—	1,060	—	—
—	—	2,650	—	477	954	477	386	—	—	—
—	—	—	—	477	—	477	773	—	—	—
—	—	—	—	954	954	477	386	—	2,461	—
—	—	—	—	477	954	—	403	—	—	—
—	—	—	—	—	477	954	403	3,922	403	—
6,161	—	—	—	1,908	954	477	403	—	—	—
—	—	—	—	—	477	477	403	—	—	—
—	—	—	—	954	477	477	402	—	403	
—	—	4,770	—	477	477	477	403	—	1,208	1990
6,161	—	**7,420**	—	**6,784**	**6,784**	**6,307**	**4,410**	**4,982**	**4,923**	**1,990**
—	—	—	—	—	—	477	—	—	—	—
—	—	554	3,816	477	477	477	403	—	—	—
—	—	—	—	—	—	—	—	3,339	403	2,703
—	—	—	—	—	—	—	403	—	—	—
—	—	—	—	—	—	—	—	—	—	—
—	—	878	—	—	—	—	—	—	—	—
4,026	—	—	—	—	—	—	—	—	—	—
—	—	—	—	—	—	—	—	—	805	—
—	1,098	—	—	—	—	—	—	—	—	—
—	2,196	—	—	—	—	—	—	—	—	—
—	549	—	—	—	—	—	—	—	—	—
—	1,098	—	—	—	—	—	—	—	178	—
4,026	**4,941**	**1,432**	**3,816**	**477**	**477**	**954**	**806**	**3,339**	**1,386**	**2,703**

表114 各地方法院分院經費支出詳表（續）

廣寧	揭陽	樂會	昌江	陵水	陽春	羅定	清佛	中山	英德	從化
—	—	—	—	—	—	—	—	3,087	—	671
—	—	447	—	—	—	—	—	—	—	—
—	1,084	—	386	—	—	—	530	3,158	—	—
—	—	386	386	773	—	—	—	11,262	—	339
—	—	773	386	387	—	—	—	—	—	—
—	—	386	386	386	—	—	—	—	—	895
—	—	403	403	402	—	—	—	—	—	—
—	48	403	—	—	2,461	—	—	—	—	—
2,670	—	402	403	403	—	—	3,869	—	—	—
—	—	403	805	805	—	—	—	—	—	—
—	5,989	403	403	403	—	—	—	4,210	2,385	1,611
—	—	403	403	403	805	—	—	—	—	—
2,670	**7,121**	**4,409**	**3,961**	**3,962**	**3,266**	—	**4,399**	**21,717**	**2,385**	**3,516**
—	—	—	—	—	—	—	—	—	—	—
—	—	—	—	—	—	—	—	—	—	—
2,416	2,862	805	403	402	—	—	—	—	—	—
—	—	—	403	403	2,416	4,293	2,862	11,893	1,431	1,208
—	—	—	—	—	—	—	—	—	—	—
—	—	—	—	—	—	—	—	—	—	—
—	—	—	—	—	—	—	—	—	—	—
—	—	—	—	—	—	—	—	—	—	—
—	—	—	—	—	—	—	—	—	—	—
—	—	—	—	—	—	—	—	—	—	—
1,039	—	—	—	—	357	—	—	—	—	—
—	—	—	—	—	713	—	—	—	—	1,208
3,485	**2,862**	**805**	**806**	**805**	**3 486**	**4,293**	**2,862**	**11,893**	**1,431**	**2,416**

表 114　各地方法院分院經費支出詳表(續)

恩平	興寧	開平	博羅	台山	新會	潮陽	四會	儋縣	崖縣	澄邁
—	—	—	—	—	—	3,916	—	—	—	—
—	—	—	—	—	—	—	—	—	—	447
—	—	477	—	—	—	24	1,908	448	386	—
—	—	—	—	—	—	—	—	773	386	773
—	—	—	3,719	11,346	81	—	—	386	386	386
—	—	530	—	—	—	—	1,484	386	386	386
—	—	—	—	—	—	—	—	403	805	403
—	—	—	3,339	549	—	1,830	1,431	—	403	403
—	—	—	—	3,416	—	—	—	403	—	—
—	—	—	—	—	—	—	—	805	805	805
—	—	—	—	2,440	—	—	—	403	—	403
1,007	—	—	—	2,745	—	—	—	403	403	403
1,007	—	**1,007**	**7,049**	**20,469**	**81**	**5,770**	**4,823**	**4,410**	**3,960**	**4,409**
—	—	—	—	—	—	—	—	403	403	403
—	—	—	—	—	—	—	—	—	403	—
—	—	—	—	—	—	—	—	403	—	—
806	3,339	4,293	2,862	—	—	—	—	—	—	403
—	—	—	—	1,647	—	—	—	—	—	—
—	—	—	—	—	—	—	—	—	—	—
—	—	—	—	—	—	—	—	—	—	—
403	—	—	—	—	—	—	—	—	—	—
—	—	—	—	—	—	—	—	—	—	—
—	—	—	—	—	—	—	—	—	—	—
—	—	—	—	—	—	—	—	—	—	—
—	—	—	—	—	—	—	—	—	—	—
1,2[illegible]	**3,339**	**4,293**	**2,862**	**1,647**	—	—	—	**[illegible]**	**806**	**896**

表 114　各地方法院分院經費支出詳表（續）

翁源	增城	鬱南	新興	寶安	梅縣	合計
—	—	—	—	—	—	19,210
—	—	—	—	—	—	13,975
2,468	605	—	—	895	—	30,944
—	—	—	447	—	—	37.029
—	—	—	—	—	—	46,973
1,343	1,343	—	—	2,059	—	38,607
—	—	—	—	—	—	16,628
—	1,497	—	—	—	—	52,940
2,909	—	—	—	—	2,806	46,535
—	—	—	—	—	—	21,569
—	1,611	—	—	—	1,647	49,808
805	—	195	—	—	—	35,013
7,525	**5,057**	**195**	**447**	**2,954**	**4,453**	**409,231**
—	—	—	—	—	—	26,567
—	—	—	—	—	—	20,546
—	—	—	—	—	—	21,638
—	—	—	—	—	—	42,640
—	—	—	—	—	—	4,102
—	—	—	—	—	—	2,303
—	—	—	—	—	—	10,103
—	—	—	—	—	—	2,987
—	—	—	—	—	—	4,156
—	—	—	—	—	—	2 153
537	—	—	—	—	—	4,824
—	—	—	895	—	—	4,504
537	—	—	**895**	—	—	**146,523**

表115

各監所經費支出詳表

年度	月別	廣州第一監獄	廣州看守所	瓊崖地方法院監獄	潮梅地方法院監獄	南韶地方法院監獄	高雷地方法院監獄	欽廉地方法院監獄	肇羅地方法院監獄	惠州地方法院監獄	汕頭地方法院監獄
二十一年度	七月	—	7,843	—	1,422	—	—	1,003	1,003	—	—
	八月	—	—	—	1,422	—	1,323	1,615	—	—	—
	九月	—	11,163	1,453	1,379	2,178	1,296	968	1,003	669	—
	十月	—	16,373	—	999	—	639	968	981	—	—
	十一月	2,331	15,645	—	1,823	1,991	1,631	967	4,944	—	—
	十二月	4,662	13,179	—	1,383	—	324	968	982	1,003	—
	一月	6,381	1,202	—	1,767	—	—	972	—	—	—
	二月	12,769	364	—	1,767	—	2,591	972	—	—	—
	三月	10,762	2,403	—	1,383	—	323	971	—	—	—
	四月	4,469	1,247	—	1,383	—	324	1,295	—	—	—
	五月	12,396	1,247	9,123	1,391	—	324	972	2,945	—	—
	六月	4,469	6,493	—	1,383	5,947	2,268	972	1,963	—	—
	合計	**58,239**	**77,161**	**10,558**	**17,502**	**10,116**	**11,043**	**12,643**	**11,821**	**1,672**	—
二十二年度	七月	3,000	—	—	999	—	972	648	1,963	—	—
	八月	7,517	1,247	4,188	384	—	972	324	—	4,286	1,383
	九月	4,050	1,247	—	—	—	—	—	982	—	999
	十月	13,463	1,247	—	—	—	1,943	—	—	—	1,767
	十一月	5,469	1,247	—	—	—	972	—	—	—	1,383
	十二月	11,619	1,247	—	—	3,970	—	—	—	—	1,383
	一月	4,500	—	—	—	—	323	—	—	—	999
	二月	4,519	2,797	—	—	—	—	—	—	—	1,383
	三月	19,779	1,247	—	—	—	972	—	—	—	1,383
	四月	12,507	2,494	—	—	—	—	—	—	—	1,768
	五月	13,231	4,773	—	—	—	—	—	—	—	1,383
	六月	5,050	—	—	—	—	—	—	—	—	1,383
	合計	**104,704**	**17,546**	**4,188**	**1,383**	**3,970**	**6,154**	**972**	**2,945**	**4,286**	**15,214**

表 115　各監所經費支出詳表（續）

高要地方法院監獄	茂名地方法院監獄	合浦地方法院監獄	中山縣監獄	順德縣監獄	台山縣監獄	陽江縣監獄	海豐縣監獄	興寧縣監獄	東莞縣監獄	潮安縣監獄
—	—	—	2,367	—	—	—	—	—	—	—
—	—	—	—	—	—	—	752	1,306	—	—
—	—	—	2,556	—	—	698	752	1,782	—	—
—	—	—	9,442	—	—	698	2,686	688	—	—
—	—	—	—	—	9,751	2,783	742	1,282	—	—
—	—	—	—	3,354	4,958	—	1,391	784	—	—
—	—	—	—	—	—	—	743	784	—	—
—	—	—	—	11,400	822	—	743	689	—	1,588
—	—	—	—	2,791	—	—	838	689	5,086	—
—	—	—	—	—	—	—	743	689	—	—
—	—	—	3,768	1,861	3,181	—	838	689	—	614
—	—	—	—	931	4,112	—	743	689	—	307
—	—	—	18,133	20,337	22,824	4,179	10,971	10,161	5,086	2,509
—	—	—	—	930	—	—	743	689	—	307
—	—	972	—	931	—	—	743	689	—	—
—	—	972	—	—	—	—	743	689	—	—
981	—	972	11,223	—	—	—	95	689	—	614
982	971	971	—	—	2,467	—	1,391	689	—	614
981	—	972	—	—	—	—	743	689	—	921
982	—	648	—	1,861	—	689	743	689	4,843	—
—	1,620	972	—	—	2,467	2,066	743	689	—	—
982	—	972	—	1,861	—	—	743	689	—	614
—	972	1,295	—	930	—	—	743	689	—	—
—	972	972	—	1,861	—	—	743	689	—	—
—	972	648	—	—	—	—	743	689	—	—
4,908	5,507	10,366	11,223	8,374	4,934	2,755	8,916	8,268	4,843	3,070

表 115 各監所經費支出詳表（續）

三水縣監獄	翁源縣監獄	羅定縣監獄	龍川縣監獄	梅縣監獄	五華縣監獄	鬱南縣監獄	[illegible]雄縣監獄	欽縣監獄	清遠縣監獄	和平縣監獄
—	—	—	2,239	416	—	—	—	—	—	—
—	—	—	—	—	914	—	—	1,359	—	—
3,054	1,379	—	—	—	914	—	187	446	—	—
—	—	—	—	—	904	—	473	446	—	—
—	—	—	—	—	904	—	946	447	—	—
—	1,490	—	—	1,728	905	—	838	447	—	424
—	—	—	—	—	1,810	—	—	447	—	—
—	—	—	—	2,643	905	—	473	—	—	—
—	1,444	—	—	—	1,810	—	473	895	—	—
—	—	—	—	—	905	—	—	447	—	—
—	—	—	—	1,581	905	—	946	447	—	2,717
5,808	1,111	—	—	—	905	229	946	447	—	—
8,862	**5,424**	—	**2,239**	**6,386**	**11,781**	**229**	**5,282**	**5,828**	—	**3,141**
675	—	—	—	—	905	—	—	447	—	—
—	—	—	—	—	905	—	473	—	—	2,905
—	—	—	—	—	905	—	—	—	—	—
—	—	2,708	—	—	905	—	946	—	2,684	—
—	—	—	—	—	903	—	—	1,790	—	—
—	—	—	—	—	905	—	—	895	—	—
—	—	—	—	—	905	—	—	—	—	—
—	—	—	—	—	905	—	1,418	448	—	—
—	—	—	—	—	527	—	—	448	—	—
—	—	—	—	—	527	—	473	447	—	—
4,553	—	—	—	—	527	—	—	447	—	—
—	—	—	—	—	527	—	473	447	—	—
5,228	—	**2,708**	—	—	**9,348**	—	**3,783**	**5,369**	**2,684**	**2,905**

表 115

各監所經費支出詳表（續）

臨高縣監獄	海康縣監獄	連縣監獄	化縣監獄	始興縣監獄	德慶縣監獄	防城縣監獄	電白縣監獄	紫金縣監獄	信宜縣監獄	英德縣監獄
—	316	740	240	—	—	370	—	—	370	—
—	306	—	230	—	—	370	—	—	360	—
715	306	370	230	—	2,172	720	—	—	360	—
345	306	—	230	—	—	630	—	—	360	—
692	216	722	230	5,979	—	361	—	—	361	—
—	401	—	234	262	—	361	—	370	361	—
361	—	—	231	—	—	—	—	—	361	—
361	523	—	231	193	—	361	—	—	361	—
361	398	—	231	—	—	361	—	—	361	—
361	91	—	231	—	—	455	—	—	226	—
361	523	1,444	231	—	—	361	—	2,193	496	1,805
361	307	1,083	231	—	1,606	361	6,922	—	361	6,312
3,918	**3,693**	**4,359**	**2,780**	**6,434**	**3,678**	**4,711**	**6,922**	**2,563**	**4,338**	**8,117**
361	307	1,083	231	—	—	361	—	—	361	—
361	307	—	231	—	—	901	—	2,888	361	—
—	307	—	231	—	2,094	361	—	—	361	—
722	307	—	231	3,672	—	361	—	—	361	1,083
361	—	—	231	—	—	270	—	—	91	—
361	523	—	231	393	664	452	—	—	361	—
361	91	1,444	231	393	—	361	—	—	—	—
361	307	—	231	—	722	361	3,610	—	992	—
361	91	—	231	393	—	361	—	—	270	—
415	739	—	782	—	—	361	—	—	—	—
469	648	—	599	—	—	361	—	—	—	—
415	614	—	415	—	722	361	—	—	1,174	—
4,548	**4,241**	**2,527**	**3,875**	**4,851**	**4,202**	**4,872**	**3,610**	**2,888**	**4,332**	**1,083**

表 115　各監所經費支出詳表（續）

揭陽縣監獄	新豐縣監獄	河源縣監獄	平遠縣監獄	蕉嶺縣監獄	靈山縣監獄	廣寧縣監獄	陽春縣監獄	開平縣監獄	樂昌縣監獄	普安縣監獄
—	—	—	316	100	—	4,566	—	—	—	—
—	—	—	532	532	—	—	—	—	—	—
592	—	—	738	—	1,766	—	—	279	917	524
—	2,535	—	306	612	—	—	—	—	—	—
—	—	—	307	307	1,094	—	—	—	—	—
—	—	—	309	—	—	—	1,400	289	—	1,274
—	—	—	307	398	—	—	—	—	—	—
—	759	—	307	398	—	—	—	—	—	—
—	—	—	398	523	—	1,864	—	—	1,816	—
—	—	—	307	307	—	1,541	—	—	—	—
4,377	—	—	307	91	—	—	—	—	978	—
—	—	—	307	307	904	—	560	412	—	—
4,969	**3,294**	—	**4,441**	**3,575**	**3,764**	**7,971**	**1,960**	**980**	**3,711**	**1,798**
—	—	—	307	523	—	—	—	—	34	—
—	—	—	307	307	—	1,680	—	—	253	—
2,166	—	—	307	307	1,427	—	—	—	1,012	—
—	1,518	—	307	307	—	—	2,240	3,079	506	—
—	253	—	307	307	—	—	—	—	506	—
—	—	—	307	307	—	—	—	—	253	—
—	379	612	307	307	—	—	—	—	—	—
—	—	—	307	307	—	—	—	—	—	—
—	—	—	307	307	—	—	—	—	—	—
—	1,309	—	216	182	—	—	—	—	759	—
—	—	—	307	432	—	—	1,120	—	—	—
—	—	—	398	398	—	—	—	—	—	—
2,166	**3,459**	**612**	**3,684**	**3,991**	**1,427**	**1,680**	**3,360**	**3,079**	**3,323**	—

表 115

各監所經費支出詳表（續）

廉江縣監獄	惠來縣監獄	博羅縣監獄	仁化縣監獄	陸豐縣監獄	增城縣監獄	開建縣監獄	鶴山縣監獄	澄邁縣監獄	遂溪縣監獄	四會縣監獄
162	—	—	370	—	575	1,664	—	—	—	83
262	—	—	360	424	—	—	—	—	—	—
252	—	—	360	424	—	—	—	221	—	—
342	1,169	2,590	360	414	—	—	—	221	—	—
256	—	—	360	414	—	—	—	221	215	—
253	—	—	361	415	—	—	—	222	—	606
253	—	—	361	830	—	—	—	231	—	—
344	—	3,047	361	830	—	—	1,667	463	—	597
162	—	—	722	415	—	—	—	—	—	—
162	—	—	—	415	—	—	—	232	—	—
344	—	—	361	415	3,179	—	—	231	—	—
253	—	—	722	415	—	1,999	—	231	605	—
3,045	**1,169**	**5,637**	**4,698**	**5,411**	**3,754**	**3,663**	**1,667**	**2,273**	**820**	**1,286**
253	—	—	—	415	—	—	—	231	—	—
253	—	—	722	415	—	—	1,658	231	—	—
253	—	—	—	415	—	—	—	231	—	—
91	—	1,945	722	415	—	—	—	231	—	—
162	—	—	—	415	—	783	—	712	—	—
324	—	1,444	361	415	—	199	474	231	—	—
273	—	—	722	415	—	—	592	231	—	—
415	—	—	—	415	—	—	—	231	—	—
—	—	—	398	253	—	—	—	231	1,400	—
506	—	361	253	253	—	—	—	231	—	—
91	—	722	253	253	—	—	—	231	—	—
253	—	—	—	253	—	—	—	231	—	—
2,874	—	**4,472**	**3,431**	**4,332**	—	**982**	**2,724**	**3,253**	**1,400**	—

表 115

各監所經費支出詳表（續）

文昌縣監獄	饒平縣監獄	陽山縣監獄	徐聞縣監獄	樂會縣監獄	定安縣監獄	普寧縣監獄	新興縣監獄	龍門縣監獄	陵水縣監獄	雲浮縣監獄
—	—	—	—	—	—	—	—	—	—	—
—	—	—	514	208	—	—	—	—	—	—
—	—	—	—	—	—	—	—	—	—	—
—	—	805	108	379	1,248	1,906	—	—	379	606
2,128	—	—	379	—	—	—	—	—	—	—
—	1,441	199	199	381	—	—	—	—	382	—
—	—	—	199	199	—	—	—	—	199	—
—	—	—	398	199	—	—	—	2,406	199	—
—	—	—	—	199	—	—	—	—	199	358
—	—	398	199	199	—	—	—	—	199	—
—	—	398	307	199	—	—	—	—	199	—
980	—	398	91	199	—	—	—	—	199	—
3,108	**1,441**	**2,198**	**2,394**	**2,162**	**1,248**	**1,906**	—	**2,406**	**1,955**	**964**
—	216	—	398	—	—	2,536	—	1,194	199	—
—	199	398	108	398	—	—	—	—	199	—
1,386	199	199	91	199	1,592	—	—	—	199	—
—	199	199	—	199	—	—	—	—	199	—
—	199	—	398	199	—	—	—	—	199	—
—	199	199	199	199	—	—	—	—	199	—
—	1,663	199	199	199	—	663	—	—	199	—
—	199	—	—	199	—	—	—	—	199	—
—	199	—	398	199	—	—	—	—	199	—
—	—	—	199	199	—	—	—	—	199	—
—	398	398	—	615	—	—	—	—	398	—
—	199	199	199	—	—	—	624	1,194	—	—
1,386	**3,869**	**1,791**	**2,189**	**2,605**	**1,592**	**3,226**	**624**	**2,388**	**2.388**	—

表 115

各監所經費支出詳表（續）

乳源縣監獄	豐順縣監獄	花縣監獄	潮陽縣監獄	連山縣監獄	從化縣監獄	崖縣監獄	瓊東縣監獄	昌江縣監獄	恩平縣監獄	高明縣監獄
370	—	—	—	402	—	—	—	—	—	177
360	262	—	—	—	—	354	177	—	—	—
360	514	—	—	201	841	161	—	—	—	—
360	162	217	—	—	2,445	160	321	321	—	336
360	252	—	—	385	—	—	—	—	—	168
361	344	—	2,898	—	—	322	322	322	—	—
361	253	—	—	—	—	168	168	168	—	—
361	344	—	108	—	—	168	168	168	—	—
361	253	—	986	—	—	168	168	168	—	841
452	253	—	—	—	—	168	168	168	—	—
361	253	1,310	—	769	—	168	168	168	—	168
—	253	—	2,251	577	—	168	168	168	—	168
4,067	**3,143**	**1,527**	**6,243**	**2,334**	**3,286**	**2,005**	**1,828**	**1,651**	—	**1,858**
452	253	1,771	—	577	—	168	168	168	—	168
631	253	—	359	—	—	168	168	168	—	336
361	253	—	—	—	—	168	168	168	—	168
361	253	—	—	—	—	168	168	168	336	219
361	253	—	—	—	—	—	168	168	—	—
361	253	—	921	—	—	505	168	168	—	—
361	253	2,530	—	769	—	—	168	168	—	—
—	253	—	—	—	—	—	168	168	841	—
199	162	—	—	—	—	336	168	168	—	—
—	—	—	—	—	—	—	168	168	—	—
435	327	—	—	—	—	690	168	168	—	—
199	199	—	—	—	—	—	168	168	—	791
3,721	**2,712**	**4,301**	**1,280**	**1,346**	—	**2,203**	**2,016**	**2,016**	**1,177**	**1,682**

表 115 各監所經費支出詳表

封川縣監獄	番禺縣監獄	清佛縣監獄	感恩縣監獄	曲江縣監獄	合計
—	—	—	—	—	27,114
—	—	—	—	—	14,032
—	—	—	—	—	44,882
—	—	—	—	—	55,472
—	—	—	—	—	59,594
—	—	—	—	—	53,109
—	—	—	—	—	19,154
—	—	—	—	—	53,048
—	—	4,045	96	—	45,322
—	—	—	141	—	18,175
—	1,398	—	141	—	69,649
—	—	—	141	—	69,643
—	**1,398**	**4,045**	**519**	—	**529,194**
—	—	—	141	—	25,181
—	—	—	141	—	40,640
—	—	—	141	—	27,031
—	—	—	141	—	60,945
—	—	—	141	—	26,335
—	—	—	141	—	35,137
—	—	—	141	—	33,702
—	—	—	—	—	28,936
—	—	—	282	2,978	39,196
—	—	—	141	—	30,286
2,430	—	—	141	—	41 805
—	—	—	—	—	20,106
2,430	—	—	**1,551**	**2,978**	**409,300**

表116 各登記局經費支出詳表

年度	月別	潮梅	曲江	瓊州	瓊山	台山	清遠	肇慶	開平	新會	合計
二十一年度	七月	—	—	—	—	—	—	—	—	—	—
	八月	—	—	—	—	—	—	—	—	—	—
	九月	—	—	—	—	—	—	—	—	—	—
	十月	—	1,263	1,145	—	285	440	—	—	—	3,133
	十一月	—	—	—	—	—	—	—	—	—	—
	十二月	5,216	604	189	—	566	2,189	—	—	—	8,764
	一月	—	—	—	—	—	—	—	—	—	—
	二月	—	180	—	—	872	426	—	—	—	1,478
	三月	—	—	—	—	—	—	—	—	—	—
	四月	—	—	—	—	—	—	—	—	—	—
	五月	—	—	—	—	—	—	—	—	—	—
	六月	—	—	—	—	—	—	—	—	—	—
	合計	5,216	2,047	1,334	—	1,723	3,055	—	—	—	13,375
二十二年度	七月	—	—	—	—	—	—	—	—	—	—
	八月	—	—	—	—	—	—	—	—	—	—
	九月	—	520	—	—	—	615	1,342	81	—	2,558
	十月	—	—	—	—	—	—	—	—	—	—
	十一月	—	—	—	—	—	—	—	—	—	—
	十二月	—	—	—	—	—	—	—	—	—	—
	一月	—	—	—	—	—	—	—	—	—	—
	二月	—	—	—	—	—	—	—	—	—	—
	三月	—	1,584	—	4,991	—	—	4,190	1,798	1,425	13,988
	四月	—	—	—	—	—	—	—	—	—	—
	五月	—	—	—	—	—	—	—	—	—	—
	六月	—	—	—	—	—	—	—	—	—	—
	合計	—	2,104	—	4,991	—	615	5,532	1,879	1,425	19,546

表117　各團體補助費支出詳表

月別	科目	省黨部領發各團體補助費	香港總工會駐粵辦事處補助費	黨立貧民醫院補助費	聯美海外交通部補助費	國醫館補助費	援助東北義勇軍大會經費	海外同志社補助費	國民對外協會補助費	建設事業協進會經費	合計
二十一年度	七月	2,000	225	180	450	—	—	—	—	—	2,855
	八月	4,905	225	180	450	—	—	—	—	—	5,760
	九月	7,810	225	180	450	—	—	—	—	—	8,665
	十月	4,905	225	180	450	—	—	—	—	—	5,760
	十一月	5,395	—	—	450	—	—	—	—	—	5,845
	十二月	4,415	—	—	450	—	—	—	—	—	4,865
	一月	4,000	—	—	450	—	—	—	—	—	4,450
	二月	5,810	—	—	450	—	1,800	—	—	—	8,060
	三月	4,905	—	—	450	180	3,600	—	—	—	9,135
	四月	4,905	—	—	450	180	3,600	—	—	—	9,135
	五月	4,905	—	—	450	180	1,800	—	—	—	7,335
	六月	2,000	—	—	450	180	1,100	—	—	—	3,730
	合計	**55,955**	**900**	**720**	**5,400**	**720**	**11,900**	—	—	—	**75,595**
二十二年度	七月	4,905	—	—	450	180	1,700	—	—	—	7,235
	八月	1,000	—	—	450	180	1,600	—	—	—	3,230
	九月	3,905	—	—	450	180	2,300	90	—	—	6,925
	十月	4,905	—	—	450	180	2,300	90	—	—	7,925
	十一月	2,905	—	—	450	180	1,200	90	360	—	4,825
	十二月	—	—	—	—	180	600	90	180	—	1,230
	一月	4,905	—	—	450	180	1,600	90	180	1,000	8,405
	二月	4,905	—	—	900	180	1,800	90	180	—	8,055
	三月	12,810	—	—	450	180	200	90	180	—	13,910
	四月	11,715	—	—	450	180	—	90	180	—	12,615
	五月	4,905	—	—	450	180	—	90	180	—	5,805
	六月	—	—	—	450	180	—	90	—	—	900
	合計	**56,860**	—	—	**5,400**	**2,160**	**13,300**	**900**	**1,440**	**1,000**	81,060

表 118 **各報社補助費支出詳表**

月别		廣州日報	中興報	民國日報	婦女日報	民治通訊社	合計
二十一年度	七月	450	2,000	——	——	——	2,450
	八月	450	——	——	——	950	1,400
	九月	450	1,800	——	——	——	2,250
	十月	450	——	——	——	——	450
	十一月	450	1,800	——	——	——	2,250
	十二月	450	3,600	——	——	——	4,050
	一月	450	——	——	——	——	450
	二月	450	1,800	——	——	——	2,250
	三月	450	3,600	——	——	——	4,050
	四月	450	1,800	——	——	——	2,250
	五月	450	——	——	——	——	450
	六月	450	1,800	——	——	——	2,250
	合計	**5,400**	**18,200**	——	——	**950**	**24,550**
二十二年度	七月	450	1,800	——	——	——	2,250
	八月	450	3,600	——	——	——	4,050
	九月	450	1,800	——	——	——	2,250
	十月	450	1,800	——	——	——	2,250
	十一月	450	——	——	——	——	450
	十二月	450	1,800	——	——	——	2,250
	一月	450	1,800	——	——	——	2,250
	二月	450	1,800	——	——	——	2,250
	三月	450	1,800	——	——	——	2,250
	四月	450	1,800	11,453	——	——	13,733
	五月	450	1,800	15,364	30	——	17,614
	六月	450	——	——	——	——	450
	合計	**5,400**	**21,660**	**26,817**	**30**	——	**52,047**

表 119

各機關及軍事補助費支出詳表

年度	月別＼科目	十九路軍剿匪補助費	第一集團軍總司令部	第一集團軍江西剿共費	淞滬抗日殘廢軍人教養院	廣東合作社籌備處	合作事業委員會	汕頭華洋貧民工藝院	博濟醫院建築費	合計
二十一年度	七月	250,000	——	——	——	——	——	——	——	250.000
	八月	270,000	——	——	——	——	——	——	——	270,000
	九月	430,000	——	——	——	——	——	——	——	430,000
	十月	350,000	——	——	——	——	——	——	——	350,000
	十一月	350,000	——	30,000	——	——	——	——	——	380,000
	十二月	250,000	——	——	——	——	——	——	——	250,000
	一月	250,000	——	30,000	——	——	——	——	——	280,000
	二月	250,000	——	90,000	——	——	——	——	——	340,000
	三月	375,000	——	——	2,000	——	——	——	——	377.000
	四月	375,000	——	——	3,000	——	——	——	——	378,000
	五月	375,000	——	120,000	12,512	——	——	——	——	507,512
	六月	375,000	——	60,000	10,320	——	——	——	——	445,320
	合計	**3,900,000**	——	**330,000**	**27,832**	——	——	——	——	**4,257,832**
二十二年度	七月	375,000	——	——	16,832	2,610	——	——	——	394,442
	八月	375,000	——	170,250	16,832	1,080	——	——	——	563,162
	九月	355,000	——	30,000	15,000	1,080	——	——	——	401,080
	十月	305,000	140,250	30,000	13,832	1,080	——	——	——	490,162
	十一月	95,000	280,500	30,000	9,832	1,080	——	10,000	——	426,412
	十二月	109,000	——	30,000	6,500	1,980	——	——	——	147,480
	一月	152,000	280,500	30,000	7,000	3.040	50,000	——	——	522,540
	二月	10,000	140,250	30,000	3,000	——	5,106	——	——	188,356
	三月	——	——	60 000	10,032	——	3,053	——	——	73,085
	四月	——	105,000	——	15,000	——	3,053	——	——	123,053
	五月	——	175,500	30,000	11,132	——	53,053	——	——	274,685
	六月	——	——	——	12,000	——	3,053	——	5,000	15,053
	合計	**1,776,000**	**1.122,000**	**440,250**	**136,992**	**11,950**	**117,318**	**10,000**	**5,000**	**3,619,510**

表 120

雜項支出詳表

年度	月別	金融庫券經募費	金融庫券抽簽費	維持中幣有獎庫券抽簽費	發還金融庫券款	發還勸業有獎公債款	償還借款利息	貨幣兌換及補水	其他支出	合計
二十一年度	七月	—	—	—	—	—	21,000	—	40,248	61,248
	八月	—	500	2,000	—	—	37,332	—	4,000	43,832
	九月	—	500	—	—	1,270	32,246	124,275	7,164	165,455
	十月	—	—	—	—	—	100,331	—	24,500	124,831
	十一月	—	—	—	—	—	19,789	—	—	19,789
	十二月	—	1,000	1,000	—	—	4,600	—	10,000	16,600
	一月	—	—	—	—	—	226,573	—	8,000	234,573
	二月	—	—	—	—	—	70,507	—	7,000	77,507
	三月	—	—	1,060	—	—	—	—	6,863	7,923
	四月	—	2,000	—	—	—	—	—	—	2,000
	五月	—	500	—	—	—	5,000	—	31	5,531
	六月	—	500	—	—	—	376,378	—	—	376,878
	合計	—	**5,000**	**4,060**	—	**1,270**	**893,756**	**124,257**	**107,806**	**1,136,167**
二十二年度	七月	—	—	—	—	—	6,490	—	2,321	8,811
	八月	—	500	—	—	—	36,436	—	500	37,436
	九月	176	500	—	5,879	—	—	—	332	6,887
	十月	—	—	—	—	—	—	—	1,348	1,348
	十一月	—	—	—	—	—	—	—	5,106	5,106
	十二月	—	—	—	—	—	284,107	41,904	60,000	386,011
	一月	—	—	—	—	—	—	—	13,233	13,233
	二月	—	—	—	—	—	120,777	—	—	120,777
	三月	—	—	—	—	—	—	—	3,251	3,251
	四月	—	—	—	—	—	637	—	—	637
	五月	—	—	—	—	—	665,750	—	—	665,750
	六月	—	—	—	—	—	116,857	—	15,000	131,857
	合計	**176**	**1,000**	—	**5,879**	—	**1,231,054**	**41,904**	**101,091**	**1,381,104**

表121　發還各欵支出詳表

年度	月別	錢糧	錢糧附加	清佃花息	漁課	租課	房捐	營業稅	煤油販賣業營業稅	商業牌照費	當稅	保險稅
二十一年度	七月	—	794	—	—	21	—	—	—	—	—	128
	八月	1,000	—	—	—	—	—	—	—	—	—	—
	九月	—	222	—	—	—	—	—	—	—	—	—
	十月	—	573	—	—	—	—	—	—	—	—	—
	十一月	—	—	232	200	—	—	—	—	—	—	—
	十二月	—	61	—	—	9	—	—	—	—	469	252
	一月	—	—	—	—	—	—	—	—	—	—	—
	二月	—	109	—	—	—	—	—	—	—	—	—
	三月	247	—	—	—	—	—	—	—	—	—	—
	四月	—	—	—	—	—	—	—	—	—	—	—
	五月	—	544	—	—	—	—	—	—	—	—	—
	六月	83	148	—	—	—	—	—	—	—	—	—
	合計	**1,330**	**2,451**	**232**	**200**	**30**	—	—	—	—	**469**	**380**
二十二年度	七月	702	—	—	—	—	—	—	—	—	—	—
	八月	15	22	262	—	16	—	—	—	—	—	—
	九月	456	9	—	—	—	—	—	—	—	—	496
	十月	49,283	—	—	—	—	—	—	—	—	—	—
	十一月	—	13	—	—	—	144	—	—	—	39	—
	十二月	—	18	95	—	—	—	767	196	—	—	—
	一月	16	24	—	—	—	—	—	18,798	—	—	—
	二月	450	—	—	—	—	—	128	6,194	116	2	—
	三月	—	29	500	—	69	—	—	113,663	—	1	—
	四月	408	—	12,000	—	—	—	235	6,426	65	—	—
	五月	—	—	—	—	—	—	30	10,555	38	—	—
	六月	—	—	—	—	—	—	184	5,216	29	—	—
	合計	**51,330**	**115**	**12,857**	—	**85**	**144**	**1,344**	**161,048**	**248**	**42**	**496**

表 121 發還各款支出詳表（續）

契稅	厘費	商稅	洋布疋頭專稅	洋紙專稅	絲類特稅	顏料專稅	腊類專稅	舶來土紋土稅	舶來農產品項專稅	舶來皮革稅	糖類稅
537	17,000	—	—	—	—	—	—	—	—	—	—
—	15,761	—	—	—	—	—	—	—	—	—	—
3,399	137,643	—	—	—	—	—	—	—	—	1,677	—
1,178	23,989	6,875	—	—	—	—	—	750	—	—	—
1,786	26,532	—	—	303	—	—	—	750	—	—	—
1,767	3,835	—	781	421	—	50	1,463	3,750	—	—	4,752
—	151,429	—	—	—	56,736	—	—	—	—	—	—
4,373	8,861	—	—	—	—	330	731	750	—	—	—
12,664	6,337	—	—	—	—	—	—	—	—	—	—
325	—	1,000	—	—	—	—	—	—	—	—	—
3,124	488	—	—	—	—	—	—	2,250	—	—	—
3,172	203	117	—	—	—	—	198	—	—	—	—
32,325	**392,078**	**7,992**	781	**724**	**56,736**	**380**	**2,392**	**8,250**	—	**1,677**	**4,752**
139	893	—	—	—	—	—	99	—	—	—	2,500
2,591	—	—	—	—	—	—	—	—	—	—	833
3,330	4,268	161	—	—	—	—	—	—	—	—	—
74,281	244	—	—	—	—	—	—	—	—	—	—
2,872	244	—	—	—	—	—	—	—	—	—	556
2,541	—	—	—	—	—	—	198	—	—	—	—
—	—	—	596	—	—	—	—	—	—	—	—
4,521	115	—	—	—	—	—	—	—	286	—	—
2,091	—	—	—	—	—	—	—	—	—	—	2,499
865	—	—	—	—	—	—	—	—	—	—	—
647	—	—	—	—	—	—	—	—	—	—	972
1,047	—	—	—	—	—	—	297	—	49,487	—	694
94,925	**5,764**	**161**	**596**	—	—	—	**594**	—	**49,773**	—	**8,054**

表 121　**發還各欵支出詳表（續）**

京果海味捐	屠牛牛皮生牛出口税	屠捐	猪捐	花捐附加教育費	花捐附加築路費	花捐附加軍費	香燭紙寶捐	什税	什捐	官有產業收入	防務經費
—	550	—	—	—	—	—	—	—	—	—	10
—	110	—	200	—	—	—	3,000	—	1,200	—	10
—	—	—	67	—	—	—	—	—	540	—	—
—	—	1,000	100	145	—	—	16,201	—	640	21,407	—
—	—	4,200	100	—	—	—	2,958	—	1,080	—	185
4,388	—	9,000	100	—	157	243	14,523	—	2,490	—	—
—	—	—	100	—	—	—	12,960	—	—	—	—
—	—	3,600	100	—	—	—	16,626	—	1,080	42,014	10
—	—	1,800	100	—	—	—	12,688	549	—	—	—
—	—	—	—	—	—	—	1,371	—	1,080	—	3,200
—	—	1.800	100	—	—	—	5,000	—	540	—	10
—	—	3,600	100	—	—	—	11,647	—	540	2,909	—
4,388	**660**	**25,000**	**1,067**	**145**	**157**	**243**	**96,974**	**549**	**9,190**	**66,330**	**3,425**
—	—	1,800	200	—	—	—	—	—	540	14,000	—
47	—	—	100	—	—	—	15,625	30,000	540	—	—
—	—	1,800	—	—	—	—	8,771	15,000	540	52	—
79	—	—	100	—	—	—	19,997	15,447	540	—	—
106	—	3,600	133	—	—	—	31,252	—	540	—	—
—	—	—	100	—	—	—	—	—	540	—	—
—	—	1,800	100	—	—	—	31,252	—	540	—	—
—	—	—	100	—	—	—	—	—	—	1,073	2,225
—	—	1,800	100	—	—	—	7,813	—	1,080	1,324	—
—	—	—	100	998	92	—	1,750	—	540	—	—
—	—	—	100	—	—	1,600	15,626	—	540	—	10
—	—	1,800	100	—	—	—	—	—	540	—	—
232	—	**12,600**	**1,233**	**998**	**92**	**1,600**	**132,087**	**60,447**	**6,480**	**15,449**	**2.235**

表 121　發還各欵支出詳表（續）

護耕費	沙田登記費	官欵繳還	舖底照費	中資捐及附加	契稅告白費	保證金	各項罰欵	監辦費	合計
—	—	1,408	111	143	1,828	2,130	—	—	24,660
—	—	—	335	—	370	2,000	—	—	23,986
—	—	—	665	34	375	4,800	12	897	150,321
—	—	—	249	457	1,120	5,500	—	80	80,264
—	—	—	—	365	310	867	—	—	39,868
—	—	—	107	663	2,108	2,020	—	—	53,409
—	—	—	367	390	625	2,000	—	—	224,607
—	—	—	118	194	1,851	1,400	—	—	82,147
—	—	—	157	76	1,529	625	—	—	36,772
—	—	326	—	17	1,054	800	—	—	9,173
—	127	310	416	2,000	1,644	—	—	—	18,353
41,666	—	309	—	1,812	3,046	4,250	—	—	73,800
41,666	**127**	**2,353**	**2,515**	**6,151**	**15,860**	**26,392**	**12**	**997**	**817,360**
—	—	—	644	1,474	3,211	12,263	39	—	38,504
—	—	—	—	400	511	—	—	—	50,963
—	33	—	296	697	1,733	1,447	—	—	39,089
—	—	—	—	386	1,032	1,060	—	—	162,449
—	54	—	206	62	1,046	3,362	—	—	44,229
—	—	—	—	—	1,454	—	—	—	5,909
—	209	—	—	70	291	—	—	—	53,696
—	—	—	319	959	583	—	—	—	17,071
—	—	—	—	51	307	1,200	—	—	132,119
—	—	—	325	56	1,354	3,437	—	—	28,559
—	—	3,800	—	671	305	—	—	—	34,894
—	—	—	—	149	1,059	—	—	—	60,602
—	**296**	**3,800**	**1,790**	**4,975**	**12,886**	**23,269**	**39**	—	**668,084**

表 122　　**發還按預借餉詳表**

年度	月別	按餉	預餉	借餉	合計
二十一年度	七月	10,800	30,012	26,512	67,324
	八月	3,529	1,238	8,371	13,138
	九月	23,800	34,517	12,426	70,743
	十月	149,913	171,440	104,750	426,103
	十一月	44,222	220,064	114,435	378,721
	十二月	39,973	13,592	3,960	57,525
	一月	19,809	1,097	5,325	26,231
	二月	101,664	18,904	101,580	222,148
	三月	7,981	47,378	8,265	63,624
	四月	30,137	4,050	2,500	36,687
	五月	136,285	706,330	24,702	867,317
	六月	70,697	339,482	1,260,200	1,670,379
	合計	**638,810**	**1,588,104**	**1,673,026**	**3,899,940**
二十二年度	七月	26,545	46,731	10,125	83,401
	八月	4,405	8,715	10,841	23,961
	九月	31,923	47,063	28,339	107,325
	十月	149,186	93,882	84,638	327,706
	十一月	10,242	8,366	——	18,608
	十二月	1,796	29,485	——	31,281
	一月	7,552	775	——	8,327
	二月	——	——	——	——
	三月	2,714	1,829	——	4,543
	四月	5,300	6,625	——	11,925
	五月	15,306	6,389	——	21,695
	六月	12,489	94	——	12,583
	合計	**267,458**	**249,954**	**133,943**	**651,355**

表123 撥還寄存欵項詳表

年度	月别 \ 類别	田賦	契税	厘費	各項税捐	地方行政	籌餉	其他	合計
二十一年度	七月	27,158	—	5,000	2,000	—	—	20,000	54,158
	八月	—	—	—	—	—	—	—	—
	九月	116,117	16,856	5,104	—	440	—	—	138,517
	十月	171,048	—	1,613	164,168	—	—	—	336,829
	十一月	60,878	—	41,041	—	—	—	—	101,919
	十二月	170,626	—	—	—	—	—	—	170,626
	一月	3,000	—	—	—	—	—	—	3,000
	二月	28,716	10,530	5,101	—	—	—	3,474	47,821
	三月	119,120	1,706	—	—	—	—	—	120,826
	四月	3,400	—	—	535	—	—	—	3,935
	五月	102,789	—	4,600	2,450	—	664	180	110,683
	六月	536,486	—	30,796	—	—	500,000	—	1,067,282
	合計	1,339,338	29,092	93,255	169,153	440	500,664	23,654	2,155,596
二十二年度	七月	21,684	12,707	—	—	—	—	—	34,391
	八月	69,047	—	—	167,440	—	—	—	236,487
	九月	26,572	20,000	—	—	—	—	—	46,572
	十月	51,645	—	—	55,683	—	—	—	107,328
	十一月	5,524	—	—	—	—	—	—	5,524
	十二月	44,020	—	—	—	—	—	—	44,020
	一月	37,830	—	—	7,720	4,000	—	—	49,550
	二月	6,915	—	—	8,711	—	—	—	15,626
	三月	14,978	4,824	—	810	—	—	—	20,612
	四月	16,480	—	—	—	—	—	—	16,480
	五月	110,034	—	—	1,050	—	—	—	111,084
	六月	4,203	—	—	—	—	—	—	4,203
	合計	408,932	37,531	—	241,414	4,000	—	—	691,877

表124 償還公債庫券支出詳表

年度	月別	償還金融庫券本息	整理金融庫券款	合計
二十一年度	七月	358,746	——	358,746
	八月	——	291	291
	九月	215,000	——	215.000
	十月	270,073	——	270,073
	十一月	270,073	——	270,073
	十二月	300,073	——	300.073
	一月	210,000	——	210,000
	二月	340,145	——	340,145
	三月	275,073	——	275,073
	四月	277,073	——	277,073
	五月	3,000	——	3,000
	六月	385,199	——	385,199
	合計	2.904,455	291	2.904,746
二十二年度	七月	200,000	——	200,000
	八月	10,000	——	10,000
	九月	10,000	——	10,000
	十月	——	——	——
	十一月	——	——	——
	十二月	——	——	——
	一月	13,000	——	13,000
	二月	——	——	——
	三月	66,841	——	66,841
	四月	2,100	——	2,100
	五月	2.000	——	2.000
	六月	2,100	——	2,100
	合計	306.041	——	306.041

表 125　**償還息借各欵詳表**

年度	月別	銀行借欵	商號借欵	商人借欵	機關借欵	合計
二十一年度	七月	—	—	—	—	—
	八月	1,600,000	—	3,000	—	1,603,000
	九月	—	—	—	—	—
	十月	—	—	—	—	—
	十一月	2,058,000	—	—	—	2,058,000
	十二月	850,000	—	—	—	850,000
	一月	—	—	—	—	—
	二月	1,920,000	800,000	—	—	2,720,000
	三月	10,000	—	—	—	10,000
	四月	10,000	—	—	—	10,000
	五月	—	—	—	—	—
	六月	—	—	500,000	—	500,000
	合計	6,448,000	800,000	503,000	—	7,751,000
二十二年度	七月	—	—	—	202,000	202,000
	八月	—	—	—	2,000	2,000
	九月	100,000	—	—	150,000	250,000
	十月	—	—	—	—	—
	十一月	—	—	—	—	—
	十二月	5,977,098	442,277	—	20,000	6,439,375
	一月	50,000	—	—	—	50,000
	二月	102,742	—	—	—	102,742
	三月	900,000	—	—	90,500	990,500
	四月	1,040,000	405,661	—	—	1,445,661
	五月	130,722	—	—	40,000	170,722
	六月	225,052	—	—	40,000	265,052
	合計	8,525,614	847,938	—	544,500	9,918,052

表 126 撥借廣東財政特派員公署支出詳表

年度	類別 月別	廣東財政特派員公署借省庫款	撥借省庫第二次軍需庫券款	撥借省庫維持中幣有獎庫券款	撥借省庫代辦國防公債款	墊支軍事囚糧	墊支徐閒劇匪費	合計
二十一年度	七月	1,796,145	54	11,155	—	—	4,000	1,811,354
	八月	1,452,898	311	8,635	—	—	9,500	1,471,344
	九月	1,075,187	—	9,795	—	—	23,000	1,107,982
	十月	1,006,972	—	9,190	—	—	3,500	1,019,662
	十一月	1,487,252	—	9,385	—	—	—	1,496,637
	十二月	5.844,870	—	—	168	—	—	5,845,038
	一月	1,957,500	254	—	—	—	—	1,957,754
	二月	647,334	178	—	—	—	—	947,512
	三月	1,151,859	—	—	—	—	—	1,151,859
	四月	1,969,816	—	—	—	—	—	1,969,816
	五月	2,025,266	—	—	—	72	—	2,025,338
	六月	1,715,983	—	—	100,000	—	—	1,815,983
	合計	**22,131.082**	**797**	**48.160**	**100.168**	**72**	**40.000**	**22,320,279**
二十二年度	七月	1,466,000	—	—	—	—	—	1,466,000
	八月	1,481,517	—	—	200,000	—	—	1,681,517
	九月	1,937,333	—	—	60,267	—	—	1,997.600
	十月	1,048,136	—	—	128,750	—	—	1,176,886
	十一月	1,170,000	—	—	132.983	—	—	1,302,983
	十二月	2,788,495	—	—	159,872	—	—	2,948.367
	一月	1,102,000	—	—	133.724	—	—	1,235,724
	二月	1,050,000	—	—	74,221	—	—	1,124,221
	三月	2,144,352	—	—	142,590	—	—	2,286,942
	四月	1,441,587	—	—	710	—	—	1,442,297
	五月	1,900,000	—	—	—	—	—	1,900,000
	六月	1,143,968	—	—	—	—	—	1,143,968
	合計	**18,673,388**	—	—	**1,033,117**	—	—	**19.706.505**

表 127　　**代支各費支出詳表**

年度	類別／月別	代支二次軍需庫券經募費	代支國防公債經募費	代支國防公債各雜費	代支印刷國防公債票工料費	代支國防要塞建設委員會經費	代支國防公債保管委員會經費	合計
二十一年度	七月	—	1,964	—	18,250	—	—	20,214
	八月	—	205	—	—	—	—	205
	九月	—	19,126	—	—	—	—	19,126
	十月	—	966	943	—	—	—	1,909
	十一月	1,552	4,225	200	—	—	—	5,977
	十二月	8,000	9,087	210	—	—	—	17.297
	一月	—	—	600	—	—	—	600
	二月	—	7.251	—	—	—	—	7,251
	三月	121	4,579	—	—	—	—	4.700
	四月	—	1,034	1,200	—	—	—	2,234
	五月	—	2,246	320	—	—	—	2,566
	六月	—	5,460	—	—	—	—	5.460
	合計	9,673	56,143	3,473	18,250	—	—	87,539
二十二年度	七月	—	689	—	—	—	—	689
	八月	—	1,113	—	—	—	—	1,113
	九月	1,426	1,175	5.197	—	14,931	—	22,729
	十月	—	1,452	—	—	—	—	1,452
	十一月	—	266	—	—	—	—	266
	十二月	—	329	—	—	77,297	1,200	78,826
	一月	—	615	—	—	—	—	615
	二月	—	595	—	—	—	—	595
	三月	—	1,015	—	—	—	—	1,015
	四月	—	1,895	—	—	—	—	1.895
	五月	—	1,157	—	—	—	—	1,157
	六月	—	22,773	—	—	—	1,800	24,573
	合計	1,426	33,074	5,197	—	92,228	3,000	134,925

廣東裁撤苛捐雜稅概述

粤自清季末葉。民力已疲。財力漸形拮据。當時清吏以聚斂爲能。每藉舉行新政之名。而爲加稅張本。一切苛捐雜稅。緣此而興。民國以來。地方多故。對於從前秕政。未及澈底革除。况粤省爲革命策源地。北伐之役。以一省收入。供給七軍餉糈。轉戰湘鄂豫閩浙皖贛蘇八省。當時庫欵已竭。但爲完成革命起見。迫得加征附稅。飲鴆止渴。原非得已。而民力愈疲矣。近更因世界經濟衰落之波及。金融涸竭。實業凋敝。人民痛苦。由是益深。苟非早爲之所。則農村崩潰。社會經濟更形紊亂矣。苛雜稅捐既爲農工商業生產之束縛。亦人民所深感痛苦者。必先設法廢除。方能與民休養生息。二十二年。本省確定三年施政計劃。即以取銷苛捐雜稅列入財政整理之部第七項。明定於二十二年內廢除。其迹近苛雜者。於二十三年內悉數廢除。故二十二年一月一日。即三年施政計劃開始實施之第一日。立將南雄梅關稅廠等二十一種。宣佈廢除。而是年夏四月。復取銷各縣地方苛捐雜稅共百餘種。夫當此庫欵奇絀之秋。亦正本省三年施政計劃實行之際。猝裁鉅欵。影響誠大。然爲顧念民生。迫得出於斷然處置。其他顧慮。在所不計。玆將苛捐雜稅已裁撤之數量依時間之先後。彙列於下：

裁撤日期	種數	年餉額(毫洋元數)
二十二年一月一日	21	115,950
八月四日	13	148,031
二十三年五月十一日	1	860,000
八月一日	19	1,958,998
八月一日	27*	1,664,460
二十四年七月卅一日	42	1,679,383
合計	96	6,426,822

*註：禁絕二十七縣市雜賭。

若再從種類分之，應如下列：

裁撤苛捐雜稅總表

類別	種數	年餉額
裁撤稅捐	29	2,980,690
裁撤厘費	25	102,289
定期裁撤厘費	42	1,679,383
禁絕二十七年市雜賭		1,664,460
合計	96	6,426,822

以上裁撤之苛捐雜稅年餉總額爲六百四十二萬六千八百二十二元○與廿二年度全年賦稅收入總數四千三百六十七萬四千零八元相較○約占百分之十五○（確數14.7%）即全年省庫賦稅收入項下減去百分之十五○茲以圖式比較於下：

裁撤捐稅年餉與廿二年度賦稅收入實數之比較

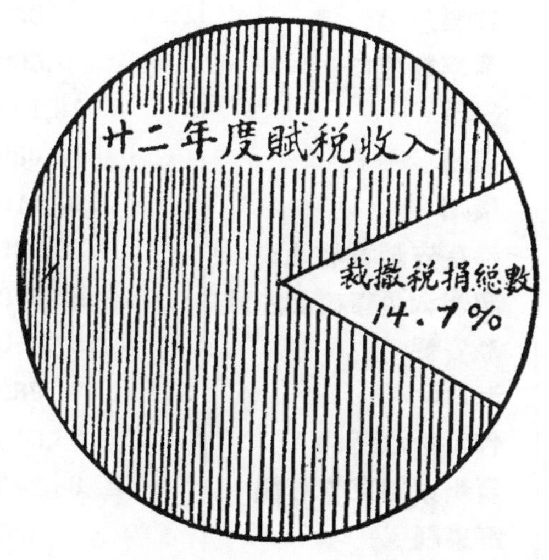

以上指省庫項下裁撤厘費稅捐而言○其餘屬於縣地方欵經通飭取銷者○計一百六十五種○茲再將各期裁撤苛捐雜稅詳細分類統計列表於下：

裁撤苛捐雜稅一覽表

(一)稅捐

類別	征收所在地	年征餉額	裁撤日期
南雄梅關貨稅廠	南雄縣	60,000	二十二年一月一日
乳源雜稅廠	乳源縣	700	,, ,,
仁化南北稅廠	仁化縣	3,290	,, ,,
樂會博鰲地稅	樂會博鰲	3,980	,, ,,
始興江口稅廠	始興縣	5,700	,, ,,
恩平牛河雜稅廠	恩平縣	6,840	,, ,,
欽縣陸屋稅廠	欽縣陸屋	2,250	,, ,,
萬寧龍滚口地稅	萬寧龍滚口	1,560	,, ,,
樂昌縣雜稅	樂昌	16,100	二十二年八月四日
大宗礦產物欵特種消費稅	廣州	5,080	,, ,,
廣州西稅廠	廣州	197,210	二十三年八月一日
高州府稅廠	梅菉安舖黃埔水東	39,975	二十三年八月一日
太平關稅廠	韶州太平東西北三關	363,870	,, ,,
潮州府稅廠	潮安縣	357,850	,, ,,
瓊州府稅廠	海口北冲	31,980	,, ,,
佛山汾新涌稅廠	佛山汾水新涌	28,665	,, ,,
廣州東龍稅廠	廣州東關東莞石龍	84,240	,, ,,
雷州府稅廠	海康縣	360	,, ,,
浛洸稅廠	英德浛洸	111,930	,, ,,
廉州府稅廠	廉州北海武利靈山	35,685	,, ,,
黃江稅廠	高要黃江	612,300	,, ,,
化縣羅江稅廠	化縣羅江	26,130	,, ,,
陽春山河小稅	陽春縣	4,500	,, ,,
文昌舖前塔市地稅	文昌舖前塔市	6,240	,, ,,
文昌清瀾烟整地稅	文昌清瀾烟整	9,165	,, ,,
南番順晒莨捐	南海番禺順德各屬	91,875	二十二年八月四日
全省土糖捐	廣東全省	860,000	二十三年五月十日
瓊崖檳榔出口捐	海口	7,215	二十三年八月一日
南雄冬草蔗腊鴨捐	南雄縣	6,000	,, ,,
合計		2,980,690	

裁撤苛捐雜稅一覽表

(二)厘費

類別	征收所在地	年征餉額	裁撤日期
佛山故衣行坐厘	佛山	3,540	二十二年一月一日
佛山紗紙顏料行坐厘	,, ,,	2,160	,, ,,
佛山金花行坐厘	,, ,,	350	,, ,,
佛山頭繩行坐厘	,, ,,	350	,, ,,
佛山鐵砧行坐厘	,, ,,	170	,, ,,
佛山土靛行坐厘	,, ,,	450	,, ,,
佛山絨線行坐厘	,, ,,	14,430	,, ,,
佛山南安北棧紙行坐厘	,, ,,	7,700	,, ,,
佛山骨頭行坐厘	,, ,,	970	,, ,,
佛山新釘行坐厘	,, ,,	870	,, ,,
佛山麥麵行坐厘	,, ,,	230	,, ,,
佛山拆鐵行坐厘	,, ,,	60	,, ,,
佛山茶居行坐厘	,, ,,	350	,, ,,
佛山西土雜貨坐厘	,, ,,	2,176	二十二年八月四日
佛山燕窩行坐厘	,, ,,	110	,, ,,
石門石厘分局	石門	18,750	,, ,,
石灣磁器行	石灣	974	,, ,,
佛山鹹魚行	佛山	292	,, ,,
佛山西土什貨行加認寶厘	,, ,,	1,970	,, ,,
佛山磁器行	,, ,,	292	,, ,,
佛山七製銀硃丹粉行坐厘	,, ,,	8,668	,, ,,
佛山折飾銀行	,, ,,	487	,, ,,
佛山新鑄鍋行	,, ,,	1,257	,, ,,
瓊崖全屬海防台費	瓊崖各縣	30,223	二十三年八月一日
西江石灰行台費	高要	5,460	
合計		102,289	

定期裁撤苛捐什税一覽表

(三)籮費　　(定期民國二十四年七月底裁撤)

類別	征收所在地	年征餉額	類別	征收所在地	年征餉額
省城玉石行坐厘台費	省城	6,240	省城珍珠行坐籮	東城	2,340
南番布行坐厘	南海番禺	26,325	東莞炮竹行坐籮台費	省莞	6,825
省河機窰燒煤製磚台費	省河	7,800	東莞鮮魚行坐籮	,, ,,	14,625
省河南番土搾行台費	省河南海番禺	39,875	南番順內地炮竹行台費	南海番禺順德	16,965
省河磁器行坐厘台費	省城	23,400	省河酸枝花梨紅木行台費	省河	9,750
省河醬料行坐厘	省城	19,890	廣肇蒲包行坐籮台費	廣肇屬	63,570
省河玉器行坐厘台費	,, ,,	11,700	省城鮮魚行台費	省城	19,305
省河薯莨坐厘	,, ,,	13.022	省河花生芝蔴行台費	省河	201,825
廣肇青磚行坐厘台費	廣肇各屬	67,178	江門鮮果行台費	新會江門	16,476
省佛銀業行坐籮	省城佛山	157,950	江門南行台費	江門	12,168
省城金行坐籮台費	省城	17,901	省佛土茶行坐籮台費	省城佛山	27,788
省城楚贛炮竹行台費	,, ,,	4,826	佛山蓮峯紙行台費	佛山	35,414
省城藥材行坐籮台費	,, ,,	155,646	廣肇惠紅磚瓦蓋行台費	廣肇惠各屬	88,613
省河荳務行坐籮台費	,, ,,	195,000	省城雜木行台費	省城	28,275
省河東西猪欄台費	,, ,,	35,880	省河銅鐵行台費	省河	33,716
省城鹹魚行台費	,, ,,	58,305	省城芝蔴行台費	省城	12,802
省城檳榔行坐籮台	,, ,,	8,873	新會葵扇行台費	新會	14,070
省城玻璃鏡貨行坐籮	,, ,,	2,680	石岐鮮果行台費	中山石岐	12,880
省城薄荷如意油行坐籮	,, ,,	16,088	省陳鮮菜鹹貨行台費	省城陳村	164,268
省城東莞草蓆行坐籮台費	,, ,,	9,385	佛山新釘洋鐵行台費	佛山	3,705
省河餅坐籮	,, ,,	8,580	合計		1,679,383
省城金銀首飾行坐籮台費	,, ,,	7,459			

禁絕各縣市什賭一覽表

(民國二十三年八月一日禁絕)

順德縣	德慶縣	梅　縣	台山縣	曲江縣	平遠縣
新會及江門市	始興縣	五華縣	肇慶	仁化縣	鶴山縣
清遠縣	樂昌縣	蕉嶺縣	佛岡縣	連　縣	
花　縣	乳源縣	英德縣	鬱南縣	陽山縣	
高明縣	連山縣	開平縣	南雄縣	興寧縣	

共計年征餉額　1,664,460 元

裁撤各縣地方苛捐什稅一覽表

縣別	稅捐名稱	通飭裁撤日期
海豐	謝道山規費餉，赤岸規費餉，汕尾文武規費餉，牲畜捐，米蓋，生牛出口捐。	廿二年四月廿二日。 〃 〃 〃
陸豐	鄉警捐，烏糖秤捐，烏白糖捐，蔴皮秤捐，附城魚行，牛隻捐。	〃 〃 〃
潮陽	蜜柑捐，磨蒜捐，棉紗捐，烟絲捐，練江船捐，益生船捐，赤糖捐，電話捐，灰窰捐。	〃 〃 〃 〃 〃 〃
澄海	電船附加交通費，輕便車附加交通費，草溝魚船什貨捐。	〃 〃 〃
潮安	生果捐，錫爐捐，韓江電船附加捐，東隴電船附加捐。	〃 〃 〃
揭陽	蠟捐	〃 〃 〃
蕉嶺	猪牙捐，猪條捐。	〃 〃 〃
豐順	柴炭捐，生猪捐，韓江輪船附加捐。	〃 〃 〃
梅縣	雞鴨船牙捐，雞鴨船牙附加捐，韓江輪船附加捐。	〃 〃 〃
大埔	韓江輪船附加捐，石灰捐，牛牙捐。	〃 〃 〃
興寧	柴秤捐，猪牙捐。	〃 〃 〃
五華	河口學捐。	〃 〃 〃
廉江	生猪出口附加，猪頭捐，花生斗租捐，獸骨捐，穀斗捐，牛單捐，石灰捐，洋油捐，鏤捐補助費，猪蹄捐，碗捐，鐵捐，米行息捐，牛車路捐，錢糧附加黨費。	〃 〃 〃 廿二年十一月廿五日
陽山	土貨出口捐。	〃 〃 〃
增城	屠牛潔凈捐，猪花三鳥捐，渡船公安費。	〃 〃 〃
紫金	猪花捐。	〃 〃 〃
從化	雞鴨房捐，鵝行經紀捐。	〃 〃 〃
赤溪	團練捐，警費捐。	〃 〃 〃
定安	牛皮捐。	〃 〃 〃
始興	太平墟什炭黃麻竹排石灰捐。	〃 〃 〃
羅定	猪秤捐。	〃 〃 〃
連縣	出境生猪捐，生隻落地捐。	〃 〃 〃
靈山	生猪生牛及花筵捐，屠牛牛皮捐，屠猪捐附加，鏤廠捐，花筵生猪生牛附加捐，各區附加槍枝費。	〃 〃 〃 〃 〃 〃
鬱南	三河柴秤捐。	〃 〃 〃
博羅	落地柴把捐，松枝捐。	〃 〃 〃
恩平	陸巡捐，秤捐。	〃 〃 〃
徐聞	生猪牛出口捐，酒稅，鹹魚附加捐。	〃 〃 〃
陵水	米谷出口捐。	〃 〃 〃
合浦	鍋廠捐，片糖捐，米粉捐，菓子捐，牛骨捐，花生捐。	〃 〃 〃
高明	生牛捐，生牛附加捐。	〃 〃 〃

裁撤各縣地方苛捐雜稅一覽表（續）

縣別	稅捐名稱	通飭裁撤日期
澄邁	米穀捐，警察捐。	廿二年十一月廿五日
河源	猪仔捐，雞鴨捐。	〃 〃 〃
開平	屠羊捐，窰捐。	〃 〃 〃
陽江	閘坡區船戶月捐，輪渡生果捐，穀斗捐，第二區鷄鵝鴨秤捐，第三區耕牛捐，第七區瓜菜秤捐，第七區魚秤捐，第七區糖麻秤捐，第七區猪糞捐，第十區鮮魚瓜菜秤捐，北慣鷄鴨秤捐，北慣猪糞捐，北慣穀斗捐，平岡耕牛捐，白蒲耕牛捐，織簀生猪出口捐，織簀鷄鵝鴨苗捐，織簀鴨蛋捐，織簀柴船出口捐，沙扒柴秤捐，塘圍鷄秤捐，塘圍船頭猪口捐，塘圍穀斗捐，塘圍鵝鴨捐，塘圍地豆斗捐，塘圍雞鵝捐，大八加修牛捐，大八加收猪捐，大八火灶捐，大八出河穀捐，大八出河猪捐，大八牛隻餉。	〃 〃 〃
陽春	柴草石灰捐。	〃 〃 〃
文昌	鹽捐附加，狀紙費。	〃 〃 〃
防城	出口柴捐，鹽鐵鍋欖蔑鹽魚生猪雜捐，批屋登記費，竹葉捐，黃籐捐，梘水捐。	〃 〃 〃
台山	墾荒附加。	〃 〃 〃
佛崗	猪穀秤捐，酒庄特別捐，匪紅附加捐，牛牡捐。	〃 〃 〃
南雄	鹹魚捐，六字票捐，旅店循環部費。	〃 〃 〃
東莞	莞城魚秤捐，浮炭捐，太平魚欄經紀捐，太平菓菜經紀捐。	〃 〃 〃
臨高	牛單正附捐，丁祭捐。	〃 〃 〃
乳源	食鹽附加。	〃 〃 〃
瓊山	芝蔴元肉蜂蜜荔枝雜捐，東山牛契捐，雲龍牛契捐，再醮証書捐。	〃 〃 〃
定安	生猪雞鵝鴨蛋牲口出口捐。	廿三年六月以前
陽江	石灰捐。	〃 〃 〃
五華	河口百貨捐。	〃 〃 〃

勘誤表

頁數	表	誤	正
37	35	97,517	97,534
,,	,,	3,393,137	3,393,154
,,	,,	142,314	142,331
,,	,,	4,304,727	4,304,744
40	36	(瓊山七月份數)	17
,,	,,	73,455	73,472
45	36	97,517	97,534
,,	,,	3,393,137	3,393,154
65	59	7,584	7,458

結黃字第　0.363

所有權狀存根

坐落　　鄉鎮　　墟村土名　路街門牌第

區段號　測量第　區第　段　第　號

地目　　四至

面積　市方丈畝　市方尺分　市方寸厘　市方分毫

地價　法定地價　建築物價值　圓　圓

收件字號及年月日　中華民國卅　年　月　日收件　字第　號

縣地籍整理辦事處
兼處長
副處長

局長

中華民國三十　年　月　日

字第　　號

結黃字第　01363　號

土地所有權狀

廣東省政府地政局　　字第　　號

為發給土地所有權狀事據　　縣土地所有權人　　聲請登記左記土地所有權業經審查公告無異議准予登記合行發狀以憑執業此狀。

計開：

土地標示

坐落　　鄉鎮　　墟村土名　路街門牌第　號

區段　測量第　　區第　段

地號　號　號　號　號　號　號

地目　地　地　地　地　地　地

四至　東至　南至　西至　北至（五行）

面積　市方丈畝　合計：市方丈畝　方尺分　方寸厘

法定地價　每市方丈畝　本號地　圓　圓　圓　圓　圓　圓

建築改良物法定價值　情形　價值　圓　圓　圓　圓　圓　圓

收件字號及年月日　中華民國三十　年　月　日收件　字第　號

登記字號及年月日　中華民國三十　年　月　日登記　字第　號

右給土地所有權人　　收執

局長

中華民國三十　年　月　日

他項權利記要

權利人姓名	權利種類	權利價值	設定日期	存續期間	他項權利證明書字號數	備考

共有人姓名表

共有人姓名	所有權比率	附記
		圖狀字第　號發給該戶
		該戶給予第　號圖狀保持證

民國廿一年度至廿二年度

廣東財政統計

（非賣品）

中華民國二十四年五月出版

編輯者　廣東財政廳第四科統計股

印刷者　真平印務局

广东财政统计

（民国三十三年五月）

广东省政府财政厅 编

廣東財政統計

中華民國三十三年五月

廣東省政府財政廳編製

前　　言

省民物殷阜，商旅輻輳，社會經濟素稱活躍，鼎革以還，地方多故，收支久虛，庫儲常絀，抗戰軍興，省流遷韶，値軍事緊張之際，支出倍增，而重要稅區失陷，稅收日短，施政鵠的要爲除弊興利，改良稅制，革除積弊，量入爲出，整理以，收入雖有增加，支出力求節約，是以由不敷而至有餘。計廿八年度省地方收入爲二千七百五十餘萬元，廿九年度爲六千九百餘萬元，三十年度爲一萬六千五百餘萬元，戰時消大需要，以及教育文化經濟建設，省營投資等，均賴以支持，庶政設得以發展，三十一年度財政收支系統變更，省庫結束，餘存一千四百餘萬元解歸國庫，歷年債務全部清償無餘，此卅一年以前省地方財政情形之梗概也。

本省過去縣財政頗形紊亂，其收入來源，不外省稅附加，民間攤派，苛捐什稅，省款補助，均非正常收入，各縣稅捐項目，在本省未歸政中央前，據調查所得，計有七千餘種，繁苛病民，至爲苛細，迭經歷年整理，逐有進步，自新縣制開始實施以後，各項支出龐大，百廢待舉，針對現實，首重健全財務行政機構，確立預算，實行統收統支，整理稅捐，廢除雜苛次第爲釐定監督考核辦法，調整收支，清理公有款產，，實施鄉鎮造產，改善征收機構，派員巡廻考核督導，推設縣市銀行三年以來，縣財政整理，在減輕人民負担原則下，力求配合新縣制之實施，使管教養衛工作，平衡發展，促進地方自治之成，考其成果，就稅捐一項收入而言，已由三十年度之一千一百餘萬元，躍進至三十二年度之一萬萬四千五百餘萬元，實已超過十三倍餘矣。政事日繁，需費遂增，檢討過去，策勵將來，爰就已往各項實有數字，編製統計，分別八類，附刊表，以供本省財務工作人員案頭參考資料，藉助研究，賓海賢達，願多所指正焉。

張導民民國三十三年五月於廣東財政廳

廣東財政統計目錄

前言

一、預算

16. 廣東省縣地方管教養衛歲出預算
17. 廣東省各縣地方預算鄉鎮部份歲出分級比較
18. 廣東省縣地方預算鄉鎮部份歲入數額
19. 廣東省縣地方預算鄉鎮部份歲出數額

二、公庫

20. 廣東省歷年收支實數
21. 廣東省歷年省庫實收分類比較
22. 廣東省歷年省庫實支分類比較
23. 廣東省內公庫分佈
24. 廣東省財政廳經管省單位各費類實支比較

三、稅課

25. 廣東省歷年稅課實收分類比較
26. 廣東省裁撤各縣苛捐什稅
27. 廣東省歷年縣稅捐實收比較
28. 廣東省各縣稅捐實收分級比較
29. 廣東省各縣稅捐實收數
30. 廣東省各縣征收機關分佈
31. 廣東省人民賦稅負担

四、公產

32. 廣東省各縣公產

33. 廣東省縣地方租項實收數

五、金融

34. 廣東省内金融機關分佈

35. 廣東省銀行存放款

36. 廣東省各縣銀行資本額

37. 廣東省歷年節約儲蓄

六、公債

38. 廣東省各縣籌募公債配額與實收比較

39. 廣東省人民公債負担

七、附錄

40. 廣東省各縣田賦征實

尾語

预算

（一）預　算

甲　省　預　算

本省預算戰前數字頗爲可觀，抗戰而後，民廿七，廿八兩年因收入減短，極力節縮，其數字幾與民四民八年相若，爲二千七百餘萬元，民國廿九年爲五千四百餘萬元，民卅年爲一萬萬五千二百餘萬元民卅一，卅二年財政改制後，物價迭增，省級預算爲國家預算之一單位，由中央核定總額編列，卅一年尚較卅年，減四百餘萬元，卅二年則較卅年增七千五百餘萬元，而較卅一年則增加七千九百餘萬元。（圖一）所示爲粵省歷年預算之趨勢，（表一）爲歷年預算之數字。歲入方面歷年均以稅課收入爲大宗，（表二）所示爲財政收支系統未改制前之預算數字，均連歷次追加數在內，計三十年因收入增加之故，共追加四次，故以是年爲最高，至改制後仍由省彙編之收入預算，均屬公營事業及規費等收入，卅一年爲五百七十餘萬元卅二年爲[illegible]千五百零四萬餘元，逕繳國庫（表三）即爲上列各項之統計。

歲出方面，歷年均以保安支出占最大百分比，卅年經濟建設占總額百分之二七、四，超過保安支出幾達一倍，（卅年之保安支出百分比爲一四、九）而營業投資：亦達百分之一一、一爲過去未有之最高數字，教育文化支出亦較前爲高，至卅一卅二兩年之歲出，占最大比率者，爲其他支出，因生活補助費，及公糧折價係列入此項科目，其百分比幾占全部預算之半，（卅一年爲百分之二二。八卅二年爲百分之三八。四（表四至五）關于預算之編制與執行，在財政收支系統未改制以前採量出爲入原則以適應施政需要，故頗多追加，卅一年以後，依據中央核定之科目總額編列，而以施政計劃配合預算。自不容輕易呈請追加，本廳對預算之執行，唯有更臻嚴格，兩年來極力節縮預算與實支比較，尚有餘額，其數字可於「公庫」章見之

乙・縣預算

本省各縣地方向無預算，自廿六年起，開始由省代編。始稍具規模，但淪陷區各縣預算如瓊崖各縣，因交通斷絕，仍無法成立，所需軍政各費，仰給於省之統籌補助，以適應需要，廿九年起本省開始實施新縣制，各項支出較前陡增，爲配合施政計劃，故預算編製首從定其歲出之百分比，使管教養衛發展得以平均，行政支出，極力減縮，各項事業費支出，力求增加，預算總額方面廿六年不過爲一千三百餘萬元，廿八，廿九兩年各爲二千八九百萬元，三十年爲三千九百餘萬元，至三十一年已增爲一萬萬一千數百萬元，較前三年約增三倍，卅二年爲一萬萬三仟八百餘萬元，較卅一年增百分之廿五，蓋編造之時間提早數月，各縣多未趕及，多由省根據上年度數字代編，惟實際上連各縣追加部分合計，則超過二萬萬元以上。此點可於（圖二及表六、七）見之。

各縣歲入方面，在（表八）所示，卅年度以前，各縣均仰賴補助，其歲入預算中，稅課收入甚微，而補助收入在廿六至廿九年各年度幾均占百分之六十，民卅年本省統籌整理縣稅捐，於是稅課收入在該年預算中一躍而占百分之八十，補助收入已不及百分之十，卅一至卅三年度仍以稅課收入占最高百分比，規費及補助贈與收入，均有增加，至財產收入，則卅一年較卅年約增二倍，卅二年所編列爲四百四十餘萬元實際收入數則已達八百萬餘元，卅三年則因整理已具成果，其編列數字爲一千八百餘萬元，較卅年增加十倍，其實各縣可收數將爲此數之二倍以上。可參閱「公產」章各表。

各縣歲出方面，（表九）歷年均以行政支出占最高比率，三十年度以前，保安支出所占百分比居第二位，教育文化占第三位，至經濟建設，衛生治療，保育救濟所占比率，幾微不足道。三十年度以後，銳意調整，力求「教」「養」二項科目數額增加，保安支出，力求減少。三十一，三十二兩年度保安支出已降爲百分之八强，教育文化之支出，均在百分之三十，其餘經濟建設，衛生治療，保育救濟均較前增加數倍。惟各縣預算之編製，經規定各費類之百分比，不能逾越其限度，而在執行時，亦不准其流用，以求各項政事之平均發展，各項費類之比率如（表十至十三）再就各科目歸納爲「管」「教」「養」「衛」四項而比較之，（圖三及表十四）則「管」「衛」二項比率，較前超過一倍以上，卅一年卅二兩年，亦均較三十年增加，惟三十三年，各縣因增加公務人員待遇，其他支出突增，「教」之支出，較三十二十年度，增二百餘萬元。「養」之支出，以推行公共造產增加甚鉅，較卅一年度增加五倍，較卅二年度增加三倍餘，共達七千五百餘萬元，占全年度預算百分之二二．八，實爲歷年以來之最高比率。

丙· 鄉鎮預算

鄉鎮預算之編列，原均包括在縣總預算各科目之內，當此地方自治，急待完成之際，鄉鎮財政，應重加充實。本省於卅一年間，特將縣收入之一部，指定劃歸鄉鎮，庶使其事業支出，得有的欵，以求發展。就全省各縣預算中，加以分析歲入方面，屬於各鄉鎮之收入者，計三十一年爲五千六百餘萬元，三十二年爲六千八百餘萬元，（其中自治戶捐最多）占縣歲入預算百分之五〇．六及百分之四九．七（表十六）歲出方面，屬於鄉鎮之支出者，計三十一年爲五千八百餘萬元，三十二年爲七千一百餘萬元，（其中以鄉保學校之經費占最多數，約及全部總支出之一半，其餘鄉鎮公所經費，及保辦公處經費合共約佔百分之四十强）占縣歲出預算百分之五二．八及百分之五一．四。（表十五、十七）上述歲入歲出數字，足見鄉鎮財政情形之一斑，爲加强地方自治之完成，應再予以充實，本年經擬有改進鄉鎮財政辦法，現正在審核中。

廣東省歷年總預算

圖一

千萬元
1 2 3 4 5 6 7 8 9 10 11 12 13 14 15 16 17 18 19 20 21 22 23 24
表示未詳
民國年度
1 2 3 4 5 6 7 8 9 10 11 12 13 14 15 16 17 18 19 20 21 22 23 24 25 26 27 28 29 30 31 32

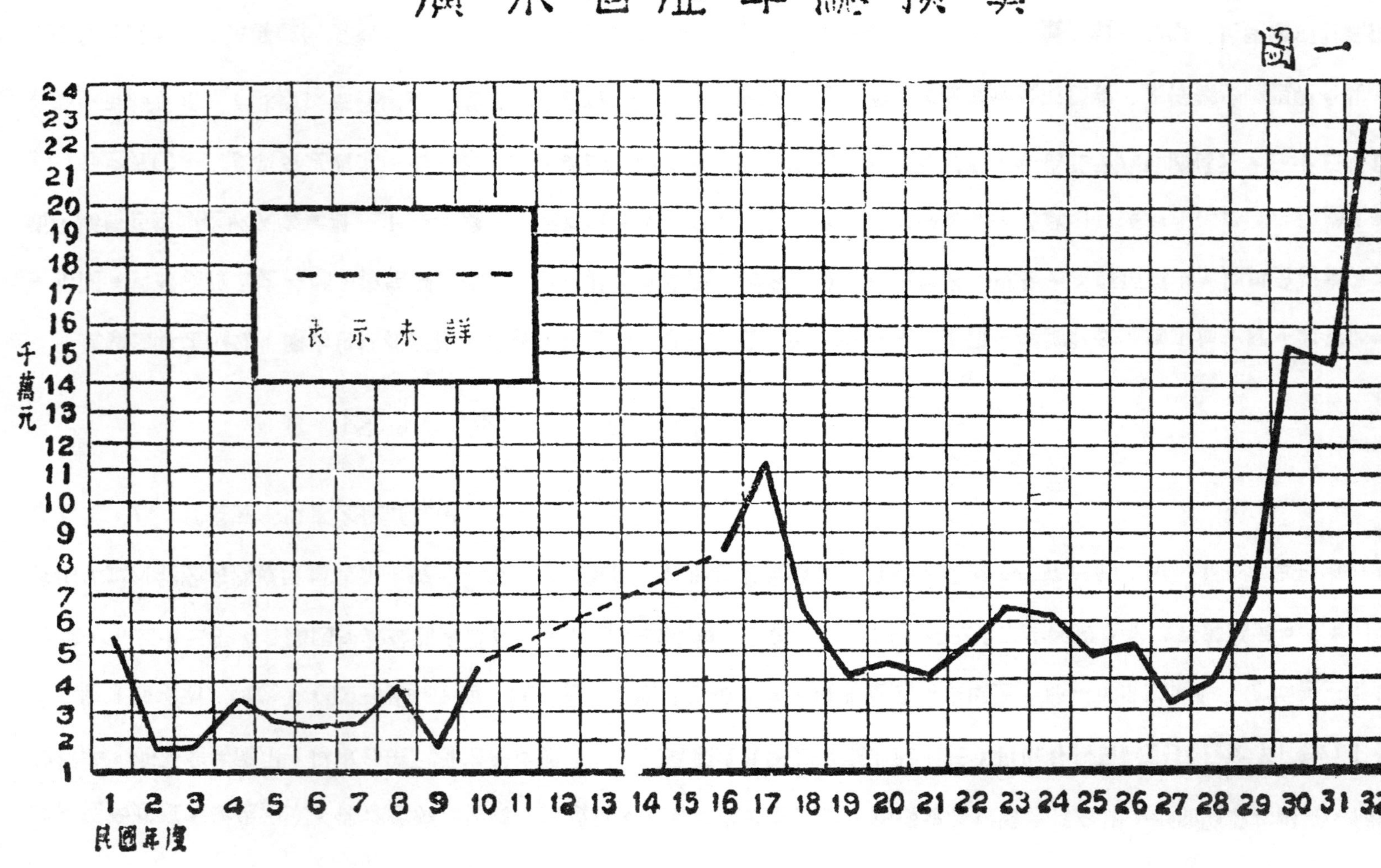

廣東省歷年總預算

表一

民國元年——三十二年度　　　　單位：元

年度	預算數	年度	預算數
元年	54,872,335	十七年	100,273,522
二年	8,879,938	十八年	51,772,607
三年	8,812,675	十九年	30,748,021
四年	22,174,436	二十年	35,973,560
五年	15,138,628	二十一年	31,904,125
六年	14,728,659	二十二年	40,910,159
七年	16,148,177	二十三年	54,788,235
八年	28,336,121	二十四年	51,157,920
九年	3,840,209	二十五年	37,266,199
十年	34,226,160	二十六年	42,135,477
十一年	——	二十七年	21,066,738
十二年	——	二十八年	27,423,356
十三年	——	二十九年	54,157,367
十四年	——	三十年	152,177,839
十五年	——	三十一年	148,179,816
十六年	73,295,055	三十二年	227,668,460

附註：1.民國十八年以前，國省兩稅尙未劃分，本表包括國庫收支預算，自十九年以後，祇列省級收支預算。

2.本表爲便比較起見，一律以國幣爲本位，將二十五以前數字，以毫洋一元二角，折合國幣一元計算。

廣東省歲入預算分類比較

表二　　民國二十六年度——三十年度　　單位：元

科目	二十六年度		二十七年度		二十八年度		二十九年度		三十年度	
	概算數	百分比	概算數	百分比	概算數	百分比	概算數	百分比	概算數	百分比
總計	42,133,477	100.0	21,066,739	100.0	27,423,356	100.0	54,157,367	100.0	152,177,839	100.0
稅課	28,952,800	68.8	14,476,400	68.8	16,294,920	59.4	18,331,234	33.8	89,413,010	58.7
田賦	6,686,700	15.9	3,343,350	15.9	3,829,120	14.0	4,217,234	7.8	6,285,210	4.1
契稅	1,180,000	2.8	590,000	2.8	800,000	2.9	500,000	.9	600,000	.4
營業稅	7,110,100	16.9	3,555,050	16.9	3,242,800	11.8	5,280,000	9.7	11,080,000	7.3
其他稅捐	13,976,000	33.2	6,988,000	33.2	8,473,000	30.7	8,334,000	15.4	71,447,800	46.9
懲罰及賠償	35,200	.1	17,600	.1	87,000	.3	87,000	.2	365,324	.2
規費	1,511,300	3.6	755,650	3.6	2,537,243	9.3	5,556,538	10.3	7,903,547	5.3
公有營業及事業盈餘	3,177,777	7.5	1,583,889	7.5	500,000	1.8	6,680,458	12.3	7,667,253	5.0
補助及協助	3,179,300	7.5	1,589,650	7.5	1,905,100	6.9	3,389,572	6.3	12,031,091	7.9
財產及權利售價	84,700	.2	42,350	.2	74,000	.3	71,400	.1	25,000	.1
債款	4,900,000	11.6	2,450,000	11.6	5,620,000	20.5	19,086,782	35.2	961,694	.6
其他	292,400	.7	146,200	.7	405,093	1.5	954,383	1.8	33,809,920	22.2

表三

廣東省經管規費及營業收入歲入預算

科目	三十一年度	三十二年度	附註
總計	5,702,948	25,043,584	
規費收入	2,733,800	1,271,584	
汽車牟捐牌照及執照費	109,098	36,000	
勘礦費	16,944	24,000	
土地登記費	——	986,684	
公路處征收養路費	2,360,522	——	
省立學校	110,210	120,000	
衛生事業	137,026	104,900	
財產及權利收入	192,620	1,682,000	
各工廠股息	43,914	200,000	
驛運管理處	——	27,000	
企業公司官息	120,000	1,412,000	
農林產品售價	2,706	3,600	
不動產售價	26,000	40,000	
公有營業盈餘收入	2,676,528	21,860,000	
省銀行盈餘	2,400,000	8,580,000	
省營各工廠盈餘	276,528	3,880,000	
實業公司盈餘	——	7,990,000	
公路處行車營業盈餘	——	792,407	
八字嶺煤礦場	——	617,593	
其他收入	100,000	230,000	
各機關經費節餘	100,000	100,000	
行政罰款	——	130,000	

廣東省歲出預算分類比較

表四

民國二十六年度——三十二年度　　單位：元

科目	二十六年度 預算數	二十六年度 百分比	二十七年度 預算數	二十七年度 百分比	二十八年度 預算數	二十八年度 百分比	二十九年度 預算數	二十九年度 百分比	三十年度 預算數	三十年度 百分比
總計	42,133,477	100.0	21,066,739	100.0	27,423,356	100.0	54,157,367	100.0	152,177,839	100.0
政權行使	528,900	1.3	264,450	1.3	412,672	1.5	495,072	.9	1,022,358	.7
行政	1,682,735	4.0	841,367	4.0	1,478,014	5.4	3,993,902	7.4	10,250,113	6.7
立法	——	—	——	—	87,070	.3	124,343	.2	159,621	.1
司法	1,733,400	4.1	866,700	4.1	1,344,220	4.9	1,460,503	2.7	93,991	.1
教育及文化	4,503,600	10.7	2,251,800	10.7	1,608,608	5.9	2,943,262	5.4	9,525,704	6.3
經濟及建設	12,438,181	29.6	6,234,091	29.6	1,650,036	6.0	4,607,040	8.5	41,692,744	27.4
衛生及治療	131,800	.3	65,900	.3	146,736	.5	168,190	.3	1,789,833	1.2
保育及救濟	456,800	1.1	228,400	1.1	1,239,756	4.5	2,458,261	4.5	2,423,305	1.6
保安	8,351,018	19.8	4,175,509	19.8	5,719,363	20.9	9,885,964	18.3	22,720,870	14.9
軍訓	——	—	——	—	567,571	2.1	567,576	1.1	——	—
財務	3,363,931	8.0	1,681,966	8.0	1,167,808	4.3	3,554,033	6.6	5,282,532	3.5
債務	2,500,000	5.9	1,250,000	5.9	2,400,000	8.7	6,606,332	12.2	19,635,566	12.9
公務員退休及撫卹	——	—	——	—	——	—	——	—	50,000	.1
協助及補助	5,368,100	12.7	2,684,050	12.7	7,201,497	26.3	8,360,237	15.4	10,423,835	6.8
營業及投資	——	—	——	—	——	—	1,239,657	2.3	16,912,904	11.1
預備金	1,045,012	2.5	522,506	2.5	2,400,000	8.8	7,627,485	14.1	3,987,952	2.6
其他	——	—	——	—	——	—	65,500	.1	6,206,011	4.0

表五

廣東財政廳經管省單位各費類歲出預算

三十一年度——三十二年度

科目	三十一年度 預算數	三十一年度 百分比	三十二年度 預算數	三十二年度 百分比
總計	148,179,816	100.0	227,668,490	100.00
政權行使	1,838,508	1.2	——	——
行政	7,090,154	4.8	13,293,628	5.8
教育及文化	10,063,924	6.8	15,938,596	7.0
經濟及交通	8,958,939	6.0	9,715,411	4.2
衛生	839,319	0.6	3,810,549	1.7
社會及救濟事業	4,300,383	2.9	5,799,112	2.6
保警	30,213,240	20.4	28,111,753	12.4
補助	10,531,239	7.2	1,430,903	.6
財務	4,989,732	3.4	1,245,763	.5
債務	8,707,125	5.9	2,554,500	1.1
公務員退休及撫卹	50,000		321,300	.2
分配縣市款	18,006,347	12.2	44,705,000	19.6
營業投資	1,214,782	0.8	947,585	.4
移殖	9,842		——	——
損失	50,000		——	——
遷運疏散費	2,000,000	1.3	——	——
預備金	5,459,585	3.7	6,299,465	2.8
其他	33,856,697	22.8	93,494,891	41.1

圖二　廣東省縣地方総預算

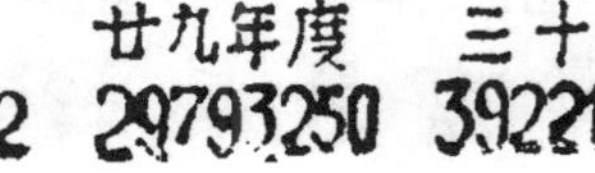

廣東省各縣地方歷年總預算比較

表六　　民國二十六年度——三十三年度　　單位：元

縣別	廿六年度	廿七年度	廿八年度	廿九年度	三十年度	卅一年度	卅二年度	卅三年度
總計	13,520,948	9,491,432	28,651,662	29,793,250	39,221,633	111,688,907	138,669,683	331,512,290
番禺	453,785	226,892	537,022	537,022	…………	99,539	100,939	258,588
中山	544,723	272,362	1,462,099	1,462,099	133,621	311,795	355,760	522,329
順德	298,217	149,108	527,041	527,041	29,944	114,850	111,250	755,004
台山	594,522	383,009	892,959	1,020,210	2,063,143	7,169,582	7,217,280	11,916,306
開平	199,557	140,833	458,073	458,073	917,129	2,917,376	3,102,026	6,515,755
赤溪	23,643	15,861	81,264	81,264	101,865	273,308	321,704	855,430
恩平	142,481	126,383	313,250	337,280	417,603	1,095,336	1,145,494	3,930,834
新會	505,214	252,607	1,082,644	1,082,644	896,526	936,610	4,153,759	4,075,054
曲江	181,315	134,293	302,316	304,316	889,340	2,376,831	2,621,291	4,330,905
韶關市	——	——	——	——	——	4,673,308	6,958,540	17,344,980
清遠	264,929	155,747	386,170	418,893	785,094	4,279,909	4,424,409	8,656,492
英德	70,214	95,668	278,992	504,293	853,922	2,265,256	2,374,706	5,079,233
南雄	173,774	116,011	235,092	309,385	647,166	1,399,538	1,525,638	3,828,131
仁化	49,352	29,419	103,793	111,266	203,416	595,032	603,126	1,159,757
翁源	46,761	45,492	177,649	177,649	298,790	511,936	959,667	2,283,293
樂昌	71,255	56,257	263,275	263,275	302,213	783,922	947,825	2,927,879

（續一）

縣別	廿六年度	廿七年度	廿八年度	廿九年度	三十年度	卅一年度	卅二年度	卅三年度
始興	83,284	56,251	171,779	184,199	264,005	569,365	620,319	2,056,683
連縣	91,726	45,833	230,984	230,984	527,632	1,882,873	2,114,203	4,630,652
連山	44,416	33,987	124,523	124,523	164,446	319,046	391,179	1,335,101
陽山	95,756	69,654	169,655	169,655	287,020	940,817	2,119,122	2,432,864
佛岡	35,790	30,384	80,538	89,555	111,192	598,756	887,647	1,542,968
從化	80,856	50,363	143,140	143,140	175,289	401,062	594,205	1,930,751
乳源	47,518	23,759	101,617	101,617	188,235	265,731	322,098	932,006
花縣	83,239	41,619	215,411	240,082	329,544	633,498	661,184	1,169,205
安化局	——	——	——	——	80,736	67,314	101,746	302,774
高要	207,161	103,582	420,110	420,110	1,102,992	3,365,174	3,634,608	8,879,756
雲浮	58,902	57,267	210,412	228,177	357,516	1,505,888	1,563,404	2,900,107
三水	191,185	95,592	303,284	343,040	426,121	625,422	1,376,518	1,987,014
羅定	75,671	37,835	244,200	268,590	385,123	884,680	949,460	4,629,084
新興	114,239	71,152	253,118	267,542	417,778	1,379,883	2,854,196	3,333,697
封川	51,064	25,532	141,870	154,009	187,614	382,887	427,794	1,982,450
德慶	71,670	75,806	195,605	195,605	262,662	743,965	770,255	2,932,554
鬱南	83,932	65,006	177,116	203,410	383,947	878,530	1,143,057	5,151,178
四會	100,082	84,364	194,818	194,818	417,826	912,664	979,163	3,771,660

（續二）

縣別	廿六年度	廿七年度	廿八年度	廿九年度	三十年度	卅一年度	卅二年度	卅三年度
鶴山	93,031	46,521	211,630	211,630	406,184	1,728,389	1,786,121	7,676,458
高明	86,057	61,434	155,418	155,418	249,094	654,76[illegible]	707,352	2,162,012
開平	56,707	28,553	103,075	113,386	171,574	471,597	500,055	1,478,864
南海	712,516	409,011	966,774	966,774	71,032	125,315	116,111	307,217
順德	85,519	71,519	187,171	187,171	472,474	692,932	741,465	2,691,959
惠陽	177,555	88,778	453,069	463,069	1,015,920	1,782,930	1,926,971	7,282,922
東莞	322,029	214,363	588,420	595,820	691,491	841,619	687,818	1,714,095
海豐	222,978	177,748	375,357	428,570	623,348	1,378,340	1,376,856	5,395,803
河源	149,152	74,576	217,563	266,179	455,318	801,894	802,196	4,721,936
紫金	62,105	61,610	184,914	201,596	261,324	735,035	768,440	2,535,271
新豐	33,215	20,218	95,409	107,293	180,770	418,916	459,450	2,032,526
龍門	60,659	81,285	137,656	137,656	243,599	1,176,927	1,238,707	2,537,282
寶安	69,715	60,238	184,886	184,886	377,792	483,475	690,990	535,901
博羅	115,878	57,939	288,757	326,686	447,349	922,096	991,739	3,549,045
陸豐	151,371	75,685	342,033	342,033	691,278	2,290,694	2,430,387	5,953,239
增城	161,765	80,883	510,087	510,087	232,714	331,090	361,090	1,051,850
汕頭市	872,574	468,198	794,703	794,703	——	——	——	——
潮陽	178,132	305,810	686,077	686,077	1,096,536	3,345,789	3,785,901	8,686,868

（續三）

縣別	廿六年度	廿七年度	廿八年度	廿九年度	三十年度	卅一年度	卅二年度	卅三年度
揭陽	200,701	259,010	557,611	557,611	1,637,941	2,849,653	3,331,773	11,382,244
饒平	118,839	204,673	374,758	389,158	597,977	3,701,431	3,701,481	7,043,186
普寧	126,605	88,561	259,270	262,659	645,340	1,300,852	1,566,074	5,164,680
豐順	51,877	37,121	165,555	192,935	407,251	1,169,963	2,008,840	3,706,689
惠來	165,322	117,602	329,939	343,262	487,786	1,452,949	1,498,966	4,253,430
潮安	196,350	252,584	600,202	608,962	211,758	499,204	534,804	1,887,550
澄海	252,429	152,074	351,341	351,341	393,631	535,895	568,275	1,516,928
南澳	58,199	29,100	74,231	74,231	72,422	84,775	80,124	80,124
南山局	37,409	18,704	109,222	109,222	153,333	189,526	1,278,208	1,633,302
興寧	103,587	51,794	329,501	329,501	753,101	2,100,292	3,153,331	6,852,766
梅縣	106,696	53,348	356,539	452,847	883,744	2,884,102	4,389,967	6,891,285
五華	71,559	35,779	208,495	208,405	373,608	1,691,149	2,301,699	3,514,024
平遠	45,954	38,718	141,371	143,066	142,010	500,779	688,649	2,002,414
蕉嶺	44,475	34,371	103,338	126,256	216,007	597,010	1,453,755	2,243,769
龍川	60,342	51,667	226,637	226,637	714,649	1,086,159	1,262,170	5,563,246
和平	54,025	49,101	153,373	161,379	250,923	1,041,040	1,116,490	3,026,319
連平	41,403	37,351	161,755	171,663	401,909	403,769	1,126,421	2,436,881
大埔	46,651	51,643	197,547	243,937	369,394	1,539,295	1,803,129	4,096,689

（續四）

縣別	廿六年度	廿七年度	廿八年度	廿九年度	三十年度	卅一年度	卅二年度	卅三年度
茂名	178,210	212,971	601,158	601,158	937,712	1,607,636	1,858,594	8,497,049
化縣	137,241	138,108	367,048	369,827	563,611	1,392,108	1,489,813	6,032,261
電白	96,157	108,509	285,948	348,753	743,113	2,312,665	2,319,022	3,907,311
信宜	76,226	63,104	223,174	242,338	409,682	2,218,038	3,263,967	4,885,738
陽春	128,437	101,249	275,695	287,281	447,101	1,261,838	1,356,718	4,443,231
廉江	128,339	119,100	467,049	467,049	524,255	1,739,562	2,491,097	5,227,423
吳川	98,483	77,419	194,065	211,707	447,760	910,221	937,438	2,749,364
陽江	302,978	203,269	462,410	462,410	732,505	1,819,666	2,263,464	6,913,578
梅菉局	15,653	7,826	62,390	62,390	180,069	418,752	558,240	1,121,512
合浦	104,252	104,606	341,981	341,981	797,438	2,913,331	3,208,058	7,668,595
欽縣	120,568	60,284	326,520	326,520	427,966	1,480,485	1,693,511	5,720,230
靈山	116,323	139,182	253,879	304,120	411,836	1,017,572	2,440,874	4,986,708
遂溪	94,451	109,169	241,978	258,970	506,390	2,303,877	2,291,586	1,539,949
海康	141,597	105,724	261,075	268,375	399,203	1,126,657	1,241,834	3,203,260
防城	69,814	83,825	197,350	204,550	257,451	602,178	677,814	2,934,705
徐聞	61,289	111,435	195,348	218,271	365,450	552,156	584,679	2,323,086
第九行政區所屬十六縣	1,121,303	632,804	2,221,177	—	—	—	—	—

廣東省各縣地方追加預算總額

表七　　民國三十年——三十二年度　　單位：元

縣別	三十一年度	三十二年度	縣別	三十一年度	三十二年度
總計	39,691,506	91,036,906	始興	474,617	954,452
番禺	——	——	仁化	468,867	780,947
順德	28,845	69,028	翁源	218,654	661,399
中山	130,300	107,642	英德	621,666	1,007,884
新會	486,092	816,937	乳源	34,936	——
台山	5,338,391	——	連縣	528,850	1,344,555
開平	682,752	2,773,267	連山	177,948	334,412
恩平	286,135	1,089,020	陽山	1,182,393	872,918
赤溪	201,721	229,137	佛岡	293,497	483,911
韶關市	603,764	——	清遠	882,696	2,401,319
花縣	192,938	372,239	安化	71,392	1,237,659
從化	221,087	582,563	高要	749,796	2,858,402
曲江	——	——	南海	108,683	264,211
南雄	315,898	845,100	廣寧	182,638	511,907
樂昌	369,993	1,149,512	四會	847,816	1,777,830

（續一）

縣別	三十一年度	三十二年度	縣別	三十一年度	三十二年度
開建	377,574	558,676	增城	18,060	——
封川	137,020	819,866	紫金	346,870	720,603
鬱南	950,602	1,952,731	新豐	334,189	787,380
新興	1,111,376	4,650,049	龍門	391,064	——
羅定	276,030	1,124,846	寶安	37,480	——
德慶	72,642	3,193,694	潮安	241,221	570,341
雲浮	41,905	647,045	潮陽	427,382	1,859,079
三水	859,528	433,493	揭陽	601,442	5,292,199
鶴山	302,093	2,340,903	澄海	80,193	476,700
高明	383,418	1,707,280	饒平	262,958	1,808,805
惠陽	603,645	2,823,968	惠來	357,179	1,155,000
東莞	145,757	822,885	普寧	629,987	1,733,720
博羅	364,237	982,776	豐順	252,740	295,857
海豐	586,832	2,627,598	興寧	331,522	1,180,497
陸豐	405,374	——	梅縣	528,696	1,326,232
河源	451,961	——	五華	309,228	884,603

（續二）

縣別	三十一年度	三十二年度	縣別	三十一年度	三十二年度
平遠	251,304	655,624	陽江	1,391,055	2,279,889
蕉嶺	386,910	511,120	陽春	718,506	1,033,704
龍川	442,412	2,384,194	梅菉	55,890	——
連平	383,973	483,690	合浦	1,351,217	3,157,053
和平	371,950	1,739,445	欽縣	379,855	1,938,196
大埔	187,822	992,063	防城	296,350	——
茂名	1,179,867	——	靈山	174,380	1,032,730
電白	195,598	1,305,833	遂溪	979,685	826,793
化縣	747,998	1,872,070	海康	——	——
吳川	394,010	515,243	徐聞	552,015	1,194,140
信宜	672,436	1,141,844	南山局	63,300	110,423
廉江	586,539	1,404,564	南澳	8,735	——

廣東省縣地方歲入預算分類比較

民國二十六年度——三十三年度

單位：元

科目	二十六年度		二十七年度		二十八年度		二十九年度		三十年度		三十一年度		三十二年度		三十三年度	
	預算數	百分比	預算數	百分比	預算數	百分比	預算數	百分比	預算數	百分比	預算數	百分比	預算數	百分比	預算數	百分比
總計	13,520,948	100.0	9,491,432	100.0	28,651,662	100.0	29,793,250	100.0	39,221,633	100.0	111,688,507	100.0	138,669,683	100.0	331,512,290	100.0
稅課	3,560,403	26.3	3,324,689	35.0	10,204,123	35.6	10,639,760	35.7	31,858,277	81.2	66,866,918	59.9	94,719,414	68.3	231,779,320	69.9
規費	379,772	2.8	212,202	2.2	394,782	1.4	433,950	1.5	1,206,133	3.1	13,142,294	11.8	14,899,599	10.7	4,417,717	1.3
懲罰及賠償	442,655	3.3	246,182	2.6	392,835	1.4	416,415	1.4	401,132	1.0	666,591	.6	364,877	.3	675,748	.2
財產租項利息利潤	375,813	2.8	273,585	2.9	654,512	2.3	729,942	2.4	1,999,144	5.1	5,067,871	4.5	4,478,650	3.2	19,784,854	6.0
補助贈與	8,529,725	63.1	5,115,373	53.9	16,822,281	58.7	17,385,436	58.4	3,326,218	8.5	24,543,565	22.0	23,518,585	17.0	72,666,360	21.9
其他	232,577	1.7	319,401	3.4	183,129	6.0	187,747	6.0	430,729	1.1	1,401,668	1.2	688,557	.5	2,188,291	.7

廣東省縣地方歲出預算分類比較

表九　　民國二十六年度——三十三年度　　單位：元

科目	二十六年度		二十七年度		二十八年度		二十九年度		三十年度		三十一年度		三十二年度		三十三年度	
	預算數	百分比	預算數	百分比	預算數	百分比	預算數	百分比	預算數	百分比	預算數	百分比	預算數	百分比	預算數	百分比
總計	13·520 948	100.0	9·491·432	100.0	28 651·662	100.0	29·793·250	100.0	39·221·633	100.0	111 688·907	100.0	138·669·683	100.0	331 512·290	100.0
行政	4·220 870	31.2	3·034·213	32.0	14·096·991	49.2	14·405·331	48.4	13·789·605	35.2	41·564·348	37.2	56 352·797	40.6	112·112·484	33.9
教育文化	2·382·068	17.6	1·417·188	14.9	3·464 965	12.1	3 696 033	12.4	9·031·493	23.0	36·949·641	33.1	41·338 692	29.8	43·977·473	13.3
經濟建設	591 288	4.4	309·494	3.2	449·134	1.6	503·109	1.7	1·187·544	3.0	4·688·591	4.2	6·235·510	4.5	51·775·633	15.6
財務	726·209	5.4	472,839	5.0	1·285·668	4.5	1·301·908	4.4	1·871·432	4.8	3·429·385	3.1	4 686·245	3.4	13·207·072	4.0
保安	3·131·580	23.2	1·727·938	18.2	5·143·034	17.9	5·269·072	17.7	5·032 251	12.8	9·764·519	8.7	11·456·596	8.2	33·644·153	10.1
衛生治療	250·785	1.9	129·782	1.4	422·013	1.5	456·752	1.5	1·835·652	4.7	7·078·050	6.3	10·236·458	7.4	16·807·239	5.1
保育救濟	213·772	1.6	112·993	1.2	230·658	.8	243·842	.8	485·205	1.2	964·738	.9	1·507·991	1.1	7·015·893	2.1
其他	301 487	2.2	217·213	2.3	502·063	1.7	541 147	1.8	939·876	2.4	2·420·578	2.2	2·713·273	2.0	46 934·754	14.1
預備金	1·692·889	12.5	2·063·772	21.8	3·057·136	10.7	3·376·056	11.3	5·048·575	12.9	4·828·457	4.3	4·142·121	3.0	6·037·589	1.8

廣東省各縣地方總預算分級比較

表十　　三十三年度

預算總額（單位萬元）	縣數	附註
總計	85	
未滿 50	5	南海，安化局，番禺，順德，南澳，
50 ———	4	乳源，赤溪，寶安，中山，
100 ———	15	三水，封川，從化，潮安，東莞，南山局，佛岡，遂溪，澄海，開建，連山，花縣，仁化，梅菉局，增城，
200 ———	17	防城，德慶，樂昌，雲浮，吳川，廣寧，龍門，紫金，連平，陽山，徐聞，翁源，蕉嶺，高明，始興，新豐，平遠，
300 ———	10	恩平，電白，南雄，四會，豐順，博羅，五華，新興，海康，和平，
400 ———	10	靈山，信宜，河源，連縣，羅定，陽春，曲江，惠來，大埔，新會，
500 ———	8	陸豐，欽縣，龍川，海豐，廉江，普寧，[illegible]南，英德，
600 ———	5	陽江，梅縣，興寧，開平，化縣，
700 ———	4	鶴山，合浦，惠陽，饒平，
800 ———	4	高要，潮陽，清遠，茂名，
900 ———	0	
1,000 ———	2	台山，揭陽，
1,600 ———	1	韶關市

廣東省縣地方歲出預算各費類比率

表十：

三十三年度

科目 ＼ 歲出總額 應佔百分數	未滿二十萬元者	二十萬元至四十萬元者	四十萬元至六十萬元者	六十萬元至八十萬元者	八十萬元至一百萬元者	一百萬元至二百萬元者	二百萬元以上者
行政支出	35——50%	25——40%	20——35%	20——35%	15——30%	10——25%	10——20%
教育及文化支出	10——20	10——20	10——20	10——20	10——20	15——25	15——28
經濟及建設支出	7——15	7——15	10——20	10——20	10——20	15——25	15——25
衛生支出	5——10	5——10	5——10	5——10	5——10	5——10	5——10
社會及救濟支出	1——3	2——5	1——4	2——4	2——4	2——4	2——3
保安支出	15——25	15——25	10——20	10——20	10——20	10——20	10——20
財務支出	5——7	5——7	4——6	4——6	4——6	4——6	4——6
公務員退休及撫卹支出	1——2	1——2	1——2	1——2	1——2	1——2	1——2
其他支出	4——7	4——7	6——12	6——12	6——12	6——12	6——12

廣東省各縣地方歲入預算

表十二　　　　三十三年度

縣別	合計	稅課	規費	懲罰及賠償	財產租項利息利潤	補助贈與	其他
總計	331,512,290	231,779,320	4,417,717	675,748	19,784,854	72,666,360	2,188,291
番禺	258,568	258,568	——	——	——	——	——
中山	622,329	414,073	——	——	——	108,256	——
順德	155,004	155,004	——	——	——	——	——
台山	11,916,306	7,192,488	232,000	8,000	48,120	4,435,698	——
開平	6,515,755	4,587,607	177,750	2,200	164,688	1,576,110	7,400
恩平	3,930,834	2,531,875	137,500	500	52,213	1,202,986	5,760
新會	4,075,054	1,452,669	39,500	——	63,000	2,519,314	571
赤溪	855,430	496,565	8,000	700	200,165	150,000	——
韶關市	17,344,980	15,962,984	125,696	47,000	1,146,360	49,480	13,560
曲江	4,330,90	2,717,619	45,500	43,000	102,900	478,886	943,000
清遠	8,656,492	5,625,112	106,000	7,800	997,600	1,852,820	67,160
英德	5,079,233	3,839,305	52,600	11,400	285,300	889,428	1,200
南雄	3,828,131	3,399,445	21,000	27,000	92,000	273,686	15:900
仁化	1,159,767	794,504	8,026	933	199,890	126,404	30,000
翁源	2,283,293	1,907,293	12,500	1,800	24,800	334,500	2,400

（續一）

縣別	合計	稅課	規費	懲罰及賠償	財產出賣利息利潤	補助撥與	其他
樂昌	2,927,879	2,571,431	33,122	1,326	65,200	254,800	2,000
始興	2,056,683	1,363,477	24,000	9,147	190,833	463,226	——
連縣	4,639,652	3,616,462	59,000	10,800	380,132	572,538	720
連山	1,335,104	649,797	34,230	250	434,731	216,096	——
陽山	2,432,864	1,764,048	35,009	4,992	161,727	467,088	——
佛岡	1,542,968	1,239,975	20,220	2,603	6,640	268,730	4,800
從化	1,930,751	1,420,361	2,000	1,800	88,280	416,310	2,000
乳源	932,006	573,166	3,000	1,000	20,840	334,000	——
花縣	1,169,205	816,045	3,000	1,100	170,500	178,500	60
安化	302,774	302,774	——	——	——	——	——
高要	8,879,756	6,396,012	191,020	6,500	480,040	1,647,184	159,000
雲浮	2,909,107	1,578,297	23,000	1,700	96,110	1,199,000	2,000
三水	1,987,014	1,141,408	13,800	7,200	25,680	798,446	480
羅定	4,629,084	1,796,867	27,180	1,080	772,620	2,031,337	——
新興	3,333,697	2,312,697	19,000	11,000	191,000	793,500	6,600
封川	1,982,450	1,281,870	13,000	900	122,016	557,484	7,180
德慶	2,932,554	1,499,814	18,480	6,060	772,060	633,200	——

（續二）

縣別	合計	稅課	規費	懲罰及賠償	財產租項利息利潤	補助撥與	其他
鬱南	5,151,178	4,208,178	21,000	85,000	736,000	——	100,000
四會	3,771,660	3,111,437	17,400	6,000	86,100	547,523	3,200
鶴山	7,776,458	3,220,158	25,000	10,000	3,165,000	1,001,500	254,800
高明	2,162,012	1,565,792	13,500	1,380	188,740	392,000	600
開建	1,478,864	815,660	16,320	1,800	242,740	340,544	61,800
廣寧	2,691,959	1,580,448	17,000	1,000	234,600	858,911	——
南海	307,217	271,817	——	——	——	35,400	——
惠陽	7,282,922	4,736,072	74,000	14,400	55,340	2,389,310	13,800
博羅	3,549,045	2,277,245	32,700	28,800	227,800	980,700	1,800
東莞	1,714,095	1,442,795	36,500	11,000	——	148,000	75,000
海豐	5,395,803	3,024,954	71,428	2,000	774,421	1,512,400	10,600
陸豐	5,953,239	3,936,585	——	1,000	295,600	1,719,554	500
河源	4,721,936	3,374,452	143,500	4,600	396,700	747,184	55,500
紫金	2,535,271	1,733,811	21,000	1,800	96,660	678,000	4,000
新豐	2,032,526	1,390,346	84,750	7,000	250,900	289,530	10,000
龍門	2,537,282	1,418,074	46,000	1,900	39,200	1,029,708	2,400
寶安	535,981	467,345	1,600	696	2,400	63,940	——

（續三）

縣別	合計	稅課	規費	懲罰及賠償	財産租項利息利潤	補助贈與	其他
增城	1,051,850	619,890	5,000	3,300	40,000	382,820	840
潮安	1,887,530	1,365,630	20,000	13,200	360,000	128,700	——
潮陽	8,686,868	4,779,378	198,700	7,914	569,600	3,126,276	5,000
揭陽	11,382,244	7,788,019	151,600	7,600	192,652	3,142,373	100,000
饒平	7,043,186	4,155,406	50,000	50,000	189,280	2,677,300	1,200
普寧	5,164,680	3,285,364	64,856	3,000	578,232	1,232,748	480
澄海	1,516,928	1,395,354	5,000	3,334	42,000	69,?40	2,000
豐順	3,706,689	2,618,589	198,000	15,000	43,600	819,500	12,000
惠來	4,253,430	3,088,756	59,100	3,300	75,160	1,027,614	19,5000
南澳	80,124	75,373	——	——	——	4,750	——
南山局	1,633,302	460,800	67,800	1,300	20,360	1,068,042	15,000
興寧	6,852,766	6,523,491	35,000	15,000	131,675	138,300	9,400
五華	3,514,024	2,307,816	25,080	12,000	21,680	1,145,948	1,500
梅縣	6,891,285	5,377,977	96,488	2,500	104,800	1,300,920	8,600
平遠	2,002,414	1,724,214	10,000	9,860	13,520	244,820	——
蕉嶺	2,243,769	1,689,897	92,742	9,142	89,140	353,048	9,800
龍川	5,563,245	4,242,429	195,748	4,932	143,160	974,816	2,160

（續四）

縣別	合計	稅課	規費	懲罰及賠償	財產租項利息利潤	補助過與	其他
和平	3,026,319	1,885,167	336,260	6,600	58,056	740,237	——
連平	2,436,881	1,834,309	18,312	31,200	109,460	441,000	2,600
大埔	4,096,689	2,646,419	200,400	7,800	148,200	1,093,870	——
茂名	8,497,049	6,820,529	58,000	7,500	194,514	1,315,506	101,000
化縣	6,032,261	3,375,139	92,000	3,960	755,580	1,799,582	6,000
電白	3,907,311	2,905,611	——	1,200	270,900	729,600	——
信宜	4,885,738	3,183,131	26,600	5,339	414,786	1,256,282	1,200
陽春	4,443,221	3,207,791	13,500	4,440	275,600	935,900	6,000
陽江	6,913,578	5,967,078	96,000	11,000	89,500	742,000	8,000
廉江	5,227,423	4,309,847	46,800	15,000	41,176	806,600	8,000
吳川	2,749,364	2,292,944	14,200	1,800	69,500	370,200	720
梅菉局	1,121,512	969,512	26,000	600	94,400	31,000	——
合浦	7,668,595	6,278,679	50,000	6,000	26,200	1,307,816	——
欽縣	5,72[illegible],250	3,312,610	19,000	3,600	204,120	2,180,900	——
靈山	4,986,708	3,311,979	9,000	5,000	155,600	1,504,629	600
遂溪	1,539,949	1,305,599	13,000	2,600	62,750	155,400	600
海康	3,2[illegible]3,26[illegible]	2,[illegible]78,860	18,400	——	47,700	1,059,300	1,000
防城	2,934,705	2,426,635	8,000	420	15,968	483,712	——
徐聞	2,323,086	1,936,546	11,000	2,400	62,440	310,400	300

附註：1.稅課收入包括國稅分配及國稅附加。2.公有事業收入併於財產租項利息利潤欄內

廣東省各縣地方歲出預算

表十三　　三十三年度　　單位：元

縣別＼科目	合計	行政	教育文化	經濟建設	衛生治療	保安	財務	保育救濟	預備金	其他
總計	331,512,293	112,112,434	45,977,475	51,775,633	16,807,239	33,644,153	13,207,072	7,015,893	6,037,589	46,934,754
番禺	258,568	80,000	——	7,464	——	168,963	——	——	2,141	——
中山	522,329	166,249	12,157	44,464	15,980	104,734	3,000	5,000	12,765	157,980
順德	155,034	46,734	——	4,764	——	91,734	——	——	1,550	10,252
台山	11,916,306	5,596,616	1,452,279	1,720,239	649,304	1,147,493	459,397	230,298	120,000	540,680
開平	6,515,755	2,637,270	1,234,063	807,563	265,787	531,575	210,630	106,493	65,157	657,417
恩平	3,933,854	1,571,740	589,624	589,624	196,541	393,083	157,233	78,616	78,816	275,757
新會	4,075,054	2,207,588	673,248	300,095	100,000	200,063	80,025	40,112	50,000	423,925
赤溪	855,430	265,183	85,543	85,543	42,771	85,543	34,217	17,109	25,663	213,858
韶關市	17,341,983	841,283	2,593,859	2,613,639	867,713	1,735,426	694,150	377,085	188,450	7,433,373
曲江	4,330,905	1,247,012	732,618	655,036	218,345	436,690	174,676	91,338	131,007	644,183
清遠	8,656,492	2,238,724	2,172,409	1,298,473	432,824	865,649	346,260	227,330	259,695	815,128
英德	5,079,233	1,413,135	562,962	854,331	284,767	569,531	227,814	113,906	56,953	995,861
南雄	3,828,131	1,172,812	574,200	574,218	191,406	382,813	153,125	134,708	114,843	530,006
仁化	1,159,757	487,502	145,966	178,906	59,635	116,235	47,712	28,854	10,597	84,050

（續 一）

縣別＼科目	合計	行政	教育文化	經濟建設	衛生治療	保安	財務	保育救濟	預備金	其他
翁源	2,283,293	718,556	342,480	342,494	114,164	228,329	91,331	48,065	22,833	375,041
樂昌	2,927,879	721,950	439,182	439,182	146,394	292,787	117,115	63,358	63,041	644,870
始興	2,056,683	872,834	178,095	331,515	110,505	221,000	90,204	44,949	22,101	185,480
連縣	4,639,652	1,401,144	231,706	820,680	273,560	547,120	218,848	109,424	164,136	873,034
連山	1,335,104	540,998	200,272	200,266	66,755	133,510	53,404	26,730	2,699	110,560
陽山	2,432,864	828,920	139,439	500,920	166,975	333,950	133,585	61,889	36,275	239,911
佛岡	1,542,968	600,508	168,848	248,245	82,748	165,497	66,200	33,099	45,000	132,823
從化	1,930,751	394,338	289,012	289,012	96,338	192,675	77,070	38,535	57,000	496,721
乳源	932,006	578,680	78,200	78,200	41,600	78,200	33,192	14,640	9,406	19,888
花縣	1,169,205	314,695	175,380	175,380	58,460	116,920	46,768	23,684	11,692	246,226
安化局	302,774	78,339	12,840	4,912	6,288	7,816	——	——	54,076	136,542
高要	8,879,756	3,169,170	1,076,360	1,377,069	459,025	918,046	367,218	243,609	91,804	1,177,457
雲浮	2,900,107	1,481,808	100,239	435,000	145,000	290,000	116,000	58,000	29,000	245,060
三水	1,987,014	870,032	43,052	343,052	114,351	228,701	91,481	45,740	22,870	227,735
羅定	4,609,084	2,175,417	643,114	643,130	214,376	428,753	171,501	85,750	42,875	224,148
新興	3,333,697	1,305,444	209,463	624,545	208,181	416,363	166,545	83,272	41,636	278,248
封川	1,982,450	868,672	297,372	197,368	99,122	98,245	79,298	39,650	10,283	42,440

（續　二）

縣別＼科目	合計	行政	教育文化	經濟建設	衛生治療	保安	財務	保育救濟	預備金	其他
德慶	2,934,554	1,039,528	439,883	439,883	146,627	293,245	117,302	61,051	36,325	358,210
鬱南	5,151,178	1,355,091	772,677	772,677	257,559	517,130	206,471	103,233	105,831	1,060,507
四會	3,771,660	1,320,132	565,749	565,748	188,583	377,166	150,866	80,433	113,150	409,833
鶴山	7,676,458	1,956,760	377,166	3,074,018	271,304	542,608	217,043	108,522	93,469	405,568
高明	2,162,012	829,852	69,306	369,302	123,101	246,201	98,480	49,240	24,620	351,910
開建	1,478,864	493,180	140,232	236,230	78,743	157,486	62,995	32,097	15,749	262,152
廣寧	2,691,959	1,238,920	358,794	343,793	134,598	266,196	107,678	53,839	26,920	161,221
南澳	307,217	103,839	5,664	27,464	——	81,088	6,930	——	4,036	78,196
惠陽	7,28[illegible],922	3,304,420	942,438	942,438	432,339	658,292	255,055	146,684	72,849	530,497
博羅	3,549,045	1,382,152	532,356	532,356	177,452	354,904	141,762	79,381	70,981	277,7[illegible]1
東莞	1,714,095	387,352	295,447	257,114	85,705	171,409	68,564	39,282	61,422	366,760
海豐	5,395,803	1,946,064	654,773	809,370	269,790	539,580	215,832	111,916	53,938	794,540
陸豐	5,953,239	2,361,716	662,397	892,985	297,661	595,323	238,129	119,064	178,597	607,367
河源	4,721,936	1,345,188	231,240	791,240	263,747	527,494	210,998	112,699	157,000	1,002,3[illegible]
紫金	2,535,271	1,035,228	335,412	388,211	129,402	258,807	116,463	51,761	84,705	155,284
新豐	2,032,526	600,765	304,878	304,878	101,626	203,252	81,301	40,650	20,325	374,851
龍門	2,537,282	888,744	555,311	380,591	126,864	253,728	101,491	51,245	25,373	155,935

（續　三）

縣別＼科目	合	行政	教育文化	經濟建設	衛生治療	保安	財務	保育救濟	預備金	其他
寶安	535,981	177,145	80,397	53,598	26,799	58,686	29,478	10,720	16,079	83,079
增城	1,051,850	392,284	72,816	175,777	64,593	117,185	46,884	23,437	21,037	137,837
潮安	1,887,530	436,552	283,140	483,130	94,377	188,753	75,501	37,751	56,626	421,700
潮陽	8,606,868	3,725,353	1,042,435	1,303,030	434,343	868,677	351,075	260,605	185,738	517,612
揭陽	11,382,244	4,687,557	1,650,887	1,410,474	570,158	946,316	456,126	244,863	114,732	1,301,131
饒平	7,043,186	2,572,038	1,406,442	1,120,647	392,549	747,098	298,839	156,219	133,514	215,840
普寧	6,164,680	1,950,788	362,563	84,432	282,477	564,955	225,982	112,991	112,991	734,504
澄海	1,516,928	234,816	427,509	227,539	75,846	151,692	63,077	30,338	94,001	382,003
豐順	3,706,689	1,304,172	556,004	556,003	185,334	370,669	148,748	74,133	68,311	443,515
惠來	4,253,430	1,502,984	608,014	608,014	212,671	425,343	170,137	85,068	42,534	478,665
南澳	80,124	62,131	5,360	7,423	150	——	——	400	4,520	150
南山局	1,633,302	572,860	396,600	160,079	76,853	153,706	61,282	30,740	15,370	65,612
興寧	6,852,766	2,012,658	1,027,127	1,057,914	342,638	685,276	274,110	137,130	137,055	1,208,858
梅縣	6,891,285	2,500,940	416,429	1,286,879	428,959	857,919	343,168	173,269	257,376	626,845
五華	3,514,034	1,704,816	236,178	527,103	175,731	351,402	140,560	70,280	35,140	272,844
平遠	2,002,414	676,180	300,360	303,362	100,120	200,241	80,096	40,048	50,917	254,093
和平	3,026,319	1,141,222	434,078	478,736	159,579	319,157	127,663	63,831	56,756	245,297

（續　四）

縣別＼科目	合計	行政	教育文化	經濟建設	衛生治療	保安	財務	保育救濟	預備金	總共
連平	2,436,881	866,876	222,307	390,807	130,269	253,538	10422,5	52,107	71,098	338,664
蕉嶺	2,243,769	659,950	175,124	374,299	129,020	249,532	99,813	56,506	49,906	451,619
茂名	8,497,049	2,115,212	1,227,808	1,282,807	427,602	855,204	291,317	171,040	256,561	1,869,493
陽江	6,913,578	2,074,444	1,037,037	1,037,037	345,680	691,358	276,553	138,272	70,000	1,243,197
化縣	6,032,261	1,599,495	400,710	817,967	272,655	545,311	218,125	109,062	193,485	1,875,455
廉江	5,227,423	1,452,378	784,114	784,107	261,370	922,742	199,096	116,908	104,548	1,002,160
信宜	4,885,738	1,822,380	1,157,920	537,431	244,287	488,574	195,429	48,857	97,716	293,144
陽春	4,443,231	1,443,432	666,484	666,484	222,161	444,323	177,728	89,824	133,297	599,498
電白	3,907,311	1,540,094	586,101	586,096	195,366	390,731	156,292	78,146	39,073	335,412
吳川	2,749,364	687,765	359,704	421,705	140,568	488,614	112,455	56,227	27,494	454,832
梅菉局	1,121,512	245,880	168,227	168,227	56,076	112,151	44,860	33,430	15,000	277,661
合浦	7,668,595	2,487,000	1,426,638	1,150,289	383,429	606,859	306,743	198,372	76,685	872,580
欽縣	5,720,230	1,499,513	565,635	909,635	303,212	606,423	242,569	121,284	181,927	1,290,032
靈山	4,986,708	2,028,218	748,006	748,006	249,335	498,671	199,468	99,734	49,867	365,403
海康	3,203,263	1,379,464	280,492	480,489	160,163	320,326	128,130	64,065	64,065	326,066
防城	2,934,705	917,016	440,205	440,205	146,735	293,470	117,388	58,694	88,041	432,951
徐聞	2,323,086	665,520	348,464	348,464	116,154	232,310	92,923	46,702	26,000	447,549
遂溪	1,539,949	756,794	105,328	135,051	103,003	23[illegible],594	59,488	19,200	15,400	113,094
大埔	4,096,689	1,564,771	614,503	614,503	204,834	409,667	163,868	81,934	60,235	382274,
龍川	5,563,245	1,990,184	834,486	834,486	278,162	556,324	222,529	111,264	55,632	680,178

附註：社會及救濟支出公務員退休及撫卹支出合併列爲保育救濟支出

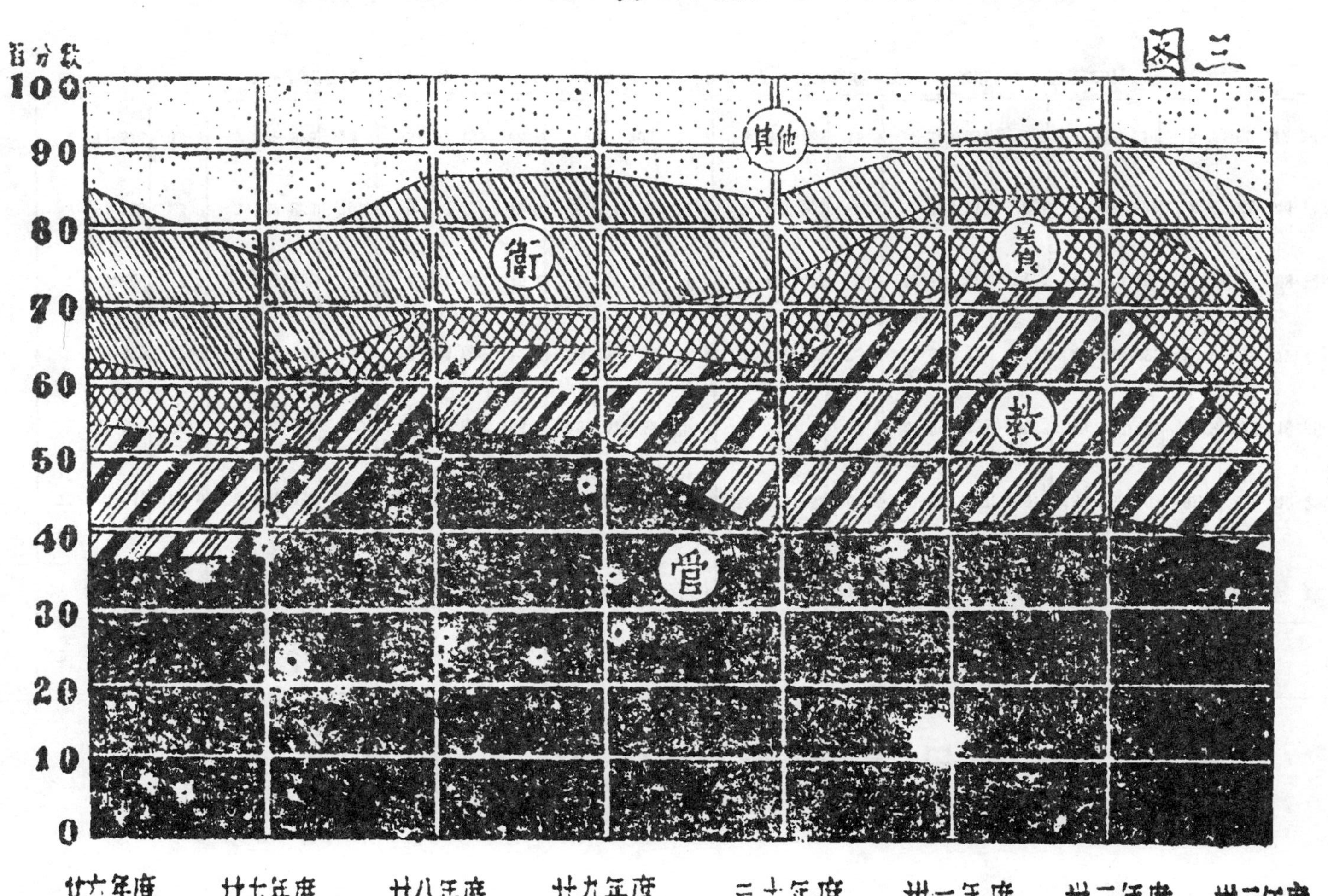
廣東省縣地方管教養衛歲出預算百分比較
圖三
百分數
100
90
80
70
60
50
40
30
20
10
0
其他
衛
養
教
管
廿六年度
廿七年度
廿八年度
廿九年度
三十年度
卅一年度
卅二年度
卅三年度

廣東省縣地方管教養衛歲出預算

二十六年度——三十三年度

科目	二十六年度		二十七年度		二十八年度		二十九年度		三十年度		三十一年度		三十二年度		三十三年度	
	預算數	百分比	預算數	百分比	預算數	百分比	預算數	百分比	預算數	百分比	預算數	百分比	預算數	百分比	預算數	百分比
總計	13,520,948	100.0	9,491,432	100.0	28,661,662	100.0	29,793,250	100.0	39,221,633	100.0	111,688,907	100.0	138,669,683	100.0	331,512,290	100.0
管	4,957,079	36.6	3,507,052	37.0	15,382,659	53.7	15,707,239	52.7	15,661,037	39.9	44,994,333	40.3	60,932,122	43.9	125,319,556	37.8
教	2,382,068	17.6	1,417,188	14.9	3,464,965	12.1	3,696,033	12.4	9,031,493	23.0	36,950,841	33.1	41,338,692	29.8	43,977,473	13.3
養	1,055,845	7.8	552,269	5.8	1,101,805	3.8	1,203,703	4.1	3,508,401	9.0	12,731,379	11.4	17,979,959	13.0	75,598,765	22.8
衛	3,131,580	23.2	1,727,938	18.2	5,143,034	18.0	5,269,072	17.7	5,032,251	12.8	9,764,519	8.7	11,456,596	8.3	33,644,153	10.1
其他	1,994,376	14.8	2,286,985	24.1	3,559,199	12.4	3,917,203	13.1	5,988,451	15.8	7,247,835	6.5	6,962,314	5.0	52,972,343	16.0

附注：管，包括行政、財務支出。教，教育文化支出。養，包括經濟建設，保育救濟，衛生治療支出。衛，保安支出

廣東省縣地方總預算內鄉鎮部份歲出分級比較

表十五　　　　三十一年度

縣市別	鄉鎮數	鄉鎮總支出（元）	最多支出（元）數	最少支出數	平均支出數	各級支出之鄉鎮數											未詳
						支出未滿5,000元	5,000—	10,000—	15,000—	20,000—	25,000—	30,000—	35,000—	40,000—	45,000—	50,000以上	
合計	3,053	58,948,996	135,822	211	19,051	135	508	423	419	289	200	124	78	72	30	96	688
番禺	……	20,734	……	……	……	……	……	……	……	……	……	……	……	……	……	……	……
順德	……	48,051	……	……	……	……	……	……	……	……	……	……	……	……	……	……	……
中山	……	106,595	……	……	……	……	……	……	……	……	……	……	……	……	……	……	……
新會	……	394,032	……	……	……	……	……	……	……	……	……	……	……	……	……	……	……
台山	165	4,731,300	……	……	38,675	……	……	……	……	……	……	……	……	……	……	……	165
開平	83	2,012,016	……	……	24,242	……	……	……	……	……	……	……	……	……	……	……	83
恩平	43	541,245	2[illegible],616	8,280	12,587	——	7	27	8	1	——	——	——	——	——	——	——
赤溪	10	84,234	18,462	5,028	8,423	——	7	3	——	——	——	——	——	——	——	——	——
韶關市	6	478,395	106,770	69,777	79,733	——	——	——	——	——	——	——	——	——	——	6	——
曲江	20	993,324	78,000	28,764	49,667	——	——	——	——	——	1	1	3	5	——	10	——
清遠	49	3,100,378	135,822	31,012	63,273	——	——	——	——	——	——	2	3	1	5	38	——
英德	37	1,425,720	54,768	21,756	38,533	——	——	——	——	3	7	4	6	6	9	2	——
南雄	27	642,100	……	……	23,781	……	……	……	……	……	……	……	……	……	……	……	27
仁化	5	150,516	……	……	30,103	……	……	……	……	……	……	……	……	……	……	……	5
翁源	16	158,203	……	……	9,888	……	……	……	……	……	……	……	……	……	……	……	16

（续　一）

县市别	乡镇数	乡镇总支出	最多支出（元）数	最少（元）支出数	平均（元）支出数	各级支出之乡镇数：支出不满5,000元	5,000—	10,000—	15,000—	20,000—	25,000—	30,000—	35,000—	40,000—	45,000—	50,000元以上	未详
乐昌	12	207,116	29,908	11,636	17,260	—	—	4	5	2	1	—	—	—	—	—	—
始兴	19	21[illegible],984	15,672	8,544	11,315	—	6	12	1	—	—	—	—	—	—	—	—
连县	33	1,038,970	43,406	22,100	32,393	—	—	—	—	5	10	7	3	6	2	—	—
连山	10	106,770	17,016	6,800	10,677	—	5	4	1	—	—	—	—	—	—	—	—
阳山	21	435,799	63,626	4,872	23,153	1	—	3	5	6	1	3	1	—	—	1	—
佛冈	13	328,560	35,883	13,520	25,243	—	—	1	1	6	1	3	1	—	—	—	—
花县	42	265,791	8,441	5,021	6,328	—	42	—	—	—	—	—	—	—	—	—	—
从化	24	177,464	12,272	1,392	7,394	4	15	5	—	—	—	—	—	—	—	—	—
高要	93	1,835,316	57,042	8,412	19,735	—	1	19	29	28	13	2	—	—	—	1	—
南海	59	17,556	5,275	211	296	58	1	—	—	—	—	—	—	—	—	—	—
乳源	16	86,948	7,964	4,128	5,434	9	7	—	—	—	—	—	—	—	—	—	—
安化	……	……	……	……	……	……	……	……	……	……	……	……	……	……	……	……	……
广宁	35	192,480	7,160	3,800	5,499	7	28	—	—	—	—	—	—	—	—	—	—
云浮	46	1,170,541	46,973	12,710	25,447	—	—	2	11	10	13	4	3	2	1	—	—
三水	44	250,160	10,704	3,240	5,685	15	28	1	—	—	—	—	—	—	—	—	—
罗定	65	293,520	……	……	4,516	……	……	……	……	……	……	……	……	……	……	……	65

（續 二）

縣市別	鄉鎮數	鄉鎮總支出（元）	最多支出（元）數	最少支出數（元）	平均支出數（元）	各級支出之鄉鎮數：支出未滿5,000元	5,000—	10,000—	15,000—	20,000—	25,000—	30,000—	35,000—	40,000—	45,000—	50,000元以上	未詳
新興	33	766,688	34,956	14,556	22,930	—	—	2	12	—	13	1	—	—	—	—	—
封川	21	153,788	9,652	5,804	7,323	—	21	—	—	5	—	—	—	—	—	—	—
德慶	25	315,726	19,772	8,676	12,629	—	2	21	2	—	—	—	—	—	—	—	—
鬱南	30	341,030	15,224	8,896	11,368	—	8	21	1	—	—	—	—	—	—	—	—
四會	29	456,739	26,096	10,476	15,750	—	—	17	8	2	2	—	—	—	—	—	—
鶴山	51	1,169,196	34,386	15,678	22,925	—	—	—	13	24	11	3	—	—	—	—	—
高明	20	300,792	22,560	11,496	15,043	—	—	10	9	1	—	—	—	—	—	—	—
開建	11	224,952	26,424	15,912	20,450	—	—	—	5	5	1	—	—	—	—	—	—
惠陽	103	776,414	11,350	6,037	7,538	—	99	4	—	—	—	—	—	—	—	—	—
東莞	36	540,912	23,816	11,448	15,025	—	—	25	11	2	—	—	—	—	—	—	—
博羅	35	427,56	22,020	5,020	12,216	—	10	19	3	5	—	—	—	—	—	—	—
海豐	60	618,183	……	……	10,303	……	……	……	……	……	……	……	……	……	……	……	60
陸豐	70	1,398,440	……	……	19,978	……	……	……	……	……	……	……	……	……	……	……	70
河源	31	243,940	……	……	7,966	……	……	……	……	……	……	……	……	……	……	……	31
增城	18	122,100	……	……	6,783	……	……	……	……	……	……	……	……	……	……	……	18
紫金	25	339,852	……	……	13,234	……	……	……	……	……	……	……	……	……	……	……	[illegible]

（續　三）

縣市別	鄉鎮數	鄉鎮總支出（元）	最多支出（元）	最少支出數（元）	平均支出數（元）	各級支出之鄉鎮數：支出未滿5,000元	5,000—	10,000—	15,000—	20,000—	25,000—	30,000—	35,000—	40,000—	45,000—	50,000元以上	未詳
新豐	14	161,084	13,780	9,772	11,506	—	1	13	—	—	—	—	—	—	—	—	—
龍門	27	785,860	48,100	16,180	29,106	—	—	—	2	6	8	7	3	—	1	—	—
寶安	9	129,006	……	……	14,334	……	……	—	—	……	……	……	……	……	……	……	8
潮安	……	90,984	……	……	……	……	……	……	……	……	……	……	……	……	……	……	……
潮陽	109	2,389,392	90,844	9,034	22,124	—	9	34	14	18	11	8	1	6	3	4	—
揭陽	87	1,488,556	35,384	11,112	17,110	—	—	24	47	13	2	1	—	—	—	—	—
澄海	……	125,311	……	……	……	……	……	……	……	……	……	……	……	……	……	……	……
饒平	80	2,583,840	41,628	23,448	32,298	—	—	—	—	16	20	17	9	18	—	—	—
普寧	40	476,764	……	……	11,919	……	……	……	……	……	……	……	……	……	……	……	40
惠來	43	813,243	27,228	11,260	19,813	—	—	6	22	11	4	—	—	—	—	—	—
豐順	31	480,720	17,160	12,000	15,507	—	—	6	25	—	—	—	—	—	—	—	—
南澳	4	11,678	……	……	2,820	……	……	……	……	……	……	……	……	……	……	……	4
南山	18	13,680	……	……	760	……	……	……	……	……	……	……	……	……	……	……	18
興寧	50	947,660	22,668	14,892	18,953	—	—	1	36	13	—	—	—	—	—	—	—
梅縣	52	1,956,227	68,208	10,064	37,601	—	—	2	—	5	8	8	7	8	3	9	—
五華	59	1,035,797	28,498	8,824	17,556	—	2	16	24	11	8	—	—	—	—	—	—

（續 四）

縣市別	鄉鎮數	鄉鎮總支出（元）	最多支出（元）數	最少支出數（元）	平均支出數（元）	各級支出之鄉鎮數											未詳
						支出未滿5,000元	5,000—	10,000—	15,000	20,000	25,000	30,000	35,000	40,000	45,000—	50,000元以上	
平遠	15	221,760	……	……	17,058	……	……	……	……	……	……	……	……	……	……	……	15
蕉嶺	16	197,090	……	……	12,318	……	……	……	……	……	……	……	……	……	……	……	16
龍川	51	434,508	10,860	6,688	8,528	—	45	5	—	—	—	—	—	—	—	—	—
連平	33	153,948	8,524	2,356	4,665	23	10	—	—	—	—	—	—	—	—	—	—
和平	24	727,220	52,320	11,564	30,501	—	—	2	5	5	2	2	1	3	2	2	—
大埔	45	1,010,604	34,826	13,140	22,458	—	—	2	16	12	13	2	—	—	—	—	—
茂名	100	723,518	14,507	5,058	7,235	—	99	1	—	—	—	—	—	—	—	—	—
陽江	45	928,918	103,200	10,719	18,958	—	—	15	22	10	1	—	—	—	—	1	—
化縣	40	847,662	30,434	16,311	21,177	—	—	—	18	21	—	1	—	—	—	—	—
電白	45	1,625,940	77,620	24,340	35,540	—	—	—	—	9	11	4	13	3	1	5	—
信宜	30	1,323,054	67,444	16,990	56,768	—	—	—	1	3	5	8	8	5	1	5	—
廉江	55	1,023,190	26,562	12,202	17,440	—	—	12	36	10	1	—	—	—	—	—	—
陽春	41	556,534	29,434	11,483	13,574	—	—	37	3	1	—	—	—	—	—	—	—
吳川	13	417,621	40,004	24,932	32,125	—	—	—	—	1	5	3	3	1	—	—	—
梅菉局	5	47,313	15,492	7,362	9,463	—	4	—	1	—	—	—	—	—	—	—	—
合浦	49	1,939,788	78,652	21,090	29,586	—	—	—	—	3	8	14	8	2	2	12	—

（續　五）

縣市別	鄉鎮數	鄉鎮總支出（元）	最多支出（元）數	最少支出（元）數	平均支出數（元）	各級支出之鄉鎮數：支出未滿5,000元	5,000	10,000	15,000－	20,000－	25,000－	30,000－	35,000－	40,000	45,000－	60,000元以上	未詳
欽　縣	37	934,128	42,632	17,604	25,247	——	——	——	8	13	9	5	1	1	——	——	——
防　城	23	247,100			10,743	……	……	……	……	……	……	……	……	……	……	……	23
靈　山	60	400,394	7,620	4,212	6,673	18	42	——	——	——	——	——	——	——	——	——	——
遂　溪	38	1,197,584	40,164	24,876	31,610	——	——	——	——	5	12	13	4	4	——	——	——
海　康	46	565,055	17,281	8,601	12,284	——	3	38	5	——	——	——	——	——	——	——	——
徐　聞	16	162,240	11,580	8,700	10,140	——	5	11	——	——	——	——	——	——	——	——	——

附註1.表內「——」符號表示無該項事實「……」符號表示未詳

2.台山開平南雄仁化翁源羅定海豐陸豐河源增城紫金寶安普寧南澳連山防城等十六縣及戰地之番禺順德中山新會潮安澄海等六縣預算冊均未據編列（僅列各鄉鎮支出總數）

各該縣鄉鎮數係依照民政廳三十二年六月所編「廣東省各縣市局鄉鎮保甲統計」鄉鎮數編列

廣東省縣地方總預算内鄉鎮部份歲入數額

單位：元

科目	三十一年度 預算數	三十一年度 百分比	三十二年度 預算數	三十二年度 百分比	與上年度比較 三十一年=100
總計	56,505,535	100.0	68,923,136	100.0	122.0
自治戶捐	25,325,158	44.8	35,700,654	51.8	141.0
契稅附加	1,058,194	1.9	1,328,686	1.9	125.6
衛生經費	737,044	1.3	992,746	1.4	134.5
學校收入	8,920,001	15.8	10,182,074	14.8	114.1
補助收入	2,500,964	4.4	2,417,195	3.5	96.7
捐助撥助	14,957,631	26.5	15,935,349	23.2	106.5
公產租項	184,600	.3	197,831	.3	107.2
其他	2,821,945	5.0	2,168,501	3.1	76.8

附註：1.三十一年度鄉鎮歲入數額，佔縣總預算50.6％

2.三十二年度鄉鎮歲入數額，佔縣總預算49.7％

廣東省縣地方總預算内鄉鎮部份歲出數額

單位：元

科目	三十一年度 預算數	三十一年度 百分比	三十二年度 預算數	三十二年度 百分比	與上年度比較 三十一年=100
總計	58,948,995	100.0	71,202,374	100.0	120.8
鄉保學校經費	30,775,120	52.2	33,471,687	47.0	108.8
鄉鎮公所經費	12,573,391	21.3	15,967,833	22.4	127.0
保甲辦公費	12,280,789	20.8	15,178,534	21.3	123.6
自治事業費	255,958	.5	509,776	.7	199.2
衛生經費	2,297,007	3.9	5,169,383	7.3	225.0
其他	766,730	1.3	905,131	1.3	118.1

附註：1.三十一年度鄉鎮歲出數額，佔縣總預算52.8%

公

庫

（二）公庫

甲·省收支

本省在抗戰前收入，每年平均約三千萬元，自二十七年廣州失守，收入短少，支出極力緊縮，勉渡難關，二十八年間雖經極力整頓，仍未復舊觀，二十九年政治漸趨安定稅入增至四千餘萬元連同規費債款等項收入合計共六千五百餘萬元，三十年再經調整機構加强人事改進稅制last統籌緝私稅收增至一萬萬餘萬元，連規費等各項收入合計共達一萬萬六千五百餘萬元，（圖四，表十八，十九），支出方面以二十七年之數額爲最低，因是時省政府移節連縣，各機關祇維持現狀，故其開支不大，及至二十八年與二十九年兩年，本省政治由安定而求發展，百端待舉，其支出總數年增一倍，三十年度支出增加至一萬萬五千餘萬元，（表二十）

迨三十一年財政收支系統改制，本省原分設各縣之省分支庫一百三十餘所，限期結束，省收支事務劃歸國庫統一處理，本廳承財政部之命就近辦理庫款撥解，經費劃撥報表編送事務，現在國庫在本省已成立分支庫八十二所，與前設省庫之數相差尚遠，（圖五），本省對把握預算，一本節流重於開源之原則，一切支出力求節省是年計支出一萬萬二千九百餘萬元，較之預算總額一萬萬四千八百餘元之數，計占百分之八十七，尚節餘一千八百餘萬元，三十二年度除公糧部份五千四百萬元尚未轉帳加入支出外，計實支一萬萬六千九百餘萬元，比較預算總額二萬萬二千七百餘萬元之數，計佔百分之七十四，如加入公糧部份計算，合計爲二萬萬二千三百餘萬元，實佔百分之九八·三，尚可節餘四百餘萬元。（表二十一）

乙·縣庫

二十九年本省各縣開始實行公庫法，各縣縣庫委托省銀行代理，計全省一百零一縣市局，除淪陷區外，共設縣庫者有七十七縣，三十年訂頒本省完成縣公庫網計劃大綱，規定各縣之重要市鎮各設置支庫，原計劃共設一百三十所，限三十二年內完成，現已成立各縣支庫計八十六所，其餘或因時易境遷或因環境特殊，須以改定地點設置者二十所經暫准予免設十四所，（圖五）

廣東省歷年收支實數

圖四
說明
省民國十八年度以前國省兩税尚未劃分本表包括國庫收支自十九年以後祇列省級收支。
圖示
实收
实支
千萬元
民國年度

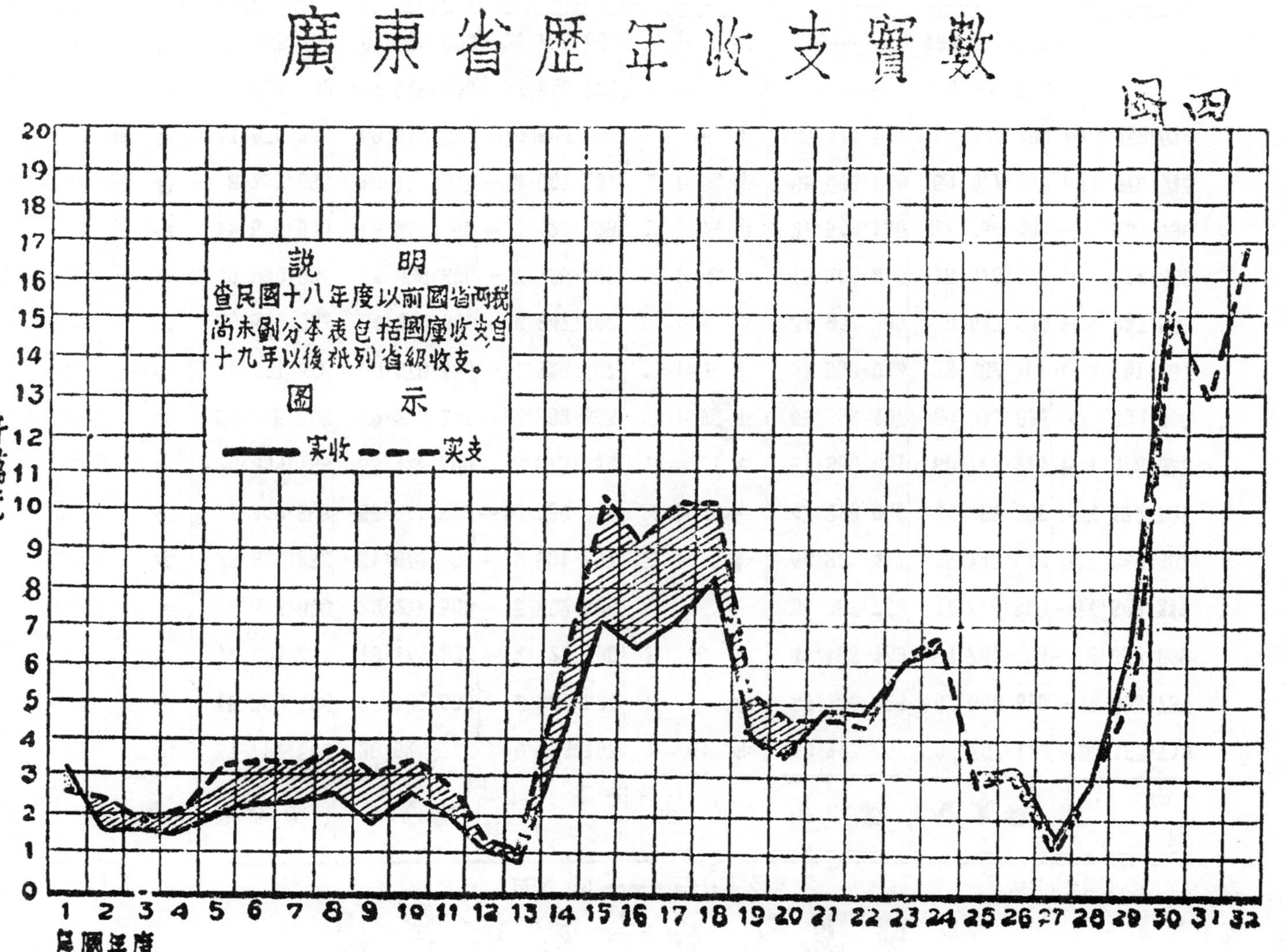

廣東省歷年收支實數

表十五　　民國元年———三十二年度　　單位：國幣元

年度	實收數	實支數	比較 盈＋ 虧－	年度	實收數	實支數	比較 盈＋ 虧－
元年	31,782,500	26,528,333	＋5,254,167	十七年	70,103,454	103,267,172	－33,163,718
二年	16,399,166	23,136,666	－6,737,500	十八年	83,746,925	102,640,656	－18,893,731
三年	17,023,333	19,145,833	－2,122,500	十九年	41,163,189	54,721,755	－13,558,566
四年	16,615,000	20,217,500	－3,602,500	二十年	36,067,739	47,716,950	－11,649,211
五年	20,880,833	31,872,500	－10,991,667	二十一年	48,201,421	46,143,014	＋2,058,407
六年	23,346,666	33,477,500	－10,130,834	二十二年	47,219,099	44,098,398	＋3,120,701
七年	24,054,166	33,427,500	－9,373,334	二十三年	61,856,031	60,777,211	＋1,078,820
八年	26,815,000	39,213,333	－12,398,333	二十四年	66,359,497	66,943,853	－584,356
九年	18,651,666	30,578,333	－11,926,667	二十五年	31,069,028	28,287,167	＋2,781,861
十年	25,388,333	34,230,000	－8,841,667	二十六年	32,911,306	30,027,800	＋2,883,506
十一年	20,090,083	28,086,666	－7,996,583	二十七年	13,203,879	13,025,014	＋178,865
十二年	11,515,000	13,936,666	－2,421,666	二十八年	27,546,150	27,755,449	－209,299
十三年	8,121,666	10,163,333	－2,041,667	二十九年	65,093,830	54,077,517	＋11,016,313
十四年	41,975,833	58,570,000	－16,594,167	三十年	165,171,013	151,240,999	＋13,930,014
十五年	70,685,000	104,525,000	－33,840,000	三十一年	——	129,526,284	
十六年	65,949,166	92,705,000	－26,755,834	三十二年	——	169,831,978	

廣東省歷年省庫實收分類比較

表十六　　民國二十六年度——三十年度　　單位：元

科目	廿六年度 實收數	廿六年度 百分比	廿七年度 實收數	廿七年度 百分比	廿八年度 實收數	廿八年度 百分分	廿九年度 實收數	廿九年度 百分	三十年度 實收數	三十年度 百分比
總計	32,911,306	100.0	13,203,890	100.0	27,546,150	100.0	65,093,830	100.0	165,171,013	100.0
稅課	22,860,350	69.5	8,981,703	68.0	16,882,360	61.3	40,178836	61.7	101,193,806	61.3
懲罰及賠償	155,709	.5	39,791	.3	63,657	.2	229,330	.4	776,340	.5
規費	928,501	2.8	480,085	3.7	1,678,067	6.1	9,989,830	15.4	13,366,846	8.1
普通協助及補助	4,976,423	15.1	1,476,821	11.2	1,481,053	5.4	3,704,777	5.7	21,366,291	12.9
財產及權利售價	400,970	1.2	5,234		7,294		8,874		202,234	.1
債款	2,525,000	7.7	1,400,000	10.6	5,460,000	19.8	5,500,000	8.4	151,388	.1
公有營業事業盈餘			300,000	2.3	375,000	1.4	4,819,606	7.4	5,160,000	3.1
其他	1,044,253	3.2	520,256	3.9	1,598,719	5.8	662,617	1.0	22,964,102	13.9

廣東省歷年省庫實支分類比較

表二十　　民國二十六年度——三十二年度　　單位：元

科目	二十六年度 實支數	二十六年度 百分比	二十七年度 實支數	二十七年度 百分比	二十八年度 實支數	二十八年度 百分比	二十九年度 實支數	二十九年度 百分比	三十年度 實支數	三十年度 百分比
總計	30,027,800	100.0	13,025,014	100.0	27,755,449	100.0	54,077,517	100.0	151,240,999	100.0
政權行使	396,770	1.3	112,385	.9	398,146	1.4	556,989	1.0	1,022,8[illegible]7	.7
行政	1,146,119	3.8	627,850	4.8	1,315,953	4.7	3,433,712	6.3	10,249,803	6.8
立法	——	—	——		81,986	.3	124,053	.2	159,621	.1
司法	1,157,532	3.9	445,430	3.4	911,786	3.5	1,170,354	2.2	93,991	.1
教育及文化	2,304,439	7.7	1,093,478	8.4	1,747,213	6.3	2,668,872	4.9	9,452,849	6.2
經濟及建設	6,245,189	20.8	2,065,983	15.9	4,242,54[illegible]	15.3	4,748,327	8.8	41,341,840	27.3
衛生及治療	25,357	.1	16,083	.1	98,357	.4	231,569	.4	1,798,506	1.2
保育及救濟	155,848	.5	148,362	1.1	1,032,276	3.7	2,281,484	4.2	2,423,305	1.6
保安	7,423,330	24.7	2,816,992	21.6	5,673,737	20.4	9,219,353	17.1	22,771,372	15.0
軍訓	——	—	——	—	469,529	1.7	664,566	1.3	——	—
財務	2,538,375	8.5	1,189,914	9.1	1,098,80[illegible]	4.0	4,975,161	9.2	4,706,837	3.1
債務	1,149,548	3.8	126,000	1.0	3,374,706	12.2	6,611,704	12.2	19,639,996	13.0
公務員退休及撫卹	——	—	——	—	——	—	——	—	842	
協助及補助	5,867,431	19.5	3,136,388	24.1	4,637,316	16.7	7,789,005	14.4	9,533,696	6.3
營業及投資	——	—	——	—	——	—	1,100,494	2.1	16,443,000	10.9
分配縣市國稅款	——	—	——	—	——	—	——	—	——	—
預備金	1,617,762	5.4	1,246,154	9.6	2,673,093	9.6	8,438,564	15.6	4,356,658	2.9
其他	——	—	——	—	——	—	63,300	.1	7,317,456	4.8

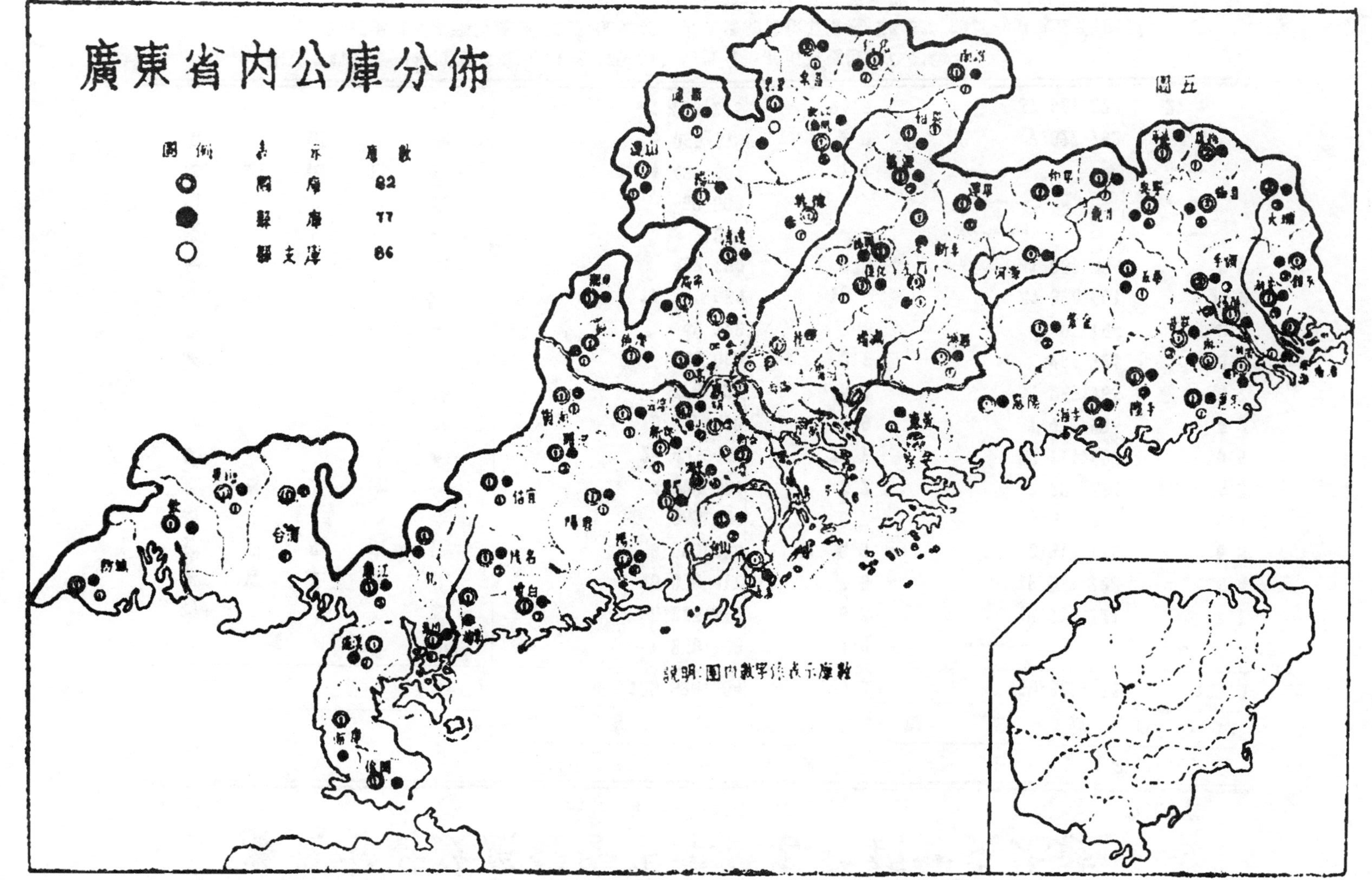
廣東省內公庫分佈
圖五
圖例 表示 庫數
國庫 82
縣庫 77
縣支庫 86
說明：圖內數字係表示庫數

廣東省財政廳經管省單位各費類實支比較

表十八　　三十一年度——三十二年度　　單元：位

科目	三十一年度 實支數	三十一年度 百分比	三十二年度 實支數	三十二年度 百分比
總計	129,526,284	100.0	169,831,978	100.0
政權行使	1,838,508	1.4	——	——
行政	6,873,576	5.3	13,111,721	7.7
教育及文化	10,038,411	7.8	15,936,208	9.4
經濟及交通	8,855,679	6.9	9,917,778	5.8
衛生	853,020	0.7	3,569,015	2.1
社會及救濟	4,126,391	3.2	7,291,364	4.3
保警	29,403,448	22.7	28,111,626	16.6
補助	10,272,410	7.9	1,430,903	0.8
財務	778,220	0.6	1,255,763	0.7
債務	148,000	0.1	884,721	0.5
公務員退休及撫卹	49,128		91,744	0.1
分配縣市款	17,391,954	13.5	41,988,661	24.8
營業投資	488,504	0.4	1,038,454	0.6
移殖	9,842		——	——
損失	50,000		——	——
退還徵收款項	1,459,831	1.1	——	——
預備金	5,095,819	3.9	7,622,798	4.5
其他	31,783,273	24.5	37,581,222	22.1

附註：1.三十一年度預算總數$148,179,816 佔實支總額預算總數 87.4%

2.三十二年度預算總數$227,068,460 實支總額佔預算總數 74.6% 惟實物價款五千四百萬未奉部令轉帳如計入時則支出總額$223,031,978 佔預算總數 98.3% 合註明。

（三）稅　課

甲· 省稅捐（財政收支系統未劃分前）

本省稅捐，戰前名目繁多，共一百數十種，其中涉於苛細者有之，稅率過高妨害國民經濟及中央稅源者有之，廿五年秋，本省歸政中央，尚有稅捐八十二種，是年將舶來洋穀米等三十七種苛捐什稅裁撤，仍保留稅捐四十五種，至廿九年尚留有稅捐二十二種，三十年復按其性質分別裁併保留者計有臨時地稅（沙田稅在內）舶來物品專稅，營業稅，契稅，屠宰稅，香燭紙寶冥鏹捐，捲煙桐油管理費（列規費收入）船舶牌照費等八種，稅目較前簡化，其中以屬於收益稅性質之臨時地稅及營業稅等為主要收入。其屬於消費稅性質之舶來物品專稅亦佔省庫收入之大宗，臨時地稅計二十八年度實收八百二十餘萬元，廿九年度實收九百八十餘萬餘元，三十年度實收一千一百二十餘萬元，（臨時地稅收入係省縣各佔百分之五十，是年八月份起，因田賦征實，改歸中央接管。）其次營業稅，及臨時營業稅，計廿八年度實收二百二十七萬餘元，廿九年度實收三百九十四萬餘元，三十年度實收一千一百廿六萬餘元，至舶來物品專稅，自三十年一月改為從價征收後收入突增，計二十八年實收六百八十餘萬元，廿九年實收二千五百餘萬元，三十年度增至七千八百二十六萬二千餘元，迨卅一年度財政收支系統變革，原有各項稅收已分別移交各國稅機關接管（表二十二）。

乙·縣稅捐

本省各縣地方稅捐，前因地方多故，各縣任意征收，頗爲苛細，在民廿五年統計，各種名目共有七千餘種，迨後逐漸裁廢整理，迄民三十年尚有四七九種，是年裁減二百九十二種，尚餘一八七種，於三十一年開始，即全數撤淨盡，計收入總額爲五百一十餘萬元，（表二十三）幾占卅年各縣全部收入之半，（卅年各縣稅收總額爲一千一百[illegible]一萬餘元）其中以各縣特產出口捐，行商補助費，神鑼捐，香燭紙寶冥鏹捐，殷戶報效費，及對物征收之市場租六種爲最多。卅二年又將公秤公斗手續費取銷，本年初復將自治戶捐通令停止，其碼頭租及市場攤位租改列入財產收入，衛生清潔費及執照費列入規費收入，各縣稅捐經此次整理後，除規費租項撥正科目外，現僅有屠宰稅，營業牌照稅，使用牌照稅，行爲取締稅（筵席及娛樂稅），房捐，警捐等六種，稅目均符中央法令，稅制已告確立。

各項稅捐自厲行直接征收及將屠宰稅改爲從價征收後，收入均有增加，計三十年度全省各縣實收合計爲一千一百餘萬元，三十一年已增爲四千三百餘萬元，約較前增加四倍，三十二年度又增爲一萬[illegible]四千五百餘萬元，較卅年增十三倍，較卅一年增加二倍半以上。（圖六，表二十四至二十七）。至各縣稅收中，以屠宰稅收入最多，三十年占百分之五十四強，三十一年爲百分之六十八弱，三十二年占百分之八十二強。其次爲行爲取締稅及自治戶捐，所占比率三年中均在百分之五以上百分之十以下，至房捐一項，稅源甚爲確實，如能普遍開征，（不限三百戶以上）則收入當可增加甚多，若以此項收入撥充爲鄉鎮自治事業費，對完成地方自治之促進，當裨益至大也。表廿四爲五年來各縣稅捐實收數字。

征收機構健全，為增加稅收主因，各縣除於縣城設一征收處外（淪陷縣份未設置征收機構），并為適應事實需要與便利人民輸納於縣屬各商場市鎮，依照征收之多寡，分別設置征收分處及征收站，以期減少偷漏，便利稽征，前後迭經調整，現計全省有縣征收處凡七十九，征收分處三百三十有二，征收站六百零四（圖七）

丙。人民賦稅負担

納稅為人民對國家應盡之義務，抗戰以來，本省繁盛富庶之區，以及通商口岸，漸次淪陷，然人民深明大義共體時艱，對于各項賦稅輸納，尚能踴躍。查三十一年度平均每人對國家負担，除關稅及鹽糖火柴菸類專賣利益收入數字未明未計入外，其直接稅間接稅，（由財部稅務局附屬機關征收者）約為四元九角餘，三十二年度則為一十六元。田賦征實征購（征借）及帶征縣級公糧，三十一年度平均每人負担一市斗三升，三二年潮汕各縣以及海陸豐四邑等處，旱造失收災情嚴重，中央體卹民艱，分別減免征額，平均每人負担為一市斗弱（·九八五斗），至縣地方稅捐負担，三十一年度平均每人為一元六角八分，三十二年度每人為五元四角七分，較前約增三倍餘，其中以屠宰稅為大宗，約佔十分之八強。綜合國地兩稅計算，卅一年人民之平均負担為六，七三元，卅二年為二一，四七，元比較約增三倍強，至田賦征實征借之負担卅一年為一，三〇二斗卅二年為，九八五斗比較卅一年尚減少百分之三十也。

廣東省歷年稅課實收分類比較

表二十二　　民國二十六年度——三十年度　　單位：元

科目	二十六年度		二十七年度		二十八年度		二十九年度		三十年度	
	實收數	百分比	實收數	百分比	實收數	百分比	實收數	百分比	實收數	百分比
總計	22,880,390	100.0	8,981,702	100.0	16,882,360	100.0	40,178,836	100.0	101,193,806	100.0
地稅	5,886,962	25.7	1,920,509	21.3	4,106,496	24.3	4,916,665	12.2	5,636,739	5.6
契稅	527,309	2.3	800,376	6.9	548,584	3.3	925,883	2.3	1,363,924	1.4
營業稅	5,558,872	24.3	2,226,526	24.8	2,275,930	13.5	3,946,013	9.8	11,264,368	11.1
舶來物品專稅	6,761,489	29.6	2,652,412	31.8	6,842,432	40.5	25,367,745	62.6	78,262,347	77.3
其他	4,145,678	18.1	1,181,879	13.2	3,108,868	18.4	5,302,530	13.2	4,656,428	4.6

廣東省裁撤各縣苛捐雜稅

表二十三　民國二十五年度——三十年度

年度	裁撤種數	年征額
二十五年度	430	1,380,555
二十六年度	114	620,790
二十七年度	4,900	892,751
二十八年度	618	1,528,459
二十九年度	596	510,000
三十年度	292	643,181
三十一年度	187	5,111,799

附註：1.裁撤種數，係以征收機關計算即同一稅捐在兩關擬收征者亦作二種計算
2.三十一年十月已將全省各縣苛捐什稅裁撤淨盡

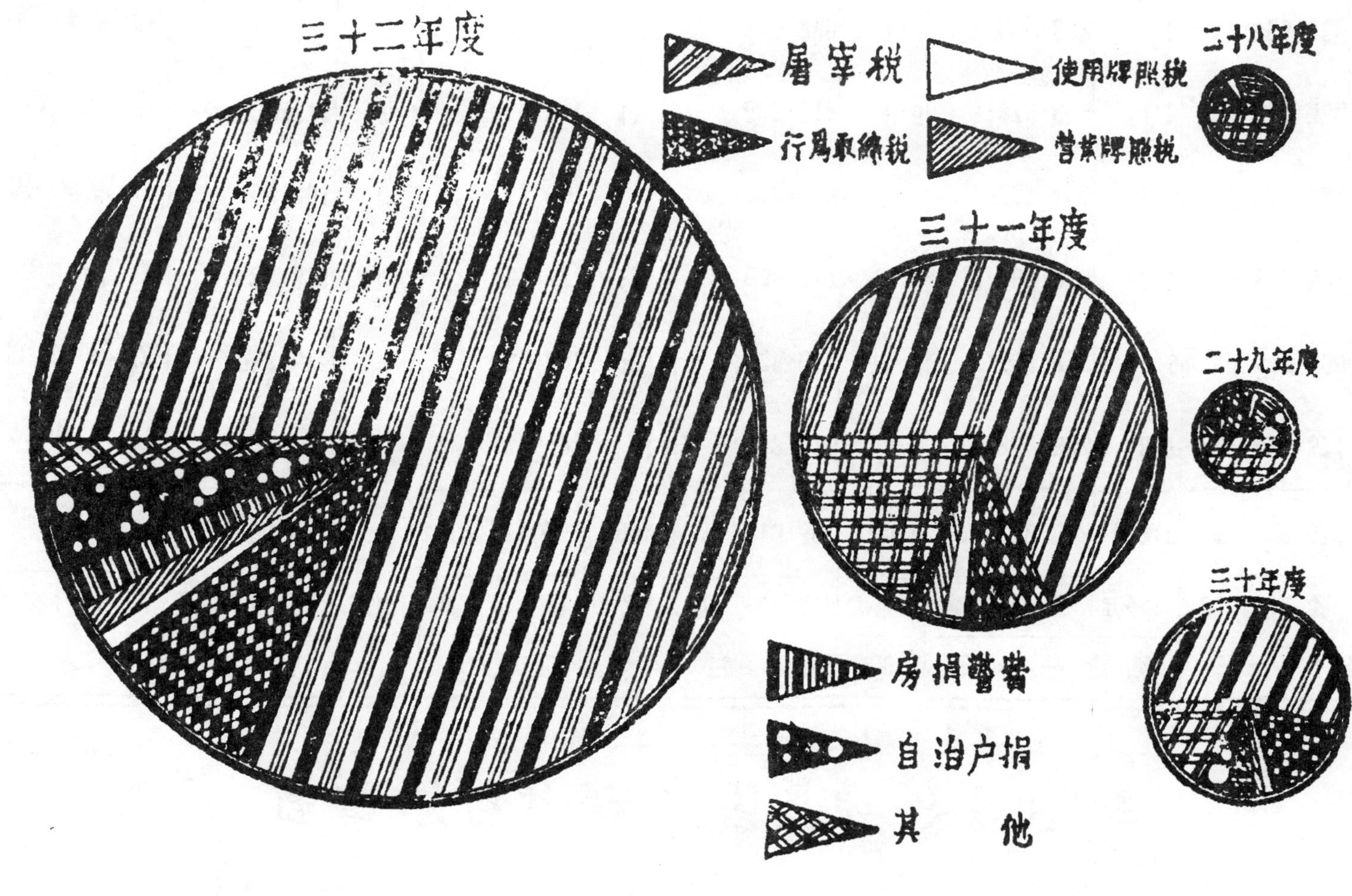
廣東省歷年縣税捐实收比較
圖六
三十二年度
三十一年度
二十八年度
二十九年度
三十年度
屠宰税
使用牌照税
行爲取締税
營業牌照税
房捐警費
自治户捐
其他

廣東省歷年縣税捐實收分類比較

表二十四　　二十八年度——三十二年度　　單位：元

科目	二十八年度 實收數	二十八年度 百分比	二十九年度 實收數	二十九年度 百分比	三十年度 實收數	三十年度 百分比	三十一年度 實收數	三十一年度 百分比	三十二年度 實收數	三十二年度 百分比
總計	1,500,523	100.0	2,771,763	100.0	11,013,367	100.0	43,628,373	100.0	145,466,672	100.0
屠宰税	—	—	169,498	4.0	5,988,515	54.4	29,959,963	68.7	119,496,371	82.1
行為取締税	226,573	15.1	650,645	23.5	1,788,954	16.2	3,452,457	7.9	10,442,296	7.2
自治户捐	220,831	14.7	382,173	13.8	584,737	5.3	2,502,978	5.7	4,896,399	3.4
使用牌照税	64,451	4.3	51,951	1.9	127,355	1.2	787,788	1.8	1,350,961	0.9
房捐警費	260,371	17.4	325,517	11.7	607,517	5.5	1,878,868	4.3	3,358,338	2.3
營業牌照税	—	—	—	—	142,289	1.3	854,802	2.0	1,961,885	1.4
其他	728,297	48.5	1,251,979	45.1	1,771,000	16.1	4,191,517	9.6	3,560,476	2.7

廣東省各縣稅捐實收分級比較

表二十五　　三十二年度

實收數（單位：萬元）	縣數	
	總稅收	屠宰稅
總計	85	85
未滿50者	11	14
50——	12	15
100——	14	17
150——	15	14
200——	9	4
250——	3	4
300——	3	3
350——	4	3
400——	3	1
450——	1	2
500——	3	1
無收入者	7	7

廣東省各縣稅捐實收數

表二十六　　三十二年度　　單位：元

縣別	合計	屠宰稅	行爲取締稅	使用牌照稅	營業牌照稅	房捐警費	自治戶捐	其他
總計	145,463,672	119,496,317	10,442,296	1,350,961	1,961,885	3,358,339	4,896,393	3,960,476
台山	3,940,993	3,151,971	581,468	54,031	14,472	133,764	3,864	1,420
開平	3,313,039	2,240,466	812,373	13,533	51,530	38,432	64,174	92,561
恩平	1,610,326	1,319,645	189,827	44,438	7,829	2,376	——	463,11
新會	715,195	480,124	175,689	810	9,870	5,868	——	42,834
赤溪	134,158	120,082	——	1,300	1,860	——	1,876	90,49
韶關市	7,562,241	4,871,500	1,462,716	106,360	78,295	851,267	120,324	71,779
曲江	1,862,727	1,282,832	364,328	1,472	56,725	62,194	16,933	78,243
清遠	4,102,441	3,680,874	73,722	3,587	76,015	116,860	——	151,356
英德	2,301,392	1,917,703	66,556	22,132	34,357	40,753	174,191	46,640
南雄	1,610,259	1,316,046	217,240	828	23,522	19,384	33,239	——
仁化	580,985	475,125	40,666	9,433	16,720	12,669	14,203	12,169
翁源	1,654,892	1,391,278	83,951	3,100	11,904	10,972	——	48,687
樂昌	2,370,701	1,656,258	481,741	3,908	24,358	47,563	97,906	58,567
始興	744,390	665,012	41,668	4,108	17,785	2,819	2,667	10,331
連縣	2,221,708	1,659,752	408,131	2,938	36,225	7,717	106,501	444
連山	240,277	207,866	640	——	6,010	4,790	——	21,071

（續一）

縣別	合計	屠宰稅	行爲取締稅	使用牌照稅	營業牌照稅	房捐警費	自治戶捐	其他
陽山	1,677,676	1,468,055	618	921	16,630	1,343	43,215	146,894
佛岡	816,898	670,150	3,031	——	2,290	2,321	123,128	15,978
從化	1,195,934	1,026,464	——	345	24,080	6,049	64,819	74,177
乳源	274,397	242,230	18,846	510	6,705	4,011	——	2,095
花縣	339,755	254,815	70	——	900	768	54,111	29,091
高要	4,309,525	2,685,160	1,032,301	3,607	52,390	440,058	——	95,949
雲浮	1,007,940	849,502	66,720	9,468	18,610	10,755	12,726	40,159
三水	317,801	236,460	79,382	——	——	——	1,819	140
羅定	1,237,358	1,130,316	5,878	2,254	15,575	24,162	——	59,173
新興	2,359,716	1,241,070	196,541	27,619	34,515	35,691	715,229	109,051
封川	1,003,778	877,251	64,669	2,185	23,905	16,313	——	19,455
德慶	969,680	775,085	73,471	1,77[illegible]	14,695	237	——	104,417
鬱南	1,790,470	1,323,095	235,490	18,34[illegible]	28,499	78,285	——	1 6,758
四會	2,513,486	1,521,551	471,648	14,66[illegible]	38,985	36,881	393,510	36,248
鶴山	2,361,871	1,505,242	708,128	4,26[illegible]	29,115	53,437	2,072	59,615
高明	1,248,396	839,032	308,372	21,401	25,600	31,200	——	22,791
開建	819,994	476,363	4,575	21,84[illegible]	1,905	8,437	263,460	43,413

（續二）

縣別	合計	屠宰稅	行爲取締稅	使用牌照稅	營業牌照稅	房捐警費	自治戶捐	其他
廣寧	919,533	671,383	25,661	2,086	2,221	45,660	6,588	165,934
惠陽	2,890,450	2,680,397	83,794	13,105	31,455	30,573	——	46,126
東莞	437,646	405,225	——	2,700	14,297	15,424	——	——
海豐	1,623,423	1,317,016	157,827	26,560	24,810	37,523	——	60,687
陸豐	1,503,486	1,271,573	74,635	44,112	14,830	98,336	——	——
河源	1,887,150	1,534,871	156,566	28,121	30,005	42,962	32,423	62,202
紫金	1,398,916	1,239,896	14,299	746	5,470	13,983	78,878	45,644
新豐	850,066	559,823	33,495	2,120	34,565	19,960	3,414	196,689
龍門	1,310,823	895,697	154,784	696	29,038	49,610	145,926	35,072
博羅	1,737,727	1,563,096	88,744	1,114	49,050	3,760	7,343	24,620
增城	472,380	439,740	32,640	——	——	——	——	——
潮安	517,525	504,001	7,311	427	——	641	——	5,143
潮陽	1,987,931	1,855,640	3,483	63,788	27,010	19,075	——	18,935
揭陽	3,987,205	3,600,785	39,495	24,579	45,490	59,962	203,112	8,782
饒平	2,349,439	1,697,825	28,399	——	75,945	104,988	416,030	26,252
普寧	1,382,877	1,316,536	11,807	16,004	——	8,217	——	30,313
澄海	790,350	714,819	37,704	11,777	26,050	——	——	——

（續三）

縣別	合計	屠宰稅	行爲取締稅	使用牌照稅	營業牌照稅	房捐警費	自治戶捐	其他
豐順	1,255,683	1,150,930	14,197	16,238	15,960	30,918	——	27,440
惠來	1,207,017	1,164,586	7,110	20,251	6,092	9,067	——	——
南山局	218,413	178,353	13,365	8,322	4,830	7,893	——	6,650
興寧	2,893,206	2,433,426	108,197	22,572	39,490	141,728	28,555	119,241
梅縣	4,604,609	4,066,331	118,413	45,659	44,568	65,669	183,321	89,749
五華	1,481,410	1,371,721	18,771	24,319	10,935	13,214	11,093	31,357
平遠	711,566	658,438	10,958	19,656	14,389	8,125	——	——
蕉嶺	1,185,835	979,489	4,321	24,435	14,185	37,070	75,639	50,696
龍川	3,528,826	2,969,703	121,627	13,790	86,084	28,381	299,207	10,029
和平	1,306,080	1,211,155	16,917	25,903	13,801	19,447	——	18,857
連平	1,071,118	863,537	128,039	——	32,520	1,627	12,219	33,176
大埔	1,750,713	1,589,851	19,860	11,664	17,640	66,473	——	48,217
茂名	5,196,952	4,872,253	28,486	3,466	90,835	30,887	——	171,043
化縣	2,223,799	2,148,222	8,471	2,430	8,620	11,750	44,306	——
電白	1,812,617	1,635,310	39,744	20,632	22,360	2,593	67,607	24,371
信宜	2,396,058	2,086,873	19,422	1,761	41,755	11,621	119,167	115,459
陽春	2,196,463	1,766,304	43,933	98,331	84,749	47,052	28,175	127,919

（續四）

縣別	合計	屠宰稅	行紀取締稅	使用牌照費	營業牌照稅	房捐警費	自治戶捐	其他
廉江	3,928,656	3,747,725	6,760	8,936	39,670	2,076	78,690	44,800
吳川	595,197	544,550	579	9,279	10,190	——	22,101	8,498
陽江	4,413,296	3,237,031	299,952	159,275	54,590	29,070	455,372	178,008
梅菉局	432,449	391,532	18,869	8,863	7,710	431	2,819	2,226
合浦	5,661,074	5,315,096	12,996	91,840	36,065	20,620	38,827	145,630
欽縣	3,013,674	2,768,404	79,895	200	2,312	61,153	——	101,710
靈山	3,413,836	3,017,820	27,089	1,665	21,620	37,060	146,285	162,377
遂溪	139,882	117,319	——	14,382	——	——	——	8,181
海康	107,876	76,002	——	——	——	——	——	31,874
防城	1,765,560	1,653,328	30,200	14,182	12,833	26,434	6,272	22,311
徐聞	1,797,481	1,657,385	13,181	42,742	16,030	——	68,143	——

附註：番禺順德中山安化南海寶安南澳等七縣局無該收

連平縣十二月份，遂溪十一十二兩月份征收數未列入澄海十二月份無稅收海康僅列一月份數

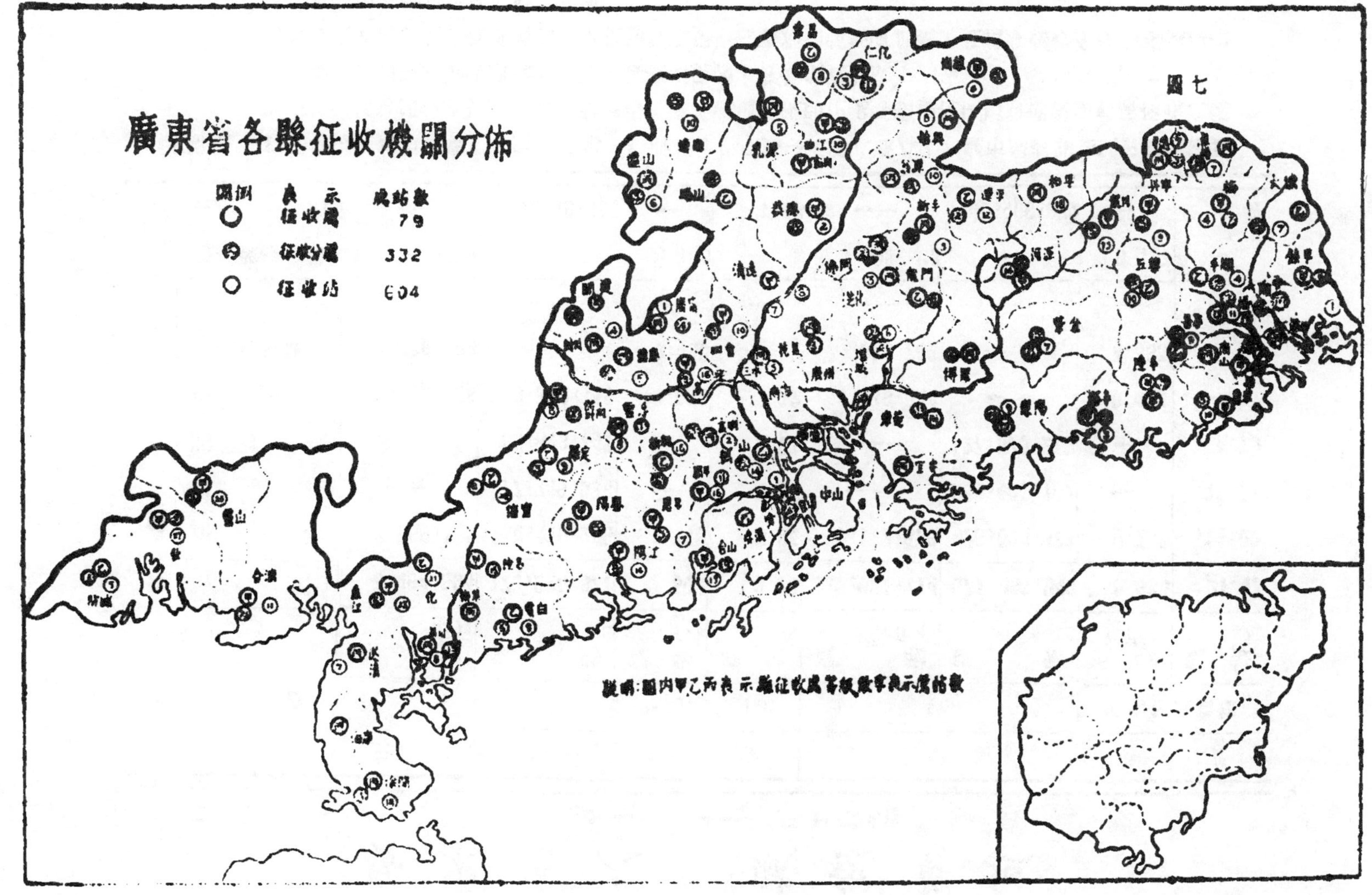
廣東省各縣征收機關分佈
圖例
成立數
79
332
604
圖七

廣東省人民賦稅負担

表二十七

三十一年——三十二年

項目		三十一年度				三十二年度			
		實收數		平均每人負担		實收數		平均每人負担	
		實物 谷市石	國幣 元	實物 谷市斗	國幣 元	實物 谷市石	國幣 元	實物 谷市斗	國幣 元
總計		3,464,694	179,248,821	1.302	6.73	2,021,114	571,491,049	0.985	21.47
國稅	小計	2,969,130	134,410,286	1.116	5.05	2,122,806	426,024,377	0.798	16.00
	直接稅	——	77,249,028	—	2.90	——	298,445,167	—	11.21
	間接稅	——	53,846,142	—	2.03	——	127,579,210	—	4.79
	田賦征實	1,692,526	3,318,116	0.636	.12	1,236,044	——	0.465	—
	田賦征購征借	1,276,604	——	0.480	—	886,762	——	0.333	—
	專賣	——	……	—	…	——	……	—	…
縣稅	帶征縣級公粮	495,564	——	0.186	—	498,308	——	0.187	—
	稅捐	——	44,838,535	—	1.68	——	145,466,672	—	5.47

附註：1.平均每人負担以廣東統計季刊第一期所載廿八年第一至第八區八十六縣市局共26,614,754人計算

2.直接稅係財部稅務局所征收之所利得稅營業稅遺產稅印花稅等間接稅係指財部稅務局所征收之統稅鑛稅菸酒稅及戰時消費税等至鹽鹽附稅因未有是項資料故未列入

3.直接稅間接稅实收數係根據廣東稅務管理局填送資料田賦征實征購（征借）縣級公粮數字係根據廣東省田賦管理處填送資料編製

公

產

（四）公產

甲• 整理公有款產

查公有款產爲縣地方經費之重要財源，惟因歷史悠遠，泰半爲地方豪强隱沒，過去各縣多未專設機關加以清查整理，收益甚少。本廳對於各縣公產之整理，三十一三十二兩年均列爲重要工作之一，除屬於國有省有之沙田及官產官租已移交田賦管理處接管外，對於各縣公有款產之整理，依照 行政院頒發清理各縣市公有款產辦法，暨本廳規定之清理公有款產應行注意事項，通飭切實遵照施行，并派員前赴各縣督辦，以期增加收入，充實財源。整理以來，除游擊戰區縣份外，其餘將近七十縣市局，均經先後組織財政整理委員會專責辦理。

全省各縣卅二年以前公產數量，均無確切統計，公有財產收入卅年爲一百五十餘萬元，卅一年亦不過二百三十餘萬元，自整理後，截至三十二年底止，計已清理完竣列報者德慶等四十八縣市，共清出田地四萬二千二百餘畝，舖屋一千六百餘間，市場屠場十四座，魚塘池塘二十口，其他如碼頭糖寮灰窰廟宇等計一百零五座，年收益計租金二千一百餘萬元，租谷四萬三千二百餘石，如以每石折價平均以一千元計算，俾合四千三百餘萬元，連同租金收入當在六千四百餘萬元。（表二十八）比較卅一年全省收益約增三十倍，比較三十年約增四十倍，將來全部清理完成後，當更不止此數。

乙• 公共造產

本省各縣公共造產，由卅一年起，已開始推行，卅二年整理自治財政開始，并規定爲辦理主要項目之一，卅一年成果尙缺統計，本年積極辦理，成績較顯，據各縣報告，農業方面，墾荒二十四萬五千一百餘畝，植林四萬三千一百餘畝，農作耕地三萬八千六百餘畝，苗圃一百零七畝，畜牧計羊一九五頭，其餘計興建池塘三十口，舖屋十八間，市場屠場供應處工廠碼頭等共一百座

廣東省各縣公產

三十二年

廿八

縣別	全年收益		公產種類					附註
	租金元	租谷石	田地畝	舖屋間	市場居場座	池塘口	其他座	
總計	21,005,379	43,219	42,236	1,616	14	20	105	
德慶	101,000	1,078	1,058	9	2	——	2	其他關係碼頭二座
陽山	234,870	——	543	69	2	——	——	
清遠	40,000	1,200	1,500	47	——	——	——	
英德	31,905	44	16	144	——	——	9	其他關係祖嘗九座
佛岡	678	329	108	11	——	——	——	
欽縣	4,910	74	313	6	——	5	——	
博羅	——	115	43	——	——	——	——	
赤溪	32,254	38	1,700	——	——	——	——	
高明	200,650	209	1,836	2	2	——	——	
新會	30,000	——	5,859	——	——	——	——	
蕉嶺	——	18	……	——	——	——	——	
陽江	2,000,000	——	1,854	4	——	2	——	
河源	39,775	818	994	100	——	——	——	
茂名	16,000,000	——	1,550	386	——	12	——	
仁化	498	700	……	15	——	——	——	

續一

縣別	全年收益		公產種類					附註
	租金（元）	租谷（石）	田地（畝）	舖屋（間）	市場屠場（座）	池塘（口）	其他（座）	
連山	……	—	—	—	—	—	82	其他欄係廟宇八十二間
開建	……	……	213	14	3		—	
鶴山	……	……	770	—	—	—	—	
陸豐	144,755	—	……	……	……	……	……	
廉江	—	90	207	—	—	—	—	
信宜	800,000	—	650	—	—	—	—	
靈山	150	26,997	……	27	—	—	—	
南雄	300,000	—	112	—	—	—	—	
開平	……	……	2,843	—	—	—	—	
徐聞	40,000	—	180	—	—	—	—	
始興	37,799	10	……	……	……	—	—	
連縣	5,000	4,000	2,800	……	—	—	—	
樂昌	14,416	—	……	……	……	……	……	
花縣	19,600	—	656	—	—	—	—	
曲江	58,920	587	……	20	—	—	12	其他欄係灰窯十二座
新興	—	297	79	2	3	—	—	

續二

縣別	全年收益		公產種類					附註
	租金（元）	租谷（石）	田地（畝）	鋪屋（間）	市場屠場（座）	池塘（口）	其他（座）	
惠陽	15,000	——	……	……	……	……	……	
揭陽	……	……	……	700	——	——	——	
饒平	……	……	41	——	——	——	——	
普寧	——	900	……	20	——	——	——	
五華	157,000	——	21	——	——	——	——	
平遠	——	5	……	——	——	——	——	
龍川	——	5	1	——	——	——	——	
連平	72,436	——	……	……	……	……	……	
和平	1,284	155	274	18	——	——	——	
大埔	4,500	——	——	11	——	——	——	
韶關市	245,367	——	14,862	——	——	——	——	
從化	——	1,913	895	——	——	——	——	
封川	5,772	199	246	9	2	——	——	
潮陽	366,380	——	……	——	——	——	——	
南山局	……	……	2	——	——	——	——	
電白	——	200	……	——	——	——	——	
化縣	480	3,238	……	2	——	——	——	

廣東省縣地方租項實收數

表二十九　　民國三十年度——三十二年度　　單位：元

科目	實收數			比較 三十年各數=100	
	三十年度	三十一年度	三十二年度	三十一年度	三十二年度
總計	1.449.840	3.433.358	5.516.686	236.8	380.5
市場租	1.115,142	2.558.625	4.039.548	229.4	362.2
屠場租	——	392.970	614.602	——	——
碼頭租	334.698	481.763	862.536	143.9	257.8

（五）金　融

粤省金融業素稱發達，戰前各公私銀行在粤設立者甚多，廣東省銀行各分支行處，尤分佈全省，至銀號業在粤亦甚興旺，迨廣州，汕頭等地淪陷，各銀行均分別撤退，直至卅一年國家銀行，始分別在各地增設，截至卅二年底止，國家銀行在粤之分支行處，計中央銀行三，中國銀行十二，交通銀行六，農民銀行二十八，郵政儲金滙業局十六，省地方銀行之廣東省銀行遍佈各縣，計總行及分行三，支行八，辦事處八十二，合計九十三，其餘廣西省銀行，福建省銀行，湖南省銀行，及浙江地方銀行，各在韶關設有辦事處一，私立銀行之華僑興業，在韶關東興兩地，均設有辦事處，華僑聯合銀行及光裕銀行，均在籌備中，統計在粤各公私銀行分佈機構共爲一百六十六，內總行一，分行七，分局十六，支行八，辦事處及分理處一百三十四所，就分佈情形而論，以韶關十五所梅縣十四所爲最多，其次爲台山十一所，大埔十所，豐順七所，南雄六所，興寧，高要各五所，普寧，龍川，揭陽，惠陽，開平，防城，樂昌各四所，此外設三所者，計有連縣，清遠，蕉嶺等縣，設有二所者計有合浦，梅菉，茂名，信宜，陽江，恩平，河源，鬱南，鶴山等縣，其餘英德等三十八縣均設一所，其分佈尚稱相當普遍，至銀號在粤各地經申請登記尚未奉准者，截至卅一年止，計台山有五十一間，揭陽廿六間，自銀行管理辦法實施後，經通飭一律依章領證，否則停止營業，惟各地銀號，或以手續煩多，或不明政府管理之旨，多已自行停業，計請照者，祗有台山之三家。（圖八）

就各行之業務而言，以廣東省銀行爲最大，該行存欵一項，三十一年爲三萬萬二千九百餘萬元，卅二年爲七萬萬三千四百餘萬元放欵一項卅一年爲一萬萬零八百餘萬元。卅二年爲二萬萬四千五百餘萬元（表三十）而滙欵方面，尤以該行爲最多，至四行及郵儲局，除辦理一般銀行業務外，各有專業，其營業數字不詳，餘如廣西，福建，湖南，浙江等省行在粤辦事處，及各私立銀行，以辦理匯欵居多。

縣銀行爲縣自治單位之金融機構，所以調劑地方金融，扶助經濟建設，發展地方合作事業，至完成新縣制，亦必須有縣銀行之組設，當局近年積極倡導設置，計已開業者有高要合浦平遠開平梅縣五行，已據報在三十三年四月底以前開業者，有韶關南雄樂昌鬱南四縣市，而資本收足或過半數以上，已辦登記領証手續在趕收資本中並已興建行址將竣，準備短期內開業者，有饒平揭陽連縣五華茂名德慶四會廣寧鶴山河源陽江連平十二縣，其已成立籌備會核定章程資本大部收竣趕期成立者，有英德恩平博羅陽春台山普寧龍川和平雲浮潮寧羅定等十一縣，其已擬定章程，核定資本額在籌備中者，有高明惠陽大埔蕉嶺四縣。再已成立之五縣行合計資本總額八百七十萬元行將成立及籌備中之三十縣行合計資本總額共四千八百萬元。（表三十一）至已成立中之各行，其業務之進行，尚稱積極，除經營所規定之營業外，並擴大代理縣公庫業務代理縣糧倉，保管縣級公糧及積穀，而加以合理之運用，在預計實物未須提付時期，予以貸放，以期壓抑高利貸，普遍靈活農村金融，增加糧食流通，減輕縣府保管實物之責任。誠一舉而數得，此外溝通縣鄉鎮間匯兌及擴大縣庫網，在縣行未設分支機構之地方，委託殷實商號收付。將來業務，相信可有相當之發展。

節約儲蓄一項，本省在三十年度已開始積極推行，各縣普設勸儲會，由縣長負責推動辦理。三十年度奉核定本省儲額五千萬元，計已儲額六千五百零三萬元，比較增儲一千五百零三萬元，三十一年核定儲額二萬萬六千萬元，已儲入額一萬萬五千零五十餘萬元，尚有一萬萬零九百四十餘萬元未達定額，三十二年核定儲額二萬萬五千萬元，已儲入額四萬萬五千一百餘萬元，比較增儲二萬萬零一百二十餘萬元，三十三年奉令推行各市縣鄉鎮公益儲蓄，本省儲額復核定為十萬萬元（表三十二）現正詳擬本省實施辦法及分配各縣儲額積極辦理中。

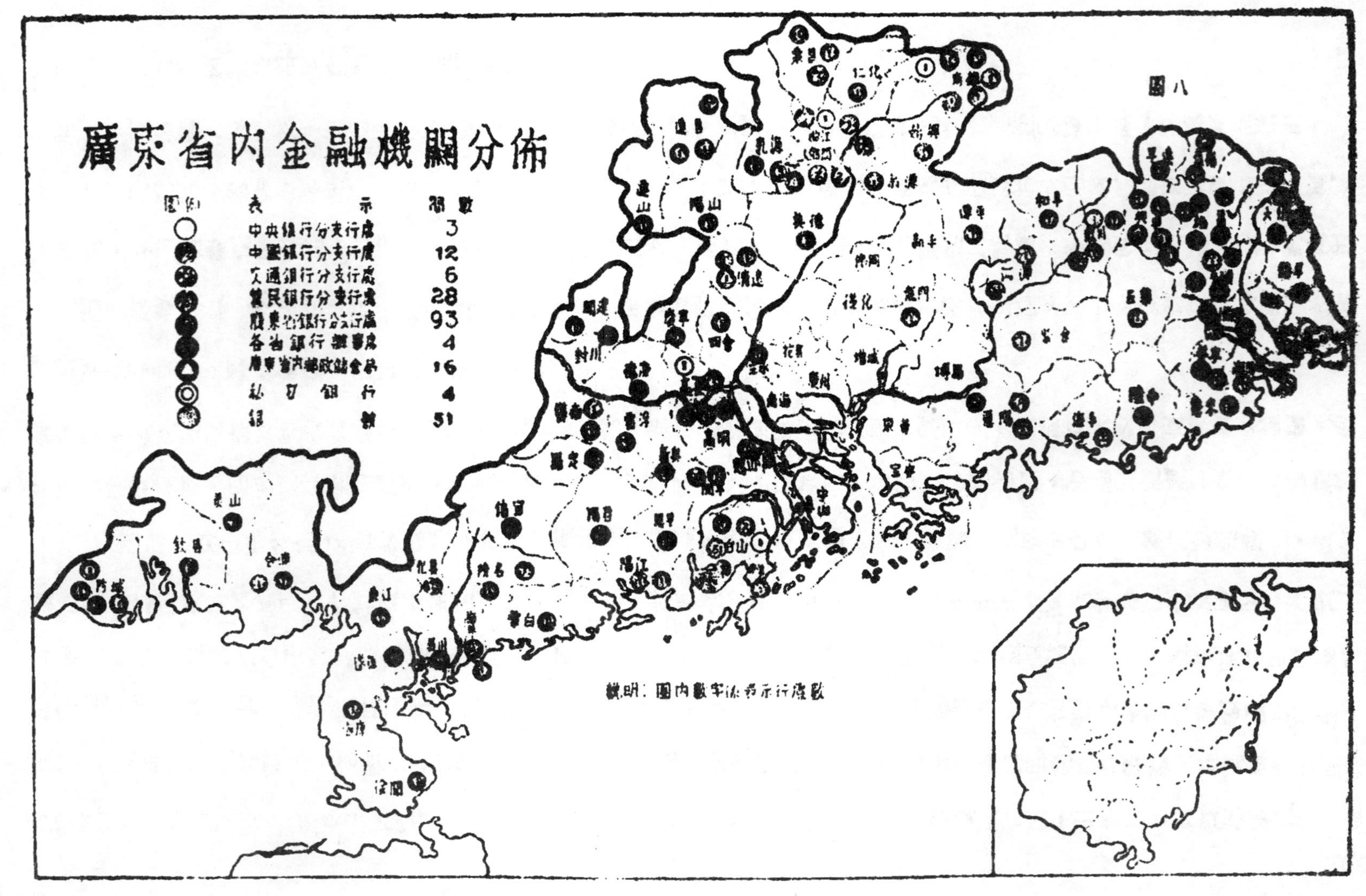

廣東省內金融機關分佈
圖例 表示 部數
中央銀行分支行處 3
中國銀行分支行處 12
交通銀行分支行處 6
農民銀行分支行處 28
廣東省銀行分支行處 93
各省銀行辦事處 4
廣東省內郵政儲金局 16
4
51

圖八

廣東省銀行存放款

表三十　　三十一年——三十二年　　單位：元

放款類別	三十一年	三十二年	比較 卅一年=100	存款類別	三十一年	三十二年	比較 卅一年=100
總計	108,039,041	245,814,704	227,5	總計	329,085,540	734,706,851	223,3
定期放款	16,317,032	17,425,831	106,8	定期存款	3,206,871	8,584,262	267,7
農業放款	32,563,739	52,013,754	159,7	活期存款	305,729,434	581,849,320	190,3
質押放款	11,922,726	16,189,359	135,8	同業存款	20,149,235	108,186,331	536,9
貼現	7,315,000	50,500,000	690,4	公庫存款	——	36,086,938	00
透支	39,920,644	109,685,760	474,8				

廣東省各縣銀行資本額

表三十一　　民國三十三年三月　　單位：元

縣別	資本額 已成立	資本額 籌備中	附註	縣別	資本額 已成立	資本額 籌備中	附註
總計	8,700,000	48,000,000		總計			
合浦	1,200,000			河源		1,000,000	
高要	2,000,000		原資本額廿萬元飭提增如左數	連平		1,000,000	已收資本六十萬元五月一日開業
平遠	1,000,000		原資本額五十萬元飭提增如左數	英德		1,500,000	已收資本七十萬元
開平	2,500,000			恩平		1,000,000	
梅縣	2,000,000			博羅		1,000,000	原資本三十萬元飭提增如左數
韶關市		5,000,000	三十三年四月底完成資本已收足二百六十萬元	陽春		1,000,000	
南雄		2,000,000	三十三年四月中完成	台山		2,000,000	
樂昌		1,000,000	已收資本四十萬元四月底完成	普寧		1,000,000	
鬱南		3,000,000	已收資本一百五十萬元四月中可開業	龍川		1,000,000	
饒平		2,000,000		和平		1,000,000	
揭陽		5,000,000	已收資本二百萬元	雲浮		1,000,000	原資本額四十萬元飭提增如左數
連縣		1,000,000	已收資本四十萬元	興寧		2,000,000	
五華		1,000,000		羅定		1,000,000	原資本額六十萬元飭提增如左數
茂名		2,000,000	已收資本五十七萬元	高明		1,000,000	
德慶		1,000,000	已收資本八十萬元	惠陽		2,000,000	
四會		1,000,000	收已資本二十八萬元	大埔		1,000,000	
廣寧		1,000,000		蕉嶺		1,000,000	
鶴山		1,000,000	已收資本二十八萬六千元	陽江		1,500,000	已收資本六十八萬元

廣東省歷年節約儲蓄

表三十二　　民國三十年——三十二年　　單位：元

年次	應儲額	實儲數	比較 十增 一減
三十年底	50,000,000	65,030,000	十15,030,000
三十一年底	260,000,000	150,537,605	一109,462,395
三十二年底	250,000,000	451,290,577	十201,290,577

公债

（六）公債

本省自民元以來，軍政費用浩繁，所負債務爲數甚鉅，除外債約欠七百一十餘萬元，內債約欠六百八十餘萬元外，對於公債方面，則分爲財政部在粵發行及由本省發行兩種，由財政部在粵發行者，有第一、二、三次有奬公債及整理金融公債四種，計共未還面額二千零八十餘萬元，上項債券當時係移作北伐軍費，業於民十八年間呈奉中央核准負擔，由財政部整理。本省發行者有廣東地方勸業有奬公債，維持紙幣八厘公債，廣東地方善後內國公債，第二次軍需庫券，及廣東國防要塞公債，種，計共未還面額二千二百六十餘萬元，亦經分別整理，迨至抗戰軍興，本省爲充實國防力量起見，於二十七年間呈奉核准發行廣東省國防公債，總計債額一千五百萬元，均已按期清還本息。二十九年爲平衡收支，又奉准發行廣東省六厘公債，共一千五百萬元，此項債券未有在市面推銷，全部向省銀行抵押借款，經在三十年中全部清還收回債票，並經遵照部令將前項公債截角，連同廿七年國防公債全部清理後移歸接管。

二十六年九月間，政府籌集抗戰經費，由財部發行救國公債，在本省成立救國公債勸募委員會廣東分會，並在內地各處設立支會協助勸募，計全省配額二千萬元，限期三月竣事，自九月開始至十二月結束，計本省徵募成績，實收一千六百萬七千七百元，比較配額達百分之八十强。

三十年五月間，本省奉令籌募二十九年度戰時公債，全省配額爲二千七百萬元，依照配銷辦法，就各地區之貧富財力情形分配於各縣市局負担募集，並發動宣傳力量，勸導各界人士自由認購，嗣因太平洋戰事爆發，香港及南洋各地相繼淪陷，僑商重受損失，外匯一時中斷，募債成績，因而影响，總計已繳款債券共一千八百一十餘萬元，約合配額百分之八十以上。

三十一年中央發行同盟勝利國幣公債及美金公債，本省奉配派募國幣公債六千五百萬元，勸募美金債額四百五十萬元。經分別分配各縣市局負責募集，并另組織直屬總募隊二十餘隊，從事勸募工作，惟在推行當中，適因廣州灣突告淪陷，本省僑商咸受打擊，兼以韶市遭敵濫炸，各大商號多有損失，其他各地又值糧荒，是此次募債進行，不無窒碍，經加派督導人員前赴各縣地切實督募，截至三十二年底止已募得國幣公債三千九百餘萬元，美金公債二百餘萬元，現仍繼續催收中。

至三十二年同盟勝利公債，本省奉配債額爲二萬萬元，內計派募部份一萬四千萬元，勸募部份六千萬元，復經參照各項推銷辦法，擬訂分配數目，頒發各縣市局切實認募中。（表卅三）

綜觀本省人民在戰前負担公債共計四千三百四十三萬餘元，平均每人負担一元三角五分，七七抗戰軍興以來，本省人民在戰後負担公債共三萬萬二千九百四十八萬餘元，平均每人負担一十二元三角四分，前後共計每人負担，一十三元六角九分，（表卅四）。

廣東省各縣籌募公債配額與實收比較

表三十三　　民國三十三年三月底　　單位：元

縣市別	戰時公債 二十九年 配額	戰時公債 二十九年 實收	同盟勝利公債 三十一年 國幣 配額	同盟勝利公債 三十一年 國幣 實收	同盟勝利公債 三十一年 美金 配額	同盟勝利公債 三十一年 美金 實收	同盟勝利公債 三十二年配額
總計	27,137,000	18,141,001	65,600,000	39,887,251	4,500,000	2,022,479	216,809,000
番禺	——	——	——	——	——	——	——
中山	30,000	21,000	——	——	——	950	——
順德	6,000	5,584	——	——	——	——	——
台山	1,033,000	558,981	32,000,000	605,300	152,080	6,710	1,777,000
開平	650,000	339,140	3,000,000	1,449,334	88,000	8,572	9,042,000
恩平	462,000	145,050	970,000	901,500	70,000	44,600	2,143,000
新會	298,000	351,063	350,000	728,800	49,000	——	1,651,000
赤溪	35,000	26,725	50,000	41,000	5,000	——	180,000
韶關市	——	3,469,801	4,000,000	3,933,900	230,000	330,640	26,268,000
曲江	390,000	355,886	500,000	320,000	40,000	21,000	2,391,000
清遠	670,000	417,926	1,500,000	1,280,000	107,000	75,000	7,740,000
英德	395,000	322,717	750,000	750,000	61,000	22,500	4,010,000
南雄	520,000	379,394	1,200,000	1,200,000	77,000	12,570	6,686,000
仁化	146,000	97,461	450,000	192,000	23,000	9,600	889,000

（續一）

縣市別	戰時公債 二十九年 配額	戰時公債 二十九年 實收	同盟勝利公債 三十一年 國幣 配額	同盟勝利公債 三十一年 國幣 實收	同盟勝利公債 三十一年 美金 配額	同盟勝利公債 三十一年 美金 實收	同盟勝利公債 三十二年配額
翁源	191,000	191,010	250,000	175,400	20,000	3,290	1,082,000
樂昌	300,000	31,879	2,200,000	246,300	50,000	14,180	2,490,000
始興	206,000	57,744	600,000	321,800	33,000	16,500	1,463,000
連縣	426,000	202,856	860,000	509,200	66,000	7,000	2,706,000
連山	100,000	12,650	100,000	80,700	9,000	2,160	540,000
陽山	186,000	3,286	320,000	93,900	31,000	560	1,336,000
佛岡	120,000	13,600	150,000	113,100	12,000	2,340	656,000
從化	110,000	41,990	100,000	233,400	9,000	3,380	470,000
乳源	161,000	152,960	100,000	100,000	9,000	2,580	576,000
花縣	105,000	117,424	100,000	100,300	10,000	3,580	256,000
高要	756,000	177,575	3,000,000	4,959,400	106,000	36,500	18,380,000
雲浮	268,000	116,193	520,000	81,300	45,000	180	1,329,000
三水	232,000	82,269	400,000	35,000	39,000	——	300,000
羅定	376,000	43,969	700,000	298,900	58,000	31,530	2,618,000
新興	374,000	49,630	500,000	512,800	57,000	22,020	1,880,000
封川	220,000	114,611	300,000	238,000	37,000	23,320	963,000

（續二）

縣市別	戰時公債 二十九年 配額	戰時公債 二十九年 實收	同盟勝利公債 三十一年 國幣 配額	同盟勝利公債 三十一年 國幣 實收	同盟勝利公債 三十一年 美金 配額	同盟勝利公債 三十一年 美金 實收	同盟勝利公債 三十二年配額
德慶	252,000	193,350	450,000	——	42,000	750	1,430,000
鬱南	384,000	490,181	910,000	716,520	59,000	18,150	8,139,000
四會	376,000	252,069	500,000	512,178	63,000	6,755	2,528,000
鶴山	252,000	254,650	780,000	588,000	42,000	17,000	4,724,000
高明	270,000	4,900	470,000	470,000	45,000	5,950	1,423,000
南海	——	9,241	——	——	——	——	——
安化局	——	——	——	——	——	——	——
開建	183,000	106,111	200,000	413,890	30,000	22,940	932,000
廣寧	302,000	136,620	290,000	25,800	45,000	540	952,000
惠陽	484,000	84,671	900,000	292,100	71,000	42,110	4,481,000
東莞	110,000	34,610	150,000	264,900	18,000	20,530	201,000
海豐	302,000	310,981	300,000	141,400	50,000	——	1,060,000
陸豐	298,000	26,782	500,000	19,550	49,000	——	866,000
博羅	126,000	——	100,000	48,000	9,000	3,260	1,763,000
河源	335,000	232,577	2,200,000	1,918,800	56,000	49,940	4,911,000
增城	——	348	——	——	——	1,000	——

（續三）

縣市別	戰時公債 二十九年 配額	戰時公債 二十九年 實收	同盟勝利公債 三十一年 國幣 配額	同盟勝利公債 三十一年 國幣 實收	同盟勝利公債 三十一年 美金 配額	同盟勝利公債 三十一年 美金 實收	同盟勝利公債 三十二年配額
紫金	270 000	181,720	100,000	12,400	15,000	667	1,387,000
新豐	111,000	89,000	100,000	73,200	18,000	18,500	1,020,000
龍門	128,000	15,241	150,000	80,000	21,000	7,000	1,122,000
寶安	218,000	20,614	250,000	10,000	36,000	——	250,000
潮安	100,000	71,799	150,000	350,000	17,000	65,320	312,000
潮陽	660,000	421,743	500,000	350,000	90,000	55,000	2,758,000
揭陽	814,000	163,244	1,500,000	559,900	116,000	58,679	4,977,000
澄海	90,000	81,475	150,000	150,000	16,000	13,870	924,000
饒平	485,000	413 303	1,600,000	1,166,444	78,000	60,776	3,953,000
普寧	368,000	391,920	680,000	682,000	65,000	65,400	2,731,000
惠來	272,000	591,455	400,000	344,900	45,000	36,390	704,000
豐順	218,000	144,596	700,000	264,775	36,000	2,680	1,686,000
南澳	——	——	——	——	——	——	——
汕頭市	——	——	——	——	——	——	——
南山局	39,000	39,000	300,000	44,540	45,000	9,340	431,000
興寧	657,000	140,557	3,500,000	365,800	128,000	35,200	7,382,000

(續四)

縣市別	戰時公債 二十九年 配額	戰時公債 二十九年 實收	同盟勝利公債 三十一年 國幣 配額	同盟勝利公債 三十一年 國幣 實收	同盟勝利公債 三十一年 美金 配額	同盟勝利公債 三十一年 美金 實收	同盟勝利公債 三十二年配額
梅縣	684,000	150,627	3,000,000	69,870	93,000	102,550	5,887,000
五華	282,000	2,827	640,000	111,000	39,000	1,640	1,462,000
平遠	186,000	204,607	250,000	137,600	20,000	——	1,053,000
蕉嶺	188,000	131,11[illegible]	250,000	360,400	20,000	20,480	1,253,000
龍川	35[illegible],000	221,411	1,200,000	880,000	58,000	——	3,220,000
連平	122,000	110,990	150,000	314,700	10,000	——	991,000
和平	210,000	100,290	400,000	130,200	35,000	46,400	1,719,000
大埔	364,000	123,475	1,000,000	731,100	62,000	3,620	1,712,000
茂名	696,000	131,993	800,000	599,100	96,000	58,120	4,521,000
陽江	600,000	430,102	1,350,000	1,523,350	80,000	81,460	5,000,000
化縣	454,000	35,569	500,000	13,300	72,000	14,600	2,717,000
電白	444,000	232,947	900,000	959,700	71,000	88,080	2,483,000
信宜	355,000	86,342	750,000	319,500	59,000	22,150	1,849,000
廉江	362,000	202,248	620,000	30,000	54,000	——	1,299,000
陽春	324,000	193,230	600,000	825,600	54,000	58,770	2,462,000
吳川	248,000	73,213	350,000	32,100	41,000	2,800	876,000

（續五）

縣市別	戰時公債 二十九年		同盟勝利公債 三十一年				同盟勝利公債
			國幣		美金		
	配額	實收	配額	實收	配額	實收	三十二年配額
梅菉局	184,000	117·802	300,000	119,100	50.000	26,970	843,000
合浦	250:000	311·880	800 000	466:000	77,000	53,040	3,630,000
欽縣	113:000	40:160	100:000	479,000	10,000	39,360	1,536,000
防城	184:000	40 100	500 000	1,680.000	31:000	31:910	2,079,000
靈山	350,000	280 708	340:000	376·800	48,000	32,000	2,176,000
遂溪	290,000	2·224·084	6,000,000	330,900	50,000	——	632,000
海康	234,000	79 927	300,000	——	39,000	——	439,000
徐聞	182,000	181,783	100,000	93·200	33,000	29,350	720,000
廣州灣	——	——	——	——	500,000	——	——

廣東省人民公債負担

表三十四 單位：元

種類		債額	平均每人負担
總計		372,915,658	13.69
戰前	第一次有奬公債	3,849,272	0.13
	第二次有奬公債	9,058,092	0.23
	第三次有奬公債	4,257,335	0.14
	整理金融公債	3,659,200	0.11
	廣東省地方勸業有奬公債	4,323,024	0.14
	廣東省維持紙幣八厘公債	482,840	0 02
	廣東省地方内國善後公債	2,380,790	0.08
	第二次軍需庫券	8,651,052	0.28
	廣東省國防要塞公債	6,768,522	0.22
戰後	救國公債	16,007,700	0.57
	廣東國防公債	15,000,000	0.56
	廿九年戰時公債	18,141,000	0.68
	卅一年同盟勝利公債	80,336,831	3.02
	卅二年同盟勝利公債	200,000,000	7.51

附註：1.平均每人負担，戰前以廣東統計季刊第一期所載二十三年各縣人口數29,415,963加廣州市人口1,122,553共30,538,546人計算，戰後以二十八年人口數26,614,754計算（第九行政區及廣州市除外）
2.三十一年同盟勝利公債，實收2,022,479美元以美金一元折合國幣二十元合計列入
3.債額數字，除三十二年同盟勝利公債係配額外其餘均為實收數

廣東省各縣田賦征實

表三十五　　民國三十三年三月底　　單位：市石

縣別	三十一年度 征實	三十一年度 征購	三十一年度 縣級公糧	三十二年度 征實	三十二年度 征借	三十二年度 縣級公糧
總計	1,692,526	1,276,604	495,564	1,236,044	886,762	498,308
新會	51,643	36,770	15,509	30,457	12,762	12,762
台山	28,908	13,756	7,865	15,000	——	8,189
開平	40,808	27,061	12,528	25,750	10,300	10,300
恩平	33,632	27,700	8,195	21,576	17,262	8,185
赤溪	3,349	2,188	544	2,483	2,071	1,033
中山	——	——	——	2,250	——	——
英德	48,498	45,730	14,921	36,308	29,794	14,897
佛岡	11,379	8,264	3,659	9,467	7,594	8,323
始興	18,233	21,622	3,954	14,127	11,302	4,942
花縣	9,184	5,839	2,914	2,129	1,746	873
連縣	7,027	25,433	8,562	22,282	17,613	7,677
翁源	18,659	18,261	6,922	13,681	10,889	5,384
曲江	27,331	37,132	15,446	28,480	22,784	13,637
清遠	56,454	60,113	13,709	61,448	49,152	24,579

（續一）

縣別	三十一年度			三十二年度		
	征實	征購	縣級公糧	征實	征借	縣級公糧
南雄	26,167	25,199	——	14,723	11,778	5,153
仁化	8,510	8,427	2,727	6,209	4,821	2,457
樂昌	20,703	20,402	6,603	13,500	10,798	5,399
連山	10,110	9,202	3,001	7,232	5,503	2,851
從化	7,049	4,939	1,607	8,787	7,030	4,212
乳源	1 591	12,060	4,522	8,439	6,716	3,885
陽山	13,631	8,033	4,298	9,767	7,814	3,907
三水	5,695	4,149	5,769	1,965	1,578	1,045
高要	56,839	33,321	14,382	40,621	34,315	16,248
廣寧	21,354	9,413	3,228	14,047	11,234	4,946
雲浮	22,359	13,285	6,411	15,820	12,656	6,328
羅定	28,745	18,146	7,820	20,269	16,641	8,106
新興	32,759	31,826	8,517	21,863	17,571	8,789
封川	9,373	8,457	3,704	11,835	9,499	4,486
德慶	19,430	12,334	5,415	12,027	10,994	5,183
鬱南	21,980	18,713	6,128	14,125	11,300	5,218

（續二）

縣別	三十一年度			三十二年度		
	征實	征購	縣級公糧	征實	征借	縣級公糧
四會	21,082	13,906	6,654	18,574	14,869	7,863
鶴山	32,575	19,836	7,713	23,069	18,455	9,277
高明	32,522	18,525	5,772	18,708	14,967	7,483
開建	13,515	13,370	4,067	10,013	8,011	4,005
連陽	2,136	14,556	4,762	16,188	12,894	7,566
東莞	20,943	14,040	6,769	217	313	86
博羅	28,927	11,202	3,197	13,716	10,795	6,311
海豐	840	4,014	1,054	16,637	2,402	6,794
陸豐	11,649	47,11	1,669	6,675	——	5,323
河源	27,438	22,802	7,527	18,086	14,469	7,237
紫金	25,135	11,539	5,272	15,335	12,142	6,070
新豐	9,926	9,499	3,011	6,883	5,503	2,761
增城	7,318	4,273	2,105	8,049	6,468	3,210
龍門	17,623	15,559	4,812	13,591	10,901	6,448
寶安	——	——	——	7,067	——	——
潮安	5,584	4,211	1,962	3,892	1,708	1,682

（續三）

縣別	三十一年度			三十二年度		
	征實	征購	縣級公糧	征實	征借	縣級公糧
潮陽	32,536	20,625	6,846	22,389	18,045	9,022
揭陽	4,649	52,374	20,651	37,948	30,335	15,167
澄海	9,295	6,209	2,775	——	——	——
饒平	22,740	14,680	7,241	14,216	11,373	5,686
普寧	36,645	24,932	12,464	27,582	11,026	9,532
惠來	10,463	7,468	3,364	5,275	——	3,668
豐順	14,690	7,897	3,421	10,131	8,442	5,065
南山	2,325	1,434	644	1,669	334	667
興寧	21,326	12,078	5,258	17,612	8,404	6,704
梅縣	11,348	6,054	4,292	26,223	4,410	8,820
五華	14,877	7,944	2,532	10,366	8,224	4,114
平遠	11,986	7,940	3,873	8,013	6,588	3,467
蕉嶺	7,637	5,136	2,401	5,523	4,416	2,208
和平	16,374	9,282	4,530	8,940	8,036	4,018
龍川	17,413	14,013	4,373	12,193	9,755	4,877
和平	12,334	11,765	3,825	9,157	7,368	3,624

（續四）

縣別	三十一年度			三十年度		
	征實	征購	縣級公糧	征實	征借	縣級公糧
大埔	4,275	2,588	3,143	4,957	1,913	3,827
茂名	81,087	48,794	23,696	53,022	42,422	18,048
陽江	53,581	29,865	15,458	33,930	29,836	13,672
化縣	68,924	29,521	11,664	31,983	27,468	12,793
電白	34,178	21,669	9,648	25,231	9,690	9,690
信宜	33,274	20,559	10,133	25,112	20,089	10,044
廉江	30,466	19,359	9,312	23,434	18,692	9,361
陽春	30,541	29,465	9,006	20,974	16,755	8,495
吳川	17,293	8,434	3,821	11,860	4,580	4,580
合浦	32,366	20,204	7,344	23,252	21,940	10,969
欽縣	20,493	12,977	5,802	19,796	15,837	8,177
防城	13,080	7,966	3,811	9,021	7,192	3,725
靈山	42,295	37,571	11,796	29,614	23,171	11,585
遂溪	2,677	1,145	5,350	135	54	54
海康	5,598	13,047	4,226	2,852	2,282	1,141
徐聞	15,281	13,946	4,648	217	173	68

尾　語

本省自治財政，經數年整理，已納入正軌而臻於健全，其間如稅制之確立，苛什之廢除，收支之調整，公庫之設置，公產之清理，縣銀行之籌設，次第推行，均收實效。然自治事業日益進展，財政預算年有增加，貧瘠縣份固待統籌補助，其能自給自足之多數縣份，而收入仍以間接稅爲主體，負担容有未盡公允，公有款產之收益，已否涓滴歸公，歲出所列「教」「建」經費，尙嫌未足，尤宜嚴加考核，廣籌來源，增加支出，以促進地方自治之完成。至鄉鎮財政，仍極脆弱，必須確立獨立財源，指定經費，則不容緩，厲行公共造產，尤爲重要工作。他如縣銀行之繼續籌設，公營事業之拓展，亦宜分途并舉，期致完成，憲政開始，端賴於斯。

（編完）

三十四年度广东财政统计

广东省政府财政厅 编

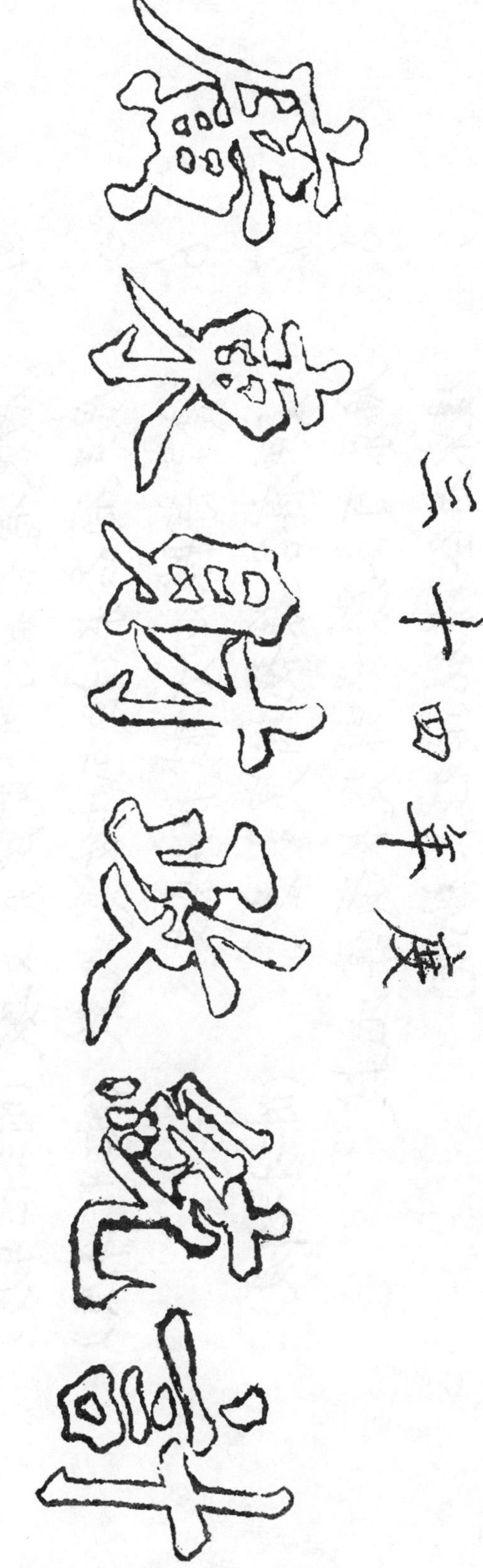

廣東財政統計

三十四年度

廣東省政府財政廳編印

三十五年五月

三十四年度財政統計目錄

1、中央撥發廣東省單位經費
2、廣東省各縣地方歲出預算
3、廣東省各縣地方歲入預算
4、廣東省各縣地方財政實支數（附三十三年度）
5、廣東省各縣地方財政實收數（附三十三年度）
6、廣東省縣地方賦稅制度
7、廣東省各縣稅捐實收數（附三十三年度）
8、廣東省各縣稅課實收預算比較
9、廣東省各縣稅捐征收概況
10、廣東省各縣租項實收預算比較

中央撥發廣東省單位經費

三十四度

科目	撥到數(元)	百分比
總計	3,413,221,171	100,00
行政支出	98,199,171	2,88
教育文化	356,606,922	10,45
經濟建設	90,113,505	2,64
衛生	9,750,780	0,29
社會救濟	12,658,176	0.37
保警	477,182,616	13.98
財務	6,367,295	0.19
公務員退休及撫卹	4,391,265	0.13
補助支出	298,453,658	8.74
生活費	1,091,820,000	31,99
公粮	747,044,000	21,89
新興事業費	10,000,000	0,29
預備金	7,945,341	0,23
特別預備金	21,361,216	0,62
其他	181,327,226	5.31

附註：分配縣市國税款192593117元修築公路工款605,000,000元緊急救濟費10,000,000元獻金獻粮經費1,328,000元俱未列入

廣東省各縣地方歲出預算

三十四年度

單位：國幣元

縣別	合計	行政	教育文化	經濟建設	衛生	社會救濟	保安	財務	[illegible]	[illegible]	其他	預備金
總計	1,503,208,675	157,210,263	116,612,604	53,934,238	67,702,095	19,066,359	68,375,330	34,159,054	13,602,158	346,352,372	861,141,161	7,462,808
番禺	5,035,879	842,202	231,764	206,293	102,385	82,471	294,765	117,882	81,470	107,350	2,504,135	470,508
順德	153,666	85,586	—	4,764	—	—	41,730	—	—	—	19,252	2,650
中山	581,029	169,359	12,157	64,666	15,780	5,000	101,750	85,000	—	—	177,100	2,595
台山	37,480,595	6,161,737	1,790,749	2,361,066	1,264,652	673,698	1,770,753	766,207	2,4[illegible],771	860,355	21,0[illegible]	584,769
新會	18,355,570	2,671,108	1,003,132	603,269	603,269	105,766	524,165	216,660	171,856	306,625	11,640,295	353,075
開平	17,067,787	3,659,175	1,536,516	2,020,317	1,367,278	313,206	1,367,278	716,640	207,220	673,639	6,075,466	138,000
恩平	27,156,089	2,666,586	1,077,611	634,016	957,611	278,122	957,611	570,566	120,961	632,805	18,309,200	36,000
赤溪	3,802,222	594,517	90,356	75,765	107,493	68,295	107,493	121,807	21,049	25,766	2,502,466	44,775
曲江	85,550,506	10,804,169	5,442,095	6,803,162	4,707,654	1,187,219	5,235,770	2,169,416	981,959	2,701,057	42,997,245	534,679
清遠	21,[illegible],249	4,263,870	1,857,015	2,[illegible]18,113	1,852,075	689,215	1,852,075	512,650	203,618	576,038	15,304,540	184,176
英德	30,008,079	2,133,878	4,610,409	1,775,948	1,181,299	331,760	1,181,299	755,167	179,381	590,650	16,155,556	304,612
南雄	31,467,817	2,995,804	739,294	1,086,590	734,394	277,475	734,394	467,575	114,785	362,176	20,342,292	552,000
仁化	8,110,697	1,336,176	301,239	363,586	376,508	129,310	376,508	283,457	75,210	188,220	4,902,435	121,836
翁源	12,461,380	2,275,170	851,557	681,557	681,557	193,515	681,557	474,669	103,850	340,778	7,002,440	135,000
樂昌	15,559,915	2,031,672	825,563	1,213,247	809,144	216,233	809,165	486,092	128,844	465,583	8,364,052	160,000
始興	13,587,072	1,190,035	361,966	268,501	383,562	121,169	383,562	296,921	57,109	191,781	10,166,607	105,803
連縣	35,438,024	3,261,728	10,796,635	1,398,361	1,198,507	317,781	1,198,707	820,268	239,781	519,450	14,662,146	554,096
連山	7,205,587	831,759	444,744	154,536	152,180	86,402	152,180	166,996	35,298	56,090	5,002,350	90,128
陽山	11,523,612	1,523,819	568,106	568,106	568,106	275,909	568,106	440,372	81,171	240,053	6,167,792	160,000

續表

縣別	合計	行政	教育文化	經濟建設	衛生	社會救濟事業	保安	財務	補助協款	[illegible]	其他	預備金
佛岡	12,350,127	1,358,640	2,385,073	673,560	418,373	945,275	418,373	768,041	83,460	709,187	6,162,668	123,500
花縣	4,624,060	805,774	205,662	137,954	257,078	144,100	257,078	155,164	45,028	128,538	2,359,484	46,200
從化	6,605,035	1,633,628	398,045	344,289	497,556	135,511	497,556	298,534	62,116	248,778	2,265,022	180,000
乳源	14,503,510	957,793	215,662	139,974	257,078	155,516	257,078	151,004	41,408	128,539	12,109,550	96,828
[illegible]局	553,552	197,056	15,040	7,200	12,050	—	37,440	—	—	—	288,600	6,576
高要	47,600,088	5,392,505	2,512,582	3,360,674	2,507,082	639,652	2,507,082	1,067,562	345,343	1,386,419	26,536,177	985,950
南澳	588,881	119,464	5,664	47,711	—	6,650	81,088	9,830	15,828	—	277,600	4,036
廣寧	19,359,721	2,464,203	2,211,755	506,315	723,308	228,662	723,308	519,320	144,661	361,654	11,275,465	200,000
懷集	17,195,906	2,469,871	938,716	1,408,075	938,716	756,943	938,716	618,298	129,932	469,358	8,691,400	116,881
三水	3,667,558	1,123,568	179,077	155,262	212,232	40,646	212,232	135,446	40,959	121,616	1,298,902	71,077
羅定	19,597,501	2,802,800	759,065	1,106,662	737,775	184,250	737,775	473,936	120,490	368,886	12,640,992	165,000
新興	19,495,537	1,944,783	821,827	1,279,744	819,827	181,156	819,827	354,127	118,803	409,913	12,655,574	170,000
封川	9,782,609	1,281,760	297,372	244,074	308,677	125,660	308,677	181,868	53,858	174,338	6,598,818	117,547
德慶	16,116,565	1,884,901	652,524	969,786	646,524	195,305	646,524	402,858	129,305	373,262	10,135,676	140,000
鬱南	17,556,033	3,004,942	1,135,193	1,684,789	1,123,093	296,139	1,123,193	522,777	160,319	561,596	8,030,130	271,267
四會	21,402,725	2,181,714	4,162,788	1,453,286	968,857	105,908	968,857	506,207	165,080	484,479	10,883,599	210,000
鶴山	23,689,914	3,377,739	1,311,117	1,859,447	1,239,632	411,326	1,239,632	809,639	162,406	619,815	15,958,628	600,493
高明	18,100,663	1,999,130	704,909	1,052,113	701,409	130,141	701,409	371,380	120,527	350,704	11,781,936	181,005
開建	8,329,206	1,003,565	1,221,116	190,677	272,395	89,620	272,395	164,774	57,272	136,198	4,824,193	102,161
[illegible]陽	31,953,137	4,204,189	1,611,556	2,390,334	1,593,556	247,068	1,545,556	747,332	293,936	796,778	17,998,490	231,370

續式

縣別	合計	行政	教育文化	經濟建設	衛生	社會救濟	保安	財務	補助協助	鄉鎮臨時事業費	其他	預備金
東莞	7,883,356	501,036	292,560	137,042	195,776	109,577	364,898	135,044	38,155	97,887	5,969,964	40,000
博羅	22,703,177	2,158,820	1,037,248	1,118,472	705,648	251,730	705,648	417,859	109,120	372,624	15,340,865	394,883
海豐	18,038,512	2,646,597	814,399	1,219,199	812,799	253,200	650,239	375,120	115,156	406,400	10,574,577	276,781
陸豐	19,563,166	3,039,682	1,111,930	1,631,894	1,087,929	244,793	1,087,929	435,172	147,733	543,964	10,047,140	195,000
河源	23,392,198	3,085,111	1,124,064	1,681,595	1,121,064	310,613	1,121,064	704,543	143,636	560,332	13,126,981	413,016
增城	5,663,332	999,095	229,339	200,671	286,673	99,335	286,673	156,957	50,567	143,337	2,910,305	100,000
紫金	15,617,106	1,909,360	731,560	686,560	686,560	135,856	686,560	335,760	59,346	343,280	5,834,284	137,000
新豐	10,705,147	1,817,853	893,051	532,751	532,751	111,075	532,751	405,921	106,550	266,376	5,386,068	120,000
龍門	10,916,768	1,414,674	2,393,407	335,032	478,617	133,400	480,617	294,684	88,128	239,308	4,949,306	109,500
宝安	1,717,619	517,848	114,075	99,833	142,618	20,000	142,618	33,534	12,000	71,309	498,220	20,000
潮安	3,850,021	1,107,262	370,022	239,169	342,537	78,020	342,537	223,988	63,653	171,264	867,634	43,355
揭陽	48,207,363	4,791,153	1,889,549	2,684,324	1,789,549	474,815	1,789,549	1,073,718	226,755	894,775	32,314,076	380,000
潮陽	34,522,810	3,864,240	2,031,714	1,472,571	1,081,714	313,963	981,714	627,600	150,451	540,857	23,229,193	223,813
澄海	2,266,192	683,858	227,539	145,455	178,113	41,559	207,793	124,676	41,179	103,895	471,260	40,865
饒平	33,139,056	2,567,564	2,693,717	1,475,098	983,398	291,785	983,398	556,180	148,937	491,695	22,781,600	168,680
普寧	24,780,331	2,330,819	5,109,377	1,218,191	812,127	267,475	812,127	566,088	162,475	406,064	12,854,688	250,000
惠來	15,554,051	2,910,038	1,129,315	1,667,123	1,111,416	320,683	1,111,416	495,182	127,886	555,708	5,960,300	184,384
豐順	10,604,810	1,879,905	880,475	562,475	562,475	151,695	562,495	407,553	94,208	281,238	5,0[illegible]4,941	83,120
南澳	114,870	101,711	5,350	7,433	—	—	—	—	—	—	—	386
南山局	4,474,582	876,584	396,800	146,965	127,763	63,380	167,960	159,680	38,755	104,975	2,375,220	66,000

續三

縣別	合計	行政	教育文化	經濟建設	衛生	社會救濟	保安	財務	[illegible]	臨時事業費	其他	預備金
開平	28,640,886	4,642,211	1,631,086	2,053,629	1,635,086	444,092	1,635,086	1,104,215	372,017	872,543	13,361,054	276,356
梅縣	25,418,790	4,314,452	1,616,631	2,394,867	1,546,631	457,098	1,596,631	750,690	218,213	738,311	11,533,800	151,070
五華	16,222,236	2,055,550	708,531	1,062,798	708,531	177,653	708,531	322,152	107,252	314,266	10,021,600	59,260
平遠	12,252,230	1,696,448	1,278,273	587,083	587,083	115,301	587,083	397,777	86,276	252,542	6,490,198	180,115
蕉嶺	10,137,832	1,556,246	436,818	309,817	442,575	106,060	442,575	365,575	80,847	221,277	6,084,832	51,000
龍川	18,089,121	2,289,066	1,358,852	1,824,511	1,245,674	348,358	1,245,674	772,065	148,007	474,527	8,648,900	183,200
連平	15,072,445	1,374,604	557,064	817,701	453,887	127,455	453,887	235,330	95,222	236,043	6,185,160	151,500
和平	16,214,067	1,746,573	384,843	885,590	590,333	182,877	590,333	302,009	118,011	295,197	7,018,288	162,140
大埔	13,334,038	2,054,731	916,843	1,098,263	710,843	232,568	710,843	425,512	157,104	358,421	6,623,904	119,000
茂名	43,179,402	3,998,840	1,869,580	2,173,884	1,458,585	388,910	1,458,585	755,150	208,014	772,235	28,568,843	258,717
陽江	28,126,855	4,001,397	1,252,976	2,751,845	1,834,564	285,457	1,834,564	1,122,590	278,448	712,282	22,860,874	344,748
化縣	27,192,103	3,420,457	2,041,502	1,274,570	883,047	245,960	883,047	590,060	165,228	441,573	17,654,740	169,248
電白	26,548,103	2,646,457	5,284,415	1,383,268	923,179	206,740	923,179	414,760	164,724	461,088	13,152,780	157,613
信宜	21,601,357	3,078,527	2,027,490	1,806,483	1,204,276	376,055	1,204,276	556,268	164,790	602,138	9,896,190	409,000
廉江	20,632,734	2,455,207	1,204,412	1,770,963	1,180,628	196,063	1,180,628	504,914	160,601	590,310	11,154,218	210,000
陽春	17,760,710	2,232,818	887,521	1,331,288	887,521	181,153	887,525	441,166	146,670	443,763	13,013,872	109,000
吳川	12,134,810	1,022,466	347,541	515,030	338,346	115,469	338,346	250,230	57,777	169,673	8,182,777	183,670
梅菉局	3,230,886	811,442	168,446	185,515	188,307	17,861	188,307	145,722	38,130	92,654	2,048,742	52,212
合浦	36,031,657	3,958,971	1,523,526	2,208,834	1,523,526	451,711	1,523,526	1,070,458	202,216	766,238	16,206,727	239,744
欽縣	32,046,311	2,096,455	1,089,086	1,602,129	1,068,086	236,268	1,068,026	501,116	142,867	534,043	23,203,149	315,411

续表

县别	合计	行政	教育文化	经济建设	卫生	社会救济	保安	财务	[illegible]	[illegible]	其他	预备金
防城	14,218,870	2,236,766	28,870	1,213,456	820,370	150,479	868,370	322,356	1,050,257	404,455	7,083,599	163,265
灵山	26,181,360	4,217,577	1,315,470	2,173,104	1,315,470	267,063	1,315,470	506,160	164,767	657,725	14,808,264	480,881
遂溪	2,262,477	168,455	156,636	112,681	192,588	125,507	188,505	113,727	37,909	94,772	2,057,079	77,260
徐闻	11,378,468	1,251,559	686,126	1,021,685	681,123	230,225	681,126	359,160	54,222	340,513	6,068,107	104,165
海康	[illegible]	2,064,068	652,436	650,026	650,036	271,267	650,026	409,730	107,376	325,718	715,057	155,368

廣東省各縣地方歲入預算

三十四年度

單位：國幣元

縣別	合計	稅課	國稅分配	懲罰賠償	規費	財產權利數	公有事業收入	捐獻贈與	其他	縣公粮折價
總計	1,577,278,445	649,361,669	60,872,151	2,301,538	77,604,642	60,385,239	1,776,910	99,589,034	3,044,212	618,758,700
番禺	5,095,829	2,244,600	258,568	7,200	—	12,009	—	447,352	80,000	2,443,100
順德	183,884	—	183,884	—	—	—	—	—	—	—
中山	581,429	178,937	354,073	—	—	—	—	48,419	—	—
台山	33,480,595	13,580,000	1,302,542	11,000	238,000	45,120	40,000	5,236,933	—	16,627,000
新會	18,255,530	3,655,345	386,177	24,000	109,340	773,845	—	2,333,515	12,000	11,071,200
開平	17,457,344	8,448,600	3,148,334	7,200	234,090	169,458	—	2,183,665	2,400	1,783,600
恩平	27,156,487	8,534,730	677,400	500	290,700	180,913	3,000	1,587,986	55,760	15,379,000
赤溪	3,102,332	1,398,421	497,606	700	28,050	300,165	—	197,350	—	979,400
曲江	48,559,526	4,198,000	2,463,585	183,000	2,683,000	2,336,563	14,000	659,600	545,000	34,485,000
清遠	31,420,249	14,528,600	1,972,496	7,800	202,250	1,552,000	40,000	2,290,942	67,160	10,659,000
英德	30,008,039	14,034,186	709,093	35,500	278,200	771,100	30,000	1,593,000	16,200	12,538,800
南雄	37,462,807	8,500,000	1,066,901	27,000	61,000	176,000	10,000	987,916	15,000	26,619,000
仁化	8,664,497	4,528,124	535,183	2,000	76,896	1,063,500	10,000	339,594	—	2,305,200
翁源	13,461,380	7,572,010	204,032	9,300	232,300	119,000	84,000	724,334	36,600	4,279,600
樂昌	15,549,915	8,512,300	457,728	27,920	237,000	216,200	—	718,567	4,800	5,380,000
始興	13,523,032	4,538,322	513,778	21,800	153,000	15,237	30,000	671,933	5,000	6,888,000

續壹

縣別	合計	稅課	國稅分配	懲罰賠償	規費	財產權利孳息	公有事業收入	捐獻贈與	其他	縣公糧折價
連縣	35,038,024	9,374,000	771,932	10,800	405,600	12,249,320	—	1,483,652	720	11,5[illegible]
連山	7,309,887	3,019,192	875,151	2,750	380,000	586,701	—	320,450	—	2,195,600
陽山	11,522,640	5,357,833	256,623	4,992	83,489	641,130	—	926,773	—	3,250,800
佛岡	12,350,137	5,534,944	364,988	13,200	154,720	2,511,800	—	492,695	4,800	3,276,000
花縣	4,624,060	1,729,108	246,166	1,100	150,000	420,000	—	316,626	60	1,596,000
從化	6,605,035	4,149,600	328,205	3,600	79,800	200,000	—	188,830	—	1,664,000
乳源	14,503,510	2,576,900	487,753	109,200	165,850	252,400	—	484,247	360	10,486,800
安化局	553,952	—	553,952	—	—	—	—	—	—	—
高要	47,641,388	18,027,000	4,752,770	8,000	100,500	381,040	60,000	1,939,478	809,000	21,563,600
南海	588,881	392,973	183,417	—	—	—	—	12,491	—	—
廣寧	19,359,251	8,978,000	372,709	2,000	80,600	998,068	1,000	1,233,374	—	7,689,600
雲浮	17,195,966	9,307,000	472,905	57,000	795,000	315,000	964	1,646,097	48,000	5,124,000
三水	3,667,658	1,132,520	834,146	7,200	10,800	41,200	240	837,552	—	78,100
羅定	19,957,501	6,860,441	506,114	1,080	83,750	777,460	28,650	2,628,006	—	9,072,000
新興	19,495,577	7,836,000	402,594	7,000	338,000	320,986	20,000	1,303,397	203,600	9,063,000
封川	9,782,469	4,727,466	377,353	900	14,500	263,800	216	728,230	7,180	3,663,000
德慶	16,116,665	6,896,600	524,962	11,030	49,500	1,045,668	2,400	962,535	—	6,624,000

續表

縣別	合計	稅課	國稅分配	懲罰賠償	規費	財產權利孳息	公有事業收入	捐獻及贈與	其他	縣公糧折價
鬱南	17,958,038	7,845,000	2,933,451	116,000	198,500	917,000	50,000	719,687	200,000	4,978,400
四會	22,180,725	10,059,067	830,449	30,600	144,750	1,804,998	48,000	1,318,561	22,000	7,921,800
鶴山	27,589,914	10,264,465	839,284	10,000	152,600	1,421,485	62,000	2,025,280	4,800	12,810,000
高明	18,100,663	7,635,000	426,043	1,380	77,000	259,216	500	796,924	600	8,904,000
開建	8,329,206	3,308,653	215,555	6,900	41,400	966,200	—	425,698	163,600	3,201,200
惠陽	31,952,172	15,078,400	1,085,609	14,400	160,000	102,000	24,000	2,293,363	21,600	13,168,800
東莞	7,883,356	1,157,400	540,295	55,791	110,000	—	—	160,998	66,072	5,788,800
博羅	22,703,127	7,753,982	239,861	92,400	270,200	539,600	4,800	2,051,484	3,000	11,787,600
海豐	18,094,512	9,068,000	371,668	2,000	44,928	857,500	60,000	1,767,356	1,060	5,922,000
陸豐	19,563,166	7,830,800	469,239	12,000	88,500	2,698,595	60,000	1,985,832	1,200	6,417,000
河源	35,392,198	19,916,660	873,813	4,600	17,800	433,800	172,000	4,507,920	3,600	9,462,000
增城	5,063,332	2,302,912	113,993	10,300	43,750	100,000	—	470,457	2,720	2,019,200
紫金	14,617,106	5,754,800	232,143	34,489	147,500	367,500	24,000	1,055,874	84,000	6,916,800
新豐	10,705,147	6,248,317	277,890	29,000	119,000	531,100	—	1,068,340	10,500	2,420,000
龍門	12,916,748	5,400,557	361,005	56,200	150,347	2,129,801	12,000	737,636	2,000	4,067,200
寶安	1,817,619	1,211,658	274,466	696	3,406	2,400	—	324,993	—	—
潮安	3,850,021	2,344,086	336,111	62,400	141,600	592,000	30,000	262,824	12,000	69,000

續表

縣別	合計	稅課	國稅分配	懲罰賠償	規費	財產權利孳息	公有事業收入	捐獻贈與	其他	縣公糧折價
揭陽	48,207,363	15,344,212	1,002,783	7,600	334,000	719,895	10,872	3,528,797	15,000	27,601,200
潮陽	34,522,810	10,686,000	759,293	9,110	239,200	1,127,000	5,000	3,251,801	5,000	18,440,400
澄海	2,246,192	1,672,948	256,873	3,334	48,750	52,000	—	210,287	2,000	—
饒平	33,139,056	8,981,500	510,800	105,050	1,716,445	1,292,752	14,400	1,380,059	36,000	19,101,600
普寧	24,789,331	7,729,249	465,404	112,000	4,103,066	1,246,728	18,000	1,689,884	—	9,425,000
惠來	15,554,05,	10,570,000	375,564	14,000	124,500	136,000	2,400	1,359,387	1,000	2,931,200
豐順	10,604,810	5,917,000	785,046	11,000	361,000	112,000	1,200	1,230,564	161,000	2,022,000
南澳	114,870	—	114,250	—	—	—	—	616	—	—
南山	4,474,582	2,324,337	496,046	1,300	73,800	82,000	3,160	620,939	15,000	858,000
興寧	28,650,856	13,726,000	2,046,792	27,000	167,250	566,500	—	1,988,514	4,400	10,124,400
梅縣	25,418,790	13,490,000	1,260,315	38,000	68,500	116,800	320,000	2,241,775	3,600	7,878,800
五華	16,322,636	8,040,000	249,898	75,600	26,800	66,000	—	1,430,328	—	6,583,800
平遠	12,232,334	6,544,364	582,420	4,500	196,440	588,200	55,200	666,010	—	3,598,200
蕉嶺	10,137,432	5,780,000	280,302	22,400	153,982	104,440	12,000	517,698	9,800	3,256,800
龍川	19,819,121	9,983,593	1,091,397	11,000	800,802	100,000	150,000	2,031,429	2,000	5,649,200
連平	15,092,415	5,447,000	227,061	41,900	5,234,037	111,040	720	748,057	2,600	3,280,000
和平	16,214,069	6,641,200	280,624	12,000	1,531,390	152,580	24,000	1,065,475	6,000	4,500,800

續肆

縣別	合計	稅課	國稅分配	懲罰賠償	規費	財產權利收入	公有事業收入	捐獻贈與	其他	縣公糧折價
大埔	13,334,038	7,178,537	427,036	12,100	257,400	173,080	57,120	1,540,365	—	3,694,400
茂名	43,177,402	14,860,000	1,011,382	7,500	88,000	206,414	5,100	2,047,461	101,000	24,780,000
陽江	38,186,955	15,184,000	1,726,558	496,716	413,185	330,296	4,200	2,000,000	1,000	18,036,000
化縣	27,147,103	9,724,067	483,293	7,820	266,000	1,118,380	—	1,548,243	9,000	14,039,200
電白	26,548,103	9,376,833	589,107	5,600	79,177	574,986	3,400	1,500,000	—	9,814,000
信宜	21,601,397	10,896,557	473,286	37,400	212,000	1,677,440	10,000	1,530,514	1,200	6,363,000
廉江	20,838,524	11,141,191	378,991	15,000	121,480	90,038	—	1,479,214	8,000	7,604,600
陽春	19,186,210	8,085,233	430,618	8,840	128,600	1,026,000	94,800	1,461,119	5,000	8,550,000
吴川	12,134,910	4,345,319	1,347,950	1,800	15,200	108,000	2,500	534,221	720	5,779,200
梅菉	3,990,886	2,614,723	254,380	600	51,200	396,600	—	173,383	—	500,000
合浦	29,836,637	15,552,816	1,053,424	6,000	56,000	25,000	1,200	1,142,947	—	11,599,200
欽縣	22,046,311	11,439,756	392,540	27,000	47,500	270,900	4,800	1,447,015	3,600	8,413,200
防城	14,348,870	9,296,000	518,492	420	10,000	21,400	2,568	946,790	—	3,553,200
靈山	26,081,864	12,911,000	465,735	31,000	190,900	492,000	50,000	1,437,929	1,000	11,102,400
遂溪	3,962,472	795,000	1,262,268	2,600	13,000	80,250	500	224,254	600	1,584,800
海康	6,594,216	4,511,882	409,290		18,000	66,700	1,000	1,381,614	1,000	184,000
徐聞	12,394,0[illegible]	8,808,861	150,445	2,400	11,000	68,800		665,102	300	2,684,000

廣東省各縣財政實支數

三十四年度

單位　國幣元

縣別	合計	行政	教育文化	經濟建設	衛生治療	社會救濟	保安	財務	公務員退休及撫卹	補助協助	預備金	其他	以前年度應付款
總計													
中山	1,085,373	101,586	6,828	22,272	—	—	100,890	—	—	—	—	785,316	63,435
台山	14,157,613	1,524,443	63,916	222,657	—	—	490,575	229,165	—	50,476	—	10,444,981	1,232,397
新會	15,144,671	616,663	120,306	33,657	89,047	12,539	600,625	167,531	—	101,650	—	13,515,052	109,921
開平	8,858,707	1,088,730	276,219	254,985	100,752	12,455	1,335,123	274,983	—	82,390	—	5,033,030	—
恩平	3,777,499	865,505	136,216	94,553	62,291	73,265	307,691	610,662	—	94,470	—	1,733,066	—
三水	6,634,680	676,641	105,460	102,688	87,361	4,590	209,766	290,382	—	22,260	—	3,104,406	833,176
從化	6,533,939	877,700	78,769	121,466	18,273	6,229	176,388	258,615	—	69,716	—	3,644,703	1,241,622
東莞	2,613,132	289,219	8,400	116,959	81,716	—	269,314	24,201	—	—	1,240	1,814,075	—
寶安	2,354,616	2,354,616	—	—	—	—	—	—	—	—	—	—	—
清遠	7,806,138	1,939,546	604,472	361,490	154,102	110,540	360,776	333,401	—	92,086	—	2,984,021	1,183,345
仁化	3,789,200	575,006	49,941	33,631	42,520	—	179,875	184,529	—	76,135	81,699	2,279,220	13,884
樂昌	7,233,622	1,161,199	195,300	67,996	64,714	16,900	213,604	129,606	—	35,200	—	5,307,015	54,728
翁源	8,643,382	1,584,220	222,099	93,566	223,160	5,695	372,620	239,374	1,200	8,000	—	4,974,593	972,436
陽山	4,902,506	823,396	391,963	206,124	122,669	6,600	139,780	266,189	18,000	67,837	—	2,744,305	67,225
佛岡	3,468,473	798,062	58,267	65,395	1,907	—	65,156	167,884	—	17,630	—	2,316,104	—
高要	18,858,520	2,159,593	168,092	533,925	244,892	61,997	1,862,546	594,254	—	144,669	—	11,274,216	1,756,539
新興	4,809,884	696,288	184,839	25,988	22,785	14,363	177,408	144,671	25,500	31,060	64,740	3,121,443	258,736

（續一）

縣別	合計	行政	教育文化	經濟建設	衛生治療	社會救濟	保安	財務	公務員退休及撫卹	補助協助	預備金	其他	以前年度應付款
德慶	3,546,760	707,862	5,700	102,508	46,463		119,990	165,340		36,307		2,026,858	
鶴山	6,997,836	864,546	164,177	152,791	48,765	7,099	314,913	266,041	36,000	153,067		3,892,420	134,023
開建	4,962,215	562,782	1,204,926	59,387	7,256	5,866	115,801	163,441		8,000		2,775,560	
惠陽	10,416,572	1,225,746	299,460	51,860			168,286	254,436		36,575		6,622,394	1,757,049
博羅	4,623,913	1,321,752	106,360	162,663	17,511	635	218,288	367,176	6,850	26,163	228,150	2,108,966	
海豐	2,654,800	664,535	665,096	267,858	39,018	58,177	259,891	88,598				631,627	
河源	12,022,048	2,194,876	173,108	98,721	80,170	19,570	694,888	317,167	16,000	162,670		7,965,862	
潮安	8,361,218	1,023,000	137,260	187,159	22,817	18,330	162,856	273,498		70,546	4,755	6,550,777	
揭陽	8,545,768	1,045,908	287,007	354,718	26,186	28,443	303,580	426,820	17,500	78,320		4,324,086	724,700
澄海	5,210,856	2,506,427		213,698	76,066	1,764,832	275,052					116,725	258,060
饒平	22,782,175	2,309,966	1,246,372	535,293	53,640	20,861	279,968	514,359		118,646		17,703,550	
普寧	7,474,028	784,770	318,650	106,435	20,985	12,384	212,206	280,520		77,039		5,270,222	380,313
南澳	2,426,881	1,248,806	90,000	125,063		67,012	810,000	60,000				26,000	
南山局	1,167,828	226,203	14,465	33,946	6,800		73,305	39,765	18,000	17,039		828,705	159,553
平遠	11,894,065	1,456,123	66,296	388,330	52,067	8,060	263,923	321,855	27,000	882,760		7,858,800	1,481,276
龍川	27,622,676	2,012,120	126,216	365,255	333,220	15,272	390,370	507,738		1,700,332		15,328,826	5,836,228
連平	5,280,075	1,108,728	201,611	216,906	79,303	17,163	176,105	275,441	30,000	54,484		1,830,126	1,273,230
和平	6,755,322	1,300,010	443,256	302,981	70,295	57,610	188,523	285,283	9,000	82,550	27,415	2,250,261	553,940

（續二）

縣別	合計	行政	教育文化	經濟建設	衛生治療	社會救濟	保安	財務	公務員退休及撫卹	補助協助	預備金	其他	以前年度應付款
大埔	9,822,238	218,576	1,699,359	55,550	27,520	5,000	917,835	357,370	—	—	—	6,255,446	—
化縣	18,804,067	3,805,331	287,763	241,520	50,258	4,830	567,600	253,912	—	138,804	—	13,271,448	1,538,657
信宜	12,537,785	1,402,536	386,218	163,191	83,214	20,820	337,548	183,261	21,000	181,859	—	9,817,348	—
陽春	14,134,300	1,370,386	682,224	296,949	92,383	7,671	375,898	492,144	970	45,450	1,170,934	6,574,373	—
合浦	26,622,861	2,802,188	639,496	253,877	149,518	29,276	320,810	634,177	[illegible]	386,050	—	[illegible]	—
欽縣	11,171,518	1,741,271	575,840	67,977	83,322	8,090	502,245	402,869	—	78,765	80,400	7,341,813	569,513
防城	8,378,077	1,102,690	44,749	385,806	150,120	—	221,718	92,863	—	69,840	—	6,315,937	—
豐順	8,870,434	1,122,924	210,150	95,819	118,316	11,700	386,617	266,804	14,000	90,606	—	4,810,642	1,772,896
蕉嶺	8,708,832	1,599,019	21,810	575,246	35,838	2,505	190,207	316,955	5,000	96,999	538,739	4,546,105	976,703

附註：暫付款未列入

廣東省各縣地方財政歲支數

三十三年度

單位 國幣元

縣別	合計	行政	教育文化	經濟建設	衛生	社會救濟	保安	財務	補助支出	其他	預備金	[illegible]
總計	209,820,453	36,595,661	15,050,323	8,223,910	4,023,6[illegible]	1,381,327	1,425,66[illegible]	2,271,084	493,350	81,303,884	14,487,77[illegible]	25,368,660
南海	342,904	78,924	—	35,371	—	—	84,801	—	—	143,508		
番禺	……	……	……	……	……	……	……	……	……	……	……	……
順德	……	……	……	……	……	……	……	……	……	……	……	……
中山	508,[illegible]	108,005	9,757	44,779	—	—	78,573	—	—	300,939	—	2,806
台山	4,034,607	340,136	297,750	127,452	56,417	39,784	62,[illegible]56	142,531	—	1,737,590	250,065	423,033
新會	2,152,046	302,257	197,346	80,665	28,300	4,766	128,168	74,536	2,000	1,290,431	—	854,333
開平	5,163,657	858,225	359,115	442,601	55,446	74,376	484,190	292,402	30,000	2,465,227	—	630,965
恩平	1,435,100	299,883	138,204	70,555	56,138	32,940	132,833	85,821	—	293,937	—	285,540
赤溪	……	……	……	……	……	……	……	……	……	……	……	……
曲江	8,493,715	1,844,167	630,093	82,288	131,622	123,018	162,382	542,488	—	4,840,526	—	93,151
清遠	3,635,745	376,097	358,760	189,396	114,451	2,550	36,254	165,157	—	322,845	—	843,560
英德	……	……	……	……	……	……	……	……	……	……	……	……
南雄	……	……	……	……	……	……	……	……	……	……	……	……
仁化	775,613	354,129	65,512	17,116	47,925	1,338	68,301	40,266	—	82,212	10,597	86,277
翁源	3,789,4[illegible]	567,775	241,243	128,357	85,923	10,080	123,082	98,123	—	2,043,836	43,512	447,548
樂昌	……	……	……	……	……	……	……	……	……	……	……	……
始興	1,087,578	261,476	106,188	48,726	24,238	6,915	114,848	60,838	—	135,184	—	269,105
連縣	……	……	……	……	……	……	……	……	……	……	……	……
連山	……	……	……	……	……	……	……	……	……	……	……	……
陽山	1,733,391	254,188	69,340	61,849	21,837	27,812	150,322	77,374	—	188,809	—	1,065,760

續表

縣別	合計	行政	教育文化	經濟建設	衛生治療	社会救濟	保安	財務	補助協款	其他	預備金	以前年度應付數
佛岡	[illegible]	331,355	[illegible]	102,812	13,780	570	[illegible]	64,487	—	90,751	—	68,779
花縣	449,219	96,510	70	18,182	33,445	—	[illegible]	22,519	300	146,444	36,239	—
從化	[illegible]	621,097	78,420	57,740	—	160	[illegible]	72,508	—	1,449,812	44,430	442,932
龍門	……	……	……	……	……	……	……	……	……	……	……	……
安化局	……	……	……	……	……	……	……	……	……	……	……	……
高要	……	……	……	……	……	……	……	……	……	……	……	……
廣寧	4,439,780	1,561,367	477,874	1,444,332	134,598	53,839	772,470	155,317	—	1,138,492	—	—
雲浮	796,584	301,036	44,600	61,732	—	13,831	61,181	40,714	—	207,303	—	64,052
三水	1,170,554	175,744	20,100	43,272	52,066	7,200	194,285	90,840	—	528,961	—	224,134
羅定	1,638,684	352,791	102,553	68,247	30,593	7,272	210,764	95,813	—	448,410	—	429,446
新興	4,776,060	444,781	775,007	30,147	49,653	22,814	217,567	157,215	18,995	1,964,076	—	1,534,503
封川	……	……	……	……	……	……	……	……	……	……	……	……
德慶	1,568,367	403,044	130,233	80,477	15,403	6,885	824,440	70,957	15,564	751,365	—	—
鬱南	……	……	……	……	……	……	……	……	……	……	……	……
四會	5,381,679	575,481	544,073	224,781	17,978	36,086	210,530	266,470	18,360	2,950,779	—	547,909
鶴山	3,006,686	447,202	119,636	301,234	57,981	57,444	[illegible]	164,279	—	1,172,651	—	1,151,509
高明	……	……	……	……	……	……	……	……	……	……	……	……
開建	1,718,072	436,444	243,779	32,792	6,774	6,240	81,771	87,096	1,800	811,461	—	—

續 弍

縣別	合計	行政	教育文化	經濟建設	衛生治療	社會救濟	保安	財務	補助鄉鎮	其他	預備金	以前年度應付數
惠陽	6,648,168	1,444,852	505,973	282,544	120,900	144,453	459,801	307,827	112,212	2,614,705	—	625,890
東莞	……	……	……	……	……	……	……	……	……	……	……	……
博羅	4,206,117	1,001,312	327,468	130,828	57,389	121,200	235,963	161,143	—	[illegible]	—	—
海豐	3,019,000	654,535	445,296	247,858	39,013	57,996	217,725	88,348	—	631,406	—	474,908
河源	4,133,087	579,878	454,438	180,120	23,361	1,350	[illegible]	132,999	—	2,279,595	—	—
增城	……	……	……	……	……	……	……	……	……	……	……	……
紫金	3,361,490	969,790	437,817	117,559	21,115	20,544	100,829	148,480	—	1,296,740	—	608,658
新豐	1,924,813	283,632	67,572	55,906	23,303	19,200	77,063	66,545	—	1,318,511	5,441	—
龍門	……	……	……	……	……	……	……	……	……	……	……	……
寶安	……	……	……	……	……	……	……	……	……	……	……	……
潮安	866,476	289,222	102,900	54,882	16,968	—	[illegible]	64,492	—	[illegible]	15,830	—
揭陽	6,655,463	1,284,882	712,298	279,328	88,470	83,178	[illegible]	175,750	86,600	4,440,036	—	—
潮陽	3,901,970	818,089	[illegible]	205,082	184,591	234,000	440,149	122,440	—	1,423,535	—	—
澄海	354,220	147,300	—	7,752	—	—	13,942	—	—	85,226	—	—
饒平	3,346,823	525,648	416,999	192,885	59,047	83,208	266,735	103,283	—	1,649,078	—	—
普寧	4,696,428	699,130	467,810	152,199	38,866	61,890	207,919	110,048	—	2,561,034	—	397,512
惠來	……	……	……	……	……	……	……	……	……	……	……	……
陸豐	……	……	……	……	……	……	……	……	……	……	……	……
豐順	1,834,032	374,980	150,416	119,329	95,614	[illegible]	[illegible]	77,253	—	778,931	—	—
南澳	[illegible]	95,892	—	—	—	—	2,156	—	—	—	—	—

縣別	合計	行政	教育文化	經濟建設	衛生治療	社會救濟	保安	財務	補助[illegible]	其他	預備金	[illegible]年度支付數
南山區	……	……	……	……	……	……	……	……	……	……	……	……
興寧	8,22[illegible],333	[illegible]	1,226,190	43,301	29,231	27,405	231,324	152,431	—	358,162	—	1,148,686
梅縣	4,962,203	[illegible]	591,356	276,381	13,805	20,216	605,407	200,546	—	4,454,813	—	2,380,226
五華	3,464,146	[illegible]	244,974	10,655	27,020	23,390	142,171	142,752	—	1,645,101	416,238	—
平遠	1,697,615	[illegible]	72,230	17,732	24,195	28,230	211,516	72,089	140	232,450	—	—
蕉嶺	……	……	……	……	……	……	……	……	……	……	……	……
龍川	[illegible]	[illegible]	278,304	263,137	107,813	80,934	226,540	92,255	—	412,705	439,637	—
連平	2,268,403	[illegible]	[illegible]	78,152	25,650	23,180	153,499	[illegible]	—	1,216,657	—	—
和平	[illegible]	[illegible]	770,757	17,507	32,790	36,759	123,213	84,207	87,212	1,255,061	15,610	714,820
大埔	[illegible]	[illegible]	[illegible]	[illegible]	64,050	40,985	237,584	124,883	—	1,905,029	—	—
茂名	[illegible]	[illegible]	[illegible]	476,198	391,817	32,960	610,498	284,411	—	4,402,848	—	3,618,651
陽政	……	……	……	……	……	……	……	……	……	……	……	……
化縣	[illegible]	[illegible]	277,859	297,810	28,105	45,660	916,051	127,514	—	[illegible]	—	[illegible]
電白	[illegible]	[illegible]	[illegible]	231,970	67,060	111,316	205,947	98,439	—	377,750	—	1,213,161
信宜	[illegible]	[illegible]	279,551	101,606	641,337	[illegible]	322,068	150,300	—	303,296	—	[illegible]
廉江	[illegible]	[illegible]	[illegible]	[illegible]	52,988	7,400	324,512	150,371	41,348	2,451,614	116,988	[illegible]
陽春	[illegible]	[illegible]	267,577	294,110	113,502	54,132	[illegible]	206,112	—	[illegible]	—	[illegible]
吳川	……	……	……	……	……	……	……	……	……	……	……	……
梅菉局	……	……	……	……	……	……	……	……	……	……	……	……

續表

縣別	合計	行政	教育文化	經濟建設	衛生治療	社會救濟	保安	財務	補助支出	其他	預備金	以前年度支付數
合浦	6,077,871	1,638,134	694,863	217,258	136,320	14,490	490,682	263,018	—	303,985	—	—
欽縣	5,708,560	1,011,871	216,048	276,206	341,926	57,916	465,904	220,181	77,948	3,064,752	—	—
防城	2,157,792	559,835	89,420	133,887	23,962	600	137,362	84,085	—	1,604,500	—	56,230
靈山	3,989,871	1,183,160	263,479	584,044	214,135	116,355	727,553	243,490	—	388,532	13,500	677,418
遂溪	1,376,126	136,413	38,502	6,750	7,440	—	4,746	—	—	278,224	2,520	904,787
海康	……	……	……	……	……	……	……	……	……	……	……	……
徐聞	913,861	220,135	46,690	47,424	35,960	1,964	55,879	60,318	—	446,977	—	—

附註：1.暫付款補付款均未列入 2.虛線"……"表示[illegible]詳 實線"—"表示無

廣東省各縣財政實收數

三十四年度

縣別	合計	自治稅課	國稅撥付	征罰賠償	規費	財產孳利	公有事業	捐獻	協助	其他	以前年度收款
共計	475,396,[illegible]	[illegible]42,364,781	36,145,320	508,518	374,144	19,240,360	1,252,456	12,9[illegible]	87,183	37,[illegible]	2,297,[illegible]
番禺											
南海											
順德											
中山	16,455,590	14,954,341	714,666			320	135,600		4,535	423,080	160,650
台山	15,030,634	11,374,959	1,738,591				513,000	218,000			1,614,[illegible]
新會	[illegible],050	9,414,364	1,377,941		32,707	186,550			8,576	5,032,001	645,25[illegible]
開平	4,286,001	3,642,695	1,371,628		100	232,751				33,820	
恩平	1,194,841	6,283,371	1,080,585	3,057	18,431	605,777	462			1,148	
三水	4,254,115	3,632,905	599,143		34,25[illegible]	158,365		837,151			947,65[illegible]
花縣											
從化	2,004,225	657,491	337,844	910		1,165,255		1,512			61,731
增城											
東莞	5,0[illegible]1	4,384,708	335,385							150,000	60,[illegible]
寶安	2,344,616	2,000,150	234,466						50,000		
赤溪											
曲江											

續壹

縣別	合計	自治稅課	國稅撥付	征罰賠償	規費	財產權利	公有事業	捐款	補助	其他	以前年度收支滾存
清遠	22,464,710	16,781,221	2,044,935	7,805		1,328,911	9,450				1,088,388
英德											
南雄											
始興											
仁化	4,920,565	4,228,600	214,784			503,181					
樂昌	5,898,851	4,942,650	201,609	1,080		309,129					444,333
翁源	5,985,998	5,444,517	12,706	5,500		25,643				2,333	471,955
連縣											
連山											
陽山	6,986,443	6,291,820	83,345		1,962	538,081					63,236
乳源											
佛岡	2,457,932	2,188,744	209,966			59,220					
從化											
高要	31,650,334	14,499,967	6,309,102	62,237	124,255	1,662,505	42,600	2,533,584		2,544,448	2,554,117
廣寧											
雲浮											
羅定											
新興	7,513,836	5,154,519	944,639		773	591,686	63,460				253,350

續式

縣別	合計	自治稅課	國稅撥付	征罰賠償	規費	財產權利	公有事業	捐獻	補助	其他	以前年度收款
封川											
德慶	2,330,252	1,379,653	850,923			68,676					
鬱南											
四會											
鶴山	12,483,127	7,408,657	1,387,060			326,420					3,860,480
高明											
開建	3,185,183	2,577,161	341,418	13,190	5,815	280,300		58,900		68,510	
惠陽	[illegible]	[illegible]	378,217			68,215	4,500				538,231
博羅	4,138,041	3,443,001	223,577			170,475				43,000	
海豐	[illegible]	3,432,775	133,452	3,050	48,631	1,863,862	88,092			131,344	
陸豐											
河源	14,563,580	13,488,900	443,447		3,235	630,003					
紫金											
新豐											
龍門											
潮安	4,260,481	3,588,801	696,665	1,080		456,574		32,720		188,515	
潮陽											
揭陽	7,108,667	5,905,150	341,666	660		38,246				91,219	733,802

續叁

縣別	合計	自治稅課	國稅撥付	徵罰賠償	規費	財產權利	公有事業	捐獻	補助協助	其他	以前年度應收款
澄海	4,402,583	3,440,500	419,694					582,597			258,672
饒平	2,522,840	1,800,446	247,916	3,067		45,036				136,805	147,815
普寧	6,657,366	4,635,585	1,320,433	238,475	3,000	295,862					163,981
惠來											
豐順	7,529,584	6,818,061	330,563	1,530							380,445
南澳	2,366,006	42,000				16,080		1,700,282			607,644
汕頭市											
南山局	1,536,189	902,481	437,333			54,500					141,875
興寧											
梅縣											
五華											
平遠	6,816,829	5,989,294	417,807	10,512	6,710	15,665	103,770			48,780	320,031
蕉嶺	3,022,809	2,451,568	158,325	22,388		24,181	236,850				125,825
龍川	22,033,486	13,314,373	4,899,270	80,300		4,668	336,720			3,031,657	804,528
連平	5,512,086	5,211,323		3,022	22,331	91,430				1,380	181,750
和平	7,543,383	6,931,244	166,340	7,000	350	118,612	27,410	4,540		87	304,880
大埔	13,137,534	12,591,542	382,453	780		44,619	128,100				
茂名											
陽江											

續肆

縣別	合計	自治稅課	國稅撥付	徵罰賠償	規費	財產孳利	公有事業	捐款	補協助	其他	以前年度應收款
廉江											
化縣	17,541,544	8,537,331	1,586,697	2,508	2,600	860,599		4,720,506			1,751,212
電白											
信宜	18,553,084	10,063,561	1,108,800	17,658		480,186				6,362,386	
陽春	10,983,902	7,396,283	969,506	300	15,535	1,049,352		43,814	26,132	203,980	
吳川											
梅菉局											
合浦	26,316,445	26,182,493	77,815	4,581	13,354	8,398		25,800			
欽縣	12,282,270	10,240,083	225,789			54,980				1,812	801,349
防城	8,818,443	3,847,593	503,644	3,000	250	449,042					
靈山											
遂溪											
海康											
徐聞											
湛江市											

附註：暫收款代收款俱未列入

廣東省各縣地方財政實收數

三十三年度

單位：國幣元

縣別	合計	稅課	國稅撥付	懲罰賠償	公營事業	財產權利	規費	捐款	國省補助	鄉鎮收入	債務收入	其他收入	以前年度歲入
總計	286,341,737	230,226,659	10,495,580	524,073	980,530	13,084,182	1,070,061	4,169,420	3,066,413	39,686	316,[illegible]90	3,152,347	19,224,695
南海	327,991	118,503	209,494	—	—	—	—	—	—	—	—	—	—
番禺	……	……	……	……	……	……	……	……	……	……	……	……	……
順德	……	……	……	……	……	……	……	……	……	……	……	……	……
中山	758,507	—	103,942	—	—	—	—	—	14,856	—	—	483,126	156,583
台山	4,593,135	3,092,724	322,505	34,6[illegible]	30,[illegible]	144,759	1,510	4,000	68,088	—	—	—	1,925,631
新會	1,689,177	946,021	69,079	100	—	385,813	16,836	—	19,658	—	—	—	251,670
開平	6,392,829	5,555,829	152,800	100	—	23,203	560	—	89,834	—	—	3,480	575,963
恩平	3,665,611	3,229,711	62,014	1,336	1,380	173,722	16,469	—	92,778	—	—	—	288,201
赤溪	……	……	……	……	……	……	……	……	……	……	……	……	……
花縣	629,264	197,380	233,601	—	—	178,856	—	—	—	11,992	7,435	—	—
從化	5,027,087	3,837,920	239,629	—	—	453,877	—	15,941	23,001	—	—	17,398	139,323
三水	1,600,945	545,220	550,503	—	—	1,620	—	473,424	—	—	—	487	29,388
增城	……	……	……	……	……	……	……	……	……	……	……	……	……
東莞	……	……	……	……	……	……	……	……	……	……	……	……	……
曲江	13,160,362	11,159,836	1,260,455	85,010	—	351,937	99,201	—	11,269	—	291,666	33,[illegible]17	137,391
清遠	8,335,918	6,775,634	—	12,701	4,080	563,271	—	5,314	—	—	—	—	914,918
英德	……	……	……	……	……	……	……	……	……	……	……	……	……
南雄	……	……	……	……	……	……	……	……	……	……	……	……	……

（續　壹）

縣别	合計	稅課	國稅撥付	懲罰賠償	公有事業	財產孳息	規費	捐獻	國稅附加	[illegible]	[illegible]	其他收入	以前年度應收款
仁化	1,065,218	465,993	77,544	—	396	122,058	—	105,337	857	—	—	—	313,033
翁源	5,247,785	4,907,419	85,152	5,888	2,638	26,425	—	—	20,796	—	—	48,797	151,670
樂昌	……	……	……	……	……	……	……	……	……	……	……	……	……
始興	3,406,461	2,018,200	315,594	19,387	—	131,231	4,165	—	—	—	—	—	918,084
連縣	……	……	……	……	……	……	……	……	……	……	……	……	……
連山	……	……	……	……	……	……	……	……	……	……	……	……	……
陽山	2,341,312	1,459,008	49,088	2,044	—	37,755	1,644	—	7,618	—	—	331,374	461,581
佛岡	2,238,176	1,589,367	195,803	—	—	197,659	2,960	21,021	16,105	—	—	750	214,511
乳源	……	……	……	……	……	……	……	……	……	……	……	……	……
安化局	……	……	……	……	……	……	……	……	……	……	……	……	……
高要	……	……	……	……	……	……	……	……	……	……	……	……	……
廣寧	4,246,446	2,310,000	346,224	1,000	600	97,487	17,000	858,911	129,224	—	—	—	—
雲浮	1,885,579	1,348,970	2,600	1,763	2,700	109,288	8,954	—	23,887	—	—	2,974	385,335
羅定	4,652,293	3,657,691	79,803	—	9,990	31,628	5,522	—	58,756	—	—	—	805,903
新興	[illegible]80,131	3,443,208	447,875	26,573	24,783	323,292	65,394	—	141,654	—	9,[illegible]44	581,165	1,246,338
封川	……	……	……	……	……	……	……	……	……	……	……	……	……
德慶	1,573,542	1,138,561	142,344	5,172	—	183,254	5,637	384	98,390	—	—	—	—

（续表）

县别	合计	税项	[illegible]	[illegible]	[illegible]	[illegible]	规费	捐献	[illegible]	[illegible]	[illegible]	其他收入	以前年度[illegible]
郁南													
四会	5,09[illegible]261	4,119,130	73,803	12,795	2,137	289,370	9,926	53,246	51,724	—	—	—	[illegible]
鹤山	5,261,997	4,430,110	73,129	1,758	—	502,585	3,600	14,623	51,806	—		—	[illegible]
高明													
开建	1,852,758	960,840	74,198	977	—	700,370	5,129	—	11,614	—	—	79,280	—
惠阳	8,[illegible]62,527	7,370,869	144,159	—	22,490	33,678	23,678	—	[illegible]	—	—	17,081	327,084
博罗	4,062,[illegible]28	3,826,808	17,581	3,598	3,000	68,929	—	4,001	30,037	—	—	8,[illegible]6	—
海丰	6,763,176	5,932,725	123,952	3,050	89,290	196,602	48,631	—	15,384	—	—		270,082
陆丰													
河源	6,561,476	5,760,423	273,329	3,585	84,561	383,39[illegible]	70,340	—	10,112	—	—	37,711	—
紫金	3,447,624	[illegible]	67,094	4,770	8,387	228,173	1,014	—	61,705	—	—	2,239	495,515
新丰	2,387,482	2,049,403	159,211	975	—	166,278	—	—	11,415	—	—	—	—
龙门													
宝安													
潮安	1,039,479	908,305	32,621	—	—	111,371	10,300	—	9,207	—	—	74,180	—
潮阳	4,703,220	3,831,906	79,009	27,32[illegible]	—	108,568	966	—	21,629	—	—	18,225	—
揭阳	10,722,13[illegible]	8,108,067	282,809	6[illegible],144	526	50,723	36,410	800	33,973	16,532	—	240,730	—
澄海	254,220	—	254,220	—	—	—	—	—	—	—	—	—	—

（续叁）

县别	合计	税课	国税拨付	罚款赔偿	公有事业	财产孳利	规费	捐献	国税附加	各乡镇收入	补助收入	其他收入	以前年度岁计剩余
饶平	5,304,846	5,066,402	189,668	8,140	—	21,252	—	—	9,384	—	—	—	—
普宁	4,639,887	3,427,748	76,358	1,092	15,200	680,813	30,450	—	14,474	—	—	—	395,752
惠来													
丰顺	3,462,303	2,790,164	232,795	855	600	2,400	—	—	—	—	—	435,489	—
南澳	98,088		98,088	—	—	—	—	—	—	—	—	—	—
南山局													
兴宁	11,627,786	10,022,490	291,538	43,705		688,181	49	—	—	482	—	36,126	535,215
梅县	13,068,737	11,155,283	204,380	92,522	268,235	35,048	78,028	168,009	73,163	—	—	21,423	692,636
五华	4,137,547	4,071,406	55,370	—	—	—	207	6,795	—	—	—	3,769	—
平远	2,322,751	1,744,267	472,779	777	47,335	25,523	971	—	37,212	1,880	—	31,607	—
蕉岭													
龙川	7,707,015	7,126,804	307,066	8,797	242,410	20,670	1,278	—	—	—	—	—	—
连平	2,411,148	2,112,360	103,800	2,452	—	156,229	—	—	33,807	—	—	2,400	—
和平	3,792,960	2,664,329	106,989	2,276	15,977	30,603	574,137	—	3,999	—	—	—	392,650
大埔	4,486,936	4,275,070	73,744	240	55,350	82,532	—	—	—	—	—	—	—
茂名	9,225,413	7,934,270	56,540	9,930	16,943	172,230	9,282	11,039	105,035	—	—	5,546	952,601
阳江													
化县	11,182,856	6,302,685	21,140	26,876	—	482,520	—	2,222,297	149,586	—	—	172,071	1,782,641
电白	5,012,815	3,958,856	119,215	6,449	4,375	311,314	5,360	—	244,937	—	—	—	818,309

（續肆）

縣別	合計	稅課	國稅撥付	懲罰賠償	公有事業	財產權利	規費	捐獻	國稅協助	市鄉鎮收入	補助協助	其他收入	以前年度透支數
信宜	7,977,745	6,417,576	76,432	32,315	—	295,783	2,143	[illegible]	45,406	—	—	—	1,106,150
廉江	8,146,607	6,977,180	45,188	2,797	8,885	75,846	250	318	56,485	—	—	129,408	850,050
陽春	6,529,094	4,972,006	186,527	2,682	—	962,169	22,454	70,300	128,174	—	7,545	38,991	138,246
吳川	……	……	……	……	……	……	……	……	……	……	……	……	……
梅菉局	……	……	……	……	……	……	……	……	……	……	……	……	……
合浦	14,080,126	13,500,648	332,752	16,959	—	57,071	5,495	—	167,201	—	—	—	—
欽縣	7,896,323	7,552,452	7,500	1,870	295	65,437	300	—	268,469	—	—	—	—
防城	5,094,090	4,514,992	—	1,403	289	15,012	—	—	241,538	—	—	320,856	—
靈山	7,608,597	6,088,494	320,447	—	—	252,242	418	1,554	228,665	—	—	64	716,743
遂溪	716,385	254,550	84,200	—	—	94,023	1,098	30,000	4,460	—	—	—	248,054
海康	……	……	……	……	……	……	……	……	……	……	……	……	……
徐聞	1,518,063	1,511,949	900	214	—	5,000	—	—	—	—	—	—	—

附註：1.暫收款及代收款均未列入 2.表內虛線……表示未詳"——"表示無

廣東省賦稅制度報告表

三十四年度

稅别	課稅客体	課稅標準	稅率			征收方法	征收標準及其折合率	征收滯納罰金及罰鍰办法
			共計	正稅	附加			
屠宰稅	凡屠宰猪牛羊三種牲畜不論营業或自用	按其所屠宰之猪牛羊每頭平均時值從價征收	5%	5%		屠户將拟屠宰牲畜[illegible]數量日期向征收机关[illegible]照稅額清繳[illegible]收[illegible]屠宰[illegible]驗明[illegible]放上	由縣市政府[illegible]代表每六個月開會評議一次評定[illegible]牲畜應納稅額呈報財政廳核定後公告	未[illegible]納稅[illegible]私行屠宰猪牛羊[illegible]者除追[illegible]稅款[illegible]以稅額一倍至五倍之罰金
營業牌照稅	經營娛樂業奢[illegible]品業[illegible]玩具[illegible]首飾[illegible]竹[illegible]燕[illegible]烟酒業飲食茶[illegible]業海味[illegible]食品業[illegible]業[illegible]業[illegible]屠宰業[illegible]故衣[illegible]物業	按資本額	千分之五	千分之五		營業商人每年一月[illegible]向征收机关申請[illegible]由征收机关核定其應納稅額通知商号[illegible]納掣回收據	[illegible]額一百萬元以上者為甲級年征五千元資本五十萬元以上未滿一百萬元者為乙級年征二千五百元四十萬至五十萬元者為丙級年征二千元二十萬至四十萬元者為丁級年征一千五百元二十萬至三十萬元者為戊級年征一千元十萬至未滿二十萬元者為己級年征五百元五萬至十萬元者為庚級年征二百五十元二萬至五萬元者為	凡商店不申請領照者[illegible]以上不分別領照[illegible]禁不[illegible]有[illegible]者或偽造賬據企圖減低稅額者或拒絕檢查者[illegible]按照其每次應納稅額處以一倍以上五倍以下之罰鍰

（續一）

税别	课税客体	课税标准	税率 共计	税率 正税	税率 附加	征收方法	征收标准及其折合率	征收滞纳罚金及罚锾办法
							辛级年征一百元一万至二万元者为壬级年征五拾元二千元至未满一万元者为癸级年征十元	
使用牌照税	凡使用于洪河流道路之舟车驼兽者	汽车四轮每车年征 一、两轮每车年征 人力四轮车每车年征 两轮每车年征 帆船长五丈以上征 四丈…… 三丈…… 二丈…… 一丈…… 驼每头年征 骡马……	72元 60元 36元 30元 80元 68元 56元 44元 37元 48元 24元	72元 60元 36元 30元 80元 68元 56元 44元 37元 48元 24元		每半年换照一次每年一月七月为换照时期纳税人应填具申请书送征收机关缴完税款后通知纳税人缴税领照，		不遵照缴税领照之船车驼马或以牌照转让他人使用或逾期使用者除责令补税外并处以税额一倍至五倍之罚金如不将牌照置于明显之处者处以五百元以下之罚金

(续二)

税别	课税客体	课税标准	税率			征收方法	征收标准及其折合率	征收详细罚金及罚锾通法
			共计	正税	附加			
筵席税	茶楼酒馆饭店西餐筵席商店之顾客其消费额超过免征标准者	按照消费总值	百分之二十	百分之二十		筵席商店茶楼酒馆于顾客结账时一併代收		筵席商人如不履行代征义务经查出或抗征税款一倍至三倍之罚金必要时得停止其营业
娱乐税	凡以营业图利为目的之戏院影剧院书场球房及其他娱乐场所之顾客	按照入场券票价征收	百分之五十	百分之五十		由娱乐场所营业人于发售票券时代征		娱乐场商人如不履行代征义务经查出处税款一倍至五倍之罚金
房捐	县治所在地及其他商务繁盛住宅在一百户以上有纳税能力之地区所有房屋之业主	租赁与人营业者照年租金征收	百分之二十	百分之二十		由征收机关分发申报表由房屋所有权人或典权人承租人于十日内填报再由征收机关核定应纳房捐数目填发缴捐通知书由业主持人依所定期限连同缴捐通知书缴纳房捐每年分一四七十各月份征收之		房屋业权所有人如逾限不报或以不正当方法企图减报隐匿者除补征外并处以应纳额三倍以下之罚锾如逾期不缴者一月加收十分之一两月加收十分之三三月加收十分之五如积欠二年不缴者得呈请法院拍卖清偿捐款
		租赁与人住家者照年租金征收	百分之一十	百分之一十				
		自用营业房屋照现值每年征收	百分之二	百分之二				
		自用住家用者照现值每年征收	百分之一	百分之一				

（續三）

稅別	課稅客體	課稅標準	稅率			徵收方法	徵收標準及其折合率	徵收滯納罰金及罰鍰辦法
			共計	正稅	附加			
警捐	設有警察地區範圍內之商店住戶	租賃房屋按其租額 自置房屋按其現值為準徵收	百分之十 千分之十	百分之十 千分之十		由徵收機關先查定其應納捐額呈報縣政府核定後填發繳捐證通知各商戶按月繳納		逾限一月者加收百分之三，逾兩月者加收百分之五，如隱匿不報或以多報少者除責令補繳捐款外并按其短納捐額處以一倍以上五倍以下之罰金

廣東省各縣稅捐實收數

二十四年度

縣別	合計	屠宰稅	筵席娛樂稅	營業牌照稅	使用牌照稅	房捐	警捐	其他
總計	1,173,310,812	750,183,485	331,913,914	13,967,272	1,211,234	38,238,444	35,316,145	2,410,318
廣州市	410,683,482	81,233,450	263,365,800	—	—	32,061,423	30,181,809	—
南海	13,324,183	8,263,964	3,587,363	1,003,785	10,326	258,171	209,824	—
番禺	12,579,917	4,614,400	7,965,517	—	—	—	—	—
東莞	8,744,519	5,705,600	1,429,890	785,000	—	428,660	322,369	—
順德	5,753,099	3,334,800	1,850,063	547,286	—	13,050	6,900	—
中山	14,956,753	9,291,364	2,108,589	1,362,500	—	352,100	18,900	—
新會	11,415,246	6,988,100	4,122,007	279,440	23,437	—	2,262	—
台山	13,935,264	12,337,880	1,597,384	—	—	—	—	—
開平	8,440,607	7,545,006	691,322	184,674	4,065	—	15,540	—
鶴山	6,793,066	5,823,280	837,128	97,250	34,220	—	396	792
高要	1,988,950	1,420,350	234,900	261,50	7,000	25	525	—
赤溪	445,750	403,350	—	38,650	3,158	—	—	—
花縣	3,779,823	3,268,660	511,163	—	—	—	—	—
從化	7,709,113	7,443,050	200,148	61,550	—	4,365	—	—
增城	4,967,375	4,504,900	302,975	159,500	—	—	—	—
龍門	7,741,956	3,825,940	3,703,408	192,500	—	—	—	—
曲江	14,455,483	10,761,050	2,900,[illegible]	118,720	8,030	421,434	225,175	—
南雄	8,781,738	6,112,750	1,667,090	517,183	720	255,723	228,272	—
樂昌	5,981,335	5,038,163	498,447	52,075	—	261,700	130,950	—
始興	3,138,872	2,758,135	276,422	25,475	—	37,640	41,200	—
仁化	3,715,923	3,064,521	564,587	61,050	10,305	7,860	7,620	—

（續一）

縣別	合計	屠宰稅	筵席娛樂稅	營業牌照稅	使用牌照稅	房捐	警捐	其他
翁源	13,445,680	13,092,030	104,262	49,750	—	110,690	76,923	3,005
英德	10,583,042	9,932,093	281,010	248,250	22,262	99,427	—	—
乳源	1,190,340	1,185,240	5,100	—	—	—	—	—
連縣	18,552,565	14,589,000	3,025,153	346,700	—	225,551	365,180	—
連山	1,323,111	1,312,180	2,500	18800	—	5,690	3,585	356
陽山	9,948,625	9,693,300	29,296	37,780	1,488	13,429	173,322	—
佛岡	1,724,467	1,698,463	25,740	—	—	—	264	—
清遠	19,047,494	17,979,950	728,517	295,700	2,393	—	49,304	—
從化								
高要	16,496,579	12,125,577	3,734,506	481,150	563	121,040	31,723	—
廣寧	7,764,522	6,655,318	597,716	103,842	2,210	25,175	380,283	—
四會	6,671,226	4,799,000	1,626,042	148,000	11,720	8,893	—	16,639
開建	3,377,072	2,953,140	73,742	—	70,910	179,618	—	102,662
封川	2,385,031	2,195,750	[illegible]	159,500	—	—	—	—
鬱南	4,846,509	4,579,250	72,700	176,650	3,618	1,823	468	—
新興	6,166,494	5,100,413	483,852	389,675	22,747	107,588	68,219	—
羅定	10,528,499	8,962,760	1,372,756	135,910	1,674	29,626	24,773	—
德慶	2,391,728	2,329,628	62,100	—	—	—	—	—
雲浮	9,798,250	9,642,990	145,660	8,100	—	1,500	—	—
鶴山	8,420,887	6,729,957	1,332,230	272,137	—	32,842	53,721	—
高明	2,948,258	2,730,090	196,900	—	—	—	17,328	3,940
惠陽	11,628,596	11,108,436	455,732	—	—	31,050	34,878	—
信宜	5,837,310	5,376,781	88,450	5,950	40,930	190,217	137,982	1,250

（续六）

县别	合计	屠宰税	筵席娱乐税	营业牌照税	使用牌照税	房捐	警捐	其他
博罗	3,962,700	3,862,650	44,540	49,510	6,000	—	—	—
连平	4,786,474	4,706,090	65,050	5,675	4,800	758	651	3,500
河源	16,492,419	15,318,160	778,599	268,620	6,022	132,529	93,067	400
紫金	6,866,370	6,824,069	19,981	22,300	20	—		—
新丰	3,215,896	3,111,725	77,815	16,150	3,285	3,702	3,219	
龙门	9,774,921	9,029,180	594,450	87,000	912	27,970	35,416	—
潮安	7,603,332	6,962,725	522,006	118,601	—	—		
潮阳	8,247,669	7,818,856	184,890	123,775	61,086	28,608	30,454	
揭阳	6,955,629	6,913,550	38,500	2,350	—	495	734	—
澄海	3,492,666	3,274,800	45,510	151,141	26,215	—		
饶平	14,942,509	13,379,325	262,660	632,900	540	148,330	518,754	—
惠来	2,336,387	2,149,775	14,000	137,700	34,912	—	—	—
普宁	5,027,491	4,938,375	24,750	22,450	4,732	—	37,184	—
丰顺	7,114,912	6,583,388	60,343	209,880	7,895	172,783	86,623	—
南澳	412,010	412,000	—	—	—	—	—	—
汕头市	11,161,463	5,662,621	2,153,699	5,555	—	755,246	318,918	2,245,429
南山局	956,535	913,315	20,000	—	4,891	12,337	5,992	—
兴宁	3,717,773	2,960,710	109,140	345,550	46,701	387,827	247,805	—
梅县	29,529,785	27,763,416	1,116,533	445,510	36,122	50,676	115,028	—
五华	10,971,060	10,719,264	49,501	79,695	21,376	61,103	48,621	—
平远	6,013,133	5,292,403	157,727	179,325	35,625	66,719	81,314	—
蕉岭	7,602,721	7,121,680	203,007	115,834	27,225	75,441	64,411	—

（續三）

縣別	合計	屠宰税	[illegible]	[illegible]	使用牌照税	[illegible]捐	警捐	其他
龍川	18,786,667	18,178,512	[illegible]	151,213	3,537	35,180	45,845	—
連平	5,439,675	5,168,757	194,183	76,735	—	—	—	[illegible]
和平	7,956,522	7,525,781	174,122	179,940	21,344	17,681	49,304	350
大埔	12,801,250	12,063,255	77,522	300,160	16,521	221,474	122,018	4,429
茂名	15,721,894	15,270,612	173,055	128,620	2,972	140,206	—	4,424
電白	8,092,367	7,895,887	60,015	71,987	19,796	14,697	20,985	—
化縣	8,730,810	8,624,450	16,872	48,075	10,500	30,913	—	—
吳川	1,672,481	1,672,481	—	—	—	—	—	—
信宜	12,482,509	12,156,270	150,277	131,606	2	19,642	22,690	—
廉江	10,708,080	10,534,680	118,840	54,150	—	—	—	210
陽江	15,831,748	15,186,350	[illegible]	367,050	106,007	31,341	18,945	22,952
陽春	9,682,356	8,375,129	807,083	216,425	27,481	74,038	175,596	4,604
湛江市	7,272,257	6,050,020	1,222,217	—	—	—	—	—
[illegible]南（江東）	1,622,521	1,455,674	[illegible]	[illegible]	16,093	—	—	—
合浦	3,340,683	3,283,411	26,190	118,955	69,614	136,716	—	—
欽縣	14,387,945	13,160,330	160,843	317,425	24,850	472,502	252,045	—
防城	17,457,324	17,121,645	199,367	57,580	49,120	14,725	18,912	—
靈山	16,980,742	16,558,722	43,322	171,650	—	102,749	103,297	—
遂溪							[illegible]	
海康	4,379,377	4,220,225	[illegible]	[illegible]	20,255	—	—	—
徐聞	10,104,478	9,867,490	101,023	131,825	4,140	—	—	—

廣東省各縣稅捐實收數

三十三年度

單位：國幣元

縣別	合計	屠宰稅	行為取締稅	營業牌照稅	房捐	警費	使用牌照稅	其他
總計	306,503,407	276,160,172	13,547,140	6,750,915	2,536,066	3,267,235	1,201,556	3,060,377
番禺	—	—	—	—	—	—	—	—
南海	—	—	—	—	—	—	—	—
順德	—	—	—	—	—	—	—	—
中山	—	—	—	—	—	—	—	—
台山	3,641,456	3,213,955	249,210	76,613	2,084	12,333	57	87,200
新會	829,617	803,460	28	25,250	—	—	879	—
開平	5,737,105	4,685,507	801,338	171,650	6,339	33,853	7,906	30,512
恩平	3,656,906	3,565,005	49,927	36,250	—	2,376	3,348	—
三水	545,220	422,190	123,030	—	—	—	—	—
花縣	—	—	—	—	—	—	—	—
從化	3,196,510	2,979,209	126,666	78,375	12,260	—	—	—
增城	1,101,565	1,029,200	68,665	3,700	—	—	—	—
東莞	121,674	113,555	—	—	—	8,119	—	—
寶安	—	—	—	—	—	—	—	—
赤溪	357,405	346,250	—	—	—	—	1,530	9,625

續表

縣別	合計	營業稅	行為取締稅	營業牌照稅	房捐	警費	使用牌照稅	其他
曲江	11,171,105	9,238,263	878,363	231,579	530,326	280,255	1,056	11,369
清遠	7,810,137	7,103,800	248,833	348,625	3,514	99,568	14,993	—
英德	4,144,225	3,512,679	116,700	172,950	11,015	66,544	27,267	237,070
南雄	6,046,754	4,414,843	1,194,266	274,057	83,042	124,073	6,521	—
始興	2,070,385	1,824,636	166,984	67,198	583	3,929	1,444	5,611
仁化	1,352,370	1,108,390	206,898	24,400	793	7,039	4,805	45
樂昌	……	……	……	……	……	……	……	……
翁源	5,005,553	4,684,782	132,666	88,180	36,245	57,620	6,058	—
連縣	7,814,989	[illegible]	914,020	159,528	65,726	45,350	1,895	25,841
連山	445,892	414,500	3,158	23,250	4,984	—	—	—
陽山	3,444,112	3,291,370	105,000	2,466	16,984	11,800	13,086	3,068
乳源	……	……	……	……	……	……	……	……
佛岡	1,758,837	1,579,490	69,508	43,475	—	4,360	—	69,666
[illegible]	—	—	—	—	—	—	—	—
高要	……	3,235,939	……	……	……	……	……	……
廣寧	3,378,000	3,235,939	91,502	2,670	7,791	39,376	722	—
雲浮	2,050,313	1,891,103	60,560	76,225	5,604	9,262	7,613	—

續式

縣別	合計	屠宰稅	行為取締稅	營業牌照稅	房捐	警費	使用牌照稅	其他
羅定	4,052,691	3,609,420	338,557	74,675	12,895	16,574	570	—
新興	4,174,265	3,194,065	378,345	261,710	44,106	24,590	29,912	141,641
封川	1,607,846	1,446,750	79,715	104,685	1,312	13,908	1,475	—
德慶	1,236,951	1,077,624	48,912	12,035	—	—	—	98,380
鬱南	2,864,883	2,393,765	327,438	106,800	2,095	2,838	31,947	—
四會	4,171,884	3,052,903	841,687	174,665	32,165	24,868	842	54,750
鶴山	4,898,651	3,681,850	1,029,137	100,525	28,809	58,330	—	—
高明	……	……	……	……	……	……	……	……
開建	1,159,616	1,100,870	4,394	9,620	8,675	4,785	17,725	8,507
惠陽	10,969,705	9,950,600	236,180	56,500	63,394	539,646	7,386	—
博羅	4,171,188	3,873,678	178,529	104,550	—	13,823	608	—
海豐	4,694,204	4,475,800	57,541	80,293	36,599	29,163	14,806	—
陸豐	3,684,139	3,171,848	183,443	113,640	140,009	14,145	57,604	—
河源	6,341,600	5,606,710	442,984	175,150	29,718	35,432	20,498	24,912
紫金	2,930,129	2,841,280	36,720	12,650	20	8,609	436	34,410
新豐	2,078,292	1,810,050	39,680	77,650	8,208	9,102	430	133,212
龍門	3,369,447	2,788,645	356,564	145,300	11,041	49,526	146	16,175

续叁

县别	合计	屠宰税	行商牌照税	营业牌照税	房捐	警费	使用牌照税	其他
潮安	808,805	807,625	1,180	—	—	—	—	—
潮阳	3,863,926	3,504,451	53,465	160,628	27,333	18,280	75,119	25,650
揭阳	7,782,166	7,474,680	68,177	179,602	7,638	60,037	26,652	16,332
澄海	—	—	—	—	—	—	—	—
饶平	5,271,075	4,088,867	93,765	358,150	57,884	164,067	2,964	510,340
普宁	3,896,693	3,580,365	102,000	193,900	—	—	19,428	—
惠来	1,710,941	1,695,334	200	5,300	—	—	7,740	2,367
丰顺	2,933,736	2,776,850	85,858	53,475	—	1,663	15,890	—
南澳	—	—	—	—	—	—	—	—
汕头市	—	—	—	—	—	—	—	—
南山局	509,631	485,640	16,441	4,150	23,455	14,475	5,438	
兴宁	11,049,758	10,775,367	253,805	114,050	153,811	89,456	43,839	483
梅县	11,877,860	11,062,888	283,747	285,175	37,972	73,728	40,613	94,737
五华	4,424,409	4,160,461	40,466	5,470	45,218	19,846	59,311	46,417
平远	4,617,223	4,496,163	2,546	74,300	15,649	20,418	12,498	—

續表

縣別	合計	屠宰稅	行為取締稅	營業牌照稅	房捐	警費	使用牌照稅	其他
蕉嶺	2,520,945	2,284,380	26,340	57,250	26,979	42,917	42,075	—
龍川	7,672,841	7,061,381	179,841	177,035	46,942	135,976	26,782	44,874
連平	2,344,108	1,967,847	247,850	51,060	2,635	737	—	68,989
和平	2,878,976	2,728,762	38,741	30,225	15,362	38,387	24,026	3,475
大埔	4,125,361	3,782,021	15,375	116,415	129,565	60,815	21,000	—
茂名	8,187,503	7,773,030	153,719	185,440	40,768	7,533	2,101	22,416
陽江	------	------	------	------	------	------	------	------
廉江	7,033,663	6,851,505	17,778	88,065	2,173	3,980	13,680	56,085
化縣	6,679,061	6,208,850	24,287	135,934	53,744	144,277	17,107	54,877
電白	4,840,722	4,481,569	74,685	102,500	4,416	21,216	123,776	31,560
信宜	8,686,739	8,303,962	77,038	18,500	14,046	50,284	10,280	212,680
陽春	5,001,977	4,243,780	384,005	175,455	20,505	15,614	28,193	25,020
吳川	------	------	------	------	------	------	------	------
梅菉	813,425	729,821	24,114	41,550	3,330	—	12,289	1,731
合浦	15,779,295	15,217,719	167,477	131,675	149	862	91,173	120,280

續伍

縣別	合計	屠宰稅	行為取締稅	營業牌照稅	房捐	警費	使用牌照稅	其他
欽縣	7,820,921	7,199,743	108,261	131,230	73,080	7,132	32,502	268,069
防城	5,383,444	5,102,665	——	32,340	50,456	112,279	22,620	62,081
靈山	6,317,430	5,957,830	47,473	38,500	16,311	24,869	3,740	228,665
遂溪	-------	-------	-------	-------	-------	-------	-------	-------
海康	-------	-------	-------	-------	-------	-------	-------	-------
徐聞	4,736,178	4,609,546	16,564	40,610			23,714	45,745
韶關市	11,433,808	9,548,680	707,056	276,000	44,133	372,106	75,893	54,941

附註：1.表內各欄實線"——"表示無收入，虛線"-----"表示未詳

2.材料係根據各縣政府稅捐征收處呈報

廣東省各縣市自治稅課實收數預算數比較

三十四年度

1,173,310,812

縣市別	等第	稅捐實收數	稅捐預算數	比較 預算數=100	縣市別	等第	稅捐實收數	稅捐預算數	比較 預算數=100
合計		1,172,889,221	649,361,649	180.6	番禺	22	12,579,917	2,247,600	559.7
廣州市	1	406,832,482	—	∞	信宜	23	12,480,509	10,896,557	114.5
合浦	2	33,408,683	15,952,816	209.4	惠陽	24	11,628,596	15,078,400	77.1
興寧	3	31,717,773	13,726,000	231.1	新會	25	11,436,246	3,655,395	312.9
梅縣	4	29,529,785	13,490,000	218.9	汕頭市	26	11,161,463	—	∞
清遠	5	19,047,494	14,628,600	130.2	五華	27	10,971,060	8,040,000	136.5
龍川	6	18,786,607	9,983,293	188.2	廉江	28	10,708,080	11,141,191	96.1
連縣	7	18,552,595	9,374,000	197.9	英德	29	10,583,042	14,036,180	75.4
防城	8	17,457,349	9,296,000	187.8	羅定	30	10,528,499	6,860,441	153.5
靈山	9	16,980,742	12,911,000	131.5	徐聞	31	10,104,278	8,808,861	112.7
河源	10	16,497,419	10,916,665	151.1	陽山	32	9,948,615	6,357,833	156.5
高要	11	16,496,579	18,027,000	91.5	雲浮	33	9,798,250	9,307,000	105.5
陽江	12	15,831,748	15,184,000	104.3	龍門	34	9,774,928	5,400,557	181.0
茂名	13	15,721,894	14,869,000	105.8	陽春	35	9,682,356	8,085,233	119.8
中山	14	14,936,753	178,937	8,358.7	南雄	36	8,781,738	8,500,000	103.3
饒平	15	14,942,509	8,981,500	166.4	東莞	37	8,741,519	1,157,400	755.3
曲江	16	14,455,183	44,179,000	32.7	化縣	38	8,[illegible]	9,724,067	89.[illegible]
欽縣	17	14,387,915	11,439,756	125.8	開平	39	8,440,607	9,948,600	84.8
台山	18	13,935,264	13,586,000	102.6	鶴山	40	8,420,887	10,264,465	82.0
翁源	19	13,445,680	7,972,014	168.6	潮陽	41	8,247,669	10,686,000	77.2
南海	20	13,324,653	392,973	3,390.7	電白	42	8,093,367	9,376,835	86.3
大埔	21	1[illegible]01,250	7,178,537	178.3	和平	43	7,959,522	6,641,250	119.9
					寶安	44	7,764,544	8,973,000	86.5

續（一）

縣市別	等第	稅捐實收數	稅捐預算數	比較 預算數=100	縣市別	等第	稅捐實收數	稅捐預算數	比較 預算數=100
三水	45	7,741,956	1,132,520	683.6	花縣	68	3,779,823	1,729,108	218.6
從化	46	7,709,113	4,149,600	185.8	[illegible]	69	3,715,923	4,528,122	82.1
潮安	47	7,603,332	2,344,086	324.4	澄海	70	3,497,666	1,672,948	209.1
蕉嶺	48	7,602,721	5,780,000	131.5	開平	71	3,377,072	3,308,653	102.1
湛江市	49	7,272,257	—	—	新豐	72	3,213,896	6,228,317	51.5
普寧	50	7,114,912	5,917,000	120.2	始興	73	3,138,872	4,538,322	69.2
揭陽	51	6,955,629	15,349,212	45.3	高明	74	2,928,058	7,635,000	38.6
紫金	53	6,866,370	6,754,800	101.7	[illegible]	75	2,391,748	6,896,600	34.7
恩平	54	6,793,066	8,974,730	75.7	封川	76	2,385,031	4,727,466	50.5
四會	55	6,671,246	10,259,067	66.3	惠來	77	2,336,367	1,050,000	222.1
新興	56	6,166,494	7,836,000	78.7	寶安	78	1,988,950	1,211,658	164.1
平遠	57	6,013,133	6,544,364	91.9	佛岡	79	1,724,467	5,534,944	31.2
樂昌	58	5,981,335	8,512,300	70.2	吳川	80	1,672,481	4,345,519	38.5
陸豐	59	5,837,310	7,830,800	74.5	[illegible]	81	1,622,521	2,614,723	62.1
順德	60	5,763,099	—	—	連山	82	1,343,111	3,019,195	44.5
連平	61	5,439,643	5,447,000	99.8	乳源	83	1,190,340	2,576,900	46.2
[illegible]	62	5,027,491	7,729,249	65.0	[illegible]	84	956,535	2,322,337	41.2
[illegible]城	63	4,967,375	2,302,912	215.7	赤溪	85	445,158	1,798,621	24.8
[illegible]南	64	4,846,509	7,845,000	61.8	南澳	86	413,000		
[illegible]雄	65	4,786,474	9,068,000	52.8	[illegible]	87	—	793,000	—
海康	66	4,379,377	4,511,882	96.9					
[illegible]	67	3,962,700	7,753,982	51.1					

广東省八十六縣市局稅捐征收概況：

三十四年十二月份

稅捐實收數	縣市局數	縣市局名稱
合計	86	
未滿百萬元	20	赤溪、恩平、始興、仁化、連山、乳源、佛岡、雲浮、新興、封川、德慶、高明、連平、新豐、惠來、[illegible]、[illegible]、[illegible]、梅菉、遂溪、
一百萬至未滿二百萬元	29	開平、花縣、從化、增城、寶安、陽山、[illegible]、[illegible]、四會、鶴山、博羅、陵水、[illegible]、紫金、龍門、揭陽、[illegible]、[illegible]、平遠、[illegible]、和平、大埔、電白、陽春、信宜、防城、海康、化縣、徐聞
二百萬至未滿三百萬元	17	順德、三水、[illegible]、南雄、樂昌、連縣、羅定、[illegible]、五華、海豐、龍川、茂名、陽江、廉江、吳川、[illegible]、欽縣、
三百萬至未滿四百萬元	4	台山、河源、潮安、興寧
四百萬至未滿五百萬元	8	東莞、清遠、高要、潮陽、汕頭市、梅縣、[illegible]、[illegible]
五百萬至未滿六百萬元	3	新會、曲江、揭陽
六百萬至未滿一千萬元	4	中山、南海、番禺、合浦、
一億七千八百萬元以上者	1	廣州市

附註：[illegible]無稅收資料及[illegible]十六縣未辦俱未列入

廣東省各縣租項實收預算比較

三十四年度

縣別	租項實收數							財產權利	比較
	共計	市場租	碼頭租	田地租	房舖租	墾[illegible]租	其他	收入預算數	百分比
合計	41,480,865	24,140,368	4,893,647	7,404,046	375,338	4,656,096	11,360	60,398,534	68.7
百分比	100.00	58.2	11.8	17.9	.9	11.2	—		
廣州市	2,769,287	395,000	1,265,932	—	—	1,108,355	—	—	[illegible]
番禺	—	—	—	—	—	—	—	12,007	—
南海	394,340	18,440	160,900	—	—	214,900	—	—	—
順德	29,170	—	1,560	—	—	27,610	—	—	—
中山	330	—	330	—	—	—	—	—	—
台山	45	—	45	—	—	—	—	45,100	01
新會	187,100	30,075	3,740	153,285	—	—	—	173,923	[illegible]
開平	232,751	5,660	—	169,232	—	57,859	—	169,458	[illegible]
恩平	140,154	22,713	2,581	—	—	114,860	—	180,913	[illegible]
花縣	1,689,583	1,547,513	142,070	—	—	—	—	400,000	[illegible]
從化	1,408,475	1,408,475	—	—	—	—	—	200,000	704.24
三水	158,365	92,065	66,300	—	—	—	—	41,200	[illegible]
增城	618,775	618,775	—	—	—	—	—	100,000	618.77
東莞	—	—	—	—	—	—	—	—	
寶安	31,200	31,200	—	—	—	—	—	[illegible]	130.00

（续八）

县别	租项实收数 合计	市场租	码头租	田池租	屋铺租	墟场租	其他	财产租利收入预算数	比较实收数
[illegible]	1,375	—	.375?	—	—	—	—	309,1??	.4
[illegible]	28,334	15,455	—	—	—	9,832	—	22,165?	1.3
[illegible]	1,593,281	35,686	312,800	350,000	224,005	132,860	—	1,552,???	102.82
[illegible]	237,744	172,400	53,192	—	—	12,150	—	731,40?	30.82
[illegible]	463,735	458,729	—	—	—	5,000	—	176,???	26.11
[illegible]	506,256	251,357	2,800	152,600	38,075	—	—	1,055,500	51.36
[illegible]	2,305	—	—	—	2,305	—	—	114,00?	1.93
[illegible]	203,065	185,315	5,?	—	—	51,150	—	216,20?	15?.67
[illegible]	215,614	2??,914	—	—	—	11,305	—	715,33?	3?.14
[illegible]	580,386	315,701	—	—	—	264,685	—	1,221,8??	4.73
[illegible]	1,134,455	128,875	—	311,360	—	—	—	586,701	74.09
[illegible]	531,039	14,632	5,825	501,607	8,805	—	—	611,1??	82.82
[illegible]	130,285	156,193	14,000	—	—	—	—	352,80?	67.??
[illegible]	54,000	54,220	—	—	—	—	—	251,8??	2?.?
[illegible]	—	—	—	—	—	—	—	—	—
[illegible]	1,9??,608	1,495,553	2??.9?	—	—	175,400	—	33?,01?	488.31
[illegible]	841,017	?5,037	[illegible]	—	—	—	—	5,48?.??	84.29

（續表）

縣別	額項實收數 共計	市場租	码頭租	田地租	房舖租	香場租	其他	財產權利收入預算數	比較 實收數/預算數×100
雲浮	391,057	390,868	189	—	—	—	—	315,000	125.11
羅定	58,198	57,652	216	330	—	—	—	773,460	7.48
新興	628,515	21,010	105,855	501,650	—	—	—	320,986	194.56
封川	1,538,783	695,563	843,220	—	—	—	—	263,800	583.21
德慶	680,440	471,772	—	130,444	30,000	—	—	1,045,660	65.07
鬱南	181,308	167,228	14,080	—	—	—	—	913,000	19.77
四會	549,367	387,275	—	—	—	162,092	—	1,804,938	30.44
鶴山	323,001	250,775	16,517	55,709	—	—	—	1,471,285	21.95
高明	23,302	23,302	—	—	—	—	—	258,716	9.01
開平	1,141,211	774,414	366,797	—	—	—	—	966,700	118.16
惠陽	68,015	32,835	35,180	—	—	—	—	122,000	55.68
博羅	130,935	—	7,185	76,000	47,750	—	—	539,600	24.16
海豐	2,960	—	2,960	—	—	—	—	85,500	3.46
陸豐	1,477,376	1,456,016	21,360	—	—	—	—	2,698,595	54.07
河源	712,387	391,083	45,455	50,100	15,928	209,452	—	433,100	164.48
紫金	242,116	242,116	—	—	—	—	—	367,500	66.11
新豐	498,311	498,311	—	—	—	—	—	551,100	90.42

（續三）

縣別	租項實收數							財產孳利	比較
	共計	市場租	碼頭租	田地租	房舖租	屠場租	其他	收入預算數	預算數×100
龍門	2,491,265	1,707,550	—	—	—	783,715	—	2,128,801	116.93
潮安	106,959	—	106,839	—	—	—	—	592,000	18.08
潮陽	131,935	—	131,935	—	—	—	—	1,123,000	11.70
揭陽	—	—	—	—	—	—	—	219,849	—
澄海	—	—	—	—	—	—	—	520,000	—
饒平	45,636	—	34,431	8,415	2,200	—	—	1,292,350	3.48
普寧	896,508	229,318	—	664,530	4,630	—	—	1,266,738	70.30
惠來	—	—	—	—	—	—	—	136,000	—
豐順	47,663	—	47,663	—	—	—	—	112,000	4.25
南澳	16,080	16,080	—	—	—	—	—	—	—
汕頭市	30,830	30,830	—	—	—	—	—	—	—
南山局	54,500	54,500	—	—	—	—	—	82,000	66.46
興寧	1,802,088	1,434,188	—	—	—	367,900	—	566,500	318.10
梅縣	153,430	—	49,430	—	—	104,000	—	116,800	131.36
五華	—	—	—	—	—	—	—	66,000	—
平遠	81,669	53,930	—	27,739	—	—	—	588,200	13.88
蕉嶺	228,835	—	1,220	—	—	227,615	—	[illegible]	21.85

(續四)

縣別	租項定收數							財產權利收入預算數	比較
	共計	市場租	碼頭租	田地租	房舖租	屠場租	其他		預算數=100
龍川	4,668	—	4,668	—	—	—	—	100,000	4.66
連平	102,644	91,284	—	—	—	—	11,360	111,000	92.43
和平	122,772	122,772	—	—	—	—	—	152,580	80.45
大埔	40,036	—	40,036	—	—	—	—	193,080	23.13
[illegible]	455,556	253,480	—	13,825	—	188,251	—	240,919	189.09
陽江	200,504	5,980	—	—	—	194,524	—	330,295	60.70
化縣	4,071,731	16,411	—	3,939,000	1,150	115,170	—	1,118,380	364.07
電白	506,501	480,860	—	—	—	25,031	—	5,174,986	9.78
信宜	951,975	431,296	—	236,000	—	284,679	—	1,633,444	58.28
廉江	600,000	600,000	—	—	—	—	—	900,038	66.67
陽春	1,227,440	990,580	236,860	—	—	—	—	1,026,000	119.59
吳川	29,820	29,820	—	—	—	—	—	128,000	23.31
湛溪市	555,378	555,378	—	—	—	—	—	—	—
梅張閘	434,170	434,170	—	—	—	—	—	396,600	109.43
合浦	4,858	900	—	—	—	3,958	—	25,000	19.41
欽縣	65,145	65,145	—	—	—	—	—	220,900	29.49
防城	526,558	471,880	—	—	—	54,678	—	231,400	226.88
靈山	552,300	552,300	—	—	—	—	—	290,000	189.10
東興	600,084	600,084	—	—	—	—	—	80,250	747.76
海康	544,150	544,160	—	—	—	—	—	66,700	8.15
徐聞	—	—	—	—	—	—	—	68,840	

广东财政统计

（民国三十六年十一月）

广东省政府财政厅 编

廣東財政統計

民國三十六年十一月

廣東省政府財政廳編製

廣東財政統計圖表

提要說明

一 省財政

1. 廣東省歲出預算分類比較——三十五年度
2. 廣東省歲出預算——三十五下半年度
3. 廣東省歲入預算——三十五下半年度
4. 廣東省歲出預算——三十六年度
5. 廣東省歲入預算——三十六年度
6. 廣東省財政收支決算——三十六年一至十一月份

二 縣財政

7. 廣東省各縣歲出歲入預算分級比較——三十五年度
8. 廣東省各縣歲出歲入預算分級比較——三十六年度
9. 廣東省各縣地方歲出預算分級比較——三十五及三十六年度

10. 廣東省各縣地方歲入預算分類比較——三十五及三十六年度

11. 廣東省各縣歲出歲入總預算——三十五年度

12. 廣東省各縣歲出歲入總預算——三十六年度

13. 廣東省各縣公庫收支分類比較——三十五年度

14. 廣東省各縣公庫收支實數——三十五年度

三、縣稅捐

15. 廣東省各縣自治稅課實收數分類比較——三十五年度

16. 廣東省各縣自治稅課征收數——三十五年度

17. 廣東省各縣自治稅課預算數分類比較——三十六年度

18. 廣東省各縣自治稅課預算數分類比較——三十五及三十六年度

19. 廣東省各縣自治稅課分類征收數——三十六年一至十月份

20. 廣東省各縣自治稅課征收數——三十六年一至十月份

21. 廣東省賦稅制度——三十五年度

22 廣東省財政各種稅捐征率——三十六年上半年

23 廣東省各縣人民負担縣稅捐數——三十五年度

四 公產

24 廣東省各縣公產收益——三十五年度

25 廣東省各縣租項預算數與實收數——三十五年度

26 廣東省各縣租項實收數——三十五年度

五 金融

27 廣東省銀行分支行匯數——三十五年十二月

28 廣東省銀行存放款餘額——三十五年

29 廣東省各縣縣銀行設立概況——三十六年

30 廣州市金銀及外幣價格——三十五年一月至三十六年二月

六 稅捐征收機構及費用

31 廣東省各縣稅捐稽征處等級——三十六年九月

34 廣東省各縣稅捐征收與征收費用率比較——三十五年度
35 廣東省各縣稅捐征收與征收費用率——三十五年度
36 廣東省各縣稅捐稽征與征收費用率——三十六上半年

七、附錄

廣東省各縣公教人員待遇概況——三十五年及三十六年

提要说明

省财政

自三十一年中央改订财政收支系统，将省级预算纳入国家财政范围，但对于战前[illegible]中央统筹拨付。迨卅五年复员之际，[illegible]中央[illegible]之款，[illegible]人员经费，虽有余力从事建设。如三十五年度省岁出预算[illegible]亿[illegible]，[illegible]补助费支出占总数百分之六十四强，保安支出占总数百分之二十八强，[illegible]不过十分之一，[illegible]之款实不足因应需要之急需。[illegible]下半年[illegible]岁出[illegible]一百六十六亿八千五百五十三万余元，岁出以[illegible]补助支出占百分之五十八为最多，次为保安支出占百分之二十七，[illegible]为教育文化支出占百分之四点五，[illegible]至于岁入，[illegible]计国库[illegible]一百七十五亿六千一百八十五万余元，国库补助为七十二亿一百二十八万余元。岁入[illegible]占百分之五十七，补助收入则因营业税[illegible]七八九三个月[illegible]由中央[illegible]岁入百分之四十一[illegible]共一十七亿四千七百余万元。卅六年度岁出岁入各[illegible]一亿二千八百八十八万元，与卅五年度预算数比较，约增一千四百七十四亿，其中补助费支出占百分之三十四强，补助支出占百分之十六强，保安支出占百分之十六，[illegible]支出大事增加，由上年十分之四，提高至占百分之八，财务支出占百分之五，教育文化支出占百分之四强，财务支出[illegible]，以致本年度增加颇多，估总支出百分之四强，於管理行政事業各佔百分之三，社會及衛生支出合佔百分之一，歲入税課佔百分之五十一弱，次則中央補助收入佔百分之三十七，再次為各縣解營業税土地税之協助收入佔百分之五。税課收入計列五百一十四億八千七百六十萬元，較卅五年實收數增加一千三百七十倍，較卅年度增加四百二十八倍，其中營業税五成計九十億元，田賦徵實一百二十億元，帶征公糧九十億元，地價税一十四億元，契税附加八千七百六十萬元。若以税源比較，則卅年度前税計有田賦、契税、營業税、屠税、船舶税、木物產索税、煤油販賣税、屠牛牛皮税、香烟統費捐等，全部收入田賦僅佔税課收入百分之七，營業税佔百分之一零點三，兩者合計不過佔百分之一十七點三，而今經過整理財政，其税課收入僅存田賦及營業税二種，契税附加為數無多，其他各種税捐則已分別劃歸裁併，且田賦僅得二成，營業税又省縣各半，而所得者實不及當年百分之八（$\frac{7}{100}\times\frac{2}{10}+\frac{10.3}{100}\times\frac{1}{2}=\frac{1.4}{100}+\frac{5.15}{100}=\frac{6.5}{100}$）税源如此狹窄，遑言因應戰後經濟建設，即經常收支亦無法維持，節流既非善法，開源又無可能，唯有依賴中央補助已耳。卅一年十一月前核追加四次共列六百八十五億七千四百九十九萬元，而截至十一月份實際共收入一千一百二十五億餘元，支出一千零二十四億餘元。

縣財政

自田賦收歸中央後，其原為縣地税之成份，以閩幣猛跌、幣值低落，縣地方財政固屬非常艱難，鄉鎮經費難以列入縣預算內，亦則徵收甚微，有名無實，或則擅徵糜費，徒增紛擾。迨卅五年下半年财政收支系统实行修订，将田赋征实及营业税本款归县，并将契税全部归县征收，县市财政逐较前充裕。计卅五年度各县市局岁出岁入总数列一百三十八亿三百九十二万元，与战前二十六年度预算数比较，约增一千倍。岁出除支给补助费拨入其他支出占总数百分之六十四点七外，以行政支出占百分之七点七为最多，次为经济支出，占百分之七点八，又次为教育文化支出及保警支出，各占百分之五点六七，卫生支出占百分之三弱，社会救济支出、乡镇区事业费、财务支出各占百分之一强，补助协助支出最少，仅占百分之点六。岁入税课占百分之七十五为最多，次为财产孳息，包括市场田地铺租码头租等项，占岁入百分之一十八，又次为国税分配之田赋营业税及战时地税及营业税、印花税、遗产税、契税等项，占岁入百分之六强，捐献收入占百分之五强，其余各种财产之收入为数甚微，合计不过占百分之三而已。三十六年度岁出岁入合列一千二百四十四亿六千一百七十五万元，较三十五年增加约九十二百余倍，惟各县市贫富不齐，收支数额相差甚钜，计未满一亿元者有三县，一亿元至十亿元之间者六十九县份，一十亿元以上者三十一市县。岁出以土地补助费为最多，占百分之七十一，次为行政支出，占百分之六，次为教育文化支出占百分之三点八，协助补助支出占百分之三点七，建设支出占百分之三点四，卫生支出占百分之二点八，保警支出占百分之贰点七，财务支出占百分之一点六，此外社会救济支出、乡镇区临时事业支出、改进行使支出、债务支出等项均在百分之二以下。岁入税课约占百分之七十一，公粮补偿收入占百分之十三营税管理收入占百分之五，捐献赠与收入，财产、事业权利售价收入，各占百分之三强，特别税课之摊拨及补助收入合占百分之一强，此外尚有依法递送收益、规费收益及惩罚及临时性收入，及公营业收入等项共占百分之一。又各县市实际收支数目，须依会计制度之逐渐建立，俟实施后始有精确之统计，目前尚仍以暂以预计列报，难现真实状况，兹不复赘。

县税捐

卅五年上半年县市税捐，计有屠宰税、筵席及娱乐税、房屋税、契税、营业牌照税、使用牌照税等六种，下半年增收契税全部、营业税五成、地价税及土地增值税五成，全年度征收一百四十亿六千九百八十四万元，较预算数增加五分之一。计屠宰税占总数百分之六十，筵席及娱乐税占百分之二十一，房屋税占百分之八强，契税占百分之六弱，营业税占百分之二，其余营业牌照税、使用牌照税、地价税共占百分之六。全省各县县税收数，四县税收未满一千万元者五县，一千万元以上未满五千万元者三十县，五千万元至未满一亿元者三十四县，一亿元至未满二亿元者一十七县，二亿元至未满十亿元者十县市，此外中山县实收四亿余元，汕头市实收八亿余元，广州市则占全省税收百分之六十五，计达五十亿元。卅六年税课收入，计有屠宰税、土地税、房屋税、筵席及娱乐税、营业税、契税、营业牌照税、使用牌照税，及中央拨给之遗产税等九种，营业税划入特别课税，预算总计收入一百八十七亿八千二百八十万元，较前三十五年度各县预算列收入二百五十六万元，计增加八万四千九百一十倍。惟三十六年度临时地税由县征收未收入税课科目，因三十六年度田赋带征公粮亦未列入，若除去土地税，依比较则税课收入实增加一万七千四百九十倍，又与上年度预算比较，亦增加八倍下。其间营业税估总收百分之四十七，土地税五成估百分之三十，筵席及娱乐税估百分之一十强，营业税五成估百分之六，房捐估百分之四，契税、营业牌照税、遗产税等合计不过估百分之三。全省各县市内，总税收者计有连南、紫金、保亭、白沙四县，收入未满一亿元者四县，一亿元至未满五亿元者四十九县，而五亿元至未满十亿元者三十二县，十亿元至未满二十亿元者十三县市，二十亿元至未满三十亿元者六县，三十余亿元以上者，计有中山一县及广州市，税收约估全省百分之一十九，计则一百七十三亿余元。

县公产

三十五年各县公产报表已到齐者，计有六十五县市，共有房屋一千零五十六间，田地七万七千四百八十亩，及池塘、码头等。全年租金收益计国币四亿六千四百四十四万元，租谷二万六千三百九十四市石。据该各县税捐处报告，全年实收五亿六千一百七十一万元，其中市场租估最多，计三亿一千八百九十五万元，次为屠场租，计八千七百八十四万元；田地租除租谷外，计七千九百五十一万元；码头租六千七百一十二万元；房铺租八百二十九万元。三十六年预算收益为一十三亿八千七百四十八万元，内以田地租估最大宗，计九亿四千三百五十万元，次为市场租六亿五千六百三十万元，屠场租三亿一千九百一十万元，码头租二亿六千七百一十万元，房铺租八千七百一十万元，其他一亿零四百一十万元，而为最三十五年度实收数目表查相同者,一则由于税捐处所收未必是卅五年度之租额,次则因一部田地及房屋已拨为新设之校产,由学校直接收租之故也。

金融

广州为华南重要商埠,以市之银签与上海市场有如影随之应。自卅五年一月至卅六年一月前后一年间,银价高涨将达十倍,各业货物约涨八倍,纱布杂粮均涨六倍余,港币虽比正价高涨五倍余,而钞价涨四倍余,黄金高涨三倍余,涨势最缓为西贡纸,前后高涨二倍余。二月十日前后金融波动剧烈,人心惶惶,为维护经济与稳定金融,紧急措置办法呈由省府于十二日公布施行,停止黄金外币买卖,金融遂告安定。嗣奉中央明令禁止黄金外币买卖投机之风,于焉制止。省银行在省内设有分行及办事处等九处,经办事处七十处。是年底各种存款共一百五十三亿元,放款一百零七亿元,代库收入八十余亿元,支拨三十余亿元。县市银行现仍继续经营者,计有广州及南番等十五间。

各税捐征收机构员额及费用

三十五年上半年各县税捐征收处设正副主任各一人,下设税捐总务两课,其人员之编制,依各税分处之多寡以定。下半年接征营业税、土地税、契税,将副主任裁撤,以一事权,并设秘书一人,下设四课,分掌营税、县税、总务、会计事宜。卅六年九月中央颁布各县税捐稽征处组织法规,将税捐征收处改为稽征处，分为五等，各处处长以下，设立课分掌稽核、县税、总务等事，其人员合计人员人事，暂编制人员计一等处七十五人，二等处六十一人，三等处四十二人，四等处三十一人，五等处二十六人，惟按等级各有调整。至本年十月，计全省除连山、连南等二十七县尚未设征收处外，一等处凡十四，二等处凡四，三等处凡八，四等处二十有六，五等处二十有三，合计七十五处。本年度已报开支经临费用者七十一处，其征收费用率在百分之一十以下者七处，百分之十至二十以下者二十五处，百分之二十至三十以下者三十一处，百分之三十以上者八处。总平均经征费占税收百分之十一强。

一、省财政

表八

广东省岁出预算分类比较

民国二十五年度

单位：国币元

科目	合计	百分比	原预算数	追加数
总计	754,059	100.00	715,059	39,000
保安支出	188,504	24.99	173,850	14,654
教育文化支出	53,970	7.39	47,968	6,002
行政支出	17,914	2.45	8,360	9,554
社会及救济支出	7,138	0.96	6,581	557
经济及建设支出	6,894	0.94	3,149	3,956
卫生支出	2,027	0.27	990	1,037
财务支出	1,680	0.23	675	1,005
党务事业费	11,400	1.51	11,400	—
公务员退休及抚恤支出	71	0.01	71	—
生活补助支出	444,994	59.00	444,994	—
补助支出	579	0.08	579	—
第一预备金	4,308	0.59	4,308	—
特别预备金	4,535	0.56	4,500	35

广东省岁出预算

三十五年下半年度

单位：万元

科目	合计	百分比	原列预算	第一次追加	第二次追加
总计	[illegible]	100.00	[illegible]	[illegible]	[illegible]
保警支出	[illegible]	[illegible]	[illegible]	[illegible]	—
教育文化支出	[illegible]	[illegible]	[illegible]	[illegible]	[illegible]
行政支出	[illegible]	[illegible]	[illegible]	[illegible]	[illegible]
社会及救济支出	[illegible]		[illegible]	[illegible]	—
债务支出	[illegible]	[illegible]	[illegible]	[illegible]	—
信托管理支出	[illegible]	[illegible]	[illegible]	[illegible]	—
经济及建设支出	[illegible]	[illegible]	[illegible]	1,003	[illegible]
卫生支出	[illegible]	0.16	4,397	[illegible]	[illegible]
财务支出	[illegible]	[illegible]	5,346	[illegible]	—
[illegible]及损耗支出	[illegible]	[illegible]	124	[illegible]	[illegible]
人培补助支出	[illegible]	[illegible]	[illegible]	[illegible]	—
补助支出	[illegible]	[illegible]	1,137	[illegible]	—
第一预备金	6,000	[illegible]	6,000	—	—
第二预备金	6,791	[illegible]	—	[illegible]	[illegible]
特别预备金	[illegible]	[illegible]	[illegible]	—	—

说明：下半年度省财政收支系统改制另编本预算。

广东省岁入预算

三十五年下半年度

单位：万元

科目	合计	百分比	原列预算	第一次追加	第二次追加
总计	[illegible]	[illegible]	[illegible]	[illegible]	[illegible]
税课收入	[illegible]	[illegible]	[illegible]	[illegible]	[illegible]
营业盈余及事业收入	[illegible]	[illegible]	[illegible]	—	—
罚款及赔偿收入	[illegible]	[illegible]	[illegible]	—	—
规费收入	[illegible]	[illegible]	[illegible]	[illegible]	[illegible]
财产孳息收入	[illegible]	[illegible]	[illegible]	[illegible]	
财产售价收入	[illegible]	[illegible]	[illegible]	[illegible]	[illegible]
工程受益费收入	[illegible]	[illegible]	—	[illegible]	—
补助收入	[illegible]	[illegible]	[illegible]	[illegible]	—
其他收入			[illegible]		[illegible]

说明：下半年度财政收支系依大纲划分编本预算。

廣東省歲出預算

三十六年度

單位：萬元

科目	合計	百分比	原列預算	第一次追加	第二次追加	第三次追加	第四次追加
總計	[illegible]	100.00	[illegible]	[illegible]	[illegible]	[illegible]	[illegible]
行政支出	[illegible]	4.79	315,688	[illegible]	[illegible]	[illegible]	[illegible]
教育及文化支出	614,541	4.71	[illegible]	45,000	[illegible]	[illegible]	[illegible]
經濟及建設支出	[illegible]	4.86	[illegible]	[illegible]	100,447	[illegible]	[illegible]
衛生支出	[illegible]	1.40	[illegible]	—	—	—	7,108
社會及救濟支出	436,108	3.34	85,014	—	[illegible]	36,869	[illegible]
保警支出	[illegible]	16.79	[illegible]	—	[illegible]	[illegible]	[illegible]
財務支出	[illegible]	[illegible]	[illegible]	[illegible]	1,304	77,106	[illegible]
公務員退休及撫卹支出	[illegible]	.01	303	—	714	—	—
信託管理支出	[illegible]	1.38	180,000	—	—	—	—
協助及補助支出	[illegible]	9.50	[illegible]	[illegible]	[illegible]	[illegible]	136
第一預備金	[illegible]	.23	[illegible]	—	—	—	—
第二預備金	[illegible]	2.14	[illegible]	—	—	[illegible]	—
[illegible]事業費	175,330	1.34	175,330	—	—	—	—
生活補助費支出	[illegible]	49.06	[illegible]	2,338,270	645,466	[illegible]	—
債務支出	[illegible]	.67	—	—	—	[illegible]	—

廣東省歲入預算

三十六年度

單位：萬元

科目	合計	百分比	原列預算	第一次追加	第二次追加	第三次追加	第四次追加
總計	[illegible]	[illegible]	[illegible]	[illegible]	[illegible]	[illegible]	[illegible]
稅課收入	[illegible]	[illegible]	[illegible]	—	[illegible]	[illegible]	—
罰款及賠償收入	[illegible]	[illegible]	[illegible]	—	[illegible]	—	—
規費收入	[illegible]	[illegible]	[illegible]	[illegible]	—	—	—
省有財產孳息收入	[illegible]	[illegible]	[illegible]	[illegible]	[illegible]	[illegible]	
省有財產售價收入	[illegible]	[illegible]	[illegible]	—	[illegible]	—	—
省有營業盈餘收入	[illegible]	[illegible]	[illegible]	—	[illegible]	—	—
補助收入	[illegible]	[illegible]	[illegible]	[illegible]	[illegible]	[illegible]	[illegible]
協助收入	[illegible]	[illegible]	[illegible]	[illegible]	[illegible]	—	—

廣東省財政收支實數

三十六年一月至十一月

單位:萬元

收入科目	一至十一月	百分比	一至三月	四至十一月	支出科目	一至十一月	百分比	一至三月	四至十一月
合計	[illegible]	100.00	[illegible]	[illegible]	合計	[illegible]	100.00	[illegible]	[illegible]
營業稅	651,600	5.60	[illegible]	[illegible]	生活補助支出	[illegible]	[illegible]	[illegible]	[illegible]
田賦及公糧	[illegible]	19.00	[illegible]	[illegible]	保警支出	[illegible]	[illegible]	345,100	[illegible]
地價稅及契稅附加	19,900	0.18	3,500	[illegible]	教育文化支出	581,500	[illegible]	[illegible]	[illegible]
罰款規費財產孳息及財產售價收入	[illegible]	[illegible]	[illegible]	1,800	經濟建設支出	[illegible]	4.91	111,400	[illegible]
公有營業盈餘	97,100	0.87	19,900	[illegible]	行政支出	[illegible]	3.41	[illegible]	[illegible]
補助收入	[illegible]	71.16	[illegible]	[illegible]	新興事業費支出	[illegible]	[illegible]	[illegible]	101,500
協助收入	[illegible]	[illegible]	4,000	[illegible]	補助支出	[illegible]	[illegible]	—	[illegible]
其他收入	[illegible]	[illegible]	—	[illegible]	債務支出	[illegible]	[illegible]	—	[illegible]
借入	[illegible]	[illegible]	—	[illegible]	預備金	[illegible]	[illegible]	[illegible]	[illegible]
					其他支出	[illegible]	[illegible]	—	[illegible]

說明:本表係根據第一科抄送資料編列。

八、縣財政

廣東省各縣歲出歲入預算分級比較

二十五年度

預算數(萬元)	縣數	縣市名稱
合計	103	
10000以下	8	[illegible]
10000—20000	10	[illegible]
20000—30000	19	[illegible]
30000—40000	21	[illegible]
40000—50000	14	[illegible]
50000—60000	5	南雄、文昌、欽縣、潮陽、揭陽。
60000—70000	5	[illegible]、惠陽、陽江、高要。
70000—80000	4	清遠、海豐、新會、梅縣。
80000—90000	6	台山、興寧、[illegible]、茂名、[illegible]、英德。
90000—100000	1	[illegible]。
100000—150000	6	南海、番禺、東莞、順德、合浦、曲江。
150000—200000	1	中山。
200000—300000	1	潮安。
300000—400000	1	汕頭。
400000—500000	1	廣州。

广东省各县市廿六年度岁入预算分级比较

预算数（元）	县数	县市名称
合计	103	
10,000以下	3	乐东、保亭、白沙。
10,000—20,000	5	陵水、[illegible]山、南澳、昌江、[illegible]。
20,000—30,000	4	[illegible]、[illegible]、连山、[illegible]
30,000—40,000	4	[illegible]、仁化、[illegible]、[illegible]、[illegible]。
40,000—50,000	15	[illegible]、[illegible]、翁源、[illegible]、[illegible]、[illegible]、从化、阳山、封川、[illegible]、[illegible]、佛冈、临高、新丰、连平。
50,000—60,000	11	[illegible]、五华、定安、[illegible]、[illegible]、开建、和平、[illegible]、[illegible]、徐闻、[illegible]。
60,000—70,000	4	[illegible]、[illegible]、[illegible]、[illegible]。
70,000—80,000	11	高明、[illegible]、[illegible]、[illegible]、[illegible]、[illegible]、[illegible]、[illegible]、[illegible]、[illegible]、[illegible]。
80,000—90,000	9	电白、[illegible]、[illegible]、[illegible]、[illegible]、[illegible]、[illegible]、[illegible]、[illegible]。
90,000—100,000	5	大埔、新丰、英山、[illegible]、花县。
100,000—200,000	23	[illegible]、合浦、[illegible]、[illegible]……
200,000—300,000	3	[illegible]、[illegible]、汕头市。
300,000—400,000	4	南海、新会、[illegible]、东莞。
400,000—500,000	1	中山。
[illegible]	1	广州。

廣東省各縣地方歲出預算分類比較

三十五及三十六年度

單位：國幣萬元

科目	三十五年 預算數	三十五年 百分比	三十六年 預算數	三十六年 百分比
總計	1,382,592	100.00	12,446,134	100.00
行政支出	106,509	7.70	743,008	6.04
教育文化支出	78,960	5.70	466,[illegible]	3.77
協助及補助支出	21,945	1.57	444,096	3.64
經濟及建設支出	102,270	7.39	441,000	3.58
衛生支出	40,143	2.91	345,545	2.78
保安及警察支出	74,680	5.44	330,448	2.64
財務支出	16,521	1.19	324,448	2.61
社會及救濟支出	21,507	1.48	219,772	1.77
鄉鎮區臨時事業支出	19,184	1.39	171,456	1.38
政權行政支出	—	—	60,981	0.49
債務支出	—	—	5,000	0.04
其他支出	853,110	64.70	8,835,044	70.97
第二預備金	19,180	1.39	49,208	1.48

廣東省各縣地方歲入預算分類比較

單位：國幣萬元

科目	[illegible]年 預算數	[illegible]年 百分比	[illegible]年 預算數	[illegible]年 百分比
總計	[illegible]	100.00	[illegible]	100.00
稅課收入	[illegible]	[illegible]	[illegible]	71.35
信託管理收入	—	—	[illegible]	[illegible]
捐獻及贈與收入	[illegible]	[illegible]	[illegible]	[illegible]
財產孳息及售價收入	[illegible]	10.16	[illegible]	3.07
特別稅課收入	—	—	[illegible]	1.90
補助收入	—	—	[illegible]	1.04
分配縣市國庫款收入	88,278	6.59	—	—
營業盈餘及事業收入	6,607	.48	23,664	[illegible]
遺產收入	—	—	31,864	[illegible]
收回資本收入	—	—	[illegible]	[illegible]
[illegible]費收益費收入	[illegible]	[illegible]	16,404	[illegible]
罰款及賠償收入	[illegible]	[illegible]	13,197	[illegible]
其他收入	[illegible]	.05	[illegible]	[illegible]
國稅附加收入	[illegible]	[illegible]	—	—
規費收入	[illegible]	[illegible]	—	—

广东省各县岁出岁入总预算

民国五十五年度

单位：国币万元

县别	预算数	县别	预算数	县别	预算数	县别	预算数
总计	[illegible]	花县	3,994	乐昌	4,041	开建	3,066
广州市	[illegible]	宝安	5,445	乳源	1,244	惠阳	6,909
南海	[illegible]	赤溪	614	连南	778	博罗	2,006
番禺	[illegible]	曲江	10,146	高要	6,079	海丰	3,001
东莞	15,654	清远	7,344	广宁	4,070	陆丰	4,907
中山	[illegible]	南雄	6,984	罗定	4,459	河源	6,600
顺德	[illegible]	英德	8,480	云浮	3,446	紫金	4,500
新会	[illegible]	佛冈	2,385	四会	4,816	新丰	1,907
台山	[illegible]	翁源	2,974	封川	3,170	龙门	3,478
增城	6,500	始兴	2,987	郁南	3,294	潮安	7,460
三水	[illegible]	仁化	1,947	新兴	3,460	潮阳	10,900
开平	10,964	连县	6,361	德庆	3,540	揭阳	6,470
恩平	[illegible]	连山	1,066	鹤山	3,960	澄海	2,960
从化	[illegible]	阳山	2,340	高明	4,378	饶平	2,978

（續一）

縣別	預算數	縣別	預算數	縣別	預算數	縣別	預算數
普寧	3601	大埔	3440	靈山	8,444	瓊東	4084
惠來	2954	茂名	6457	海康	3080	感恩	737
豐順	2576	陽江	6496	遂溪	2016	昌江	749
南澳	558	電白	4441	徐聞	2847	樂東	1,366
汕頭市	2,948	化縣	3,655	瓊山	9,565	保亭	1632
南山局	849	信宜	4734	文昌	5580	白沙	2180
興寧	8,321	廉江	4428	定安	2817		
梅縣	2,099	陽春	3,500	儋縣	2008		
大埔	3,018	吳川	3030	澄邁	2459		
平遠	2014	湛江市	4,194	臨高	1,900		
蕉嶺	2,330	梅菉局	945	崖縣	1417		
龍川	3,544	合浦	11,264	陵水	903		
連平	4604	欽縣	5537	萬寧	1572		
和平	2559	防城	4459	樂會	1554		

廣東省各縣歲出歲入總預算

三十六年度

單位：國幣元

縣別	預算數	縣別	預算數	縣別	預算數	縣別	預算數
總計	[illegible]	從化	49,698	佛岡	44,011	高明	77,398
廣州市	[illegible]	增城	158,859	清遠	191,134	惠陽	153,472
南海	[illegible]	三水	88,315	連南	13,844	博羅	86,844
番禺	[illegible]	曲江	77,100	高要	180,447	海豐	104,566
東莞	[illegible]	南雄	88,540	廣寧	60,022	陸豐	76,504
順德	[illegible]	樂昌	60,279	四會	78,699	河源	77,680
中山	[illegible]	始興	41,695	開建	43,101	紫金	71,236
新會	[illegible]	仁化	36,860	封川	44,469	新豐	40,471
台山	[illegible]	翁源	47,151	鬱南	72,600	龍門	64,200
開平	[illegible]	英德	148,165	新興	97,409	潮安	145,779
恩平	[illegible]	乳源	44,397	羅定	38,722	潮陽	151,361
寶安	[illegible]	連縣	75,979	德慶	43,770	揭陽	184,134
赤溪	[illegible]	連山	23,696	雲浮	90,844	澄海	81,777
花縣	[illegible]	陽山	42,026	鶴山	79,006	饒平	100,209

（續八）

縣別	預算數	縣別	預算數	縣別	預算數	縣別	預算數
惠來	45601	大埔	98909	靈山	96389	萬寧	50408
普寧	74099	茂名	28954	遂溪	43480	感恩	60099
豐順	49810	電白	69444	海康	69445	昌江	16091
南澳	45804	化縣	115074	徐聞	45002	樂東	95340
汕頭市	147615	吳川	49004	瓊山	148219	保亭	95340
南山局	93594	信宜	44184	文昌	84519	白沙	95340
興寧	109819	廉江	82451	定安	44109		
梅縣	103550	陽江	132410	儋縣	54396		
五華	22449	陽春	105958	澄邁	42801		
平遠	49116	湛江市	148204	臨高	41800		
蕉嶺	44495	梅菉局	22596	樂會	24640		
龍川	74154	合浦	134601	瓊東	52460		
連平	48225	欽縣	19067	崖縣	51490		
和平	40294	防城	45255	陵水	19777		

广东省各县公库收支分类比较

三十五年度

单位：万元

收入科目	金额	百分比	支出科目	金额	百分比
总计	1,640,486	100.00	总计	1,640,233.54	100.00
课税收入	1,275,970	77.78	行政支出	115,841	7.06
分配县市国税	116,847	7.12	教育文化支出	44,468	2.71
国税附加收入	3,470	0.21	经济建设支出	56,592	3.44
惩罚及赔偿收入	3,080	0.19	卫生支出	20,401	1.24
规费收入	13,469	0.82	社会救济支出	9,483	0.58
财产及权利孳息收入	167,690	10.22	保安支出	53,549	3.27
公有事业收入	2,430	0.15	财务支出	24,668	1.50
捐献及赠与收入	19,626	1.20	公务员退休及抚恤支出	1,035	0.06
工程收入	949	0.06	补助及协助支出	11,306	0.70
补助收入	646	0.04	建设基金支出	19,593	1.19
其他收入	31,348	1.91	其他支出	1,208,429	73.66
			预备金	14,026	0.86

说明：其他支出包括县公营补助费

广东省各县公库收支实数（二十八年度）

单位：万元

县市别	收入数	支出数	县市别	收入数	支出数	县市别	收入数	支出数
总计	1620086	1622984	花县	8690	3019	乐昌	3908	3041
广州市	597398	604134	宝安	8390	8138	乳源	…	…
南海	30069	37477	赤溪	…	…	连南	…	…
番禺	45229	19298	曲江	24420	24126	高要	20029	17403
东莞	45840	13409	清远	24381	10650	广宁	3048	4882
中山	142070	137077	南雄	6690	4568	罗定	6009	6404
顺德	11341	27063	英德	6306	24863	云浮	3208	2542
新会	43929	47225	佛冈	4480	3697	四会	…	…
台山	20406	27901	翁源	4099	10104	封川	15884	14977
增城	10483	11506	始兴	…	…	郁南	8733	8004
三水	9231	15842	仁化	3702	3458	新兴	4404	4355
开平	11120	11120	连县	4021	3813	德庆	2048	3611
恩平	4695	6096	连山	4031	3485	鹤山	4420	3414
从化	6206	10284	阳山	4470	4234	高明	3199	1496

（续七）

县市别	收入数	支出数	县市别	收入数	支出数	县市别	收入数	支出数
开建	[illegible]	[illegible]	番禺	[illegible]	[illegible]	大埔	[illegible]	[illegible]
惠阳	[illegible]	14,910	惠来	、、、	、、	茂名	[illegible]	[illegible]
博罗	19,316	[illegible]	丰顺	[illegible]	[illegible]	阳江	[illegible]	11,604
海丰	[illegible]	6,013	南澳	、、、	、、	电白	[illegible]	[illegible]
陆丰	12,159	7,209	汕头市	[illegible]	[illegible]	化县	[illegible]	[illegible]
河源	56,490	[illegible]	[illegible]	[illegible]	[illegible]	信宜	5,585	5,096
紫金	[illegible]	[illegible]	兴宁	[illegible]	[illegible]	廉江	[illegible]	4,076
新丰	4,584	[illegible]	梅县	21,910	[illegible]	阳春	[illegible]	14,587
龙门	5,208	3,310	五华	[illegible]	[illegible]	吴川	[illegible]	3,023
潮安	18,819	15,676	平远	4,790	[illegible]	湛江市	[illegible]	[illegible]
潮阳	16,789	13,699	蕉岭	[illegible]	[illegible]	海康	、、、	、、
揭阳	11,494	[illegible]	龙川	[illegible]	[illegible]	合浦	11,249	[illegible]
澄海	[illegible]	[illegible]	连平	[illegible]	[illegible]	钦县	4,976	[illegible]
饶平	[illegible]	[illegible]	和平	[illegible]	[illegible]	防城	[illegible]	[illegible]

（续六）

县市别	收入数	支出数	县市别	收入数	支出数	县市别	收入数	支出数
灵山	12,150	9,960	澄迈	……	……	感恩	……	……
海康	……	……	临高	6,010	6,360	昌江	6,004	6,210
遂溪	30,489	6,938	崖县	……	……	乐东	……	……
徐闻	……	……	陵水	……	……	保亭	……	……
琼山	……	……	万宁	……	5,609	白沙	……	……
定安	……	……	乐会	……	……	文昌	6,0 0	8,677
儋县	……	……	琼东	……	……			

说明：本表系根据各县呈缴地方会计总报告编制，间有因追加预算关系而与原预算呈报者不合，注明。

三、鹽稅捐

廣東省各縣自治稅課實收數分級比較

三十五年度

單位：萬元

稅捐實收數	縣數	縣市名稱
合計	103	
無收入者	4	樂東、保亭、白沙、陵南。
1,000以下	5	連山、乳源、南澳、赤溪、昌江。
1,000—2,000	8	翁源、陵水、感恩、仁化、樂會、南山、佛岡、萬寧。
2,000—3,000	9	高明、始興、南雄、梅菉、封川、德慶、新興、佛岡、陽春。
3,000—4,000	6	定安、瓊東、連平、花縣、雲浮、吳川。
4,000—5,000	7	陽山、澄邁、徐聞、和順、平遠、和平、陸豐。
5,000—6,000	12	鶴山、開建、新興、儋縣、仁化、翁源、海康、鶴山、蕉嶺、紫金、廣寧、曲江。
6,000—7,000	7	連縣、恩平、陽春、潮南、文昌、遂溪、潮陽。
7,000—8,000	7	化縣、信宜、三水、遂溪、電白、四會、寶安。
8,000—9,000	4	普寧、陵豐、陽春、揭陽、五華。
9,000—10,000	3	廉江、英德、河源。
[illegible]	17	瓊山、萬安、興寧、合浦、清遠、惠陽、海豐、順德、潮陽、饒平、梅縣、陽江、大埔、開平、韶川、花縣、臺山。
[illegible]	10	南海、新會、台山、東莞、梅縣、湛江市、曲江、惠陽、潮安、番禺。
[illegible]	1	中山。
[illegible]	1	汕頭。
[illegible]	1	廣州市

广东省各县自治税课征收数

三十五年度

单位：国币万元

县别	预算数	实收数	县别	预算数	实收数	县别	预算数	实收数
总计	1,008,544	140,698	花县	5,894	5,601	乐昌	4,978	6,000
广州市	898,470	498,202	宝安	4,518	2,015	乳源	1,004	695
南海	25,200	25,143	赤溪	456	667	澳门	——	——
番禺	18,500	20,002	曲江	12,164	25,444	高要	11,190	10,646
东莞	16,460	20,484	清远	17,072	17,076	广宁	4,872	6,189
中山	24,100	46,556	南雄	10,391	4,977	罗定	6,448	4,994
顺德	14,760	14,372	英德	13,849	9,683	云浮	5,925	3,059
新会	15,605	22,151	佛冈	2,497	2,176	四会	6,840	2,100
台山	7,580	24,457	翁源	5,491	4,609	封川	2,131	2,400
增城	2,043	8,492	始兴	4,597	2,452	郁南	3,466	6,450
三水	4,286	2,420	仁化	2,103	1,495	新兴	4,418	4,948
开平	11,248	11,019	连县	4,855	4,974	德庆	3,201	2,578
恩平	4,794	6,758	连山	602	917	鹤山	4,818	4,402
从化	2,744	5,611	阳山	5,580	4,506	高明	4,319	2,711

（续一）

县别	预算数	实收数	县别	预算数	实收数	县别	预算数	实收数
开建	2,576	2,459	普宁	[illegible]	[illegible]	大埔	4,587	11,524
惠阳	13,921	22,605	惠来	[illegible]	[illegible]	茂名	11,650	16,550
博罗	5,044	6,761	丰顺	[illegible]	4,659	阳江	10,621	10,259
海丰	4,530	15,962	南澳	585	337	电白	6,107	7,452
陆丰	4,972	8,560	汕头市	91,021	14,690	化县	5,499	10,054
河源	8,354	9,014	南山局	588	1,005	信宜	4,759	7,692
紫金	2,852	5,518	兴宁	12,601	18,[illegible]	廉江	6,568	9,897
新丰	2,049	2,240	梅县	11,491	[illegible]	阳春	5,529	8,619
龙门	3,417	1,994	五华	3,152	7,221	吴川	3,113	5,585
潮安	10,530	20,600	平远	2,155	4,543	湛江市	44,550	23,875
潮阳	8,984	14,581	蕉岭	2,297	5,442	梅菉局	1,759	2,458
揭阳	11,492	13,045	龙川	1,554	10,855	合浦	12,517	7,352
澄海	4,160	7,447	连平	2,495	3,652	钦县	7,356	7,834
饶平	1,242	13,551	和平	2,651	4,445	防城	5,740	6,141

(續六)

縣別	預算數	實收數	縣別	預算數	實收數	縣別	預算數	實收數
靈山	10,554	10,050	儋縣	1891	1075	瓊東	2231	5694
海康	3414	6495	澄邁	2175	4034	感恩	664	1639
遂溪	3884	6086	臨高	1866	2049	昌江	664	481
徐聞	3944	4756	崖縣	1472	1940	樂東	558	——
瓊山	15,200	19,468	陵水	1224	1827	保亭	454	——
文昌	6660	6414	萬寧	1664	1021	白沙	654	——
定安	2864	5781	樂會	1630	1158			

广东省各县自治税课预算数分级比较

三十八年度

税捐预算数(元)	县数	县市名称
合计	103	
无收入者	4	乐东、保亭、白沙、连南。
10,000以下	4	陵水、南山、昌江、南澳。
[illegible]	9	佛冈、儋县、临高、乐会、感恩、万宁、乳源、连山、赤溪。
[illegible]	6	封川、崖县、徐闻、新丰、琼东、梅菉。
[illegible]	17	广宁、德庆、吴川、惠来、始兴、[illegible]、翁源、阳山、和平、遂溪、乐昌、平远、连平、[illegible]、开建、[illegible]、丰顺。
[illegible]	8	龙门、高明、[illegible]、云浮、文昌、增城、海康、[illegible]。
[illegible]	14	信宜、龙川、罗定、鹤山、[illegible]、三水、新兴、河源、四会、连县、恩平、[illegible]、宝安、钦县。
[illegible]	8	花县、大埔、南雄、博罗、[illegible]、[illegible]、[illegible]、[illegible]。
[illegible]	6	英德、[illegible]、开平、化县、阳春、[illegible]。
[illegible]	0	
[illegible]	5	[illegible]、潮安、梅县、兴宁、饶平。
[illegible]	13	汕头市、台山、惠阳、揭阳、琼山、阳江、茂名、湛江市、清远、[illegible]、[illegible]、[illegible]、合浦。
[illegible]	6	南海、新会、东莞、番禺、顺德、曲江。
[illegible]	1	中山。
[illegible]	1	广州市

广东省各县市捐税分类比较

二十五年度至二十六年度

单位：国币元

税捐种类	二十五年度 实收数	百分比	二十六年度 预算数	百分比
总计	2,205,954	100.00	8,878,650	100.00
房捐	1,369,550	62.08	4,185,319	47.14
土地税	1,986	0.09	2,671,844	30.09
筵席及娱乐税	548,047	24.84	935,216	10.54
营业税	170,486	7.73	533,986	6.01
屠捐	118,093	5.35	348,238	3.92
契税	32,614	1.48	106,315	1.20
营业牌照税	16,740	.76	143,441	1.61
使用牌照税	9,501	.43	52,395	.59
遗产税	—	—	7,918	.09
杂捐	[illegible]	5.21	—	—

广东省各县(市)自治税课征收数

卅六年一至十月份

单位：万元

月别	合计	屠宰税	筵席及娱乐税	营业税(牌照)	房捐	船捐	契税	土地税附加	营业牌照税	使用牌照税
总计	[illegible]	[illegible]	[illegible]	[illegible]	[illegible]	[illegible]	[illegible]	[illegible]	[illegible]	[illegible]
1	[illegible]	[illegible]	[illegible]	[illegible]	[illegible]	[illegible]	[illegible]	[illegible]	[illegible]	[illegible]
2	[illegible]	[illegible]	[illegible]	[illegible]	[illegible]	[illegible]	[illegible]	[illegible]	[illegible]	[illegible]
3	[illegible]	[illegible]	[illegible]	[illegible]	[illegible]	[illegible]	[illegible]	[illegible]	[illegible]	[illegible]
4	[illegible]	[illegible]	[illegible]	[illegible]	[illegible]	[illegible]	[illegible]	[illegible]	[illegible]	[illegible]
5	[illegible]	[illegible]	[illegible]	[illegible]	[illegible]	[illegible]	[illegible]	[illegible]	[illegible]	[illegible]
6	[illegible]	[illegible]	[illegible]	[illegible]	[illegible]	[illegible]	[illegible]	[illegible]	[illegible]	[illegible]
7	[illegible]	[illegible]	[illegible]	[illegible]	[illegible]	[illegible]	[illegible]	[illegible]	[illegible]	[illegible]
8	[illegible]	[illegible]	[illegible]	[illegible]	[illegible]	[illegible]	[illegible]	[illegible]	[illegible]	[illegible]
9	[illegible]	[illegible]	[illegible]	[illegible]	[illegible]	[illegible]	[illegible]	[illegible]	[illegible]	[illegible]
10	[illegible]	[illegible]	[illegible]	[illegible]	[illegible]	[illegible]	[illegible]	[illegible]	[illegible]	[illegible]

说明 十月份尚有连山、梅县、仁化、曲江等四县未报
[illegible]

廣東省各縣縣税征收數

卅六年一至八月份

单位：万元

縣別	一月份	二月份	三月份	四月份	五月份	六月份	七月份	八月份	九月份	十月份
總計	[illegible]	[illegible]	[illegible]	[illegible]	[illegible]	[illegible]	[illegible]	[illegible]		
廣州	[illegible]	[illegible]	[illegible]	[illegible]	[illegible]	[illegible]	—	—		
南海	6,079	4,358	6,503	9,018	11,899	[illegible]	20,508	[illegible]	[illegible]	55,135
番禺	[illegible]	[illegible]	[illegible]	[illegible]	[illegible]	[illegible]	[illegible]	[illegible]		
東莞	[illegible]	[illegible]	[illegible]	7,497	8,099	8,156	[illegible]	[illegible]	[illegible]	[illegible]
順德	[illegible]	[illegible]	[illegible]	[illegible]	6,091	[illegible]	9,585	[illegible]		
中山	[illegible]	7,579	11,150	[illegible]	10,995	[illegible]	[illegible]	[illegible]		
新會	[illegible]	4,367	6,019	[illegible]	[illegible]	[illegible]	[illegible]	[illegible]		
台山	[illegible]	[illegible]	[illegible]	[illegible]	9,063	[illegible]	[illegible]	[illegible]		
開平	[illegible]	[illegible]	[illegible]	[illegible]	[illegible]	[illegible]	9,085	8,637		
恩平	[illegible]	1,215	1,835	[illegible]	[illegible]	[illegible]	[illegible]	[illegible]		
寶安	[illegible]	967	[illegible]	[illegible]	909	1,880	[illegible]	[illegible]		
赤溪	136	91	150	99	[illegible]	[illegible]	[illegible]	[illegible]		
花縣	660	[illegible]	647	[illegible]	[illegible]	618	[illegible]	[illegible]		

（续八）

縣別	一月份	二月份	三月份	四月份	五月份	六月份	七月份	八月份	九月份	十月份
從化	958	[illegible]	[illegible]	1160	[illegible]	[illegible]	[illegible]	[illegible]		
增城	[illegible]	1865	[illegible]	[illegible]	[illegible]	[illegible]	[illegible]	[illegible]		
三水	[illegible]	[illegible]	[illegible]	[illegible]	[illegible]	[illegible]	[illegible]	[illegible]		
曲江	[illegible]	[illegible]	[illegible]	[illegible]	[illegible]	[illegible]	[illegible]	[illegible]	…	[illegible]
南雄	[illegible]	[illegible]	[illegible]	[illegible]	[illegible]	[illegible]	[illegible]	[illegible]		
樂昌	691	[illegible]	[illegible]	[illegible]	[illegible]	[illegible]	[illegible]	[illegible]		
始興	448	[illegible]	[illegible]	460	[illegible]	610	[illegible]	[illegible]		
仁化	[illegible]	[illegible]	[illegible]	[illegible]	[illegible]	[illegible]	[illegible]	[illegible]	[illegible]	[illegible]
翁源	[illegible]	[illegible]	[illegible]	[illegible]	[illegible]	1161	[illegible]	[illegible]		
英德	[illegible]	[illegible]	[illegible]	[illegible]	[illegible]	[illegible]	[illegible]	[illegible]		
乳源	77	[illegible]	81	[illegible]	[illegible]	[illegible]	[illegible]	810	[illegible]	[illegible]
連縣	[illegible]	[illegible]	[illegible]	1517	[illegible]	[illegible]	[illegible]	[illegible]	[illegible]	…
連山	[illegible]	[illegible]	[illegible]	[illegible]	[illegible]	[illegible]	[illegible]	[illegible]		
陽山	[illegible]	[illegible]	[illegible]	[illegible]	[illegible]	[illegible]	[illegible]	[illegible]	[illegible]	…

(续表)

县别	一月份	二月份	三月份	四月份	五月份	六月份	七月份	八月份	九月份	十月份
佛冈	324	249	[illegible]	400	[illegible]	424	399	960		
清远	5104	2436	[illegible]	4488	4429	4586	4914	4303	4008	…
连南	—	—	—	—	—	—	—	—		
高要	4066	3499	5098	5400	[illegible]	4448	10819	8569		
广宁	1200	1060	1509	1544	1449	1460	3446	5449	4007	…
四会	1611	1443	2018	2111	2055	1406	1436	1153	1541	
开建	360	354	255	606	604	305	1601	1608		
封川	556	591	803	398	703	600	1040	1640		
鬱南	1101	944	1408	1556	2209	4444	3124	3077		
新兴	1017	1165	1500	1414	1637	1394	2111	[illegible]		
罗定	977	815	1607	1101	1504	2094	1478	2058	4495	…
德庆	403	504	409	465	531	894	1441	2156	770	
云浮	673	440	694	709	701	649	1100	1051	1160	2549
鹤山	1160	817	1104	1596	1350	1203	5098	3058		

（续）

县别	一月份	二月份	三月份	四月份	五月份	六月份	七月份	八月份	九月份	十月份
高明	491	530	601	700	859	709	1,090	1,180		
惠阳	4,692	3,446	4,049	4,690	6,268	5,985	10,899	11,653		
博罗	1,269	1,089	1,259	1,087	1,617	1,415	2,915	2,680		
海丰	3,771	2,746	3,117	3,703.	4,015	6,709	10,833	12,365	14,425	32,500
陆丰	1,955	1,535	2,179	2,694	2,530	3,190	6,469	2,774		
河源	1,348	1,059	1,981	1,593	1,664	1,380	2,901	3,548		
紫金	1,186	916	1,072	1,076	1,459	1,443	2,605	3,641		
新丰	315	235	560	338	436	563	941	703		
龙门	765	806	1,115	1,181	1,076	905	1,535	2,257	3,405	
潮安	2,702	3,682	5,781	6,637	6,380	6,886	14,882	16,195	22,662	24,579
潮阳	2,420	2,868	4,444	3,782	4,791	5,415	11,781	10,350		
揭阳	2,354	2,375	3,147	2,708	4,245	4,506	9,728	10,567		
澄海	1,277	1,419	1,774	2,213	2,443	3,110	5,000	5,154		
饶平	2,570	2,507	2,962	2,726	3,200	2,855	5,880	9,005		

（续四）

县别	一月份	二月份	三月份	四月份	五月份	六月份	七月份	八月份	九月份	十月份
惠来	1,008	1,029	1,257	1,096	2,017	2,176	3,540	4,600		
普宁	1,829	1,753	1,991	3,140	2,766	3,334	6,870	8,357		
丰顺	840	594	1,180	1,008	1,450	1,500	2,455	2,904		
南澳	140	89	120	113	160	130	356	567		
汕头市	14,203	13,548	9,411	22,213	30,390	29,435	35,443	64,716	100,437	
南山局	194	163	223	277	334	299	631	641		
兴宁	3,553	2,610	3,309	4,386	6,140	4,681	8,599	10,460	19,084	
梅县	4,660	3,481	2,314	4,303	6,603	6,365	11,569	10,613		
五华	1,454	1,116	1,748	1,581	2,144	2,400	5,011	6,096		
平远	699	523	903	1,110	1,431	1,590	2,009	2,200		
蕉岭	900	637	1,044	1,080	1,620	1,908	3,514	3,500		
龙川	2,100	1,781	2,301	1,549	2,317	2,378	4,154	5,000		
连平	560	446	708	689	407	612	1,003	1,554	1,900	
和平	680	653	969	944	1,124	850	1,599	2,023		

（续A）

县别	一月份	二月份	三月份	四月份	五月份	六月份	七月份	八月份	九月份	十月份
大埔	1,453	1,863	1,935	1,949	[illegible]	[illegible]	[illegible]	[illegible]		
茂名	3,699	3,894	3,913	4,469	[illegible]	[illegible]	[illegible]	[illegible]		
阳江	3,444	2,714	4,592	[illegible]	5,916	[illegible]	6,560	…		
电白	1,153	1,034	[illegible]	2,040	2,913	[illegible]	4,993	5,400		
化县	1,580	1,606	2,409	[illegible]	[illegible]	[illegible]	[illegible]	4,564		
信宜	1,428	1,086	[illegible]	1,443	[illegible]	[illegible]	[illegible]	5,988	8,346	
廉江	2,144	2,049	[illegible]	[illegible]	1,944	[illegible]	6,359	…		
阳春	1,608	1,247	[illegible]	1,954	1,568	2,181	3,638	4,019		
吴川	549	551	600	584	600	868	1,011	1,249		
湛江市	4,534	4,098	3,488	3,506	4,510	6,998	7,811	13,491		
梅菉局	455	443	506	440	401	319	450	1,331	5,918	2,406
合浦	3,380	2,813	4,408	4,949	4,981	4,533	10,760	13,588		
钦县	1,096	1,098	1,532	1,488	1,838	2,309	4,386	3,889		
防城	955	939	1,215	1,069	1,352	1,300	915	2,915		

（续六）

县别	一月份	二月份	三月份	四月份	五月份	六月份	七月份	八月份	九月份	十月份
吴川	1,366	1,332	2,119	2,134	2,500	3,063	5,789	6,702		
遂溪	1,142	1,249	1,265	1,276	1,346	1,528	3,788	3,203		
海康	1,349	1,450	2,570	2,340	2,896	3,078	5,599	6,200		
徐闻	990	926	1,215	[illegible]	1,255	1,818	[illegible]	439		
琼山	3,535	5,067	3,410	4,093	3,799	5,278	[illegible]	6,521		
文昌	1,125	1,007	1,119	1,088	1,449	1,688	[illegible]	3,155		
定安	570	579	749	706	844	1,065	1,777	1,811		
儋县	277	164	250	269	218	179	422	…		
澄迈	449	277	417	477	570	1,067	1,723	…		
临高	289	262	423	448	467	896	1,105	1,105		
乐会	257	206	242	151	574	762	612	763	460	
琼东	577	495	631	754	806	1,548	1,222	1,269		
崖县	275	269	286	383	599	521	642	613		
陵水	148	109	96	135	145	229	420	931		

（续[illegible]）

县别	一月份	二月份	三月份	四月份	五月份	六月份	七月份	八月份	九月份	十月份
萬寧	72	149	[illegible]	147	[illegible]	75	[illegible]	439	[illegible]	496
感恩	67	95	65	[illegible]	150	141	[illegible]	[illegible]		
昌江	64	143	118	[illegible]	94	[illegible]	[illegible]	…		
樂東	—	—	—	—	—	—	—	—		
保亭	—	—	—	—	—	—	—	—		
白沙	—	—	—	—	—	—	—	—		

说明：本表根据各县呈缴征收之屠宰税筵席娱乐税营业牌照税使用牌照税契税房捐警捐及土地税营业税来数编列。

廣東省賦稅制度

三十八年度

稅別	課稅客體	課稅標準	稅率：合計	稅率：正稅	稅率：附加	征收方法	征收標準及其折合率	征收滯納罰金及制裁辦法
地價稅	土地所有權人或典權人。	依照地價總值按累進稅率征收。	1.5% 1.7% 2% 2.5% 3% 3.5% 4% 4.5% 5%	1.5% 1.7% 2% 2.5% 3% 3.5% 4% 4.5% 5%	—— —— —— —— —— —— —— —— ——	每年開征一次，於七月一日開征，兩月內完清，由征收機關於開征前一月將納稅期限罰則、繳款地點、計算方法及納稅須知等詳為公告通知，並將繳款書送達納稅義務人繳納。	累進地價以十萬元為起點，分八級，稅率由1.5%增至5%。	逾期完納者按月加征10%，加至十二個月，又欠稅滿一年仍未完清者，征收機關得請司法機關拍賣，以所得價款抵償欠款，交還原欠稅人。
土地增值稅	土地出賣人或承典人或受贈人。	依照土地增值實數額按累進稅率征收。	20% 40% 60%	20% 40% 60%	—— —— ——	地政機關遇有申請轉移土地所有權時，應飭提出有關證件	土地增值實數在百分之百以下者征20%，百分之二百以下，超過	如發覺匿報賣價逃避土地增值稅時，除補繳應納稅

(续四)

税别	课税客体	课税标准	税率			征收方法	征收标准及其分配	征收滞纳罚金及罚锾办法
			最高	最低	附加			
土地增值税						以总核计增值数额同时将征税通知书送达纳税人限期领取缴款书送缴公库完税。	百分之一百者其超过部份征40%百分之三百以下超过二百以上者征60%百分之三百以上除照上列课征外其超过部份征80%	额外应处二倍之罚锾。
营业税	凡以营利为目的之事业(农业例外)	以营利总收入或营业资本额为课征标准	1% 2—4%	1% 2—4%	—— ——	由纳税人将营业总额填报征收机关派员查定后通知应纳税额由纳税人送向公库或征收机	以营业总收入额为标准者征收千分之十五以营业资本额为标准者征收百分之二至百分之四。	营业商号不定期填报营业额或违抗检查账部处二万五千元至五万元之罚锾征收机关

（续表）

税别	课税客体	课税标准	税率			征收方法	征收机关及其系统	征收滞纳罚金及罚锾办法
			共计	正税	附加			
营业税						同缴纳。		并得迳行决定其营业总额，其如伪造账簿或虚伪填报其营业总额者除补税外，并处以所漏税一倍至五倍之罚锾，如商号故意不缴税款者分别得处罚金或停止其营业，本办法之罚锾由法院裁定处分之。
契税	不动产之权变	按照契价征收	〇·七八%	〇·六%	〇·一八%	凡不动产之转移或	交换契及分割契据	逾期不纳契税者

（续完）

税别	课税客体	课税标准	税率			征收方法	征收标准及其折合率	征收滞纳罚金及罚锾办法
			最高	最低	附加			
契税	人或所有权人					依法估领所取得所有权时由业权人依照该不动产转移性质买价或估价立契向该征收机关核定税额填发缴款书由纳税人送向公库缴纳。	[illegible]%典契征4%赠与契及占有契征6%	科10%之罚锾，其逾期二月后加10%，达至税额同数为止，又如匿报契价除补缴外另科以其应纳税额半数至二倍之罚锾。
屠宰税	屠宰猪牛羊三种牲畜之屠户	按照屠宰当时牲畜头平均之时值价格征收	10%	5%	—	各屠户先向征收机关报明屠宰牲畜种类数量及日期并缴纳规定税款及税票后	屠宰猪牛羊牲畜时按照规定价格即照时值牲畜价格百分之五征收。	违反规定者除追缴税额外并处以一倍至五倍之罚锾。

（续四）

税别	课税客体	课税标准	税率			征收方法	征收标准及其折合率	征收办法 缴纳及罚锾办法
			共计	正税	附加			
屠宰税						合法屠宰。		
筵席税	筵席消费人。	按照消费价值超过起税点者征收。	10—20%	10—20%	—	消费者于筵席完毕付账时由营业人按照税率代征并填发纳税凭证交纳税人收执。	按照消费价征收10—20%	代征人如不按期报缴或逾期不缴及不为代征或故意短征者除追缴外处应缴税款一倍以上五倍以下之罚锾。
娱乐税	娱乐消费人	按照消费价值征收。	60%	60%	—	消费者于购娱乐票时由营业人按照税率代征并填发纳税凭证交纳税人收执。	按照娱乐税票价征收60%。	代征人如不按期报缴及不为代征税款者短征除追缴外，处应缴税款一倍以上五倍以下之罚锾。

（續五）

稅別	課稅客體	課稅標準	稅率：最高	稅率：最低	稅率：附加	征收方法	征收標準及其指令	征收滯納罰金及罰鍰辦法
營業牌照稅	各種商業	按照商號資本額及營業收入額分別劃分等級課稅。	0.3%	0.5%		每年征收一次，由征收機關按其資本額及營業收入額之等級分別征收。	按照資本額分十一級征收，第一級資本一萬元至五萬元年征百元，按級增加，至最高級為一百五十萬元以上，依其資本額[illegible]千分之五。	違反規定或偽造賬簿或拒絕檢查，得處應納稅額一倍以上五倍以下之罰鍰或勒令停業。
使用牌照稅	行使公共道路之車船、肩輿、獸畜之所有權人。	按照各類及乘要分別自用、營業劃分等級征收。	船8,000 人車5,000 機船每噸1,000元	船8,000 汽車5,000元 機船每噸1,000元	—	每年征收一次，由使用人申請征收機關領照時征收之。	船年征5,000元，機船每噸征1,000元，計人車征5,000元，肩輿每乘征5,000元，獸畜每隻征5,000元，機車5,000	不領照行使或違反規定者，除補稅領照外，並處一倍以上五倍以下之罰款。

（续六）

税别	课税客体	课税标准	税率 类别	税率 实税	税率 附加	征收方法	征收标准及其折合率	征收滞纳罚金及罚没办法
使用牌照税			机车每一0000元，自行车每一000元。载兽车每8000元	机车每一0000元，自行车每一000元。载兽车每8000元	——		一0000元自用者减半征收。	、
房捐	房屋所有权人或典权人	按营业或住家用房屋分别出租或自用照租金或房价征收。	房租征5-10%，房价征0.5-1%	房租征5-10%，房价征0.5-1%	——	由征收机关每年一、四、七、十月通知房屋所有权人按标征收，如系出租房屋得由房客代缴扣付房租。	营业用房屋出租者征房租10%，自用者征房价1%，住家用房屋出租者征房租5%，自用者征房价0.5%。	房捐逾期一月不缴者罚捐额十分之二，二月罚十分之五，三月罚加征一倍，又三年不缴者得送司法机关拍卖抵偿，又如匿报房屋者得处三倍以

（续七）

税别	课税客体	课税标准	税率			征收方法	征收标准及其折合率	征收滞纳罚金及罚缓办法
			共计	正税	附加			
房捐								下之罚缓。
警捐	房屋住家或自用業主。	按月依照房租或房价征收	房租10% 房价1%	房租10% 房价1%	— —	由征收机关根据捐核定之租额或房价依照捐率按月征收	出租房屋之警捐为其租金10%自住房屋之警捐为其房价1%	警捐逾期一月不缴者按照捐额加征5%，二月不缴加征10%，再逾限不缴饬警追缴，又如匿报租值或以多报少者除补缴捐款外，并处短纳额一倍以上五倍以下之罚缓。

三十六年上半年改订各种税捐税率

税捐种类	国民政府修正公布时期			本省施行时期			修订后税率
	年	月	日	年	月	日	
筵席税	35	12	5	36	4	3	筵席价格在起点以上不满五倍者不得超过百分之十。筵席价格在起点五倍以上者不得超过百分之二十。
娱乐税	35	12	5	36	4	3	最高不得超过原价百分之二十五。
营业牌照税	35	12	5	36	4	3	甲等照资本额年征千分之二点五至千分之三，乙等照资本额年征千分之二点五，丙等照资本额年征千分之一点五至千分之二。
使用牌照税	35	12	5	36	4	3	大汽车每辆年征额最高不得超过五万元，乘人小汽车每辆年征额最高不得超过三万元，机器脚踏车每辆年征最高不得超过五千元，人力货便车每辆全年最高不得超过五千元，但三轮车得提高二分之一，兽力车每辆年征最高不得超过八千元，民船每只年征二千元至八千元，电轮船每吨年征一千元，兽畜每头年征最高不得超过八千元，肩舆每乘每年不得超过五千元。
房捐	35	12	5	36	4	3	营业用房屋照全年租金百分之一十或房屋现值千分之一十，住宅照全年租金百分之五或房屋现值千分之五。

廣東省各縣人民負担縣稅捐數

三十五年

縣別	人口數	縣稅捐實收數(萬元)	每人負擔數(元)	縣別	人口數	縣稅捐實收數(萬元)	每人負擔數(元)
總計	29,314,108	1,406,984	481	南雄	199,596	5,977	299
市外	1,223,000	496,739	4,103	樂昌	104,740	6,020	544
南海	685,491	28,155	414	始興	93,455	2,150	230
番禺	490,154	20,006	540	仁化	42,517	1,454	343
東莞	709,609	24,086	559	翁源	134,457	6,609	419
順德	447,212	14,597	344	英德	268,854	9,455	534
中山	7[illegible]456	46,846	650	乳源	86,915	794	810
新會	695,510	27,181	402	連縣	156,418	4,994	300
台山	750,997	24,429	281	連山	45,400	917	197
開平	490,588	11,018	231	陽山	204,539	4,806	235
恩平	235,414	6,558	297	佛岡	95,940	2,190	224
寶安	185,226	3,013	359	清遠	458,699	17,396	355
赤溪	14,849	457	320	連南	75,440	—	—
花縣	236,699	3,601	165	高要	461,106	18,806	404
從化	154,704	4,611	[illegible]	廣寧	266,819	4,189	159
增城	346,005	8,493	[illegible]	四會	157,031	7,400	471
三水	178,2[illegible]	2,400	411	開建	75,484	2,529	344
曲江	245,035	05,616	237	封川	104,591	2,400	231

（續一）

縣別	人口數	縣稅捐實收數（國幣元）	每人負擔數（元）	縣別	人口數	縣稅捐實收數（國幣元）	每人負擔數（元）
鬱南	[illegible]	[illegible]	[illegible]	饒平	[illegible]	[illegible]	194
新興	[illegible]	[illegible]	[illegible]	普寧	[illegible]	13,554	381
羅定	[illegible]	[illegible]	[illegible]	惠來	[illegible]	4,810	[illegible]
德慶	[illegible]	[illegible]	[illegible]	[illegible]	[illegible]	8,258	165
雲浮	[illegible]	[illegible]	[illegible]	[illegible]	[illegible]	4,469	[illegible]
鶴山	[illegible]	[illegible]	[illegible]	汕頭市	[illegible]	[illegible]	248
高明	[illegible]	[illegible]	[illegible]	[illegible]	[illegible]	14,670	[illegible]
惠陽	[illegible]	[illegible]	[illegible]	[illegible]	[illegible]	1,084	191
博羅	[illegible]	[illegible]	[illegible]	梅縣	[illegible]	18,439	396
海豐	[illegible]	[illegible]	[illegible]	五華	[illegible]	24,008	499
陸豐	[illegible]	[illegible]	[illegible]	平遠	[illegible]	8,221	[illegible]
河源	[illegible]	[illegible]	[illegible]	蕉嶺	[illegible]	[illegible]	453
紫金	206,199	[illegible]	[illegible]	龍川	[illegible]	[illegible]	[illegible]
新豐	[illegible]	[illegible]	[illegible]	連平	[illegible]	10,853	[illegible]
龍門	[illegible]	[illegible]	[illegible]	和平	89,963	3,660	[illegible]
潮安	[illegible]	[illegible]	[illegible]	大埔	163,549	[illegible]	[illegible]
潮陽	[illegible]	14,381	188	[illegible]	[illegible]	[illegible]	439
揭陽	[illegible]	13,044	155	[illegible]	[illegible]	[illegible]	[illegible]

（续八）

县别	人口数	县税收入实数(万元)	每人负担数(元)	县别	人口数	县税收入实数(万元)	每人负担数(元)
电白	294,921	14,422	049	琼山	329,808	19,658	506
化县	382,606	10,044	027	文昌	254,643	6,442	154
吴川	732,064	50,084	078	定安	142,586	3,701	266
信宜	390,147	24,922	197	儋县	183,124	1,093	590
廉江	443,024	28,977	055	澄迈	154,446	4,034	094
阳江	440,326	12,369	028	临高	158,198	2,447	148
阳春	324,460	8,619	044	乐会	118,297	1,158	962
湛江市	270,448	25,874	082	琼东	89,356	3,674	411
梅菉局	18,234	2,448	134	崖县	124,497	1,940	153
合浦	470,341	13,540	096	陵水	61,483	1,807	361
钦县	345,331	11,874	035	万宁	105,374	1,001	970
防城	196,081	4,141	062	感恩	29,111	1,659	400
灵山	401,970	10,052	024	昌江	43,344	481	111
遂溪	244,832	6,086	028	乐东	53,092	—	—
海康	220,640	5,475	048	保亭	66,857	—	—
徐闻	126,916	4,726	373	白沙	80,000	—	—

材料来源：人口数根据省统计处三十五年十二月份户口统计

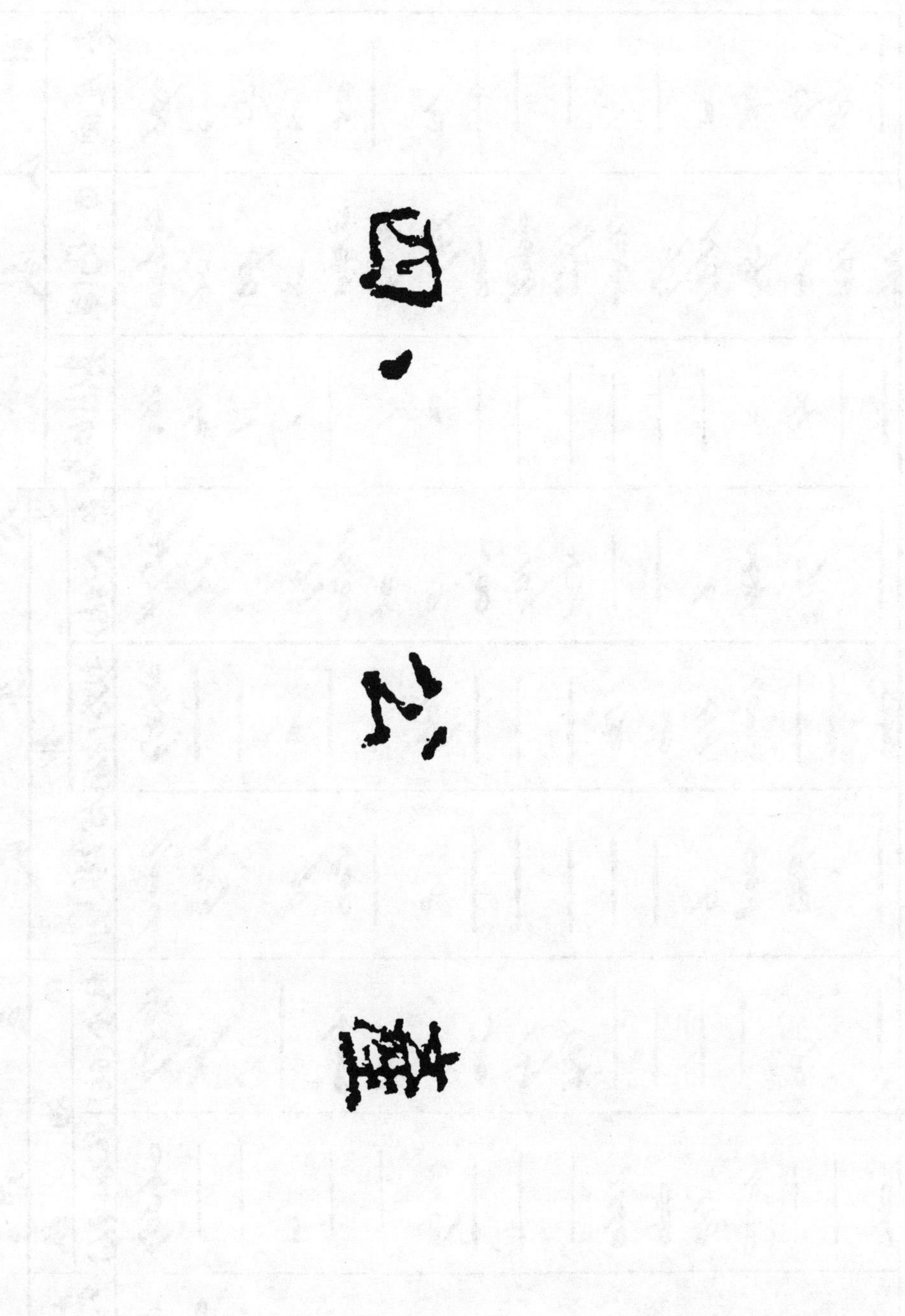

廣東省各縣公產及收益

三十五年度

縣市別	財產數量			全年收益價值					
				房舍			田地租		
	房屋(間)	田地(畝)	其他(口座)	租金(萬元)	租谷(市石)	房屋租(萬元)	租金(萬元)	租谷(市石)	其他(萬元)
計	1,096	80,520	164	67,574	24,589	9,002	49,119	24,589	8,541
廣州	7	35	40	5,169	—	4,907	494	—	2,688
南海	53	98	1	…	—	…	…	—	…
東莞	2	3	1	79	2	78	—	2	1
順德	25	3,124	—	16,500	—	500	16,000	—	—
新會	—	2,687	1	24	—	—	24	—	1
台山	12	9,972	2	14	4,457	8	…	4,457	6
增城	—	200	—	500	—	—	500	—	—
開平	—	2,558	—	149	—	—	149	—	—
恩平	—	1,953	—	524	—	—	524	—	—
從化	1	1,244	—	—	1,130	—	—	1,130	—
花縣	—	757	—	—	200	—	—	200	—
赤溪	2	1,181	—	6	448	6	—	448	—
清遠	64	3,570	2	224	1,000	208	—	1,000	16
南雄	59	112	44	1,071	—	902	90	—	79
英德	168	162	—	…	—	…	…	—	—
佛岡	—	64	—	—	2,000	—	—	200	—

（续表）

县市别	财产数量			公款收益年收[illegible]					
				[illegible]			田地		
	房屋(间)	田地(亩)	其他(元)	租金(银元)	租谷(市担)	房屋租(银元)	租金(银元)	租谷(市担)	其他(银元)
翁源	—	[illegible]	—	…	—	—	…	—	—
始兴	—	[illegible]	—	[illegible]	—	—	[illegible]	—	—
连县	[illegible]	[illegible]	—	[illegible]	[illegible]	[illegible]	—	[illegible]	—
连山	[illegible]	[illegible]	—	[illegible]	—	…	[illegible]	—	—
阳山	[illegible]	[illegible]	—	[illegible]	—	[illegible]	[illegible]	—	—
乳源	[illegible]	[illegible]	[illegible]	[illegible]	—	11	[illegible]	—	3
高要	—	[illegible]	—	[illegible]	—	—	[illegible]	—	—
四会	8	[illegible]	—	[illegible]	—	[illegible]	[illegible]	—	—
封川	[illegible]	[illegible]	—	[illegible]	—	[illegible]	[illegible]	—	—
郁南	[illegible]	[illegible]	—	[illegible]	[illegible]	[illegible]	—	[illegible]	—
新兴	9	—	—	[illegible]	—	[illegible]	—	—	—
鹤山	—	[illegible]	—	—	[illegible]	—	—	[illegible]	—
高明	—	151	—	—	[illegible]	—	—	[illegible]	—
开建	[illegible]	[illegible]	2	[illegible]	—	[illegible]	[illegible]	—	5
惠阳	[illegible]	…	1	[illegible]	—	100	[illegible]	—	…
博罗	[illegible]	[illegible]	—	[illegible]	[illegible]	[illegible]	—	65	—
总计	[illegible]	[illegible]	[illegible]	[illegible]	—	[illegible]	[illegible]	—	[illegible]

（续上）

县市别	财产数量：房屋(间)	田地(亩)	其他(口)	每年收入价值：房屋租：租金(银元)	租谷(市石)	家具值(万元)	田地租：租金(银元)	租谷(市石)	其他(万元)
陆丰	8	1518	—	9	390	9	—	390	—
河源	54	844	—	171	—	90	81	—	—
紫金	—	36	—	160	—	—	160	—	—
龙门	—	47	—	…	—	—	…	—	—
潮安	21	1409	—	2600	—	103	2519	—	—
潮阳	—	544	—	329	—	—	329	—	—
饶平	5	…	1	200	—	2	2	—	14
兴宁	—	110	—	—	70	—	—	70	—
南澳	—	69	—	—	213	—	—	219	—
[illegible]	—	—	9	3520	—	—	—	—	3750
[illegible]	16	—	—	78	—	78	—	—	—
[illegible]远	—	48	—	64	—	—	64	—	—
惠来	—	44	—	47	—	—	47	—	—
和平	15	—	—	13	—	13	—	—	—
茂名	—	560	—	—	475	—	—	493	—
阳江	15	10	1	17	6	14	—	0	1
电白	—	346	—	—	251	—	—	246	—

(续六)

县市别	财产收入			事业收入					
	房屋(间)	田地(亩)	其他(亩)	[illegible]	[illegible]	[illegible](元)	[illegible]	[illegible]	其他(元)
[illegible]	[illegible]	[illegible]	[illegible]	[illegible]	—	[illegible]	[illegible]	—	[illegible]
[illegible]	—	[illegible]	—	[illegible]	—	—	[illegible]	—	—
[illegible]	—	[illegible]	—	—	[illegible]	—	—	[illegible]	—
[illegible]	[illegible]	[illegible]	[illegible]	[illegible]	—	[illegible]	[illegible]	—	[illegible]
[illegible]	—	[illegible]	[illegible]	—	[illegible]	—	—	[illegible]	—
[illegible]	[illegible]	[illegible]	[illegible]	[illegible]	[illegible]	[illegible]	[illegible]	[illegible]	[illegible]
[illegible]	[illegible]	[illegible]	[illegible]	[illegible]	—	[illegible]	[illegible]	—	[illegible]
[illegible]	[illegible]	—	—		—	[illegible]	—	—	—
[illegible]	—	[illegible]	—	[illegible]	[illegible]	—	[illegible]	[illegible]	—
[illegible]	—	[illegible]	[illegible]	[illegible]	[illegible]	—	—	[illegible]	[illegible]
[illegible]	—	[illegible]	—	[illegible]	—	—	[illegible]	—	—
[illegible]	[illegible]	[illegible]	—	[illegible]	—	[illegible]	[illegible]	—	—
[illegible]	—	[illegible]	—	[illegible]	[illegible]	—	[illegible]	—	—
[illegible]	—	[illegible]	—	—	[illegible]	—	—	[illegible]	—
[illegible]	[illegible]	—	—		—	[illegible]	—	—	—

廣東省各縣租項預算數與實收數

三十五年度

單位：萬元

租項別	預算數	百分比	實收數	百分比
總計	[illegible]	100.00	[illegible]	100.00
市場租	[illegible]	[illegible]	[illegible]	[illegible]
屠場租	[illegible]	[illegible]	[illegible]	[illegible]
田地租	[illegible]	[illegible]	[illegible]	[illegible]
碼頭租	[illegible]	[illegible]	[illegible]	[illegible]
房屋租	[illegible]	[illegible]	[illegible]	1.48
其他	[illegible]	1.50	—	—

广东省各县税项实收数

三十五年度

单位：万元

县别	实收数	县别	实收数	县别	实收数	县别	实收数
总计	4491	从化	483	佛冈	250	高明	99
广州市	2013	增城	10244	清远	1869	惠阳	71
南海	4430	三水	188	连南	—	博罗	18
番禺	500	曲江	664	高要	1644	海丰	44
东莞	—	南雄	794	广宁	144	陆丰	67
顺德	290	英德	294	四会	497	河源	551
中山	48	乐昌	774	开建	749	紫金	458
新会	2600	始兴	2044	封川	40	新丰	56
台山	—	仁化	424	郁南	483	龙门	2046
开平	113	翁源	147	新兴	545	潮安	60
恩平	948	乳源	349	罗定	388	潮阳	203
宝安	2369	连县	349	德庆	498	揭阳	2
赤溪	—	连山	77	云浮	273	澄海	214
花县	277	阳山	472	鹤山	49	饶平	21

（续八）

县别	实收数	县别	实收数	县别	实收数	县别	实收数
惠来	—	大埔	46	灵山	460	万宁	1,913
普宁	274	茂名	196	遂溪	614	感恩	104
丰顺	13	电白	140	海康	940	昌江	138
南澳	—	化县	1,044	徐闻	108	乐东	—
汕头市	1,219	吴川	524	琼山	960	保亭	—
南山局	449	信宜	224	文昌	961	白沙	—
兴宁县	397	廉江	471	定安	2,063		
梅县	96	阳江	160	儋县	904		
五华	—	阳春	1,422	澄迈	1,448		
平远	285	湛江市	674	临高	1,504		
蕉岭	49	梅菉局	62	乐会	248		
龙川	8	合浦	—	琼东	1,024		
连平	11	钦县	175	崖县	374		
和平	44	防城	150	陵水	881		

材料来源：根据各县税捐处呈报税收报表编制。

五、金融

广东省银行分支行处数

民国三十六年十二月

行处别	行处数	所在地
总行	1	广州市
分行	3	香港、汕头、新加坡。
支行	10	梅县、兴宁、惠阳、海口、北海、湛江、江门、肇庆、韶州、澳门。
办事处	82	番禺、中山、新会、佛山、石龙、三水、台山、恩平、开平、鹤山、增城、市桥、深圳、东莞、潮安、揭阳、汕尾、河源、大埔、老隆、[illegible]平、普宁、潮阳、紫金、新铺、蕉岭、高陂、松口、惠来、和平、陆丰、连平、茂名、梅菉、阳江、东兴、阳春、电白、钦县、防城、文昌、信宜、廉江、化县、[illegible]县、海康、灵山、合浦、遂溪、郁南、四会、新兴、德庆、云浮、高明、南雄、连县、清远、乐昌、英德、始兴、翁源、九龙、南京、衡阳、梧州、贵阳、昆明、重庆、柳州、长沙、赣州、郁林、八步 广州市内——东山、西关、河南、汉民、长堤。

说明：本表尚有上海、汉口、南宁、海防四通讯处未列入

广东省银行存放款

二十五年　　　　单位：国币元

存款种类	上半年	下半年	放款种类	上半年	下半年
总计	[illegible]	[illegible]	总计	[illegible]	[illegible]
定期	[illegible]	[illegible]	抵押	[illegible]	[illegible]
活期	[illegible]	[illegible]	押汇	[illegible]	—
储蓄	[illegible]	[illegible]	贴现	[illegible]	[illegible]
其他	[illegible]	[illegible]	其他	[illegible]	[illegible]

材料来源：根据省银行营业报告书编制。

廣東省各縣縣銀行設立概況

（民國三十六年）

單位：萬元

行名	設立年月		額定資本	實收資本			百分比	
	年	月		共計	官股	商股	官股	商股
高要縣銀行	31	6	200	200	80	120	40.00	60.00
合浦縣銀行	32	7	100	120	10	110	8.30	91.70
平遠縣銀行	32	10	150	150	50	100	33.33	66.67
開平縣銀行	33	2	300	300	75	225	29.04	70.96
梅縣縣銀行	33	5	200	194	60	134	30.94	69.16
揭陽縣銀行	34	4	250	250	100	150	40.00	60.00
興寧縣銀行	34	5	350	344	100	244	29.02	70.98
饒平縣銀行	34	5	210	150	95	55	63.44	36.56
河源縣銀行	36	6	250	108	35	73	32.60	67.40
連平縣銀行	33	6	100	100	50	50	50.00	50.00
文昌縣銀行	33	8	200	157	50	107	31.95	68.05
東莞縣銀行	34	4	2000	2815	900	1915	32.00	68.00
台山縣銀行	34	9	5000	4490	606	3884	13.97	86.03
汕頭市銀行	34	10	20000	20000	6000	14000	30.00	70.00

广州市金银及外币价格

卅五年一月至卅六年二月

单位：国币元

年	月	黄金（两）	白银（十两）	美钞（十元）	英镑纸（镑）	[illegible]纸（盾）	吕宋纸（十元）	西贡纸（十元）	港纸（十元）	澳纸（十元）	印币（十卢比）
35	1	89,120	23,160	19,249	28,760	20,693	5,690	620	2,196	2,277	2,363
	2	110,106	30,024	19,200	20,234	30,018	4,109	666	2,668	3,892	3,229
	3	128,884	44,410	18,990	29,310	49,006	4,030	1,006	4,449	4,006	4,690
	4	139,153	44,649	19,450	56,010	44,249	4,777	1,121	4,067	6,398	4,472
	5	166,048	47,790	29,000	67,924	5,057	6,630	1,238	4,005	7,480	4,690
	6	187,277	52,289	28,300	78,530	76,925	6,803	780	4,667	8,008	4,550
	7	193,448	38,810	24,094	58,468	67,446	7,934	1,040	5,549	8,500	5,394
	8	201,914	37,460	27,461	59,371	74,409	10,190	1,094	6,014	10,444	3,116
	9	216,344	15,090	35,665	109,440	67,796	13,780	1,054	7,151	10,077	8,488
	10	232,118	16,910	59,644	125,578	10,446	15,690	748	9,015	14,316	10,046
	11	249,908	19,645	44,090	102,497	11,009	20,096	1,196	9,989	14,800	10,457
	12	348,297	19,090	45,489	15,909	12,880	25,886	1,959	11,411	19,519	13,446
36	1	344,163	20,894	49,956	17,444	16,946	27,009	1,698	12,896	21,737	14,519
	2	498,550	34,660	44,444	[illegible]	[illegible]	45,030	2,444	14,150	30,944	34,059

说明：卅六年二月份的市价系上旬平均价格，中旬起由政府管制。

六、税捐征收机构及费用

廣東省各縣縣稅捐稽徵處等級

三十六年九月

等級	處數	縣處名稱
合計	[illegible]	
一等處	[illegible]	[illegible]
二等處	[illegible]	[illegible]
三等處	[illegible]	[illegible]
四等處	[illegible]	[illegible]
五等處	[illegible]	[illegible]

附註：[illegible]等二十七縣不設處。

廣東省各縣稅捐征收處征收費用率比較

三十五年度

經征經費佔稅收數目百分比	處數	稅捐征收機關縣市
合計	82	
未滿五者	2	廣州市、[illegible]。
5——10	4	曲江、[illegible]、汕頭市、梅縣、花縣。
10——15	16	番禺、中山、新會、寶安、南雄、始興、鬱南、惠陽、[illegible]、潮安、澄海、五華、陽江、電白、信宜、合浦。
15——20	17	順德、增城、從化、清遠、英德、翁源、連縣、樂昌、高要、廣寧、河源、[illegible]、興寧、廉江、陽春、欽縣、臨高。
20——25	18	[illegible]、陽山、[illegible]、新興、德慶、鶴山、海豐、紫金、揭陽、惠來、平遠、和平、[illegible]、[illegible]、遂溪、文昌、定安、澄邁。
25——30	3	恩平、四會、開建。
30及以上者	2	蕉嶺、徐聞。
未詳者	19	南海、東莞、台山、三水、開平、高明、博羅、龍門、潮陽、豐順、[illegible]、連平、大埔、化縣、吳川、湛江市、防城、瓊山、瓊東。

广东省各县税捐征收处征收费用率
二十八年度

单位：国币元

县别	征收总数	经费数	经费数占收入数百分比	县别	征收总数	经费数	经费数占收入数百分比
总计	1,287,997	134,053	10.4	始兴	5,208	412	7.9
广州	598,469	35,432	5.9	连县	7,298	1,386	19.0
番禺	19,581	2,446	12.5	阳山	4,268	1,044	24.5
中山	27,212	4,299	15.8	乐昌	6,948	1,364	19.6
顺德	14,665	2,402	16.4	高要	19,443	3,714	19.1
新会	22,964	3,444	15.0	广宁	4,440	943	21.2
增城	9,882	1,856	18.8	罗定	5,043	1,044	20.7
恩平	8,081	2,089	25.8	云浮	5,109	379	7.4
从化	6,294	1,254	19.9	四会	3,466	805	23.2
花县	4,057	954	23.5	郁南	3,008	940	31.2
宝安	9,469	1,676	17.7	新兴	6,211	1,436	23.1
曲江	25,993	2,541	9.8	德庆	2,716	714	26.3
清远	27,871	5,036	18.1	鹤山	10,449	1,145	11.0
南雄	8,899	1,304	14.7	开建	3,116	911	29.2
英德	10,051	1,899	18.9	惠阳	22,849	3,150	13.8
翁源	5,652	1,046	18.5	紫金	15,465	3,245	21.0

（续二）

县别	税收总数	经费数	经费数占收入数百分比	县别	税收总数	经费数	经费数占收入数百分比
蕉岭	9,448	1,500	15.8	茂名	16,988	1,653	9.7
河源	9,522	1,697	17.8	阳江	11,824	1,459	12.3
紫金	4,765	1,017	21.1	电白	6,808	730	10.7
潮安	20,581	2,247	11.0	信宜	7,522	777	10.3
揭阳	13,515	2,960	22.3	廉江	10,585	1,775	17.1
澄海	7,485	860	11.5	阳春	10,157	1,716	16.8
饶平	13,070	2,005	15.3	合浦	17,098	2,257	13.1
普宁	9,261	1,521	16.4	钦县	7,614	1,354	17.5
惠来	5,717	1,194	20.9	灵山	11,590	2,936	25.3
汕头	69,388	4,145	5.9	海康	8,115	1,854	22.8
兴宁	18,844	3,005	16.0	遂溪	5,979	1,201	20.1
梅县	23,805	2,185	9.2	徐闻	4,560	1,630	35.8
大埔	8,160	1,158	14.2	文昌	7,211	1,781	24.7
平远	4,997	1,025	20.5	定安	5,749	1,235	21.5
五华	5,458	1,878	34.4	澄迈	5,335	1,208	22.7
和平	5,271	1,101	20.9	临高	3,557	650	18.3

说明：1.材料系根据各税捐征收处呈报。2.税收总数包括各种税捐及租项、杂费等。

广东省各县市税捐征收费用表

[illegible]

单位：万元

县市别	税款征收数	征费数	征费数占征收数百分比	县市别	税款征收数	征费数	征费数占征收数百分比
中山	[illegible]	[illegible]	[illegible]	潮阳	[illegible]	[illegible]	[illegible]
顺德	[illegible]	[illegible]	[illegible]	揭阳	[illegible]	[illegible]	[illegible]
新会	[illegible]	[illegible]	[illegible]	丰顺	[illegible]	[illegible]	21.9
台山	[illegible]	[illegible]	[illegible]	大埔	[illegible]	[illegible]	10.9
三水	[illegible]	[illegible]	[illegible]	五华	[illegible]	[illegible]	14.1
开平	[illegible]	[illegible]	[illegible]	平远	[illegible]	[illegible]	33.0
恩平	[illegible]	[illegible]	[illegible]	蕉岭	[illegible]	[illegible]	24.8
宝安	[illegible]	[illegible]	[illegible]	龙川	[illegible]	[illegible]	21.4
南雄	[illegible]	[illegible]	[illegible]	[illegible]	[illegible]	[illegible]	10.4
英德	[illegible]	[illegible]	[illegible]	茂名	[illegible]	[illegible]	13.3
连县	[illegible]	[illegible]	[illegible]	化县	[illegible]	[illegible]	[illegible]
阳山	[illegible]	[illegible]	[illegible]	吴川	[illegible]	[illegible]	14.3
广宁	[illegible]	[illegible]	[illegible]	廉江	[illegible]	[illegible]	9.4
新兴	[illegible]	[illegible]	[illegible]	钦县	[illegible]	1917	[illegible]
博罗	[illegible]	[illegible]	[illegible]	海康	[illegible]	[illegible]	[illegible]
惠阳	[illegible]	[illegible]	11.6	遂溪	[illegible]	1880	[illegible]
潮安	[illegible]	[illegible]	[illegible]	[illegible]	[illegible]	6213	[illegible]

附

广东省各县公教人员待遇概况

县市别	三十五年十二月			三十六年十月			备注
	薪俸加倍	生活费基数(元)	俸额公粮(市斤)	薪俸加倍	生活费基数(元)	俸额公粮(市斤)	
广州市	350	110000	—	、	、	、	三十六年十二月改[illegible]
南海	100	20000	20	1000	100000	10	
番禺	100	20000	10	1000	200000	15	
东莞	240	75000	—	700	140000	—	卅六年依九月份
中山	240	75000	20	1600	500000	15	
顺德	100	50000	20	500	100000	—	卅六年依九月份
新会	300	150000	20	1000	250000	20	
台山	200	37,500	—	、	、	、	
增城	300	30000	20	600	90000	10	卅六年依九月份
三水	200	40000	15	400	70000	10	〃
开平	130	40000	10	600	100000	20	卅六年依九月份
恩平	264	45000	20	800	160000	20	卅六年依[illegible]月份
从化	246	45000	16	600	70000	10	
花县	200	40000	5	400	70000	40	

（续一）

县市别	三十五年十二月			三十六年十月			备注
	薪俸加倍	生活费基数（元）	配领公粮（市斗）	薪俸加倍	生活费基数（元）	配领公粮（市斗）	
宝安	100	24,000	10	300	48,000	6	
赤溪	200	34,400	12	400	64,400	12	
曲江	150	30,000	16	900	105,000	10	
清远	80	45,000	20	800	169,000	20	卅六年係九月份
南雄	300	30,000	20	400	60,000	——	
英德	200	75,000	——	、	、	、	
佛冈	100	45,000	20	700	149,000	6	
翁源				300	45,000	12	
始兴	200	42,400	20	200	140,400	12	
仁化	150	44,000	20	300	79,000	15	九月份
连县	300	43,000	15	600	79,000	10	九月份
连山	99	25,840	15	300	50,400	15	
阳山	200	40,000	10	450	80,000	10	
乐昌	150	55,400	12	800	150,000	20	

（续六）

县市别	三十五年十二月 薪俸加倍	三十五年十二月 生活补助费(元)	三十五年十二月 实领公粮(市斗)	三十六年十月 薪俸加倍	三十六年十月 生活补助费(元)	三十六年十月 实领公粮(市斗)	备考
乳源	500	16000	10	200	32000	8	
连南	200	39,600	20	800	195000	—	
高要	400	42000	14	600	72000	[illegible]	九月份
广宁	600	30000	—	800	120000	—	
罗定	100	42000	20	800	120000	14	
云浮	200	3600	14	100	156000	14	
四会	400	60000	16	700	140000	16	
封川	410	30000	—	…	…	…	
郁南	100	42000	14	800	140000	16	
新兴	200	48000	20	400	144000	20	
德庆	100	45000	10	700	120000	10	
鹤山	200	39,600	10	400	100,000	10	
高明	200	39,600	10	400	70000	10	卅六年依七月份
开建	200	48000	10	800	175000	10	

（续上）

县市别	三十五年十二月			三十六年十月			备注
	薪俸加倍	生活费基数(元)	发给公粮(市斤)	薪俸加倍	生活费基数(元)	发给公粮(市斤)	
惠阳	[illegible]	[illegible]	[illegible]	[illegible]	[illegible]	10	卅六年依九月份
博罗	[illegible]	[illegible]	[illegible]	[illegible]	[illegible]	[illegible]	
海丰	[illegible]	[illegible]	[illegible]	[illegible]	[illegible]	5	
陆丰	[illegible]	[illegible]	[illegible]	[illegible]	[illegible]	6	
河源	[illegible]	[illegible]	[illegible]	[illegible]	[illegible]	16	
紫金	[illegible]	[illegible]	[illegible]	[illegible]	[illegible]	[illegible]	卅六年依八月份
新丰	[illegible]	[illegible]	10	[illegible]	[illegible]	[illegible]	
龙门	[illegible]	[illegible]	——	〃	〃	〃	
潮安	[illegible]	[illegible]	[illegible]	[illegible]	[illegible]	[illegible]	卅六年依七月份
潮阳	[illegible]	[illegible]	[illegible]	[illegible]	[illegible]	[illegible]	
揭阳	[illegible]	[illegible]	10	[illegible]	[illegible]	[illegible]	
澄海	80	[illegible]	10	[illegible]	[illegible]	10	
饶平	〃	〃	〃	〃	〃	〃	
普宁	[illegible]	[illegible]	10	[illegible]	[illegible]	10	

(续四)

县市别	三十五年十二月			三十六年十月			备注
	薪俸加倍	生活补助费(元)	优待公粮(谷市斗)	薪俸加倍	生活补助费(元)	优待公粮(谷市斗)	
惠来	110	35000	10	400	100000	—	
丰顺	100	50000	—	300	90000	7	八月份
南澳	…	…	…	200	175000	—	
汕头市	200	60000	—	400	390000	—	
南山局	200	35000	—	200	160000	—	九月份
兴宁	215	40000	10	600	160000	—	
梅县	120	25000	10	1000	200000	6	
五华	150	30000	6	600	200000	6	
平远	300	30000	20	800	90000	20	
蕉岭	240	40000	8	800	115000	6	
龙川	150	20000	6	600	200000	6	
连平	100	15000	10	200	200000	40	
[illegible]平	150	20000	10	300	400000	6	

(续四)

县市别	三十八年十二月			三十九年十月			备注
	薪俸00倍	生活费基数(元)	倍额公粮(斤)	薪俸00倍	生活费基数(元)	倍额公粮(港币)	
大埔	[illegible]	[illegible]	6	700	[illegible]	6	
茂名	[illegible]	[illegible]	[illegible]	[illegible]	[illegible]	[illegible]	
阳江	100	[illegible]	[illegible]	[illegible]	[illegible]	[illegible]	
电白	100	[illegible]	[illegible]	[illegible]	[illegible]	[illegible]	
化县	[illegible]	[illegible]	[illegible]	[illegible]	[illegible]	[illegible]	
信宜	[illegible]	[illegible]	[illegible]	[illegible]	[illegible]	[illegible]	
廉江	[illegible]	[illegible]	10	[illegible]	[illegible]	[illegible]	
阳春	[illegible]	[illegible]	[illegible]	[illegible]	[illegible]	[illegible]	
吴川	[illegible]	[illegible]	[illegible]	[illegible]	[illegible]	[illegible]	九月份
湛江市	[illegible]	[illegible]	——	[illegible]	[illegible]	——	
梅菉局	……	……	……	……	……	……	
合浦	[illegible]	[illegible]	[illegible]	[illegible]	[illegible]	[illegible]	
钦县	[illegible]	[illegible]	[illegible]	[illegible]	[illegible]		

縣市別	三十五年十二月底				三十六年十二月底				備考
	[illegible]	[illegible]	[illegible]	[illegible]	[illegible]	[illegible]	[illegible]	[illegible]	
防城	[illegible]	[illegible]	[illegible]	[illegible]	[illegible]	[illegible]			
靈山	[illegible]	[illegible]	[illegible]	[illegible]	[illegible]	[illegible]			
海康	[illegible]	[illegible]	[illegible]	…	…	…			
遂溪	[illegible]	[illegible]	[illegible]	[illegible]	[illegible]	[illegible]			
徐聞	[illegible]	[illegible]	…	[illegible]	[illegible]	—			
瓊山	[illegible]	[illegible]	—	[illegible]	[illegible]	—			
文昌	[illegible]	[illegible]	—	[illegible]	[illegible]	—			
定安	[illegible]	[illegible]	—	[illegible]	[illegible]	—			
儋縣	[illegible]	[illegible]	—	…	…	…			
澄邁	[illegible]	[illegible]	—	…	…	…			
臨高	[illegible]	[illegible]	[illegible]	[illegible]	[illegible]	—			
崖縣	[illegible]	[illegible]	—	[illegible]	[illegible]	—			
陵水	[illegible]	[illegible]	[illegible]	…	…	…			

（續七）

縣市別	三十五年十二月			三十六年十月			備註
	薪俸加倍	生活補助費（元）	價領公糧（市斤）	薪俸加倍	生活補助費（元）	價領公糧（市斤）	
萬寧	、、、	、、、	、、、	、、、	、、、	、、、	
樂會	200	32,400	—	、、、	、、、	、、、	
瓊東	100	80,000	—	400	80,000	—	
感恩	160	44,000	9	、、、	、、、	、、、	
昌江	200	60,000	30	、、、	、、、	、、、	
樂東	200	32,400	—	800	128,000	—	
保亭	200	32,400	—	、、、	、、、	、、、	
白沙	、、、	、、、	、、、	、、、	、、、	、、、	

說明：1.卅六年十月份價領公糧每市石價額為32,000元。

2.卅五年十二月公糧部份多係免價領取者。